U0746966

黔詩紀略卷之二十

明

楊侍郎文驄中古近體詩九十首〔一〕

余常聞樊致虚先生謂：不願得越之六千君子，而願得木叔一人；又常見王季重先生評：萬八千丈以瓊臺雙闕爲第一，故自渡江而東，此兩重公案，如結痞不能化。今年一入赤城，即得木叔於看雲石上，因與之共窮雙闕之勝，山水朋友一時撮合，因以瓊臺作三生一笑。〇陳木叔，臨海人，初名煒，後更名函煇。中崇禎七年進士。明亡，爲魯王以海禮部右侍郎，遂與龍友隙末。後從魯王航海相失，哭入雲峰山，投水死。

肝膽傾雪通神早，無從往覓心憂老。恰如古鏡生面藏，魂魄雖靈光不好。我來偶看天台月，一見無言衷已竭。同披血性不商量，携手瓊臺踏雙闕。君才遠過陳子昂，何須碎琴聲四方。奇情俠骨注奔壑，吾友之中雙則梁。闕開險絶不可走，百怪千靈若蒼狗。唯君飛度我從之，膽雄只學縋兵手。地靈到此天欲裂，君才鍊石補其缺。霜毫喝醒世人聾，吸取峰峰挂穎舌。好友因之住好山，羲之白也昔當關。撥開雲障笑劉阮，逢著雙鬟不許還。

《台蕩日記》：十七日下赤城，尋桐柏之徑。天台一山爲仙佛所分據，而桐柏，其神仙窟宅也。宫建於司馬承禎，山則爲王子晉與伯夷叔齊分治焉。行數里，見瀑布奇甚，猶在斷橋石梁之上。從僧曰：「此正興公賦所謂『瀑布飛流而界道』者也。」一步一回首，正誘人思，而山前古木陰森，巨石林立，又奪我眼光東去。同大人下輿緩步，因語驄曰：「塵土毛髮，得登茲境，可謂鍊骨輕如葉矣。」復行良久，隱隱見松陰中有宫宇圮廢，黄冠相迎，大無人色，轉見夷齊像。余笑曰：「以此兩老作教主，安得不令山中羽毛作細腰雞骨相向耶！」二像乃石像，古甚。云王靈寶請之徽宗宫中者。清風高節，想置之雕梁畫宇，反不相稱。唯此破屋數椽，庶存首陽本色耳。飲畢，往問瓊台雙闕，道路爲林莽所封，急敕捕官出土人修之。林木瑰異，風雲皆孤，輿馬俱無用，沿山扳樹，移時始得度尺許。至山尖，遥矚雙闕，俯視瓊台，心神俱怖。鬼劃神鏤，季重先生拔爲第一，諸山未有不甘心臣服者。瓊台在衆潭中，而四山孤挺，環抱無漏，獨從此去，稍見一仄徑，若有若無，下睨澄潭，緑色照眼。大人同友人大年、伯含俱住足焉。余與陳木叔鼓勇而登，誓在必往。脱巾去衣，大率似鄧艾入蜀時，以手代足，以樹代磴，心力俱竭，然後登台焉。台上有孤松怪石，有紗帽峰，有神仙竈，俱不足奇。所奇者台如蓮座，七寶玲瓏，四山環侍，凜凜若有懼色，四面瀑流，奔騰飄忽，應接不暇。到此真魂魄俱换矣。纔欲縱步過雙闕，而大人在山巔震怒，不欲兒子蹈不亟還桐柏，欲測，下韓昌黎之淚。遂不敢往。自瓊台仍還故道，望雙闕已了了胸中、目中。再作桃源、寒明之游。因大人官冗迫歸，遂不果。然遥望溪上，若有雙鬟笑聲，但恨劉阮未免俗骨，昔年多此一歸。余不欲歸，姑且不往。指寒明崖，已在眉睫。崖上馬嘶隱隱入耳。余止小寒山子曰：「子且勿走，恐置我崖壑上。」因爲大笑。是夕往台州徑發，宿於鋪中，而静長師數遣人來，萬體涔令君促歸。天台之游以是夕終，又擬爲雁蕩之始事矣。附《贈龍友詩五首》：「寰海争傳事事奇，芝蘭籍内夢先之。尺書屢寄皆肝膽，秋夜相逢見宇眉。山水到台稱獨秀，友朋惟子話相知。看雲亭上酬明月，轉憶長安命駕時。」「一揖燈前兩快人，萬山孤月子精神。藍輿到後欣良晤，笋板參時得素臣。豫卜名山多畫意，久推吾友是詩身。詰朝方廣無他事，叫破青天入翠茵。」「西湖久矣貯蘭芬，友半江南共憶君。快到則梁稱獨步，清惟譚子許平分。長卿賦已逢楊意，大令書應似右軍。此地千秋欣雅集，名山名士又名文。」「相逢便唤錦囊開，白也何人賀又來。雕刻定知心獨苦，粗疏應愧我非才。乾坤負擔推前輩，水月催詩到酒杯。且喜山僧參此意，夜深還上懶雲台。」「每接書緘即訂游，到來反不共山酬。石梁與子那容并，倦客兹晨非自謀。子職通家權代署，秋光獨往許全收。誰將庭訓臨岐囑，纔踏危橋步且留。赤城社弟陳煒。」

再過天台道中〇八家有。

雨餘沙細印蒼苔，爲愛名山去復來。水若戀人隨路曲，村皆卜勝傍松開。寒明巖裏思留影，惆悵溪頭憶泛杯。若有雙鬟迎笑出，桃花人面豈思回。〇四雲曰：「惟寒明之地可留影也。」

《台蕩日記》：十八日至台州，拜見静長師，以山中諸作就正焉。真似老僧見龍潭時也。十九日往晤椒子於小寒山上，小寒山分巾子山之一隅，岩壑蕭森，幽陰欲滴，下瞰椒江，潮聲、水氣照映眉宇，台郡名園無出其右者。是日，静長師邀游雲峰寺。師先往，余待家嚴於山上。家嚴至，飯畢即行，望雲峰直在天際。促輿人登之，盤山逶迤，俯視巨壑，宛然太古。至峰巔，無甚奇構，但視台郡如蟻，林木千章，絶不似近代物，令人對之殊有混沌想耳。顛有一池，池中螺俱無底，云開山祖師授記。取視之果然，亦一奇也。下山時，日將夕，飲於風台，幾令天風吹去。至城，已列炬，静長師復邀至東湖。東湖爲樵者死難處，同家嚴拜之，真動高山之仰。湖中有一亭。家嚴與静長師命隨行，燈火周匝於池岸，魚貫相繼，遠視之，火龍宛轉，斷斷續續，恰如大鰲山走馬燈，火光湖水，相爲冷熟，又不下金陵之燈船矣。飲畢歸去，但覺峰雲在袖，湖水在裳，不覺在官舍。二十日，家大人同吾師作雁蕩之約，命友人梁大年、陳木叔、盛伯含與余往隨焉。山行殊苦，計從水行。是夜即登樓船東下，月光如鏡，萬籟寂然。看静長師帳下水犀軍，旌旗步伍，頗見一斑。飲時，命軍人出試火箭，火光衝擊，與月光相鬥。余因出虜頭杯賞之。吾師建節海邦，百廢俱舉，所以閩海時驚，不敢東窺海門一步。遼海數年敗壞，噫！安得若人而秉鉞也哉！是夜遂宿於黄崖縣。二十一日，將進雁山，宿姚坳驛，山靈有知，夜來迎人，夢境刻刻在千峰萬壑中也。

老僧崖用芊字

飛錫何年至，孤清自立禪。乾坤留壁面，日月寄薪傳。肝膽堅金石，衣裳借水田。花開與花落，獨伴草芊芊。

照膽潭同用秋字〇八家有。

一泓澄石底，峰翠萬千留。空影寒欺鏡，幽光静貯秋。潛蛟因濯魄，仙女借梳頭。剖膽非關照，名山一滌愁。

過連霞障望廢浄名寺

森森叠巘聳嵯峨，寸石皆從鏤刻過。山削向天争白日，水奔入地攪銀河。寺隨雁去峰峰静，鳥見人來樹樹多。我已皈依尋浄土，幾思卜築借崖阿。

書邱夢鶴卷子

烽火驅人客異鄉，獨於朋友不凄涼。愧余末路甘寒味，勉子前途剖熱腸。行里青山同問月，三冬塞草共眠霜。得君似吸龍湫水，豈向交情嘆渺茫。

《台蕩日記》：二十二日自驛中起行，望雁山青葱如有至寶，自有一段光芒不能掩抑。雁蕩以石門潭爲門户，余與諸友先行，見一老僧挺立道左，神氣、衣鉢，一一如生。輿人指曰：「此即老僧崖也。」道傍接引，造化之妙，未必無意。余與諸友盤桓於下，候静長師與大人，云尚游石門潭未至。極欲遄還，而吾師與大人之肩輿已至矣。爲道石門之妙，得未曾有，深恨當面錯過。行數里至石梁洞。洞宇宏敞，一石横亘以爲門。所奇者在梁，他無奇處。然余已先見天台之石梁，此又不足挂我眼角矣。下洞上謝公嶺。嶺以靈運得名。謝公開山至此住足，昔人深爲靈運惜，然靈運有《斤竹嶺》詩。嶺又在谷内，薛千仞以此爲謝公解嘲，是或一道也。嶺凡數折，逾嶺則爲東谷。谷中山水奇不足言，幾於怪矣；怪不足言，幾於誕矣。寸寸望去，無一凡草。諸山悚立，如蜂房，如蓮花，如藕節，如兔穎，俱不足喻其妙。目眩神摇，真不知在何處耳。入靈峰洞，洞幽翠，令人到此神魄俱愁。轉出看靈芝峰，種種奇絶應接不暇。静長師先行，坐照膽潭上，一泓澄徹，幽緑凜然。潭上有風穴，以手當之，刁刁習習，此真天地之奇，不可思議者。酣飲於此，幾欲忘歸。少間過響崖，看連霞峰，步步奇悚，鬼神幾於無功。尋廢净名寺，只見白雲孤烟耳。轉入靈崖寺，令人無能名狀，唯有拍手叫千百個奇字。靈崖居於萬峰之中，倚屏霞障爲坐，左有展旌，真足蔽空；右有天柱，孤立入雲，又十百仙都之鼎湖矣。是夜，余與大人宿於小閣。而友人邱夢鶴自家中追晤之。此一番相晤，真是在蓬壺中也。

小龍湫用冷字（二〇八家有。）

輕烟裊絶壁，飄拂疑成影。照見鬢眉寒，飛濺牙齒冷。欲下不下時，是水非水境。神仙亦胡爲，將龍故馳騁。

同鄒老師家大人陳木叔梁大年盛伯含李芳叔飲大龍湫下看芳叔寫生共用七字〇八家有。

路仄轉蒼莽，水聲度山溢。石筋繡古文，步步供貽質。劈面落飛泉，水疑天上出。幽壑無時晴，雨絲傲赤日。結伴坐山根，侶稱竹林七。吾師鄒夫子，運氣潛吹律。吾父時草玄，鵝經寫不一。更有陳子昂，奔才恰堪匹。伯鸞不因人，倚崖閑抱膝。子昭真吾友，對境走靈筆。龍眠自絶倫，傳得寫生術。驄也洞心胸，拄杖聽琴瑟。寒風隨珠飛，灝氣來栗栗。大嚼小天地，呼龍出蛟室。詎那在何處，千古看不足。回頭下界人，一一皆禪虱。驅車討溟溟，猶恐奕藏橘。

翦刀峰同用孤字

翦水裁雲别様圖，年年鍼線寄麻姑。自從玉女無心嫁，刀尺都陪夜月孤。

《台蕩日記》：二十三日，起看玉女峰、僧拜石、卓筆峰，山靈有知，争來獻奇。玉女、卓筆，干霄直上，唯有老僧頂禮山前，種種曲肖。王季重先生謂是造化小兒糖擔中物。雖屬諧謔，然亦極其形容矣。自右轉入，見雲縫中白練飄拂，逆知爲小龍湫，無俟再問。路險窄，各扶杖以往。將至崖下，而飛流飄沫，已冷翠溼衣。其水勢之雄，尚不及斷橋之半，然妙在如烟如霧，倏東倏西；人聲歡呼，則迎聲而來，若有神物倚空把握，與人相角爲戲者。各坐小石，相對飛觴。隨行青衣，令之高歌一曲。自是下里，然到此真是空谷之音矣。日將午，去寺登輿，往尋大龍湫。過瑞鹿寺，惟有荒址。道松洞，俱在蓁莽中。溯錦溪而入，水窮山盡，忽現雙尖，知是翦刀峰下，而水聲如雷，怒與耳鬥，衆皆神斂。轉一武，見天上白虹從空飛下，余疑其爲銀河瀉落，不知所至。侍吾師及大人上看不足亭端，對久之，僧人云：「上有一湖，可四十里，當年群雁以爲家，此兹山之所以得名也。」凡瀑布之奇，定有山頭變幻，水從隙中出；龍湫之奇，奇在懸崖萬丈，一平如城，而水自上滿流而下，罔問根柢；更奇在噴出數丈。怒流之下，我輩任意往來，有時如雪，有時如雲，緩急以時，象人喜怒。静長師與大人命行人鼓吹，雜以叫號，水便旋空而舞，如翔鸞烟翠，盤結空中，古今神物，不可思議，夫豈偶然哉！於是静長師與大人暨同行諸子，各據石趺跏，以酒浪、笑聲與之相配，因命友人李芳叔各圖小像；命余作《大龍湫圖》。静長師有《龍湫寫生記》，真不減《西園雅集記》矣。龍湫之左爲珍珠崖。遠視不見水痕，唯至崖下仰觀，點滴俱作明珠。龍湫以動，此以静；天地之妙，何處無此二義矣。湫下無凡草，唯有虎刺海棠，一望成畝。余笑曰：「可惜絶大盆景，但恨不易得賞鑒家耳！」湫下亦無頑石，塊塊俱可推入董、巨筆尖，最奇者，一石斜卧，半枕澄潭，下半蒼黑，上半苔蘚，淺翠有文如宋錦。衆欲錫一名，或謂美人，或謂枕流，俱不肖。静長師曰：「當呼爲翠被石。」衆皆撫掌叫絶。夫此石高卧千年，未遇品題，得吾師一言之下，便得與龍湫争千古。石亦有遇不遇哉！薄暮，循錦溪而西，宿在能仁寺矣。

游石門潭和鄒静長老師韻

秋水纔添後，丹崖露淺痕。到來成澤國，望去鑿山門。飛雁疑留影，游人暗濯魂。澄鮮空萬象，倚棹欲無言。

《台蕩日記》：二十四日游羅漢寺。有一石像，云自靈山飛來，嵌之崖壑間。傳聞石色古淡，妙不可言，後爲佞佛者誤以金裝之，增一重公案，可笑也。入寺，幽陰翠映。是日家大人欲拉静長師往游玉甑峰。静長師以官禁不肯遠行。而余亦欲從天台問虎林歸棹，遂於寺中拜别。家大人出西谷，走樂清。而余則從吾師，仍從故道出東谷矣。吾師先行至驛中，余與木叔歸騎過石門潭，遥望潭口，泠光幽滴；近視之，緑色照人，恰是半潭西碧，心神俱醉，亦復毛髮皆悚。岸旁有數家，喬木蕭疏，日照潭影。木叔與余曰：「安得謝却塵累，吾兩人高卧潭上，日與老僧爲往來，群雁作賓主，恐桃源洞裏人未必有此光景耳。」歸與吾師質之，因誦吾師潭上詩，刻刻若對此潭也。

靈巖聽雨[三]

雨深萬壑邃，衆境未開函。樹載秋聲重，巖留電影𡾋。石僧迷踧踧，有僧拜石。玉女暗糝糝。有玉女峰。醉來高卧處，枕簟白雲緘。○糝，當作摻，抑或作鬖。

玉京洞上老人

巖上八十老比丘，赤霞供食月爲樓。雙眼自言不識字，年年唯看白雲流。

同鄉靜長老師坐木叔小寒山看雨

衆瀑一齊見，潮音頃刻忙，勢高城亦岸，波射閣之廊。檐溜束歌細，寒芒奪酒香。因思石梁水，添得幾多長。

附《腐侯傳》：小寒山子有《封腐侯敕》，而一時名流遂有贊誦詩歌以紀其事。於是天台陳友人作《侯謝表》，靜長師作《侯不受爵書》。椒子索言於楊子，而楊子作《腐侯傳》[四]。腐侯者，不知何許人。溯厥所生，實唯后稷，至淮南王而名始著。淮南，蓋其鼻祖也。族類繁侈，椒聊遠條，實遍天下。天下人自大都名邑，以及窮谷下里，無不望而知其姓字。侯生而修潔，入水不濡，端方自守。然平易近人，其和光同塵之象，大是柳下一派。嘗見拓落簡淡，上可以陪玉皇大帝，下可以陪卑田院乞兒，恬如也。且無榮辱之驚，朝而畎畝，夕而鼎俎，泊如也。無利禄之想，千駟弗視，一介必嚴，穆如也。至於憐才好士之誠，無一日不與貧士爲伍。放情方外，繁華濃郁，概置不問。尤喜與羽人緇流交。故天下素心人，有一不與侯友者，便廢寢食。聲望雖日隆，然不樹難交之友；交情雖日廣，然不受難報之恩；當人之惠，即一文之及，無不粉身以報焉。宣帝元康四年，侯有族屬降自天，此國瑞也。又常有異人驅其子姓爲兵，頃刻百萬，何其壯歟！獨有昆季之間相煎太甚，陳思王頗憐之，稱千古知己。自是閱世日久，消磨日深，硜硜自守。唯求升斗以自活，不肯稍有詭隨，以點清白家聲。天下人日飲食其德而不知，是侯不負天下，而天下之負侯也多矣！友人椒子知其功不可泯，俾侯於台，保彼東方，所以羞肉食者之庸庸，而欲以澹泊寧靜之致，爲熱鬧湯中下一清涼散也。是又侯之一知心友也。客亦何負於侯哉！野史曰：若我侯者，真可謂大白不辱，腐而神奇者矣。正而不阿，澹而可久，儼然有古大臣風焉。是知白而即守白，以猶龍氏之法而直用之者歟？柔亦茹而剛亦吐，以仲山甫之法而變用之者歟？世安得若侯而伴食也哉！即乾坤皆腐儒可也。

雁蕩山中別静長老師用家大人韻

秋色含峰面面幽，都從幻影翠中游。蕩排雁字萬千陣，水學龍吟大小湫。神鬼無權堪置斧，仙人有意構爲樓。危橋履進成雜緒，獨泛寒江月自悠。

《台蕩日記》：二十五日以後，則從吾師西歸，仍自江行，至小寒山上。師恩友誼，篤摯不肯放行；且天雨如注，道路湮没，故得侍函丈者數日。因檢山中所得者，擬刻《山水移》，而吾師爲之《序》焉。余卑陋何能文。然名山大川，每每有在籬落下，不能一游。余從萬里外，更在患難後得負笈從師，萊衣侍父，更與知己良友往返山中一月餘。夫豈偶然哉！故以日爲記，盡所游而休，雖挂漏甚多，蓋不敢負此山也，不敢負吾師也，不敢負吾父也，不敢負吾友也。　附：《山水移引》：《山水移》者，龍友楊子自秦淮涉大江，下金焦，眺北固，放舟東下，過闔閭之城，弔真娘之墓。苕水既渡，聖湖可游，江海極目，良朋唱酬，于是遂渡錢塘，入括蒼，坐迢然之樓，復登仙都，覽鼎湖，追其尊公霞標先生于赤城建霞地也。由是以窮覽天台之勝：爲萬年，爲石梁，爲幽溪，爲華頂，爲斷橋，爲瓊台雙闕。友人木叔陳子從焉。而赤城之賦就。乃顧余寒椒之山，入雲峰，泛東湖，遂發樓船，乘潮入黄崖，夜望海門試火箭，出虜頭杯觴客；潮涌山疊，排檣拍空，月落酒盡，褰車度繡嶺，過盤山，斯爲雁蕩之游也。游凡再宿，其在靈巖者，則摩僧頂，踞梁虹，問五老，探靈峰。響巖既震，净名天通，屏霞坐嶂，天柱遥聽，厥晨捫龍鼻而滴盡，卧小龍湫，聽歌快舞久之。越馬鞍，望瑞鹿，睨翦刀峰，上看不足，臺痛飲大龍湫下，嘯呼争坐勝處，鄮人李芳叔爲寫生焉。休乎能仁，嗒然忘歸，返入羅漢寺，續游石門潭，還舟及台，而雁影之圖就。將遂別我，秋雨中棹剡溪，蕩鑑湖，渡江而西也。中秋之夜，或湖上，或烟雨，或千人石，或明月，或風雨，或畫船簫鼓，或山房晏坐，皆不可知，而龍友自此遠矣。遠別如移，龍友爲山水移而來，山水爲龍友移而去，而龍友之詩、賦、畫、記，則長留天地之間，非山水龍友所得而移也。曷爲乎命移？静長子曰：「凡人有不可移之性，而後有不能不移之情。」蓋情至而文生焉，索移于形體之間，則必奪江海之流，易台雁之位，以供我筆尖簸蕩而後可。而世有吮毫和瀋攢眉立雪者，方且刻字畫句，以求肖水石之膚寸而不可得。及其舉前人某篇某句，遇佳山佳水，或歡喜贊嘆，以爲確然不可移也。此其人自爲移也已矣！且夫山不移不秀，水不移不靈，詩文不移不能窮微而入妙，嘗試以人幽憤鬱沈之概讀《離騷》、《天問》；以感慨侘傺之心讀《李廣傳》、《垓下歌》；以蕭條高寄之懷讀《樂志論》、《歸來詞》；以纏緜流麗之情讀《閒情》、《洛神》諸賦；

以流離怨苦之痛讀《花門》、《出塞》諸詩；以生死存亡之感讀《祭十二郎文》；以放懷沈湎之致讀《非有論》、《酒德頌》，有不悚然神驚而索然意消者？非情也，必非人也。故曰：人自爲移，而山水與文，其借焉者也。吾觀乎山，烟雲紫緑，晦明幻翠，而吾忽爲之移；吾觀乎海，驚濤浩蜺，倏忽升落，而吾又忽爲之移。當其移，曾不能自持，及吾覺移，又有移焉者。山水且然，況文人乎？龍友移牂牁而秦淮，移秦淮而台雁。登覽所至，心目幻靈，而又合青蓮、長吉之才，并摩詰、伯時之技；風流似謝，發高屐于東山；標格如蘇，步文章于玉局。固宜山奔海立，鬼劃神鏤，盡收銀管。吴越方千餘里之地，江山莽曠，巖壑幽靈，代有名人，偶相標綴。豈若兹游一舉而囊括之。使人見龍友之詩賦，而自移其心眼以入台雁，使台雁因龍友之詩賦而盡移其幽奇以入天下人之心眼。乃余則與龍友入台雁，而始知龍友之詩賦確然不可移也，夫龍友早自爲移也已矣。吾又聞龍友有忠孝至性，卓然不移。其從余山中，見其事霞標先生甚謹，發言如金石，而才情奔蕩乃如此。嗚呼！其不可移者，乃其所爲不能不移者歟！毗陵友人鄒嘉生題。《山水移跋》：椒子曰：予最恨夫移於人者也。軒冕移而割席，韋布移而望塵。交移素而按劍彈冠，習移人而袖長襪短。嗟乎！是有以移其移也。唯無骨，故天下無骨之人皆無情人也。語曰：先生移我情矣。豈海水洪洞遂足以移伯牙？情之所鍾，伯牙先有琴骨耳。夫天地之骨，胎於山水而領於山高水流之韻人。今夫山，其骨崋嵬而嶔嵜，屹然不可撼也；今夫水，其骨泙渫而揚波，淵然不可撓也。

然而天下最有情者，莫山水若也。山即萬仞，必落穆而令人可親；水即千頃，必静深而令人可挹。人亦何獨不然？故世界别無可移，惟名山、名水、名人三者當互爲流動關生而不礙。禹穴何靈？以子長一探而奇；天姥何高？以謫仙一夢而矗。天下多少山川，儻無一名人生其中，則頑塊與污泥耳。天下多少山川，然名人杖屐所不到，題咏所不及，畢竟黯然無色。予平生，父胎與我相硜硜不移者也。卜築小寒山上，則移於山；浮家苕霅七年，則移於水。乃予於世間事，意有所感憤，獨往如愚公之於山，而精衛之於海也。殆將以移其移也。吾常以此友天下士，無足移我者。獨吾友龍友楊子，深山大澤，實生此人。有朋友摯，有山水癖，有讀書淫，有文酒詩畫趣。生於貴竹，而天下愛且敬之。聞其名，如山之華岳，足當人死；如水之黄河自天上來，是夜郎真王而兼署五嶽、五湖長者也。而予獨以彼有其骨乃有其情。楊子移家金陵，覽六朝遺蹟，建中杓而應求寰海。産華胄，負八斗才，淡然若布衣，恂恂然若處子。千人亦見，煦然欲就，而胸中自不可一世。人性至孝，譚古今忠俠事，則擊案掀髯，不以平生兩字假人也。此其較然不移者耶？予於長安病中通一刺，猶未及望衡宇，今年楊子從白下過錢塘，往括蒼，覲其兩尊大人，先以山酬見貽，訂予爲台蕩几硯芒鞋之伴，遂以秋七月侍台使君静長老師，往返於千崖萬壑間，勝具勝情，鼎也三足。山水豈能移楊子？楊子移山水耳！予目見其登高作賦，臨流咏詩，輒恐兩山中怪瀑靈峰爲楊子割截殆盡。每一搦管，必密約山靈水伯，防簡其笥篋間。吾師静翁笑語煒曰：「子無憂，楊子天下有情人也。彼借山水移情，而以其不移之骨還之山水，亦所謂楊子取爲我而已矣。吾第恐楊子將終舍山若水，而大隱於金馬門中，則《北山移文》有君家孔璋之檄在，而無乃爲子昂碎琴。因於醉後援筆，記爲山水言而别。社弟陳煒木叔父書。

剡溪泛月二首

一溪白月静生烟，山色疏離鏡裏懸。欸乃南來帆影重，恍疑雪壓子猷船。

輕舟一夜下幽溪，欲問東西路已迷。剩有小蓬昨夜夢，起來忙索岸藤題。

山陰道中〇八家有。

曲曲清溪淡淡山，人家竹塢障前灣。緑迷孤艇隨風出，白照疏籬趁月還。樹影巧留歌舞意，川原尚帶膽薪斑。推篷應接真無暇，幸接幽光澣客顔。〇四雲曰：「吴嬉越恨，流連而騷楚。」

江上弔曹娥

滔滔自日夜，流盡誰能砥。弱女毅然從，蛟龍不敢起。生雖十餘齡，死浄一江水。應笑鬚眉人，終古徒男子。

《台蕩日記》：是游也，余於山川有得亦有失焉。何也？余若從温以歸，則可以出西谷，游玉甑峰，望大海，上江心寺，過青田，看石門山，此皆收之足下，既得而復失者，至今胸懷如隱隱有一物不能下，喉間格格若有一物不能吐。了當前件，不知在何年也。乃從台以歸，則出天台，過新昌，看南明，下嵊縣，從剡溪之舟，問山陰之道。子猷之興可乘，曹娥之魄堪弔。此又置之度外，既失而復得者。噫！奪其意中，償以望外，余則悟矣。夫有得而不欲失者，人情也；有得而必有失者，天道也。清福錫之上帝，盈忌偏深，飲啄隨之一身，流行自衍。吾身亦天地之拳石，隨地置之；吾身亦天地之唾涕，隨遇安之。夫豈特山游也哉！豈特山游也哉！

投贈董思伯先生○八家有。

香茗飲盡似尋春，今日龍門喜自親。一代文章推共主，四朝禮樂屬元臣。西鄰筆駕梅前墓，北苑靈傳月後身。萬里掃門依絳帳，可能爲度出迷津。

與董元宰先生論筆墨二首○八家有。

提筆須認我，無令筆有權。自然筆還筆，此際識真詮。迂者豈其迂，顛耶誰能顛？先天一筆起，妙在不可傳。○四雲曰：「認我真詮，我聞董思翁亦有此言。妙合其旨。」

惜墨不在墨，要知先惜水。苦心不問手，對境豈謀紙。看君潑墨時，濃淡皆有理。毫端噓董巨，硯池活范李。滴滴生氣飛，尺幅幾千里。○四雲曰：「畫中真禪，秕視右丞訣矣。」

附《山水移引》：畫家以神品爲宗極，又有以逸品加於神品之上者，曰失於自然而後神也，此誠篤論。恐護短者竄入其中，士大夫當窮工極妍，師友造化，能爲摩詰而後爲王洽之潑墨，能爲營丘而後爲二米之雲山，乃足關畫師之口，而供賞音之目耳。楊龍友生於貴竹，獨破天荒，所作台蕩等圖，有宋人之骨力去其結，有元人之風韻去其佻，余訝以爲出入巨然、惠崇之間，觀止矣！龍友一日千里，春秋甚富，未見其止。不知分手之後，變化若何，余畫禪室中專待《溪藤》一幅，與摩詰同供養耳。己巳九月，董其昌。

投贈陳眉公先生

野水含烟渺一方，溯洄無計始登堂。秋依高士尤疏蕩，山借幽人倍鬱蒼。獨鶴放時爲出處，潛龍勿用是行藏。皈依我自從天末，亦學凡雛繞鳳皇。

陳眉公留飲山中看桂因出所藏范寬釣雪圖有山谷題咏真奇觀也〔五〕

雲推風蕩入衡門，碩人俁俁道獨尊。殷勤爲道來萬里，呼童邀我坐山軒。山中好樹植君手，當闢愛種陶潛柳。古枝繞屋看虬龍，時著寒花見林叟。我來不值春三月，堤柳變黄梅影歇。唯有芙蓉洗晚妝，更饒桂子香初發。香吹引得尋君路，木犀滿院從人悟。嗟余鈍質久無靈，何論聞聲與面遇。感君憐我管欲枯，開囊爲展釣雪圖。行盡空山萬樹老，此身應憶過仙都。山谷老人題錦字，鐵筆峥嶸點山翠。始知書畫豈凡胎，尺幅之間覓天地。花香在枝畫在卷，旨酒盈樽自清淺。飽君之德醉余心，如沁幽香每展轉。别來新月窺佳樹，舟輕載得溪烟素。眼前境物總堪題，唯有深情杳難賦。

同顧默孫盛伯含集陳眉公頑仙廬看硯

知君上天手，片片割紫雲。中堅德渾重，外潤色氤氳。曾點佳人袖，親書弟子裙。石交今日事，研露讀雄文。

附《山水移序》：文人之有硯，猶美人之有鏡也。一生相親相傍，莫切於此。五月梅風釀濕，不便展法書名畫，時出古硯拂拭洗滌之。于是董思翁與僕有鬥硯之會。每每相見輒笑曰：「惜此會更無韻人。」余曰：「鬥硯不難，與君鬥畫者竟無勁敵耳！」頃，楊龍友先生自貴竹游金陵，及台蕩歸，戲寫圖册。非行萬里路，讀萬卷書，豈能氣吞古人如此。楊鉅云：「有字學者不可無字性，有字性者復不可無字學。性學兩全，神通出現。」余論畫亦然。」吾聞其語矣，吾見其人矣。曰龍友先生是也。此思翁所以心口俱服也。陳繼儒題。

拜梅花和尚墓〔六〕

年年看筆墨，今日過君家。荒草侍孤月，殘碑卧斷霞。生魂留竹葉，死魄寄梅花。門前流水曲，猶自寫龍蛇。

惠泉舟中畫蘭

蘭竹怒生時，衝筆如欲起。潑墨與之行，心手不能止。色澹不關目，風來疑屬耳。荆蓁任草草，終身侍君子。

畫　蘭

白月照潭影，露下泉香幽。滴竹硯池水，寒花染素秋。

戲作叢蘭不循規矩〇八家有。

醉葉顛倒時，似學公庭舞。狂花帶笑吹，若撻漁陽鼓。從來君子香，恥與凡夫伍。此道誰能知？今人不如古。

畫蘭付女郎〇八家有。

春風弄十指，元氣静相吹。種種各有態，尋時杳難知。湘江如有約，谷口若爲期。筆走不可束，一望烟迷離。傲骨豈能妒，荆蓁徒自危。我有澹素心，在葉或在枝。無人堪語此，付之絶世姿。

訪觀盧鴻草堂圖〇八家有。

畫道與俗泆，窺之白日睡。聞君志太初，篋中多古意。静緘天地心，俯視宋元位。窺彼先天思，掃落紙上媚。示我青濛濛，歸載千重翠。

周靈一社兄招飲甘露寺〇八家有。

林莽醉露葉，夕陽疑射紅。帆飛弄杯影，湖起窴歌童。月送僧歸静，秋添客思崇。故人一夕話，惜别自無窮。

京口與潘無隱

坐擁澄江意自閑，好峰如戟障蛟闗。帆吹雲影憐知己，月送潮音慘客顔。酒浪夜深高鐵甕，筆花醉裏撼金山。獨愁把臂翻成别，明日橋東第幾灣。

附《山水移贊》：索月於指，謚之曰愚。執聲於弦，謚之曰侏。弱豪陋墨，烟霞之奴。天地之迹，蒙而不舒。龍友鬱興，元照天迪。含美既深，奮之於筆。自舞自蹈，以舉胸臆。

志氣爲真，雁蕩爲影。精曠以啓，虚微獨領。形去影歸，靈心雋永。松陵社弟潘一桂。

飲高明柱年兄衙齋○明柱已見。

不關杯酒故，握手倍幽深。乍入尋荒署，如常到碧岑。月明花約影，鳥醒夢辭林。閑中丘壑遠，莫誤認蹄涔。

聞虜警

豈當全盛日，鐵騎敢長驅。料敵知深入，臨機勿淺圖。百危恃聖主，三捷走匈奴。我欲長纓請，寧云長萬夫。

再過牛首訪友

山徑層層出，松陰次第陳。重尋牛首月，共踏馬蹄春。窺竹認僧舊，推雲訪故人。妒他泉石老，花鳥自爲鄰。

上白雲梯

初割紅塵處，幽攀度白雲。古苔迷屐齒，斷碣悟殘文。樹影無心合，人天有路分。趺跏無一事，鳥語故相聞。

夢中作懷張正甫詩有青山二句因續成之

之子自高深，《伐檀》歌永晝。每從半偈幽，令我百念瘦。青山紙欲窮，白髮頭將富。何時坐峰顛，有石齒同漱。

出卜

百感難自恃，翻然成握粟。將余不能言，向君乞忠告。各藏衆願來，共坐一棋局。有言勿言他，請從余所欲。

行路難

行路難，青天蜀道皆安瀾。僕夫不痛馬不苦，驚顛豈在山之南。重行行，請自主，水深無龍山無虎。願言永懷思風雨。

畫蘭與王玉吼〇八家有。

冷光不媚人，娟秀自相慰。生成丘壑姿，勁節凜相配。一片太古雲，終年飽香翠。春來吹素襟，薰風一斗醉。〇四雲曰：「冷光生艷，繚繞霏微。」

嘗見畫梅影竹影者余畫蘭亦以此意爲之

素質淩波，伊歟洛神。有無影相，拾此冷魂。

題蘭與張弓民

怒生老石底，有時若罵風。咄咄隨清吹，有時若書空。朱顏賁桃李，而我守固窮。人各有情性，夫豈無迎逢。

畫蘭自有律余豈不知之然耻向他人逐脚根也寧用我法

淮陰能將兵，多多則益善。武穆雄千古，步伐皆野戰。豈無規矩成，庸人自不見。我有秋蘭情，執筆開生面。一筆無卿法，紛披疑雜亂。吹氣索根株，萬法自相貫。紙上有孫吴，痛哭耕破研。

送友人北上

離家一萬里，飄颻同孤雲。獨子成五色，遺我自爲群。振秀拔嶺表，覆庇侈經綸。來往有孤性，不容持贈人。聚散無成迹，御風皆氤氳。何時學出岫，渺渺事遐征。

夏日村居八首

○此村居蓋即南京石城外白鷺洲别業。見本集《江行畫記》。

去郭不三里，層層隱茂林。朝雲穿柳線，野水滌秧針。自然無市氣，多半是傷心。但羨騎牛子，閑情付笛吟。

晚來溪水上，野步學山禽。飲啄寧無定，行藏豈有心。送雲歸别岫，迎月下前林。獨有傷心痛，春來哭到今。○八家有。

滿載一船月，無風也自行。人情猶覺險，舟楫反能平。妄念隨秋死，詩懷學草生。鳥鳴喧竹院，助我幾吞聲。○八家有。

小橋深柳裏，扶杖自閑過。著屐尋蘿薜，裁衣問芰荷。不親莊叟蝶，便看右軍鵝。但有吾親痛，蒼天怨獨苛。

起來無一事，哭罷讀遺書。不知魂既盡，但覺教方初。福欲存餘地，交思擇勝余。不將好日月，擲付我閒居。

記得天台語，秋高對彩霞。看兒閑畫石，見父筆生花。一死能酬國，千呼不到家。斑斕空有彩，欲舞向誰誇？

散髮長堤上，清風任意吹。荷珠皆濺淚，竹露總成悲。痛原非酒易，病豈藥能醫。淒涼魂夢裏，事事覺衰危。

百鳥若不見，歸鴉偏亂鳴。幸存慈母老，獨苦阿爺行。夢去魂俱失，愁來醒亦酲。野鷗浮水上，悟得此身輕。

白鷺川上集李元素陳東明盧貞一三將軍、臧幼惺張濳夫李季寅戴元瑞盛伯含諸詞丈小飲舟泛因送陳將軍出鎮東越〔七〕

風送旌麾上小舠，深情都與矗寒濤。雲臨貧士新池墨，波學將軍舊戰袍。欲借揮戈留日落，暫將對弈射潮高。千層柳浪荷香裏，遠別難禁重首搔。

和挽羽生冥鴻怨三首

秀色留殘瀋，遺詩字字真。人皆憐韻婦，家謂失功臣。思到愁先夜，花開夢怯春。只宜焚筆墨，不爲助酸辛。

蘭蕙無心寫，寒花笑若存。一枝皆弄影，萬葉自歸根。言外尋思路，幽中辨墨痕。自從之子盡，日日怨當門。

茶德方秋素，君情此處宜。泉香猶自爾，味冷竟何之。鴻爪空留恨，峨眉澹惹思。夜臺清氣絶，救渴有誰知。

湖上初度自問

楊生、楊生，進汝酒一觴，邀月三人共商量。汝髮始燥，提兵自將，戰於西南，既克一方。揮戈東下，吾以爲可以斬樓蘭、見天子、上未央，胡爲躑躅退而徬徨？璧藏和氏，淚灑劉蕡而爲李廣之郎當。記昔年而血氣之用汝，塞上之馬可走，萬石之弓可張。揮刀如雨，學袁公之秘術，誇步伐於公孫大娘。紫衣緑鬢，豪雄怒揚。京兆之眉尖自畫，江頭之柳色斷腸。膽怒眼俊，不欲作轅下之駒，而傲然自許爲聖門之狂。及屢戰俱北，疲於翺翔。雖浮氣之自戢，乃魔氣入而自傷。跳精魂於枯管，托神魄於楮桑。結友朋爲性命，識道德之文章。放浪山水，游戲名場。洞庭之側，鍾山之陽，虎丘之頂，兩高之傍。且更控馭仙都，入白雲鄉，上天台而投足於石梁，登雁蕩而以龍湫爲滄浪。雲霞堆岫，川岳歸囊。樂則樂矣，志則大矣，何不思此世之有炎涼！室人交謫，不可以乞靈於山水，問所學者何事，而豈可徒自老於徜徉？思古人之立志，嗟三十而名不揚。慨爾生之須臾，羞姓字之未芳。静言思之，期汝騰驤。婦顔雖醜，終拜姑嫜。《詩》稱昧旦，《易》戒履霜。無非無儀，爲倠爾妝。勿徒勤鍼線，爲他人之衣裳。爲汝躊躕，湖烟在案，湖月在廊。見湖水之不竭，思明月之自常。來田虎豹，棲梧鳳凰。何所不可，斯言允臧。嗟乎！誰見良驥，而終厄於太行。

王婆墩在無錫城外將入惠山時也此處步步溪光俱堪供畫余先畫此耳

樹影自離離，白波時渺渺。恰似洞庭秋，素風吹清曉。

過毗陵十餘里兩岸敗蘆而石尤困頓舟人作苦余不欲令舟人見此畫也

敗葦荒陂吼晚風，凄其客路怨飄蓬。此時唯有漁蓑穩，水滿門前月在中。

舟過奔牛之前舟楫如織往來無寧刻乃舉頭見岸上有寒林茅屋與小溪相對意此必隱君子居也草草圖此所謂其室則邇

疏籬一半與檐齊，剩有寒林挂日西。門外舟中都不管，素心唯自對清溪。

過吕陳

白日飛未歇，青松蔭古垣。紅塵闌不斷，何事掩柴門。

仿黄鶴山樵畫

樹影欲留雲，水聲疑破紙。中有黄鶴翁，呼之出洗耳。

題蘭與孫燕貽

冷香暗沁太湖雲，秋魂漏逐春風新。一花一葉皆知恥，年年盟石交寒筠。

蘭

狼藉泉石，素餐春風。不歌《伐檀》，不問窮通。豈無凡草，休休有容。斯爲天民，道則屢空。

送蓮印上人廬陽應講

豐干何事偏饒舌，周媪憑誰借育胎。師請渡江參此意，閭丘不必馬重來。

寄訊一門上人

世態幾嘗我，愈思君味真。夢中聽澗溜，畫裏憶嶙峋。宿鳥窺新月，鄰僧識故人。好將丘壑掃，收拾此閑身。

附録《山水移》引、跋、題詞十六首：龍友之於山水，非其處者，足能及之；悉而去者，手能返之。斯誠巒壑之總持，雲霞所歸命。龍友之興與才，是其福也。向平遍游五嶽，而宗少文則便之以圖畫。二子各得其一端，龍友兼之。然則龍友既聖矣乎！友人倪元璐題。

繪事以筆、墨、手三者，追心眼所見。文人之心，靈通微妙，著眼於江山佳處，具無限勝趣，斷非凡手可追。故余友楊龍友遇臨眺有得，輒自出手圖之。此如崔徽自寫，真所謂「我與我周旋久」故也。龍友曰：「吾輩不愁心眼無奇，恨手未習耳。」余曰：「不必習，但日讀異書，日行荒江斷岸，或婆娑樹下，而稍縱以酒，則手有不謀於心眼而躍然自奮者矣。」龍友曰：「然。請書於册。」竹懶李日華。

畫必形似，兒童見也；畫不形似，儘亦兒童見也。目鑒者行乎宋、元之間，并關、米、董、王墨瀋變而取之，則龍友江山十二公案，特擅勝場。目鑒者惝怳熟游，不減篷窗徙倚；神鑒者悟名巖巨瀆，雄刹巍城，的是筆墨影現，謂借筆墨取山水，仍作二觀也。年家弟譚貞默跋。

往歲見此册於龍友舟次，與木公、無可嘆異達暝。

人冷烟輕，舟疏月在，恍然置我於畫中也。今年展此册於寒樓，而龍友倉徨出關，木公舟過震澤，無可滯迹鴛水，余時將入山矣。離合之次，烟霜在眉，又恍然置我於畫中也。吾與諸子皆始終畫者也，第不知在龍友第幾段筆墨間耳。長洲社盟弟張澤記此。天地間山川奇秀之氣，原與吾精神相通。但能游歷者未必能領入，能領入者未必能幻出，則吾之山川不生而天地之精神亦死。此册乃龍友兄自吐其胸中之奇也，而大江之濱，種種雄峭幽特之景，忽復似之。杜老云：真宰上訴天應泣。我疑山靈水伯又將破涕而笑，笑龍友如陽羨書生，而若輩且作圖中之真，真冉冉欲下也。異哉！友弟李肇亨題。余不識畫，近見魏子一爲我作《長松圖》，奮袖潑墨，一揮而竟十二幅，木石粗硬，烟雲如蒸釜，竊疑畫家當以氣取之。頃看龍友《江行圖》，造微入妙，筆意閑遠，始知無物不具動静二義。龍友啓我多矣。梅里社弟錢棻題。從來逸品論畫，皆以簡古高遠爲貴。倪元鎮寫竹云：寫其胸中逸氣耳。今觀此圖，筆墨秀勁，布置蒼古，取精荆、關、董、巨而逸韻過之，真足傳也。余偶以詩畫自娱，謬荷海内諸名公許可，每論此中三昧，必推龍友與華亭董宗伯并驅中原，眼前餘子，鮮見其匹也。是豈阿私所好哉！試叩之此圖，當自應聲而出。横山樵秦懋德跋。龍友天才瓌異，而游戲畫品亦自元誼入微。想其運思之際，智識俱泯，運之以神，信腕而出，斐亹生動，似不從人間來。東坡云：「我携此石去，袖中有東海。」使余奄有此幀，足咤河伯而王百谷矣。何白。自西湖之名著，而游人發台蕩之思者蓋寥寥矣。紛華之境，人争赴焉；奇僻之致，則莫之或解，亦可以見古今人之不同也。微獨此也，人情樂便而畏難，台蕩間道路紆險，境界幽深，誠不若西湖之取道便而入眼捷耳。顧余嘗笑吴兒儇劣，涵雲嘯月，探葛捫蘿，一緉屐，三尺筇，楚楚作態，自謂得山水之趣。叩其中，且俗塵數斗果然腸胃間。噫！此特可以欺世眼，必不可以欺地靈，明矣。然地靈即不任受欺，亦往往姑受焉而鮮所拒。若台蕩之紆險而幽深也，寧與樵夫漁父作木石鹿豕之游，彼儇劣吴兒，即無意拒之，而卒莫敢措足，斯亦地靈之不惡而嚴者矣。龍友自夜郎寓白下，足迹半天下，兹復以探良藥者必在深山，搜名勝者決不在平疇大陸，乃越錢塘而作天台雁蕩游。夫龍友坦率無城府，而于人無所不茹，乃傖父俗子自退然不敢暱就，正與台蕩大相似。且星嶽才名，舉世所指，而一往奇絶之致，更堪與台蕩結同道之侶。雖然，兹行也，吾更有慨於衷焉。夫以台蕩之奇迴，不與西湖争一日之知，亦既久矣。乃龍友者自夜郎渡錢塘，偏不憚萬里之遥，腰鐮負鍤而窮其勝，且咏歌繪素，將與天下卧游之士共賞之。然則，文人才子上掩五嶽，下傾四瀆，定有采隱探奇如龍友其人，傾其儲以告天下，一切牛衣貂裘之感，與夫多買胭脂之嘆，俱可與山水共相慰也。吾又以此況龍友矣。浙西社盟弟支如增美中父撰。

客秋，龍友別我，自括蒼過仙都，往游天蕩。余愧不能從，比反而圖成，并所咏《山水移》亦就。余得一縱目，恍移我置之天光雁影間，而聆其矢歌，是即真山水也已移云乎哉！噫嘻！山水不移，而移山水者龍友。乃頌其詩，披其圖而以山水移移者，不知其幾也，是真可謂山移也〔八〕。己社弟沈鉉跋。余嘗謂：「詩中畫，畫中詩，兩難兼之。」吾友舉手成詩，舉口成畫，數言而含烟雲萬狀，數筆而曲盡幽人韻士之致，殆天授，殆神行，豈關學哉？故知詩者，知其以詩著也；知畫者，知其以畫著也；知詩畫者，知其以詩畫著也。乃吾之所知於吾友者，不止詩畫，亦不止帖括，更知之於詩畫帖括之外者也。以是知吾友，以是期吾友。友弟賀懋忠。

石梁曾夢霜風夜，月下逢君細語遲。危屐嘯驚巉虎室，瘦笻吟過凍猿枝。乍關人境閑相失，微著山心冷自移。拭眼并提幽討案，曉空招取有形詩。社弟朗道人顥。牂牁才子譴真姿，文彩風流世所師。但遇名都應作賦，每經福地總留詩。交情吴楚英賢盡，游事東南台蕩奇。愧我杜門貧病裏，枉披圖記想仙期。長洲友弟朱隗。高人龍友淩雲筆，興來畫水復畫石。春山秋樹緑更紅，木橋野屋横且直。烟雲蓊鬱風雨交，元氣淋漓障猶濕。雪蓬夜宿魚尾舠，晴蓑曉卧牛角帙。岷關巫峽冬氣清，猿啼鳥嘯天一尺。老來看畫眼苦澀，便擬買田溪水側。脱去賜帶繫芒屩，著書五車挂苔壁。畫山水歌似龍友。世兄范允臨。

我家梅花里，君上天台峰。高寒本一氣，夜夢時溶溶。君攜天台畫，來游梅花里。筆筆作幽香，欲唤梅花起。我從梅花里，閱游天台畫。仍復遇梅花，水月萬紙挂。畫理如花理，萬葉歸于根。游道若友道，登臨因其親。君交天下士，腕自出古人。天下半君足，烟雲自不貧。梅花和尚不可作，游天台者豈後身？我尚徘徊乎和尚之墓，以捉雁蕩之仙神。社弟錢旃題。

晤游天台人，閱游天台畫。寤寐不能舍，夢入天台隘。我所晤伊人，姍姍來相邂。

境界仍紙上，而乃任所届。光景不尋常，笑歌還自怪。鳥啼夢羽來，月光窗紙挂。通家社弟魏學濂草。　又西吴臧如煦七言長篇，今不録。

游太湖龍鮨〇此下六詩見《明詩綜》。

晚色澹將夕，探奇出林藪。大龍與小龍，礪齒震澤口。鱗而鬐鬣張，峆岈悉諸有。落潮洗塗泥，寒玉森户牖。淘沙尋金書，人各繫在肘。吾欲窮其幽，慮爲鬼所守。肅然袍笏侍，下拜不敢苟。豈知層雲根，乃勝洞天九。

海上作

水驛將三宿，茅茨近百家。舉鉏删濕葦，迎月伴荒衙。燈下哀汀雁，潮頭漉浦蝦。小民方疾走，官税莫紛拏。

宿木瀆

竟日秋光冷，維舟寄古村。隔橋依榜火，晚市辨方言。水已通湖氣，沙看露樹根。館娃談往事，歌舞夢中喧。

答陳司理卧子

峻節山陰道，魚書過婺州。遠人驚異數，高論許同舟。僻壤蘭爲國，荒城竹作樓。自憐隨去住，淮海亦曾留。

苦雨

海國重陰合，涼飆五月寒。淋漓欹枕聽，朝暮倚簾看。問路空懸屐，尋山欲墊冠。獨憐黄鳥語，終日自緜蠻。

夜過練瀆

松風謖謖澗粼粼，金鎖曾輝畫角新。借問水犀三十萬，何如君子六千人。

題畫贈冒辟疆

○見《同人集》。

學步劉子驥，叩門如重關。桃源在平地，怪哉尋空山。危峰犯青昊，人家宿雲端。疑是堯時民，耕烟如弄丸。自署云：「余臨北宋人兩小幅贈辟疆，生平之技已竭。所謂爲悦己者容也。」

題葉飄仙新居

○下二首見周京《近代詩鈔》。

開楹間十畝，梧竹對春城。鑿水安魚性，移花習鳥情。畫能供白燕，句可聽黄鶯。一榻西窗下，雲烟故故生。

送彭赤衷

他鄉俱是客，知己獨相堅。俠不因人熱，貧能向我憐。未同新患難，曾共舊迍邅。望望樓船去，高風儼若仙。

永康郭外

○見天長陳以剛《國朝詩品》，乃誤收者。

冬暖晴光好，超超路不難。水奔沙際亂，山放驛前寬。鳥背輕雲過，人依夕照餐，溪邊烏桕樹，疑作野梅看。

石林小仇池〇下三首見姚佺《詩源初集》。周又新《明霞洞詩跋》中謂：「《十億詩和楊龍友作》，蓋思其先人陟降之地在萬山中，乃自號爲萬山中人，附此三詩。」又引《東山草堂》句云：「梅從西嶺移佳種，松出東鄰覆短牆。」據此，并「明霞洞」，才得《十憶》目之半耳。

静穆重扃古石林，終年花篠自幽森。雲疑米老尋袍笏，月上嵇生弄玉琴。蝴蝶覓香黏石髓，鴛鴦愛羽秘歸涔。低回細讀先人句，多半支頭此處吟。

片玉亭

磴緣西下小池邊，冷翠横拖太華蓮。不獨魚龍蒸老碧，且驅花草侍孤烟。承先秘作藏書窟，任客題爲載畫船。太白静嚴無俗物，苦遭白月竟來眠。

翠屏山

權奇古阜鬱城中，喬木陰森倚碧空。結夏支持千丈日，及秋消受一林風。濁醪時過鄰人醉，野芋能周牧子窮。更喜高寒隆雪後，枯吟叉手學坡公。

高峰寺觀卧佛〇寺在洞庭東山俞塢。下十一首見翁澍《具區志》。

古佛何年卧？危樓萬緑支。寧關生死事，可識去來師？廢井流丹葉，荒苔隱白槌。古今誰獨醒，高枕笑鴟皮。

洞庭曲十首

鴛鴦蓮子下，羅襦采菱湖。愁見雙棲鳥，蕭郎別具區。

怒龍鬥波心，奔濤濕丹嶂。夜自包山來，云是獸庵杖。

夜過大鼉山，古有投龍事。每聞打魚人，網得金簡字。

聖姑知有兄，空山遂無雉。孝弟通神明，因之格物理。

養雞如愛子，一夜築干城。射鶚令如霜，反令鳥喙生。

曹娥沈江水，緹縈千古聞。誰知洞庭裏，更有五女墳。

萬頃開蛟窟，三江識禹勳。支祈徙淮泗，洞壑留寒雲。

我作爛柯人，橘中看叟奕。天地亦橘房，何時巨靈闢。

傳聞范蠡宅，即是桃花塢。至今明月中，鶴唳西施舞。

兩峰萬琅玕，家家拾蒼翠。恰似君山種，常有湘妃淚。

附華亭陳子龍《寄青田令楊龍友》二首：「無盡青山裏，何峰是括蒼？朱弦彈落木，玄翮唳清霜。磬折工爲慢，嶙峋不易藏。惟憑南雁發，矯首白雲鄉。」小郡分千嶂，卑官共一州。秋雲通畫幔，春水遇蘭舟。游女湖爲鏡，仙人石作樓。羡君郎宿貴，乃傍少微留。自注：處州上應處士星，故號。」又，《觀楊龍友學射歌》：「平原杲杲日正中，微風畫動旌旗紅。良家少年好身手，一一欲墮雙飛鴻。楊侯起彎三石弓，周旋閒雅神融融。徐抽夏服已不見，九枝中處皆相同。電掃星流輕一擲，看罷千人皆辟易。侯也今爲儒者師，生平自許文章伯。長槍大箭古來有，羞與諸生弄文籍。秘枕無人閱素書，絳帳有時留劍客。自言本系出黔陽，少小飛騰勢莫當。錦衣繡帶紫騮馬，左馳右射開蒼茫。蠻家女兒笑不止，夜郎酋長驚如狂。皆言三十佩侯印，天南掌大難翶翔。自此縱横千餘里，漸向中原交吾輩。年年獻策不見收，幾回欲擊珊瑚碎。慷慨聊從俠少游，滑稽戲作師儒態。時從小隊出城南，悲歌不禁雄心在。鄴西弓馬事已非，藍田射獵今應再。君家兒郎亦大奇，終軍賈誼能同時。大兒矯捷不可羈，手持繁弱東西馳。小兒神貌殊可喜，開弓躍馬來遲遲。海内風塵今若此，英雄嘆息徒相視。可憐兒戲棘門軍，忍使神州盡蛇豕。安得借君大羽箭，北掃王庭南越嶲。樓船將軍安足比，功名又在君家矣。」又，《題楊龍友仿襄陽雲山卷歌》：自注：米畫不過三尺，今作長圖。「巨靈驅却剡中山，移將烟霧留人寰。滿堂雲氣動虛壁，流湍隱見聲潺湲。昨夜有人山中還，拂笻便欲相追攀。但見千山萬山濕，不盡杳冥迷離白日間。龍眠山人腕欲脱，襄陽漫士天機活。神姿出塵自瀟灑，筆底空濛見雄闊。自稱氣韻跨千古，俗格詎使荆關奪。泗水沈淪五百秋，雲山滿眼無人收。楊郎盤薄神遠游，歛袖揮灑天爲愁。森然欲呼鬼神出，元猿青兕中淹留。米家横挂殊矜惜，新展吴綾百餘尺。陰洞虛無松檜長，深巖窈窕龍蛇坼。茅屋高寒少行迹，出門浩浩雲濤積。中有人兮歌白石，此處雲林安在哉？年年絹素生蒼臺。天姥峰頭丹欲就，若耶溪邊花正開。珊瑚爲杖玉爲屐，携手與君歸去來。」

王昶考證引王澐《讀畫樓畫册跋》：「余年舞象，黔中楊龍友中丞來爲博士弟子師，命余偕其二子讀書學舍，時董文敏致仕里居，中丞亟師事之。」又，《送楊龍友之青田令》：「栝蒼松檜遠盤天，畫鷁輕帆暮雪前。傲吏青雲連桂樹，美人明月在芝田。雙溪地暖耕耘早，千嶂官閑射獵偏。却憶十年中夜舞，風烟回首各茫然。」貴池吴應箕《楊龍友招集雨花臺甘露閣》：「城南九月盡秋妍，客裏招携九日前。西蜀校書能壓坐，山陰名士半通禪。青天木末雲開嶂，古寺花間雨作泉。莫以更深頻翦燭，心期常共塔燈懸。」又，《楊龍友寒露月夜投贈詩扇并言寇警》：「山寺秋殘客思闌，君移踪迹破烟寒。竭來懷袖投珠玉，猶爲文章惜羽翰。旅夜故人多嘆息，中原群盜況江干。相逢不盡澄清意，明日無忘石上看。」又，《楊龍友周勒卣集子方兼山堂分得十四寒》：「七月青林烈日團，高堂客聚亦生寒。偶然澤國琴尊共，遂作龍津氣象看。雅道定知删薈蔚，老成今復見波瀾。相期莫訝吾曹在，赤白何人制探丸。」秀水朱茂昭《楊龍友明府以山水畫扇見寄并訂游吴之約以詩代答》：「楊君黔州客，愛寫吴下山。沙中群雁起，天末孤雲還。橘柚經冬樹，楊梅銷夏灣。扁舟何日共，吹笛到吴關。」桐城方文《哭楊龍友孫克咸同日死難詩》：「姑蘇城外轉旌旗，士馬蕭蕭我獨隨。自愧江東行不果，只因堂北養無兒。周郎再造威重震，漢鼎難移死自期。況有參軍同志節，臨刑慷慨復何悲！」高淳邢昉《觀楊龍友畫山水册子董宗伯畫跋作歌》：「楊子性癖畫山水，胸中突兀眼中起。巒壑窈窕烟霧生，倏忽風雲如在耳。手拂絹素神已通，耳目不御游鴻濛。鴻濛以前未有此，此時突出鷩神工。我觀此册凡十圖，千流萬壑態各殊。桃源輞川久寂寞，雲門若耶胡爲乎？誰言此境世所無，仿佛廬岳疑衡巫。楊子産夜郎，山水天下絶。牂牁以南峰插天，一一寫出森巀嵲。畫家惟取胎骨奇，細論流派良足嗤。平生所好或仿佛，氣骨頗似黄大痴。梅花道人亦其亞，一二迫肖非追隨。武陵楊公楊子師，擊節愛好渴且飢。十年購得萬松卷，縹囊什襲如鼎彝。妙手董宗伯，駕軼文與沈，嘆息展此圖，摩娑盡題品。此圖在世珍璠璵，況有淋漓宗伯書。其價何啻千瓊琚。楊子腹中書萬卷，四十公車惟破硯，爲我且掃一匹絹。明歲長安見天子，放筆一揮大同殿。」又，《早秋楊龍友之官華亭余亦將適三江》：「郊原曾未見秋風，上得江槎比鏡中。北固諸山潮已白，西流一火夜猶紅。泖當曲曲堪浮宅，峰有三三并借公。于役後先方一聚，無忘木落與天空。」又，《龍友在雲間有退飛谷鶴巢數楹余居其中且三歲矣於其將去黯然有懷賦一詩貽龍友》：「九峰奄歲月，亦覺一巢長。六鷁疑過宋，三鱣已兆楊。濤聲喧近郭，泖色漾歸航。千載華亭鶴，猶餘淚數行。」又，《龍友離雲間往白下逾兩月矣因戲簡之二首》：「幾日揺輕舸，丹陽古渡西。鷗迴黄浦去，烏到白門啼。大道容車轞，長江息鼓鼙。更聞劉碧玉，能令滯清溪。」「楊子談經處，虚堂列簡編。歌憐白紵側，書寄絳紗前。騎省留潘岳，丹青笑鄭虔。此來圖畫裏，携得白門烟。」又，《楊龍友戎服禦盜歌》：「楊子好文亦好武，乞得閑官一尺組。堂前日日羅衆賓，左染丹青右揮麈。松江城西飛白羽，城頭吹角畫伐鼓。白刃騰騰氣亘天，楊子拔劍怒起舞。馬前止列一健兒，馬後更帶兩强弩。千人一呼城門開，觀者如牆聲如雷。賊夜不來甲不卸，百姓遮道拜馬下。吁嗟楊子奚爲者，彈棋擊劍何閑雅。會取葡萄入漢家，且携苜蓿來官舍。爾餐苜蓿勿復憂，他日當封博望侯。又，《龍友遷令青田以書見報兼言台蕩之游賦答二首》：「括蒼山盡好，此地更餐芝。不逐神仙令，空懸海嶽思。春江猶自凍，驛路早相追。花發桐廬縣，應同聽子規。」「葉縣飛鳧舄，天台接雁山。爲尋丹竈去，更繞赤城還。瀑雪懸猶白，巖花繡自斑。應憐宓子賤，終日訟庭閑。」又，《龍友暑雨履行田間問民疾苦因謁劉文成墓賦此送之》：「小邑眷良宰，夙駕將安之。暑雨灑川澤，流潦行逶迤。逶迤百里間，蕭條事攀躋。民寮結層崖，入谷聞雞犬。惸婺滿膝前，欲訴無不展。涸鱗澤中蘇，患馬亦已獮。隧道鬱峨峨，云是文成墓。勳烈銘日月，松楸老霜露。明禋肅俎豆，芳蘋雜嘉旨。載歆令尹仁，佇覺神靈喜。山郭繞流泉，心清揮五弦。政成馴野雉，毛羽紛翩躚。」又，《龍友遷令永嘉却寄二首》：「聞説青田鶴，南飛隔彩霞。嶺雲猶近舄，海樹已浮槎。茂宰仍彭澤，江山後永嘉。謝公春草緑，羃罨間桑麻。」「康樂上官去，高江動遠瀾。載登臨海嶠，遥憶石門山。霸氣王摇發，仙雲子晉閑。簫聲滿清漢，令尹得相攀。」又，《舟行瀧中觀龍友爲余畫瀧口圖》：「孤帆曉發桐廬縣，夢魂尚繫錢塘江。風光正當三月朔，山水逢行七里瀧。瀧口清流清徹底，爲余落筆瀧聲裏。千崖競識子陵家，一舸長浮富春水。朦朧樹色含芳春，白雲翠嶂皆有神。看君已著王喬舄，偏愛羊裘澤畔人。」又，《海上用兵龍友以永嘉令監軍賦贈》：「東南白羽日紛紛，海戍黄塵暗夕曛。百越秋風傳夜角，孤城睥睨入寒雲。幾年花縣方爲令，今日樓船再見君。最喜山陰王逸少，官曹新帶右將軍。」又，《離京口留别楊龍友職方》：「雙鵝幾日飛，殺氣彌中原。十載把予手，綢繆與朝昏。雖闕維世務，眷然中所存。片詞抒季布，大業倚劉琨。仗策辭江徼，蕭條返故園。豈爲牛渚咏，只共漁樵言。麋鹿遂本性，惟思草木繁。仰觀平陂運，反覆敢深論。多壘逼江左，西郊角正喧。離情視流水，游子停車轅。殷勤一書札，相望寄蘭蓀。」又，《龍友軍中同于皇穆倩觀閩童歌舞》：「鴂舌閩方澀，鵾弦夜景沈。清歌偏可聽，密節感人心。合奏軍中樂，疑同塞上音。青童呈舞劍，處士盡朋簪。坐覺江雲白，遥聞笳吹深。郎中桑落酒，醉後欲沾襟。」又，《泛舟過白鷺洲龍友别墅有感舊游因過華嚴寺作》：「片舸悠悠出曉烟，垂楊歷歷見平田。叢蒲洲近青林岸，老桂花開白鷺川。曾宿巖扃疑隔世，因過禪室想諸天。江流不遠荒亭外，極目傷魂落日邊。」又，《題楊曰補所藏楊龍友畫〈雲山圖〉》：「君家堂上開雲烟，乍披忽覯心惘然。畫者何人此好手，故人已没今五年。故人昔爲永嘉宰，謝客山川宛相待。仙巖谷口睇烟霏，玉甑峰頭眺雲海。往往揮灑作畫圖，巖巒突兀茅堂孤。即如此圖極瀟灑，松風仿佛聞笙竽。斯人歷落多情興，與君結交非異姓。繪事同誇楊契丹，兩家筆迹堪相競。寫罷遠山偶未閑，君爲點染巔崖間。圖成價已等尺璧，摩娑涕下空潺湲。生前粉繪人争取，死後聲名尤冠古。可憐埋骨竟茫茫，四海九州無寸土。憶昔爲我一揮雲山小屏障，縹緲龍湫與雁蕩。正與此圖相頡頏，吞聲想像一惆悵。」南昌李明睿《題楊龍友畫册》：「五嶽之游，予有其意矣，而未之遂也。今年予奉使雲中，游五臺，登恒嶽，已了西北諸名勝；東南佳麗，尚未能一二也。意欲渡江東去，登天目，觀洞庭，泛錢塘，了會稽、台蕩諸山，未知得如此願否？適見龍友畫册，遂欲挾之以去，聊當卧游，談梅口酸，況於實啖。觀我朵頤，龍友能無念乎？江海帆牆几席邊，名人圖畫自天然。閲來五嶽三山秀，竹杖芒鞋何處先？」又，《楊龍友招飲芮園座中宗開先卓左車惲道生僧竺庵二首》：「緑樹陰濃郭外斜，小橋流水有人家。行逢盡處宜添舫，看到迷時欲著槎。碧浪層層翻柳葉，香風細細出荷花。歸去夜船雷雨歇，幾多清夢繞天涯。」「水作生涯樹作家，揚雄寂寞草堂遮。書成逼古燒紅葉，畫到摹神隔絳紗。風捲雲舒天畔月，雨餘荷静夜來花。臨池最愛娟娟净，蘸筆空明洗墨華。」又，《題楊貞生攬霞閣》：「一閣玲瓏眺遠天，雞籠山下女牆邊。片雲近帶殘秋色，曲檻寒通舊井烟。去雁聯翩紅樹外，啼烏迴繞白門前。落霞孤鶩年年在，日向江頭望草元。」國朝太倉吴偉業《讀友人舊題走馬詩於郵壁漫次其韻二首》：「數卷殘編兩石弓，書生摇筆壯懷空。南朝子弟誇諸將，北固軍營畏阿童。江上化龍圖割據，國中指鹿詫成功。可憐曹霸丹青手，銜策無人付朔風。」「君是黄驄最少年，驊騮凋喪使人憐。當時只望動名貴，後日誰知書畫傳。十載鹽車悲道路，一朝天馬蹴風烟。軍書已報韓擒虎，夜半新林早著鞭。」靳榮藩《吴詩集覽》云：「玩此詩語意，友人謂楊龍友也。第一首指南渡時事；第二首『鹽車道路』指官江寧爲詹兆恒所劾；『天馬風烟』指起兵部、遷副使、擢巡撫之事。乙酉五月駐兵京口，與大清兵隔江相持，大清兵乘霧潛濟迫岸，諸軍始知，倉皇列陣甘露寺，文驄走蘇州，故有『夜坐新林早著鞭』之句。」友芝按：「鹽車道路」謂其浮沈令長中〔九〕，故云「十載」不得，僅以江寧被劾當之。　常熟錢謙益《題楊龍友畫册歌爲友沂作》：「楊生倜儻權奇者，萬里驍騰渥洼馬。雙耳朝披貴竹雲，四蹄夕刷令支野。空坑師潰縉雲山，流星飛兔不可還。即看汗血歸天上，肯餘翰墨污人間。人間翰墨已星散，十幅流傳亦可嘆。披圖磵岫幾重掩，過眼烟雲尚凌亂。楊生作畫師巨然，隱囊紗帽如列仙。大兒聰明添樹石，侍女窈窕皴雲烟。一昔龍蛇走平陸，奮身拌施烏鳶肉。已無丹憐并黄土，況乃牙籤與玉軸。趙郎藏棄湘帙新，摩娑看畫如寫真。每于剩粉殘縑裏，想見擘拳透爪人。趙郎趙郎慎收取，長將石壓并手撫。莫令親近匣中劍，夜半相將作風雨。擘拳透爪，一作『剗丹化碧』。」　合肥龔鼎孳《爲友沂題龍友畫和虞山韻》：「南渡誰秉國鈞者？當時爭指貴陽馬。皖江老狐據當道，清流喋血盈朝野。金盤火齊高如山，斜封墨敕疇封還。葛嶺間堂格天閣，錦裝大軸連雲間。一夕延秋六軍散，白衣紅袖徒悲嘆。相府圖書等告身，溝渠紙墨殘花亂。龍友筆墨殊蕭然，鯖盤游戲還仙仙。解衣興至一揮灑，千巖萬壑生秋烟。黄驄袴褶馳南陸，慣作虎頭飛食肉。鐵戟沙迷戰鼓沈，櫪馬驚星地翻軸。丹青縱横久更新，荊關董巨流傳真。蒼茫古色照金石，貴陽亦有風流人。趙生意氣深相取，晴窗還并孤松撫。此物携持應有神，九疑落月三湘雨。」無爲季孟蓮《寄楊龍友》：「夜郎早峙五言城，軼蕩東南絶抗行。晚歲乃知書畫力，高歌遥食唱酬名。三吴舊有江東秀，六代今餘晉季清。早晚水仙艤艇去，可能移我未忘情。」自注：「龍友詩集名《山水移》。」又，《再酬楊龍友見惠新詩并大幅》：「披襟曾記醉留髡，兩腋今猶逸氣奔。戲墨都能高北苑，新詩更不下西崑。子雲後世真元想，王勃前驅豈定論。一去吾曹三十里，教人何處作攀援。」三山余懷《板橋雜記》：「馬嬌，字婉容，姿首清麗，濯濯如春月柳，灧灧如出水芙蓉，真不愧嬌之一字也。知音識曲，妙合宫商，老技師推爲獨步，然終以誤墮烟花爲恨。思擇人而事，不敢以身許人。卒歸貴陽楊龍友。龍友，名文驄，以詩畫擅名，華亭董文敏亟賞之。先是，閩中郭聖僕有二妾：一曰李陀那，一曰珠玉耶。聖僕没，龍友得玉耶，并得其所蓄書畫、瓶研、几杖諸玩好古器，復擁婉容，終日摩娑笑語爲樂。弘光帝出奔，都城百姓焚燒馬、阮居第，以龍友鄉戚有連，亦被炬烈，頃刻灰燼。時龍友巡撫蘇、松，盡室以行，玉耶亦殉，婉容莫知所終。又云：「李香身軀短小，膚理玉色，慧俊宛轉，調笑無雙。」余有詩贈之。武塘魏子中爲書於粉壁，貴陽楊龍友寫叢蘭詭石於右偏，時人稱爲三絶。由是香之名盛於南曲，四方才士争一識面以爲榮。」武林毛善《叙補圖繪寶鑑》：「楊龍友，貴州人，博學好古，善畫山水，一種士氣，人莫能到。」繡水王概《書傳》：「楊龍友，負質頗異，下筆如風舒雪卷。咸豐丁巳十一月，舍弟祥芝于貴陽市中收得釋常瑩爲悔庵作《雪齋讀易圖》，其左端有龍友跋云：『曾見趙松雪有袁安《卧雪圖》，蒼秀古澹，固知袁先生高致，非俗筆可能夢見。今復見珂師□□□所畫《雪齋讀易圖》，古色淋漓，冷香四照，令人恍在雪山中行，不獨作立雪想也。甲戌十月吉州楊文驄題。』清鎮張中丞家藏文待詔畫《倪雲林江南春詞意卷》，有龍友跋云：『崇禎戊寅九月廿二日，盡歷東山勝概，歸飲茂動社兄齋中，燈下復出文待詔《江南春卷》快觀。秋氣已深，春光復醉，山情畫理，各爲千古。因於諸名公題咳之餘，用紀歲月，余固有天幸歟！吉州楊文驄。』

【校勘記】

〔一〕九十首：原作「七十九首」，手稿本同。兹據實收詩數改。

〔二〕上海圖書館、華東師大圖書館藏《山水移》此詩題名爲「《小龍湫同用冷字》」。手稿本此詩末有注曰：「夏四雲曰：『似石梁看雲詩。』」

〔三〕上海圖書館、華東師大圖書館所藏《山水移》于此詩題之下有「同用函字」四字。

〔四〕華東師大圖書館所藏《山水移》「楊子」之下有「窮矣」二字。今核手稿本，原有「窮矣」二字，然而莫氏後又删之。

〔五〕題詠：南京、上海、華東師大三圖書館所藏之《山水移》均作「題韻」。

〔六〕上海、華東師大二圖書館所藏《山水移》此詩題作「拜梅花和尚墓上」。

〔七〕臧幼惺：原作「臧幻惺」，據手稿本改。

〔八〕是真可謂山移也：上海圖書館所藏之《山水移》作「是真可謂山水移也」。

〔九〕路：原作「洛」，據手稿本改。

黔詩紀略卷之二十一

明

楊侍郎文驄下古近體詩一百七十八首

友芝歲壬子之都勻省墓，道貴陽。伯庸挾《山水移集》，偕諸子方方伯飲待歸草堂，遂有紀録黔詩之議。甲寅春夏，於遵義湘川講舍編完明代。當龍友兩卷間，而方伯湖北殉難報至。入秋以兩卷付雕，而楊瀊喜之亂作，閣置者十五年。庚午開歲，舍弟庭芝寄此稿來江南，携之揚州整理，乃取壬戌客皖所收石首夏雲鼎四雲選《崇禎八大家詩》，校龍友舊編，以遣伏暑。而方伯子炯鄂生寄資促刻之書至，此略廢興，適於龍友，可異也。今仍舊編二卷，而以四雲所録二百十有四篇除複重三十六爲第三卷。三卷諸篇，皆不在昔見《山水移》中。而四雲序《八家詩選》以崇禎六年秋，但云據《山水移》，蓋又後來增定本，備録通仕籍以前詩。是集後所作，乃曰《洵美堂》。故入竹垞《詩綜》者，無一篇同。邢孟貞與唱酬最夥，亦無一篇及之，且無通仕籍後一語。今《洵美》一集，遂成絶響矣。然此略之始於君采、龍友，僅依小集爲編，今乃各得選本增益，雖未見其全，亦差無負於兩先生云。秋七月丙寅記〔一〕。

感遇九首

崑崙涵古光，日月曉夜發。丈夫未成名，常恐近華髮。河源別涇渭，清者淨於月。如何秋士心，日使章句汨。我有雙寶刀，懷深不敢淬。九年乃出拭，光焰益超忽。○夏四雲曰：「閃鑠光怪。」又曰：「名山仙都，渾厚奇崛，望之有金玉之氣浮於觀聽。」

嬴氏坑六籍，真贋同一爝。胡爲壁中經，禮義復纖鑿。采華棄其實，斯人繼孔墨。安知僑僞途，不自先生劈。九疑不可望，省躬叩深益。○四雲曰：「破盡發冢贋言。」

薇蕨有自心，舉世皆欲竊。不知真僞殊，賈罪到先哲。此輩稱微慧，於道少觀閱。安能澄五官，照氣迴白髮。吾但飲醇酒，仙經亦不達。○四雲曰：「漆園謂伯夷死名，『有自心』三字，足爲解嘲。一結蘊藉簡遠。」

蹉跎世名位，有如花上春。君看澗邊草，亦足保其榮。至理合群動，我心徒未清。莫將長恨聲，混濁千秋清。卞氏非欲屈，魯連非欲稱。抱誠飲天和，庶可終無能。○四雲曰：「妙作平等觀，道氣元高，何處着人嗔恨！」

千金買良璧，製成雙玦環。欲以奉吾好，道路多間關。光氣常溢匣，如余傷暮顔。妾有如花妝，春心何能删。每欲效東施，四體靈不頑。○四雲曰：「逼成哀響。結句奇語亦苦語。」

昂昂千尺松，托根亦以深。雲翳出其背，下有寒泉沈。綺室須棟梁，微聞招隱心。匠伯不及偕，我非戀青岑。○四雲曰：「虬然高騫而矜厲。」

日晷不可攀，我行方在途。志氣不自得，令人慴壯夫。聖人御乾坤，丘壑本自娛。豈必佩金玉，而後驕屠沽。我心若葵花，向日每傾扶。嘆息愧吾道，此誠良不誣。○四雲曰：「婉篤絶似淵明。」又曰：「要將亂離之世一反思之，然後丘壑之惡，足傲金玉。」

交道闢古今，本亦道相輔。苟以晦余過，雖賢不願睹。此念偶在襟，十年費延佇。

夙抱無一恃，黽勉探琴書。閉門謝交知，靈根方在余。隱見初古人，賁然臨我居。開我案上書，即坐陳唐虞。謂此兩君子，變亂古皇樞。嶽牧偶一陳，冠裳森滿衢。此皆飽肉食，以國爲利沽。我謝不敢言，取琴奉其娛。徘徊起復坐，再弄琴絲枯。○四雲曰：「奇論，想從何來？筆從何下，仙耶？佛耶？吾不得而名之矣。」

白雲庵坐月同耳觀上人

冷光洗衆壑，清影悟諸峰。萬籟凜無犯，相與鴻濛同。獨立飽寒烟，如鳥翔太空。轉步追深林，渾茫見無窮。静極顧疏影，寒輝豐渺躬。光明皆可倚，到手扶孤筇。一葉墮深澗，始悟來天風。不知屐齒邊，紫翠横千重。○四雲曰：「觀空御渺，一塵不隔。」

中峰選石

采真不采山，蹉跎負此生。采山不采石，邈游負此行。況今討中峰，步步踏秋聲。各矢掄才心，奉約如王程。石交擇良友，高隱羞峥峥。誰謂頑石中，突兀無性情。絶壑與幽澗，月光尋孤清。此中亦五色，持衡須空明。慎哉懷古初，毋貴耳目驚。

山居詩和陶韻四首

俗累糾相縛，驅我入名山。山静不可規，别有日月閑。性適坐荒翠，思幽訪深淵。塵網忽得此，如耕獲良田。圖史散滿案，招提空數間。遠峰媚平户，細草通鳴泉。山足引徑微，聽風過松顛。有時還自醉，真趣獨怡然。〇四雲曰：「聽松妙在微徑。」

住山不出郭，塵事猶鞅鞅。白板闢永晝，參元固靈想。静中生道心，念我日月往。誰云青鬢鮮，白髮已暗長。起視萬山青，幽情匯蒼莽。

森森千章木，本茂陰不稀。日夕卧其下，鐘鳴猶倦歸。草蟲與山雀，時時繞絺衣。衣穢不忍去，恐使物情違。〇四雲曰：「似儲。」

行吟欲何往，？回還踏阡陌。几簟承松陰，屢遷亦自適。看竹成往來，隨雲寄朝夕。世態鬥蝸牛，無端事一隙。陟岵望吾父，王事苦行役。但願安修途，何須奏匡績。歸來不能寐，擁書代三益。〇四雲曰：「四詩情韻幽澹，得陶之髓，妙在無摹擬迹。」

夏日奔山莊道次龍泉磴級竦峙熱倦不進憶昨日在草堂臨溪對鳥

登泊亦有既，未許行相促。胡乃念山歸，澤首當炎毒。西峰啖赤日，我始青巖足。絶頂試一窺，目力非所屬。百融低其翔，孤笻猶躑躅。去取復何愚，昨夜松杉緑。潭月静鷗鷺，舟子忘歸束，瞻聽一失非，道路群相觸。

過張山人幽居

徑險蹴溪光，峰危壓檐翠。會見鐘磬音，鏘鏘鳴野寺。左右苔石迹，青林寒閟閟。抱此幽居心，張郎絶瑕累。草書學先人，奔駿旭芝類。對我揮數章，是日殊未醉。臂修眉宇闊，齒浄目光粹。胡爲鳥語邊，落日照清睡。乃祖賢大夫，筆墨存忠義。聲彩浩洋洋，君豈忽此志。時俗久見憐，吾獨知君意。天衢非不力，不忍混凡騎。白髮暮縱横，聲名亦憔悴。山梧墜冷香，草閣澹幽思。君其安視聽，且幸田園備。

留别同社

結情飛動外，片影耕香碧。聞君抱清律，未面誠先赤。每懷投半席，意苦慳蓬蓽。前年甲子秋，始造清吟宅。謂予當少憩，江社不咫尺。偶成依倚心，删徑得孤石。誰謂君崖岸，對我猶開闢。日月三百環，共君如一夕。貧根應用直，歸路何相迫。今來復幾辰，又顧南飛翮。風濤入我意，奔走冷誰惜？惟君開静尚，珍重青燈迹。臨别欲有言，深心不容易。〇四雲曰：「中有骨趣，不偏辭藻，故佳。」

雪霽訪山中友人

凍色一千尺，峰峰停去馬。應有素心人，出没幽烟下。捨轡挹修柯，驚泉忽鳴瀉。瑯琊鐘磬音，杖策遠相假。禮樂奔朝會，生民樂虞夏。誰能獨崎嶇，世路無平野。買山嗤道林，薄義慚須賈。寥落千年後，斯人亦云寡。

燈下看馬生習字

弱態自可憐，吭毫拂輕紙。燈花不敢移，墨氣隨香徙。立畫將會心，百媚傳於指。停思若有光，顧我添池水。

夜坐攝山頂看月

山月公衆壑，松影鬱相留。泉聲聽不息，雲意漸歸休。南北渾一氣，高低齊層丘。心與月俱滿，鄉園含暮愁。○四雲曰：「落筆直要無迹。」

題徐白雨卷子

良友若素絲，俗情染蒼黄。一自逢白雨，如秋吹清霜。炎風忽已失，妙氣生我堂。吾家有子雲，尚白頗相當。

不寐

夜冷牀欲空，山氣默相告。衆音次第來，百慮同浩浩。欲借夢爲鄉，經營棄所抱。所抱轉益煩，天明行路難。

江上懷宗開元

雪色沁江水，澄波吞衆荒。執酒念吾友，宛如動肝腸。洗氣留寒碧，蕩空發幽光。何當共遠眺，樹樹尋蒼黄。

古雪龕同周又新坐月

月影一溪亂，柳梧各相私。移杯光影中，如坐天上池。花氣静深飲，小軒渾在枝。衣裳染露香，緑蔭浮鬢眉。人間亦有月，昏潰幾能知。唯我與吾子，更殘猶杖藜。

過胡元振齋中看畫

散步啓衡門，初桐引修徑。巷若無居人，冷翠自相映。爲尋太始音，閑叩山水性。置吾羲皇間，泉源在微磴。墨光冷山候，素氣澄水映。坐久忘丹青，倚壁究觀聽。

秋日同周又新薛伯玉李卓如盛壁人出郭看紅葉遂宿牛首山是夜得拜傳燈諸祖遺像

秋氣肅原野，萬物當屏息。胡爲有深紅，樹杪不可測。驅馬踏南山，遠近信目力。如花照春媚，似日出海色。兩株開化城，千片覆古石。尋香聲影外，繞塔鐘磬側。因拜古先生，如鳥肅雙翼。薪盡一燈明，諸祖嚴其職。前川清月光，於斯悟所得。

獨　坐

西汜迎扶光，脱巾坐荒岑。肅神以還性，而合天地心。峰嵐望不極，湖光渺可臨。休息運至理，疏林引商音。或謂虚咎曰，我心在空湛。〇四雲曰：「蕭然獨往。」

最高峰觀落日

一江衣古錦，鮫人不敢碎。半幅覆諸山，紫氣騎峰背。忽使天地荒，頓引眼光大。磨蕩争洪濤，吞吐破群晦。渺躬立餘輝，寒芒古佛對。遠螺影如鷗，恍惚失所在。更如水西流，群仙驚難寐。我欲褰裳求，住山煉爐内。○四雲曰：「發端數語，斑駁光怪，江山初闢時莫有此景。」

山中觀友人種竹

處身非不幽，處世亦不窮。遥聞静者心，非關塞與通。上世有貞士，布衣如梁鴻。養德食其力，樂生琴笑中。嗟予識子晚，日見彼佼童。破履風塵際，至人慚我胸。看竹喜新葉，鳥情怡故叢。灌濯豈不勞，百泉鳴一風。待君青徑開，來説宵旦功。

讀道德經

仲冬微雨生，入户風謁耳。桑土未綢繆，迴冷拆窗紙。案有老氏書，虚躬任群理。扶九一息中，胡乃再悲喜。順化安成遇，榮名工作止。田原滿青陰，落木今如此。○四雲曰：「扶九二語，釋氏苦諦。」

藥物苟在山，土脈常未足。自非崑崙巔，不必産良玉。佳魚濁我澤，美獸伐我林。我聞太古時，出入峰深深。泣玉作滂沱，斯人愚已多。○四雲曰：「字字古，字字深，又字字轉。」

課耕四首

秋仲斂嘉穀，劬勞得暫寬。孰以田野翁，倉廩意拳拳。來月思蓋廬，種麥猶當蚤。用爾飢寒心，相期取温飽。

后稷事耕稼，詩人賢此風。及至三王後，生涯能異同。揮麈奪高位，殺戮分奇功。方術遍天地，相慚爲老農。

新買荒山耕，農器本蕭索。西壁借犂鋤，就中含日夕。八月陷秋淋，豈與甘澤同。草頭十許粒，漸落泥塗中。東皋土稍厚，宜種菜與麥。勉力向春工，鹵莽終無穫。譬如涉洶濤，舟子不容幘。渠是岸邊人，笑我喃喃色。

棄硯行寄先輩

皎皎荆山璧，琢爲硯蟾蜍。匠伯近太古，文彩多陋疏。愧非廊廟資，復在多士途。一日見把玩，得與案塵居。漬墨變本真，點染憑童愚。自謂可相保，含垢傍詩書。主人學神仙，雲日動高衢。不能拔宅飛，遺犬方墜呼。所棄寰中物，貴賤一夕殊。昔如冠在首，今如珮在裾。玉色映霞垢，清響落泥塗。我昔非洲渚，意有此區區。山川照蹇塞，不得辭寒廬。浮名果何有，檢此七尺軀。〇四雲曰：「大段似古樂府。」

答木叔社兄江上留别

深山久閉户，梁月想故人。誰將冰雪心，洗我十斛塵。有客叩野扉，移舟繫江漘。自起開草堂，石徑掃花茵。握手話永夕，照心如冰輪。眼光與世態，何事非陶甄。痛哭拜吾父，撫棺繼昏晨。淒涼賦大招，字字含酸辛。因之剪野蔬，坐餌溪上鱗。顛倒讀奚囊，紫光散城闉。黄河出天略，羞隨人齒齗。狂叫傲太古，眼前胡足嗔。寒山一片石，共酌千秋貧。誰謂大雅絶，火傳寧盡薪。誦讀自不負，時好皆莫徇。文章有明晦，坎壈猶在身。劄心能成碧，按劍頗無鄰。嗟我得吾友，片懷方自真。生平不奮發，事君誠有臣。無父我何怙，寧敢云屈伸。北堂借甘旨，持筐方采蘋。南望隴畝荒，故居委荆蓁。百志日隕廢，友誼貞霜筠。嘗笑生死事，交情乃可湮。嶙峋有瘦骨，未嫁修芳辰。唯子識我處，德業勉日新。許我昔賢中，峥嶸有孤嶟。不學些沈楚，當思哭向秦。我聽敢藐藐，君懷誠諄諄。言當舍我去，道路何不仁。離亭斟别酒，紅葉如花春。此身托交道，萬里同逡巡。○四雲曰：「叙置詳盡，却又真篤。」

病　中

展轉不成寐，孤魂自來往。閉門澹世情，中道生魍魎。一念不成灰，百端入幽想。明月光在檐，微聞動林響。○四雲曰：「五六愁緒如此。」

題張同甫直溪册子

直道如東流，水德亦回遹。交情若溪雲，蒼白忽千出。唯有溪上人，太古樂衡泌。篁風裊千竿，對之稱竹逸。蘆花滿十畝，伊人恍若失。良會不可知，面新情自密。欲畫溪上山，一畫須十日。欲畫溪上水，五日始得一。遂令主人心，澹澹無與匹。三代在此時，千里成一室。何時晤直友，與溪争甲乙。

雨後踏天開巖千佛嶺諸峰聽溪聲

衆溪一夜换，故道新水争。石脚惱餘苔，山光何清泠。看僧扶竹醉，得月見松生。萬籟滌不見，淙淙聽復行。○四雲曰：「發端新異，稜爽，唐人所未有。」

壬申秋陳木叔簡以長歌依韻寄答

去年客石城，携手踏明月。今年月復圓，子便返甌越。我行白光中，兩肩但兀兀。俯仰問余生，何以輸馬骨。喜君見神駿，鞭影自滅没。寄來金石音，藻思如飆發。龍湫静爾性，展户向雙闕。近説耕石田，舉趾倍矻矻。誓取虎穴子，更盼驪珠窟。爲我酌世情，今古見毫忽。末流重炎涼，此即大賞罰。君看上林花，何易天台蕨。無奈世運疲，事事可立髪。民力苦已摧，求徵尚未竭。與子願偕行，無衣歌豈曰。

游寤園用耳觀韻

蜃氣幻千態，乍疑龍未歸。傑閣抱奇峰，崢嶸周荒陂。老石走怒濤，風雨争先之。我來游其中，目光無定時。挺然上絶壁，松竹森相吹。俯身領衆壑，欲行心多歧。深洞宿天光，浮烟時蔽虧。隔岸峙紅亭，褰裳亦何爲。芙蓉開爛漫，映帶行參差。紅葉非一想，精神如自疑。誰謂蓬萊宫，今古遂難期。委宛稱各得，如魚愛清池。烟霞滿襟鬲，歸將驕所知。〇四雲曰：「陰晴互换，聽潑墨之光與之相奪。」

湛閣看月

江月不能寐，西樓宜遠烟。空香散水魄，露影澄天泉。一望渺青玉，千尺開雲箋。帆檣落杯中，聲響争歌前。池清天欲墮，柳老翠仍慳。夜氣引冬候，茗樽遮夢緣。孤光全昧地，灝影竟浮天。把酒問先哲，成詩過草元。葉傍星漸遠，籬角露微添。獨與高僧語，松痕映水田。

挽東魯節婦王氏

二東覯刼運，萬事皆委蛇。忠孝何等事，草草亦如之。拔劍呼昊天，俯首斷鬚眉。不意有女子，世遂無男兒。岳岳志靡他，魂魄江風吹。夜臺捷相待，長笑若忘悲。鬼神欽孤貞，光焰護江湄。婦死停江側，人常見棺上火光飛動。嗟哉委質人，何以殊結褵。天地有深意，豈但非情痴。

溪上元夕

長溪燈火集，節物媚庭除。落日不肯沈，延光風上驅。造化莫在天，百靈争假途。水陸含鬥心，牙眼互相誅。累變但一氣，滄桑誠有無。引此鴻濛客，傳囂本異區。朱户内林痕，小開陳玉壺。歷歷明瑺下，村農呀以吁。上古結繩民，衆悦同一樞。其後各分轍，仁體相呼盧。賴見此良夕，聊爲年歲敷。願言借春工，使我寒苗鋤。〇四雲曰：「狰獰荒怪。」

無　題

亭亭溪上雲，欲與朝光會。朝光壓溪上，每説功成退。冷暖勢先異，縱來曾幾時。相照一步影，半沈峰與枝。貴賤本不同，胡然輕始終。〇四雲曰：「景氣一動便奪目。四句似傷巧。」

短歌寄邱夢雀

十載稱朋好，我貧子所知。讀書長青苔，巾櫛如見遺。惟子不畏路，千里爲相羈。念子就薄宦，今非少壯時。卮酒忽在眼，爲我開鬚眉。海上有仙山，相携君莫辭。

送孔養初年兄之滇○養初，名元德，清平人，官至副使。

滇池水之伯，點蒼山之侯。君子治其郡，遥光天際周。相依在江南，數載同周游。入門問奇字，襟抱無邊陬。公作二千石，異鄉惟我留。天子重外守，皇心非一州。楚塞月將凍，黔山春漸柔。旌旗浮水甸，閭井避輿輈。我逐糗糧聚，遠爲兒子謀。夢中慚折柳，心與墓田秋。○四雲曰：「一起高脱朗秀。」

春日同謝君采先生唐大來熊庭階李卓如蔡湘渚諸詞人游燕子磯

春光期懶人，日入肆幽討。舍策理輕舠，纜解胡不早。夕陽銜晚山，霞與烟相抱。推篷拭雙眸，兔魄來疏島。石磯水中峙，四顧空浩渺。孤鐘發遠山，野唱催歸道。吾將謝友生，矯袂淩青昊。

秋日同諸友集飲賦得漏盡移燈看海棠分笑字

夜静訪香光，燈影自相弔。花神洗幽魄，隱隱落懷抱。視聽若因依，含羞但微笑。秋盡忍霜痕，留歡爲君照。

廢　宮

亂巖如犬牙，適與哀湍會。不知何代宫，傾倚衰草外。畫壁滿蟲涎，石蘿相映帶。古柏饒幽姿，童僕擁青蓋。悲風薄暮生，遠近咽竽籟。初制豈不偉，吾生亦有在。嘆息緩行坐，前望車馬晦。

讀釣臺集志感

子陵釣桐瀨，頹然此野夫。一朝客天子，聲稱滿上都。買菜癡公卿，加足驚星符。故人誼至高，交道追皇虞。如何弄柔翰，推敲成揶揄。蓑衣輕羊裘，打乖唱大儒。從來高士心，一真適所趨。無激亦無悶，始終此狂奴。

西湖聽琴歌并序

庚午秋，余客西湖，與季寅李子僻居山寺。于時妙月獨秀，烟波渺寂，神静心遠，影外無人。李子援琴而鼓之，音調慷慨，督以閑和，水影山光，如更開悟。彈畢起舞，若有所得，因作《聽琴歌》贈之。于是知叔夜未嘗死也。

有客書空嘗咄咄，從我西湖聽白月。凝坐氤氲歌七弦，不忍清光自明滅。衆音寥寥夜轉定，獨有琴絲照衷聽。龍變鬼没來無端，吴胥楚臣雜淚彈。嗟我生平澹榮辱，寸心何乃生其間。君十指，我七情，從今化作風泠泠，瓦礫起舞頑石聽。○四雲曰：「『嗟我』二語，清微浮動。」

觀亭前早梅戲爲長吉體

天孫夜笑孀魂結，玉齒開香漱遥雪。吹作梅花寸寸新，凍痕偶與春光接。風伯渡水香粼粼，溪上木奴皆有春。幽暉照手莫相摘，高士眼中懸一人。○四雲曰：「幽香冷艷，粘眉濺齒。」

試劍石

劍光入石分崔嵬，赤虬徙去有根頹。歸雲失所猿無階，野樵驚嘆疑徘徊。偶二班白從中來，屐齒鏗鏗雪半開。與余一笑情如哀，共向溪頭洗溪水，不知意有何塵埃？○四雲曰：「放言寄意。」

秋日觀吴充符太學藏畫用耳觀上人韻

山雲出凍月華冷，石香滿衣光井井。古人精神皆可呼，得淺得深惟自領。筆鋒削鐵墨飛花，樹頭若吹風欹斜。中有仙人問前路，耳目無權信風去。去時失記山前扉，至今魂墮未能歸。○四雲曰：「幽曠靈静，非真讀書人不知畫理之妙。」

自答

士無賢不賢，蟠泥則皆寒。品無貴不貴，烏紗則皆官。瓦壓識轉低，如律不可寬。世流濁無底，蛙步行路難。雖曰體無衣，卧狗亦可安。豈曰食無魚，何必索豬肝。空盡萬物死，手指可以彈。頴客忽然走，張顛脱其冠。石火燒人心，日月跳雙丸。大地著何處，鼇足犢鼻看。回首無了時，事事儘悲酸。君不見，灔滪蕩蕩，安流有灘；又不見，桑落入手，其時將闌。吁嗟乎！炎風空熱羊裘歡，涼風狂裂葛衣單，世情嶮巇翻波瀾。

讀書佳山水歌爲王季重先生作

緑陰開四窗，泉性響千壁。先生讀書養志于其中。耳目不聽煩囂入，自然静裏絶人寰。日破萬卷皆等閑，畫龍點眼在神用。豈必鄴侯三萬籤，閑領兒孫步幽矚。蔓草萋萋開我足，王子晉，實公族，時向溪邊分一局。還丹固是公家物，遂將秘訣持贈公。冷光溢目雲曈曈，蟲翳鳥喙來清風。公謝再拜不敢答，還開禹穴置雙匣，飲酒一斗生緑髮。○四雲曰：「峥嶸蕭瑟，競秀争流中，見一人乘鸞來去，使猿啼鶴唳而已。」又曰：「奇忽超宕，都不在山水之間。」

題李山人馬圖

十年任俠隨李廣，慷慨不逢明主恩。歸寫騂騮贈壯志，紙上鏌邪生血魂。從來畫馬幾人真，怪君此圖能入神。百匹長馳高塞塵，一一毛骨皆殊倫。英雄未遇尚徒步，安得使爾空逡逡。驅者如聞颶風至，霹靂墮天驍虎避。鬼神不得參其意，尚是胸中縱横氣。長尾刷空火日冷，勁蹄踏夜邊胡忌。飲者微茫動海光，沙場日落秋聲黄。中有一匹瘦騏驥，眇若天邊倦游子。遲回不能歸故鄉，古今疑目失駿馬。高名獨與干謁者，白頭耕老蜀山雲。丹青欲餓風塵下，我爲李君一沈嘆。願捧波濤注君硯，輞川圖中增一綫。寫我柴扉兩扇對君開，日夕呼君坐高岸。○四雲曰：「乃知詩狂畫俠，即是胸中氣韻所成。詞人墨客，著意仿效者，一紙萬重矣。」又曰：「『英雄』二句，精氣百倍。」

采木笋歌

山菜當春生者，質直如笋，食不待葉，故以笋名。山中無争，客亦得采，是爲歌。

余愛守谿山，非爲静所縶。愛此山中人，禮樂如不及。春時得散采，不問主原隰。區區唐堯仁聖心，今見田夫市中泣。我采既盈袖，途路乃生光。歸見月中枝上禽，飛鳴顧我牀。高人在源北，猛虎居溪東。獨以無憎懷，相安人虎叢。豈謂道高能鬼恭，東鄰婦，笑兒童。○四雲曰：「『歸見』以下，荒颬澒洞，厥旨遥深。」又曰：「『無憎』二句，意境獨到。」

秋山

旬日陰雲始及秋，秋去已半雲還愁。賴得溪波一痕色，不然心眼成大幽。龍陀隔溪僧影失，鐘聲每過亂峰夕。鴻濛到此欲何狀，前王頓畫天之一。憶昔人間屋片荒，盆水拳石當我牀。於時不得高崖百尺勵其足，星月縱好情無方。子瞻祝海城，昌黎禱衡嶽。吾意獨無神鬼私，頑烏未肯開其啄。寒螢避雨著青葱，輝映不減明星雄。嗟爾莫學長安俗，日月照入瞢瞢酒肆中。

○四雲曰：「陰森沈闊，當觀其步驟，起伏如蟄龍，懷雨鬱而暗舒。」

山中雨霽

怒龍苦戰摧一齒，鬣灑高烟散嗔水。萬株松夢忽然惺，如從夜行今得止。眼光遥引不可圍，徑貯高秋數千里。石上猶眠未起烟，冷翠空青扶地軌。松花可摘餐頑仙，下視人寰笑糠秕。數遍深紅處處肥，曉光疑奪暮山紫。○四雲曰：「三、四清空若洗，七、八奇宕。」

春夜同諸校書看牡丹

酌月看花花正好，仿佛無從真醉倒。輕烟濕霧接微明，綴影環環忽若驚。有如淺沙罩紅玉，漢宫春暖胭脂痕。左右輕盈力如組，趙家姊妹掌中舞，亦有低徊掩面塵，媚眼啼酣待風雨。驚謝前楹第幾枝，緑珠魂斷墮樓時。一枝遠過闌干外，似嫁明妃驅紫塞。大小欹斜不可狀，莫愁桃葉肩相向。爾曹倚石俱大嚼，人影花光散惆悵。獨有老夫嗟可憐，看花從此非少年。

贈傅仁宇醫隱

玄穹畀予巖電睛，剪動秋波千尺冷。三十年來我負君，一旦叫閽致災眚。上帝呼予痛責之，謂余半世何卑卑。空有眼光石稜紫，俯慚鼻舌仰羞眉。問余大地名山五，上有峰巒萬千數。雙睫遥飛能幾丘，不得山川隨步武。問余少把奇書讀，宛委牙籤幾游目。扶日蹴月等閑過，五車不到窮酸腹。大儒博物思無涯，男兒在世誰張華。曼倩之奇公治怪，徒悲未見空嗟呀。展轉問余誇好友，百尺元龍君到否。考槃之中有碩人，子不與言同下走。最後詈余負余美，三十未得見天子。懸珠有靈臣朔飢，雙瞳耿耿羞欲死。數余十罪與予決，奪予眼光存余舌。三十日中長瞶瞢，滴盡英雄眼中血。於以愴皇訴上帝，帝之所曉皆吾志。馬周之足子羽頭，欲以吾言徒雪涕。悔誠上格心再虔，母老天涯情可憐。遂遣明珠還合浦，恫余小子勞飛仙。仙人敕下降余禮，扁鵲倉公何足比。偶以金針撥病源，知余所感當湊理。手出還丹尺寸許，闢開銀海清天宇。依舊臨余日月光，喜送飛鴻怒蹲虎。得君除此眼中刺，向君再吐心中事。半世文章未足憑，一鬻豈即消吾累。第一之累在肉眼，皮相令人常蹇蹇。願得君家破翳針，使彼靈光頓如返。其次常多白眼人，安能豁彼憐才心。五輪八角同清明，卞和三刖終一遇，箕山潁水非吾貞。○四雲曰：「襟懷灑落。」

贈陳石寶

滇池池側萬峰青，點蒼白雲無暫停。雲氣水光爛相倚，中有美人降仙子。十九朝天衣袖緋，誇官燕邸紅塵圍。乞得閑曹友先哲，終日讀書還掩扉。致君堯舜且糟粕，別有大用全天機。

近代人，方囟莽，意君出手高雲上。天邊一鶚飛縱橫，眼底賓鴻競清爽。

題孝俠卷有序

余嘗讀《五代史》，至《張藏英傳》，莫不正襟起敬。蓋欽其孝子報親之誠，而服當事成人之美也。史謂藏英年十六，殺父仇于幽州市，而節帥趙德均壯而釋之。嗚呼！藏英固自精誠，須得趙公以成其志，設使當時滯於繩墨，則千秋之血性男子豈不沮辱哉！吾鄉陸怒飛者，今之藏英也。其父以安酋之亂死於賊。怒飛哀號嗚咽，數年如一日。後賊已降，而負薪於市，飛伺而殺之。一時，當事欲以法論，是删嘉禾而養稊稗耶[一]？而欲以諄諄之言，鼓勵正氣，挽回風化，不亦難乎！然怒飛不拘小節，重繭萬里以避吏議，自謂刀俎之餘，遍游山川，以樂其志。而同鄉蔣象巖先生爲著《孝俠傳》，使藏英不得專美千古，而獨憶所謂趙德均者。世豈有諸？予因之慷慨而爲之作歌。〇怒飛，《省志》失載，蔣象巖《孝俠傳》亦未見。

妖魑爲孽群虺行，殺劫十年黔無人。牂江愁絶怨鬼哭，誰能髮立酬君親。嗟乎陸生真孝子，誼不共天拚一死。袖裏輕飛聶政刀，悲風颼颼寒江水。父仇已報一已足，伯寢其皮仲食肉。黄泉自有快心人，壎篪吹向刀尖續。我嘗扼腕悲黔中，幽魂百萬號西風。中有忠臣與孝子，精靈無乃蕪草同。陸生陸生何敢烈，眼前男子俱無色。唤醒城邊無限魂，故山一夜英風逼。君不見，伍胥入郢鞭平王，至今名字猶鏗鏘。聖人御世以孝道，多君眼底無冠裳。送君鼓劍江波緑，易水蕭蕭歌此曲。綱常自古真文章，不羨雲間之二陸。

贈易曦侯

黄金已盡蘭房輟，交道于今幾欲絶。壯懷何處吐心血，荆棘滿眼腸空熱。衡山湘水靈所結，中有美人稱俊哲。性情磊落不可説，半生坎壈唯存舌。腸回氣直思穎絶，筆光有悟非磨滅。肝膽逢人披若雪，不作兒女矜眉睫。憶昔中州停軌轍，片語傾心訂交結。山川修阻中間別，魂夢相牽徒切切。流離偶傍鍾山凸，把臂逢君好時節。示我奇文索品閲，鞭笞揚馬令顛蹶。須臾紙破電光發，五車盡取驪龍窟。使我精神倍超忽，作詩贈君魂咄咄，還期報我雙鴻鵠。

醉翁亭看梅次壁間韻

老根虬曲光曈曈，披殘雪意生春工。卧成高士學醉態，傍有美人驕素容。古香暗襲客路馬，新妝曾點壽陽宫。先生醒眼自千載，徒餘空亭稱醉翁。

貧女行寄楊修齡老師

摽梅已盈筐，未得待君子。夙昔諳禮儀，豈謂愆容止。西鄰女十三，出閣着羅綺。東鄰有棄婦，昨日亦行矣。嗟予鏡臺塵蒼蒼，十年脂粉都未嘗，頗有情思遵孟光。含羞滿眼告師氏，綰心作結升匡床。○四雲曰：「怨抑冷切。」

宿白石莊同雨公道生諸子賦

冷月嚴霜酸遠客，驚魂不怕層城隔。飛入青樓聽夜歌，歡聲恰少悲聲多。一歌一思何凄楚，氣捲寒雲成太古。六臂連環如畏虎，茗爐空自生風雨。醒來步轉危樓邊，鐘聲在樹星在天。擊碎珊瑚亦何補，驅魂役魄徒辛苦。○四雲曰：「縱横激宕，鋏笛叫雲。」

拜月

侵天月浪濕秋宇，掩盡微星寒魄苦。午夜無人獨供香，花陰曆歷紅堪數。苔痕軟襯步猶却，露重方知羅袖薄。簪拂花稍動碎光，低鬟不覺金鈿落。梧竹深藏光滿滿，雙璫暗響聲聞遠。中情向月定有言，細語風吹聽不辨。

春日入蘭谿舟中遇雪

括蒼山深亂雲簇，出澗春風吹馬足。前溪盤出松影寒，曉吹陰陰飛淺緑。元和釀春春路熱，人喘吴牛馬蹩躠。雙溪瀫水風墮狂，千山一夜吹成雪。孱骨登舟倦如醉，濤翻水立不敢寐。推篷一望玉麟麟，銀海茫茫失天地。雪氣蒸雲雲抱霧，不辨三光渾一素。玉林隱約借輕烟，此是江南萬株樹。樹頭千峰推欲平，樹裏人家一片明。月痕隱忍出纖壁，懶翁大叫詩情生。暗谷光從何處來，雪浪生花隨棹開。存想虚無對冷碧，身入太初猶未孩。小窗對雪驕紅爐，驢背偃蹇償詩逋。何如挂帆瞬夕間，乘槎天漢惟斯須。床頭有酒卿自進，春風新送梅花信。醉來嚼雪潤枯腸，墨花六花争作陣。○四雲曰：「起四句冷光薄射，『玉林』二句如畫，『隱忍』，字正奇。」

夏日坐松風閣聽琴

逼人清靄坐不極，松梢謖謖生天風。四山封雲不受暑，七弦引籟逾能工。海潮到耳開復合，冷翠着膚清且空。無言隱几亦無意，相看白日追洪濛。

發草堂

想見陰巖雪，高深接衆光。可分今日路，行去古春傍。即事掩孤宇，登幽尋片荒。遠懷應近踐，松步與微茫。

滁陽道中

溪色愈無盡，朝寒入徑新。耳幽時辨鳥，心素亦同人。零雨膏時草，桑農答晚春。山情遥憶我，不得緩踪塵。○四雲曰：「起句都新秀豁爽。」

宿燃燈寺

欲乘清夜渡，烟際已懸舟。擇響投疏磬，開扉汲淺流。於時山月色，分照竹松幽。静者淵相對，無言一問酬。

循寺下江

石徑松陰壑，沿源屬去長。曉分晴竹字，虚聽接江光。鐘梵雲開合，心情水激昂。欲停舟子楫，看月下梧岡。○四雲曰：「景象變幻。」

九日寄友人

清日半雲色，雨邊寒鷺飛，病依聞見懶，心較物情違。菊晚深岑寂，愁多隱道機。西林詩共酒，君醉把誰衣？

寄　友

夕風吹雁影，返景照題書。清切情兼字，睽違君共余。積陰深野寺，烟翠邈城居。更惜今秋月，光殘嗟嘆餘。〇四雲曰：「雁書常意，妙在『返影照』三字點化。」

寄　僧

落葉深淺處，曾有一朝俱。井爨相爲力，聲情過友于。忽牽秋影别，得使暮亭孤。每念風塵下，君能啓我愚。

偶　作

南賊尚雲戲，數家歸未曾。客心疑野語，虎眼怒村燈。邊地未全拓，夷獠方小懲。況今廊廟作，天子悟中興。

小　病

小病疏春裏，柴荆又復開。食遷幽鳥去，雲爲客星來。菱小供鷗粒，書飛成蟻胎。前溪微水色，忽憶泛舟迴。〇四雲曰：「六句奇。」

病後戲題

健時聊勝鶴，病後起須人。履襪更前度，蚊虻苛此身。十行纔到竹，孤坐每依壁。鏡裏翻相避，疑余不是真。

寓舍

視聽小躊躇，乃今重歲居。過風憎土偶，飛壤待蘧廬。多病食爲藥，此生求作樗。花林傷曉薄，不敢便携鋤。○四雲曰：「起婉折。」又曰：「有深厚之氣，有雋永之味。」

客中守歲

故寒燈上盡，客舍便將春。用此一宵慮，蹉跎千古人。雪霜誠未苦，兒女怨多因。幸得隨花事，來朝看向鄰。○四雲曰：「起得悄然。」

人日游彌陀寺

幽松不厭客，况是早春時。溪路閲人事，巉巗通鳥枝。仰聞殘磬落，因見别峰奇。近有結廬處，頻銷花木期。○四雲曰：「五、六岑孟佳境。」

中秋無月二首

半夜無所向，夜葉影婆娑。物論苟相感，小人行若何。近籬聞虎跳，繞竹見雲過。持此長謡去，愁思當飲河。○四雲曰：「三、四深峭超逸，不可輕擬。」

數行新種竹，可以散幽暉。晚伏月尚好，到秋雲始肥。已無光下飲，仍著露時衣。俯向哲人笑，書燈寧少違。

九日憶僧

昨年重九日，開士從我游。向後伐孤徑，於茲君一丘。荷鋤中欲老，種藥外無求。今歲重看菊，籬邊私惠休。

早行二首

殘月依馬首，餘歲慘客顏。偶看堤上柳，如得夢中山。渡曉争舟急，橋平取路閑。不知秋氣重，點染客衣斑。

勉强事行役，驅車聊自凭。授餐誰是主，失路半呼朋。破壁殘燈在，朝煙野爨仍。此身誰謂苦，途上有擔簦。

江　行

空江延旅思，身世注輕舠。竟將千里夢，暫逐片帆遥。風不承心躁，波偏抑氣驕。海鷗今悟矣，斷岸任蕭蕭。

步斷橋

空翠隨雲墮，維舟納晚涼。酒花吹短藻，月影戀頽岡。散髮風梳盡，輕衫露濺香。悠然成獨適，情性自翺翔。

鄒静長師邀同鄧紫芝先生游新庵二首

冷碧無次第，公然直上衣。啓龕通水木，移席近芳菲。雲借松陰卧，鳥銜花影飛。再來香國裏，願掃佛前幃。〇四雲曰：「五、六鏤塵吹影。」

幽緑抱孤室，遠峰皆入禪。黍香歸鳥雀，竹浪接人天。相對拾秋氣，自然生静緣。何當二君子，邀我月嫦娟。

吴充符齋頭看石

雲氣凍不去，開林見一峰。勢蹲龍虎骨，色帶海天容。户啓通斜月，苔輕訝斷松。城邊疑是爾，休比玉芙蓉。

飲張雨若老師天境圖

湖水明于鏡，幽亭鏡裏開。倚欄歌緑竹，愛日坐青苔。繞徑從花事，移山向酒杯。陶然天地外，風送嘯聲來。

晚游密園

柴門臨水插，朱檻逐花旋。修竹千層翠，寒松一片烟。危峰依怪石，曲户度平川。命棹游將返，梅花絆小船。

行十八澗中

探奇愁失險，迂步轉嶙峋。路盡小橋折，烟開古寺蹲。竹陰不讓地，松翠欲争春。誰謂尋蓮社，依然若避秦。

觀汪叔吉女樂

玉樹臨風立，桃花帶夕曛。一歌堪裂石，片語亦留雲。未步先翹袖，微酣始顧君。玉皇香案側，何事入人群。

微開鸚鵡舌，字字見宫商。苦調已生淚，多情如在裳。聽專燈焰冷，觀止芰荷香。繞坐兼飛蝶，經營欲近傍。○四雲曰：「有『荷香』冷襯，觀正未止。」

夜雨遲友人不至

獨坐更欲冷，淒風吹緑苔。徑香疑客步，雨氣覺林開。索句幾探韻，挑燈數置杯。竟然成寂寞，就枕復徘徊。○四雲曰：「四穎静。」

散步卧佛寺水邊

縱步踏危橋，鐘鳴寺尚遥。石根堪下拜，花嶺若相招。漱齒尋清韻，冥心聽暮潮。一泓難别去，還坐思微超。

題高秋父畫石

突兀影欲動，峆岈勢亦顛。古雲封過面，碎璞小于拳。閑楮落空翠，枯毫生冷烟。飛來峰第幾，尤在米家船。

舟中夜雨懷賀静補

一葉藏于壑，千山盡送烟。岸高人語澀，風急櫓聲孱。逃濕書仍檢，移乾被屢遷。故人雖不遠，魂夢亦相牽。

題畫寄楊修齡老師

百思攢永夜，强起寫寒山。瘦樹支荒徑，輕烟没小灣。道情隨境淡，深意妒雲閑。到此貪幽邃，寧知世路艱。

留别社中諸友

曉起理征裝，嚴風送薄霜。行人遥夜宿，良友計時望。名譽耻相僞，文章道自長。梅花香雪裏，立馬暫持觴。

雪中别盛伯含

此行若江雪，片片逐江飛。與子一爲别，夢魂千里微。粉本隨征劍，雲心戀客衣。何時當潑墨，重掩夕陽扉。

丁卯除夕同譚梁生陳與公鄭元錫小酌沙河店

途長偏戀客，歲去不依人。笑語留殘夜，鄉思度早春。一杯燈伴友，千里夢尋親。明日何堪醉，勞勞車馬塵。

都門與韓雨公王唯士別

驅車各問路，微醉果西東。握手哀暫塞，蛾眉寧久窮。交道畏多露，世情如捕風。相視不無感，君心儻所同。

客路

久客已不耐，何當失路歸。夢魂尋僞喜，童僕問褒譏。塵土争歸面，山川疑采薇。多情堤上柳，猶自戀征衣。○四雲曰：「僞喜篤于真愁。」

七夕贈劉小善

把臂知交内，高譚接素秋。雄才驚倚馬，佳節看牽牛。月静人俱遠，雲生巧自留。趨庭東魯日，應續杜陵游。○四雲曰：「争勝『雲奇不下樓』句。」

春日

春日多歸思，花林若有慚。孤身鄰鳥語，半偈謁僧參。池淺生輕碧，窗幽吸墮嵐。未知車馬外，何可借茅庵。○四雲曰：「五、六空翠濕衣。」

春寒

北地風多勁，春天雨尚寒。未能酬物候，誰與問眠餐。樹羽千行翠，花飛幾處殘。豈無游賞興，客止未曾安。

戊辰元日

歷歷逢新序，悠悠滯遠方。春風回巷陌，昨夜隔冰霜。椒柏從時令，齏鹽守士常。小樓書數卷，猶憶曝晴光。

春日雜咏

不欲過春事，能無愛久晴。力稀疲應接，性懶托休明。詞賦曾相許，生平敢自輕。眼前桃共柳，猶是未關情。

憐　春

友朋隨處聚，旅舍亦稱家。病骨憐春早，羈情賴月斜。擬存將盡酒，留待未開花。想見南郊草，青青欲放芽。

人　日

萍踪猶戀國，芳日且逢人。楚地晴方暖，江天卧對春。無名花競笑，解意鳥相親。步屧方經始，閑譚過北鄰。

村　居

曬藥依殘照，澆花引細泉。河秋添曙色，村晚寄寒烟。倚樹留僧語，携罇坐水田。城中車馬客，愁見月華遷。○四雲曰：「三、四明迥蕭疏。」

晚　泊

遠浦横城靄，歸舟卧夕陽。寒多增島翠，夜不没江光。花影吹山面，秋泥笑客裳。蘆邊纖月起，一半是輕霜。〇四雲曰：「一片空明，無痕有影。」

春　游

啄泥歸乳燕，浴浪喜春凫。勝友既難值，良辰敢再徂。惜花行恐速，愛月坐宜孤。獨醒容前哲，清樽興每逋。

僻　居

插籬分别圃，種橘學仙家。薄靄微磨月，深林欲散霞。棲遲同乳燕，零亂集昏鴉。欲翦門前徑，青青惜草芽。

邀友看雨泉

適與諸峰約，携樽注翠微。樹陰深岸碧，雨止凍泉飛。世外邀清悟，游中接静機，更宜遥夜宿，相對飲霏霏。

山　寺

聽鐘仍在壑，取徑忽依村。松翠偏宜淡，梅花不厭繁。冰霜生慧識，香茗洽清言。數日恣閑坐，此中幽意存。

簡友

林秋深見月，亭静暗通雲。看菊常爲客，聽鴻偶憶君。暫將身寄夢，因愧道無聞。良友入宵夜，秦關都未分。○四雲曰：「隱約、高醞都堪玄賞。」

隱居

入竹耳目異，過溪喧寂分。陰巖常作雨，古壁巧成文。抗志人皆辟，逃名世反聞。秋空清仄望，遥憶九霞君。

春閨

望眼傷飄泊，將心忤寂寥。弄春嫌院柳，聽雨怯窗蕉。未必客邊路，皆如天上遥。歸期前月過，看著又今朝。

贈友

世情難以直，友誼亦多爻。何幸瞻芝宇，因之定石交。但蒙賢者顧，甘受衆人嘲。他日升霄漢，相知在草茅。

同友人飲

雲晚通蓮社，花深接草堂。壺觴在今夕，屏帳得餘光。獨往遂成癖，空言未易狂。醉看深竹裏，兩兩過農桑。

江　行

遠樹天邊没，輕嵐水上浮。江寬常小警，風逆動無休。獨坐孤舟夜，難禁兩鬢秋。湘雲如可弔，今夕月堪酬。

訪佛石師行十八澗中看紅葉

亂接前林翠，迴溪抱小寒。蟲鳴山色暗，風勁葉聲乾。望刹思靈鷲，逢僧説懶殘。願從修竹底，終日借雲看。

與耳公聯句六首

别棲霞登舟曉發〔三〕

山意眷難别，烟隨上小舠。龍友俯尋十日影，如在一峰遥。耳觀目履疑歸夢，神閑信去潮。龍友曉光無可遁，江氣浴空霄。耳觀

舟中作畫

雲氣泄山根，月光生水痕。耳觀移來勞筆影，呼出冷秋魂。龍友竹色深留雨，泉聲暗帶村。耳觀壑藏矜大力，十指負舟奔。龍友

燈下談詩懷鍾伯敬先生

千古留雙眼，文章足自王。龍友老心猶見血，癡鬼獨無光。耳觀散絶知期死，才雄識楚狂。龍友鼠狐窺半廩，所得是糟糠。耳觀

晚泊真州

舟卧夕陽内，蘆花影盡開。耳觀潮歸寄夢去，烟起訊風回。龍友候月衣先露，辭山屐尚苔。耳觀野雲堪佐酒，片片渡江來。龍友

借　舟

荒寒竟殘柳，客思滿空江。龍友借艇分山伴，看漁立社龐。耳觀鷗眠浮子悟，龍起定僧降。龍友又得雙浮葉，斜暉各半窗。耳觀

憶天台

萬壑烟嵐性，重來一話中。耳觀洗腸殊愧我，饒舌又因公。龍友鶴侶聲相念，人寰夢不同。耳觀適來巖下樹，秋老幾株紅。龍友

白鷺川上小集張印粱先生承錫佳咏率書奉答

新畬百畝護方池，高柳深深稱野居。揚子敢云元草閣，淵明聊補菊花籬。罰依金谷非關酒，人集詩亭好賦詩。天外枯桐收爨下，山公原是老鍾期。

吕老師偶過小園以詩見示依韻奉答

遠人避地守村居，野水盈盈匝敝廬。但得一枝隨宿鳥，何妨三食嘆無魚。行吟敢謂歌《梁父》，作賦寧當擬《子虚》。昨夜文星新借彩，餘輝猶馥架中書。

送周承明游天台

送子乘風度石梁，夢魂猶記浪花香。雲生花頂峰爲母，月洗天封水足王。幸有雙鬟娛老眼，豈無百尺滌詩腸。頭陀竈下如逢爾，好乞殘羹我共嘗。○四雲曰：「誦頷聯，忽對此山神秀。」

吴門晤張茂卿先生

年年喜作吴門客，今過吴門惜歲華。腸斷小人唯有母，路窮游子豈無家。寒山陟岵隨雲冷，劍水悲秋任月斜。知己獨君無世態，若思梁木已興嗟。○四雲曰：「哀猿呼伴，在巫山峽夜。」

西湖泛月

湖波浴月盡成光，樹底遥峰影半張。荷氣散香浸茗碗，柳痕邀魄坐衣裳。琴從別舫開新韻，鶴倚孤山叫上方。碧玉一泓何處破，短橈驚起鳥雙翔。

早　起

起來欲典鷫鸘裘，瘦骨淒其不耐秋。强拾殘編尋字蠹，滌除破硯借山游。野心開徑遲三益，往事凭欄送百憂。山水適來如有得，沙鷗林鶴静相投。

訪石佛用家大人韻

津梁深處杳難窮，不盡雲烟笑畫工。行徑每思逃物外，尋師久擬在山中。鷗忘池影波光潔，虎卧籬根佛性同。碧眼桃花有深悟，可拈消息報蘇公。

梅　詩

品題萬卉此先稱，占斷西溪得未曾。影落波痕瀦抱月，香分異國獨宜僧。神清擬托峰千尺，意冷何妨雪一塍。自幸青蠅飛不到，此心敢與歲寒矜。

周于岡見招同蔣羽公惲道生汪遺民諸友秦淮夜泛

淮水稍稍匯巨津，笙簫影裏夜來真。偶從傾蓋聯知己，未信流離可傍人。風爲聽歌時入座，月如尋友故隨身。醉中不覺狂吟發，顛倒奚囊賦洛神。

同錢孺愿賀輔生高無英飲烏龍潭望月

閑取新凉叩竹扉，青苔滿眼坐漁磯。波隨月影浮香徑，風裊歌聲著翠微。飲盡更從瓶盎索，半酣休放斗牛歸。嫦娥亦許流螢在，點點秋光自照衣。

贈　人

遠山秋水正相思，宛有同心戀素姿。驚喜不持疑入夢，笑啼未判且尋詩。徘徊書劍慚歸客，檢點香奩倩侍兒。最怕夜凉新月好，不堪翹首問佳期。

丙寅七夕同諸友集水閣分韻

久客長干恨未消，驚心流火又今朝。倦聽兒女尋針線，喜接知交泛酒瓢。歸夢暫騎王子鶴，布裩始下阮公腰。醉扶錦瑟殊無賴，不見天邊有鵲橋。

住山六首

朝來爽氣接檐生，山性人情漸漸平。俗以澹醫能自重，道于冷味覺身輕。悔從交際眈虛譽，何必文章有令名。檢點夢回難放下，挑燈再起佛前行。○四雲曰：「二句澹定後知。」

一盞禪燈入夜龕，消磨癡愛與嗔貪。忘言有指隨孤月，噓氣無心學野嵐。胡馬婉知風向北，故人寧不夢歸南。松梢一夜寒濤急，多少娛情總不堪。○四雲曰：「五、六高響傑格。」

蟬聲未了聽蟲聲，切切淒淒逗暗情。青女氣高籠萬物，黑甜味短促三更。痛思恩德存秋骨，敢使文章屬暮情。熱血不妨知己用，眼中誰個是嚶鳴。

自古英雄似婦人，猶龍自合有精神。張良屈志求黄老，范蠡甘心拜小臣。直于妻子俱難用，恩舍君臣俱未真。每向静中思一遍，黄金畢竟重于身。○四雲曰：「便與作丈六金身。」

踏着僧鞋借杖笻，蓬頭屢上最高峰。石奇入夜疑成虎，松老干霄半化龍。贏得遠公時一送，輸他元亮酒千鍾。狂來欲吸長江水，洗盡紅塵不到胸。

雄心幾向匣中看，風雨牀頭徹夜寒。射斗欲飛常自按，報恩無地且相安。光分古佛巖前影，氣壓山魈穴裏奸。伴我住山真足壯，蘇錐江筆總無干。

酬贈季叔房見寄

末流殊足愧前聞，大雅於君奏異勳。得句人驚探虎穴，揮毫花發出雞群。擲來金石聲隨地，思擁風濤氣遏雲。珍重一言皆九鼎，詩壇應羨季將軍。

山中對竹懷沈雨公

山中好竹萬竿秋，緑玉沈寒夢亦幽。半抹雨餘思管氏，一庭月到想洋州。白雲軟貼輕綃尾，翠粉遥凝彩筆頭。安得與君拚盡醉，渭川千畝一時收。○四雲曰：「勁挺又蒼潤。」

雪中魏仲雪中青門兩先生招同唐宜之潘無隱飲文部園看梅花分攻字

不必争春怒朔風，品題應自屬山公。光梳竹影匀輕碧，色洗梅魂漾淺紅。棹倚曲流疑入剡，氣涵太始坐來空。自慚糟壘堅如鐵，鵝鴨三更不敢攻。

寄馬太守

雒陽太守腰横金，少年同學稱同心。自子鞭先祖逖影，遺余爨下中郎琴。石雲飛去打幽户，梁月落來照孤衾。揚鱗怒臂學尺鯉，自笑齷齪牛蹄涔。○四雲曰：「落落氣岸。」

月紗閣分九青

冷韻粘秋上畫屏，碧紗漏月透疏櫺。水添幾尺浸階緑，山見千重帶夜青。層閣綺填雲矗矗，曲欄花綻影亭亭。石家金谷尋常事，莫向天涯嘆聚萍。

與吴來之聯牀夜話口占作別

秋雲夜冷碧紗輕，下榻雄談戀友生。燒燭正紅欺月魄，煑茶新緑逼霜晴。文能强項隨孤性，言有剛腸見熱情。今日別君淮水上，鴛湖高柳聽嚶鳴。

喜王唯士捷

讀書豈只爲科名，末世須知便不輕。八代文章能自起，千秋意氣共相成。才堪射隼終增價，門足登龍舊有聲。馬首如雲花十里，曲江春緑襯君行。

憶　歸

歸心何處寄青苔，小閣臨江一面開。雲亂豈愁無路入，境幽翻畏有人來。自知風雨難偕俗，且喜山川未禁杯。春霽藥欄添幾品，閑吟初罷手親裁。

登嚴陵釣臺聽季寅友鼓琴

携得枯桐就石開，先生於此共徘徊。泠泠石瀨寒生指，謖謖松濤響落苔。山水不緣今古老，仙凡已覺性情孩。一從孤鳳翔霄後，大雅遺音聽幾回。

寓中紅梅緑萼并開漫賦

殷紅太素艷交庭，襲襲風來一様聲。歷盡冰霜心自赤，照酣水月蒂俱青。緑華静妒麻姑醉，紫燕嬌輸玉蝶醒。冷眼傍檐輕索笑，碧雲深處對雙星。

客有以鶴求飼者戲題

擎來仙羽若相求，健翮低徊帶遠愁。意似名流初入洛，形如遷客暫依劉。研田有歲尋常飽，墨海無塵寂寞秋。莫謂主人欣有托，相看俱是傍人游。

長生宫荒址

春苔不肯緑，静者足悲傷。眼共物情暗，心隨雲路茫。暝烟鐘磬隔，衰葉徑途荒。松影涵朝菌，芝莖縷夕陽。豈惟悽往舊，亦復畏菲芳。我亦求林鵲，南池未及翔。○四雲曰：「芳韻深一步嘆息。」

宿耳公房

笋籜輕游履，春山問隱初。冷烟親旅飯，殘照揖僧廬。燈影先澄夢，林蒼半濕裾。遠公尊德業，客子避庭除。自顧漂沈迹，相盟巖壑居。石根堪對語，人外不欺愚。花暝輟鋤月，香清聞翦蔬，曉來臨絶壁，應見此清渠。○四雲曰：「七韻幽蒨。」

苦雨二首

蜂蝶泥相失，桃花愧獨紅。我梅不得已，草率答春風。○四雲曰：「悒悒愁韻。」

梅蝶訴寒温，今春不相許。慎重妖桃花，丹心恐失所。

雜題二首

烟火岸邊村，鶯花溪上寺。獨有素心人，放歌時一至。

雨助潭聲高，霞蒸石色古。鳧雛不避人，鹿子常隨母。

春　愁

無言獨倚庭前樹，開盡桃花不一顧。枉費心情學畫眉，誰知只作供愁具。

新月在案童子製絹初成欣然試筆作蘭

老樹龍鍾石更頑，幽人有性寄空山。草衣木食非無似，但到春風便放顔。

曉烟撲階下蘭花圖之

澹烟一夜滿湘江，落脱離披影破窗。縱使荆榛分席坐，芳魂只是不能降。

醉後畫蘭

十指都將酒氣通，吐成醉墨卧春風。枝枝潦倒閑窗下，不向繁華亂鞠躬。

和錢彦林哭小青

一亭紙帳短衾單，鶴去何年夢又寒。但到月明梅綻後，素魂應得上闌干。

【校勘記】

〔一〕莫友芝此段傳證記語，在貴州省博物館所藏《莫友芝題跋雜稿》中有其草稿，文字小異。

〔二〕嘉禾：稿本作「家禾」。

〔三〕曉發：原無，據稿本補。

黔詩紀略卷之二十二

明

節愍盧布政安世三首[一]

安世，字環水，赤水衛人。爲諸生時，與烏撒諸生劉鎮藩皆好談兵，尚意氣，稱莫逆交。環水舉萬曆四十年鄉試，爲富順教諭。天啓初，奢崇明反，遣賊逼取縣印，署令者棄城走。環水收印，率壯士擊斬賊。無何，賊數萬猝至，環水單騎鬥，手馘數人，詣上官請兵，復其城。《省志》云：安世任巴縣學博。奢賊掠城，邑令死之。安世鼓集義勇，誘賊渠孟賓山入城，斬首持示，賊驚潰，掩殺無算。與《史》不同。不知是一事是二事？帝用大學士孫承宗言，超擢僉事，監軍討賊，屢戰有功。四年以師復遵義。遵義自辛酉秋末，奢酋遣逆目扶國棟陷之。遣奢應周破桐梓，知縣洪維翰、典史黃啓鳴死焉。《史·張振德傳》云：維翰、啓鳴，遵義知縣、典史。依《郡縣志》。《志》「翰」又作「幹」。賊破桐梓，維翰坐縣堂罵不屈，賊索印。曰：「印在喉下！」索銀，曰：「銀在喉下！」色甚厲，賊義之，不敢辱。詣虎峰崇德廟，作《來桐記》，題詩於柱，末云：「憾乏張巡相拒力，願爲厲鬼殺崇明。」遂自經，僕從死者數人。播州遺孽皆起相附屬，州縣亦不保。貴州巡撫李櫄遣總兵官張彥方、都司許成名、黃運清等，以十二月復之。明年復陷。推官馮鳳雛等又死。見《朱燮元》及《張振德傳》。七月，安賊復遣酋來攻城，恣意擄掠去。明年，四川總督朱燮元既拔藺巢，環水與蜀將侯良柱、陳一龍、秦衍祚等亦克遵義。環水、良柱、一龍留遵巡守。而奢崇明父子竄水西借兵，安邦彥復以一軍來窺，破走之。不使渡渭河，乃分兵屯墾以省川運。明年春，黔撫王三善敗没於大方。水賊勢張甚，四出焚掠。遵義地荒人絶，千里無烟。環水招撫流移，搜剿佚賊。於是乃盡復遵義地。五年三月，以燮元總督雲、貴、川、湖、廣西軍務，駐遵義，辦安賊。四月，燮元上言：「自遵義五路進兵，永寧破巢之後，大小數百戰，擒獲幾四萬人，降賊將百三十四人，招撫群賊及土、漢、苗、仲二十九萬三千二百餘人。皆監司李仙品、劉可訓、鄭朝棟及安世等功，武將則林兆鼎、秦翼明、羅乾象，土官則陳治安、邱紹文、悦先民等。」帝納之。進環水貴州右參議，遷四川副使、遵義監軍。而環水自復遵義，即於瀕水西之沙崖、古樓、鎮南、底水、中澤、烏江、茶山、羊崖、板角等十三隘。上九隘外，舊《志》又有黎民、吴馬口二隘。其二隘未聞。自西而南而東，揀同復遵義之鄭益顯、聶文啓、張奏凱、周正、陳王謨、袁鍫、王尚明、劉臣武等分兵防守，尤重沙崖，常以參游任之。益顯，江西吉水生員，官至四川游擊。解職居富順，助環水復其城，又同復遵義。至是以游擊防底水隘，遂家於遵。正、尚明、臣武，并遵義人。尚明曾以千總從劉綎於蜀，至是授□□。臣武授守備。正，援遼總兵世禄子，以萬曆戊午武舉，官參將。其所領隘未聞。六年，燮元得以誘殺奢寅，撫崇明、邦彥，亦環水隘防助之。燮元憂去。賊復熾，終不敢逾遵義一步。崇禎元年，仍起燮元五省總督討賊，乃上環水功，予世蔭武職，進右參政，復留守遵義。明年，崇明，邦彦并授首，益嚴隘守以防竊發。招徠植養，四民熙熙復業，各有安宇。五年，水酋小烏安祚遠率部酋趙國政獻渭河水下西岸地，環水納之。請建馬場爲懷遠衛，拓遵土，即以祚遠、國政爲衛官。未幾，請告歸。十二年正月，妖人張道興以數千人用魔術亂遵義，隘官文啓擒斬之。祚遠死，懷遠地爲水西所奪，其酋郭士奇等襲殺國政繫獄。十五年四月，士奇黨以衆犯城，鄉頭目王選、王之琴、冉國柱禦之，戰死。遂害遵義知縣王佐聖。字克仲，長洲人。乾隆中通謚節愍。隘官益顯、尚明聞變，捲甲赴援，殲賊數千人，境内得無事。時環水歸已久，遵人猶頌其置隘功云。張獻忠入四川，乃起環水四川兵備參議監軍。十七年赴援成都，比至，而省城已陷，被執不屈死。鎮藩時爲總兵官，鎮四川，亦赴水死。福王時贈環水布政使。鎮藩，字屏山，以生員襲千户，從軍授官，征奢、安，經數十戰，皆有功。洊升至副總兵。崇禎中，水西納土，總督燮元經理其地，築大方、水西、比那三城，各以重將鎮壓之。於是以方國安守大方，袁桂芳守水西，而鎮藩守比那。未幾，土目沙化作亂，三城盡棄。鎮藩等咸還貴陽。頃之，遷總兵官，鎮貴州，旋移四川。十七年八月，獻賊逼成都，鎮藩禦之，敗還。賊穴城，實以火藥。又刳大木長數丈者，貯火藥合之，纏以帛，植向城樓。鎮藩與巡按御史厲衆奮擊，賊却二三里，咸喜，以爲將去也。九日黎明，火發，北樓陷，木石飛蔽天，守陴者皆散，賊遂入城。鎮藩突圍出，赴浣花溪死。《明史》：環水、屏山，附見《朱燮元》、《劉之勃》兩傳。張奏凱，桐梓縣人，《川志》云綦江人。以天啓四年復播功，授遊擊。崇禎中升川北副總兵，以拒李賊功，晉天柱總兵。獻賊至成都，奏凱守東門，城陷死。良柱，字朝石，亦桐梓人，《史》云永寧衛人，《殉節録》云叙南衛人。皆就其官地書之也。天啓初累官四川副總兵，六年晉總兵官，鎮永寧。崇禎二年，賊據五峰山桃紅壩。良柱乘賊不備，與副將鄧玘侵早霧迫賊潰之，追奔至鵝項嶺，徑長而狹，人馬不能容，蹙死賊數萬人。崇明、邦彦，皆就擒。傳首九邊時，稱西南奇捷。燮元上功不及良柱，至相訐奏，解良柱職候勘。久之，撫按及他御史争上其功狀。七年始進左都督，世蔭錦衣指揮僉事。尋復充四川總兵官。十年十月，李自成、過天星、混天星等陷寧羌，分三道入寇。良柱拒戰於緜州，衆寡不敵，死之。賊遂直逼成都，追奪良柱官。越三年，其子指揮天錫請殺賊雪父恥，授游擊。天錫剽悍敢戰，帝嘉之，進一秩，復其父官。事詳《明史》本傳。王模，遵義縣人，總兵一龍子，崇禎中任四川撫標中軍參將。亦十年冬，流寇自陝陷蜀，血戰死。《殉節録》以爲崇禎末，蓋未審。事聞，附祀忠臣廟，官其弟王政千户。文啓，字紹江，其先豹封襲重慶内衛官，蓋籍富順。至文啓從環水復富順，又復遵義，遂舉族來居。爲中澤隘參游者十餘年，最有名。張賊之敗死也，賊將馬寶竄入遵，畏其威，計圖之，招飲桃源洞。妻石請設備，拂髯曰：「孺子何能爲？」携子世昌單騎至，喻以大義，聲色厲切。酒中伏甲起，父子并遇害，隨行犬帶血還，嗥於門。石驚曰：「事變矣！」孫思聖方晬，抱匿菱林。祝曰：「聶不絶，兒不啼。」俄，寶至，屠其家，收其軍籍。兒果不啼，鄰人拾而養之。其祖母亦逃免。後數歲，求得兒，贖歸。生彪爲諸生，今郡南五十里三望田將臺下，猶有文啓手植桂，即中澤鎮址云。先是，崇禎十三年，郡人立碑紀文啓平妖事。其先又有碑曰「安攘」，記環水事，一時以爲實録。碑詳《府志》。乾隆中，賜環水、王謨、鎮藩，并謚「節愍」，良柱「忠烈」，奏凱「烈愍」。文啓以川貴《志》失載，不得謚。

書羅政卿自敘後示其裔

能以兵威服遠州，烏江赤水咄嗟收。文章欲變蠻夷俗，忠孝長貽孫子謀。足地遽非楊氏守，同知猶與衛官留。太原一樣開疆祖，保世緜長自有由。

按：播州宣慰楊氏始祖端，宣慰同知。羅氏始祖榮并唐太原人。榮，字政卿，以大曆七年開播，世侯其地，封六州都督沿邊招討使，太子太保、榮禄大夫。後百五年爲乾符三年，榮元孫太汪幼襲不能守，請於朝，命端復之，遂共有播土。楊氏滅羅氏，復襲威遠衛指揮者數十年。榮居播，建堂曰「忠愛」，自爲《序》。端復爲太汪《序》其譜。見《羅氏家乘》。爲《全唐文》未收者。附録於此。唐羅榮《自叙》：余本太原人也。胡爲而播人也哉？播州，古夜郎地也。自生民以來，長山深箐，彝種叢居，僰叛僰臣，時征時討，秦皇之法莫格，漢帝之教難繩。蔡經略三戰而無功，何司馬九争而敗績。信哉西蜀之巨寇，誠哉，累朝之眼丁。余初奉命麻陽，分符巴土，屢專征伐，數建奇勳。天子命我征彼鬼方，仗劍一呼，爰整師旅。搜桓赳之猛才，集哲謀之善士。風聲響應，如雲如雨。效方叔之南征，仿渤海之北伐，鑿山開道，剗撫并行。如趙營平之屯湟中，寇恂之治長社。渠魁十八，惡顯就梟，擒爪牙，八萬人翕來歸化。從前椎魯之域，今變文物之區。闢土開疆之業，亦庶乎其盛矣。

繇是歷鎮七載，長官安撫，棋置星羅，編户立差，釐然畫一。嗟乎！費十年汗馬之勞，開千載難平之寇，功成身苦。臣志惟疏表請還鄉，願終骸骨。天子曰：「夜郎之地，累代荆榛，拓土開疆，功力卓顯，俾爾世侯斯土以酬爾勳。仍賜爾鐵券一道，子孫世守。」斯時也，功著旂常，禄延苗裔，荷天之休，亦孔之碩矣。雖然，創業固難，守成亦不易。倘非世德、世功、世忠、世孝，難守有道之長。是以君子貴乎善繼述也。余今年七十有六，來鎮兹土二十有七年。後之帶礪山河，與國同其休戚者，皆自余今日始。嗚呼！亦可以覽之而興忠孝之思矣。唐貞元十四年正月望日。唐楊端《羅氏忠愛堂譜序》：蓋聞豪傑之挺生，莫大乎盡忠盡孝二者而已。故先民有言：「求忠臣必先孝子之門。」又云：「事親孝，則忠可移於君。」吾於是而知君家忠與孝之大也。粤稽古載，君之先宗，出於春秋有熊氏。君之先子、先大父，登將相縉紳。本大則枝盛，源深則流長，理固然也。及大曆初，君之先公太保公值國步之多艱，抱命世之才略，著聲三楚，建績八閩。王室賴之以安，妖氛需之以靖。夜郎濁亂，天子震驚。推轂掌戎，廓清播土，分符割壤，世受侯封。所謂非常之功，必待非常之人而成者，君之太保公是也。及君之世，歷祀百年，傳家四葉。冲年嗣服，遺大投艱。播孽之遺類復猖，牂柯之殘魔復祟，封疆之孤注難支，君其見幾明决，思患未然，因而有太王之遷，子胥之去，修車馬，繕甲兵，卧薪嘗胆，復少康之業，報吴越之仇。其始也，「我出我車，與子同袍。」其終也，「執訊獲醜，與子同僚。」猗歟幸哉！向之先公創而造者，君得以恢而復也；

君之恢而復者，又吾之得以創而造也。先後濟美，伯仲壎篪。其與君之《螽斯》、《麟趾》，享茅胙之長、帶礪之久者，并日月而弗朽矣。一日登君之堂，閱君之《譜》，見先公遺言，如睹先公手澤，其德業聞望，凛凛筆端，猶令人心懷念慕，繾綣莫釋，一唱而三嘆焉。因忘鄙陋，勒爲俚詞，附之仙《譜》，聊慶其盛云。乾符三年冬十月〔二〕。

奢夫人

都督持威太自輕，翻令順德據聲名。君看九驛奢香路，豈直宜娘解用兵。

按：奢香，貴州宣慰使靄翠妻。翠死香代襲，總其衆。都司馬煜欲郡縣香管地，裸撻香，冀激諸羅啓兵端，乃因平之。宣慰同知宋欽妻劉淑貞止諸羅無動，馳見太祖，爲香訟冤。香亦尋入朝自陳。太祖爲誅煜以謝，諭香曰：「何以報朕？」香請開四鄙，世世保境。帝大悦，封香順德夫人，厚賚遣還。香遂開偏橋、水東以達烏蒙、烏撒，立龍場等九驛，貴州入蜀之間道以通。九驛者，威清在龍場，陸廣在貴陽境，谷里、水西、西溪、金雞、閣鴉、歸化在大定境，遂達畢節。《方輿紀要》：「金雞東五十里即奢香驛。」《黔西志》云：「西溪即奢香驛也。」宜娘，宋黄平府人，有武略。今黄平舊州南五里有宜娘山，頂平可容萬人。有壘址，傳爲宜娘屯兵處。《方輿紀要》：奢香驛在貴陽府西北二百六十里。香開貴州東北道以通蜀、烏蒙，立龍場九驛，故驛因以名。又水西驛在奢香驛東五十里，即陸廣驛也。引《志》云：自奢香驛而西北，又經金雞、閣鴉、歸化三驛，而至畢節驛，去府城四百二十里。又云：龍場驛在府西北五十五里。又西五十五里即陸廣驛也。又威清驛在府西北四十里。《貴州通志》：值水西有阿列之酋。谷里有阿古之酋、白歸之酋、白縱之酋、阿扯之酋。威清有阿捕之酋。奢香有沙遮之酋、阿曰之酋。陸廣有阿列之酋、阿虐之酋、普也妻之酋。金雞有阿遂之酋。久充諸驛馬皆前後散去，安國亨急爲舉廢驛，騎盡復。

贈楊生

楊氏多賢守土良，上承元宋肇於唐。一朝逆節干天怒，千里侯封戰血荒。有德何須頻設險，佳兵自古不爲祥。年來漸被詩書澤，好引弦歌滿夜郎。

環水有《楊氏譜序》云：遵義，古夜郎也。厥邑險巇，易亂而難治，詎非束手之事乎！然亦未嘗深察習俗之宜也。余於莅任之始，每從公餘詢諸父老，訪庠中俊秀，欲求使民養兵之法，靖而安之，俾邊隙杜野處寧。適有楊生獻厥奇略，爲予借箸，予甚嘉之〔三〕。越年餘，烽烟漸息，人物頓安。生從予登龍山眺湘水，予曰：「快樂哉！山水之固乎！」生愀然曰：「在德不在險也。」予曰：「何以言之？」生曰：「予家自始祖端，世守兹土，因爽厥德，遂削平焉。不然，公焉得兹土而莅之？」予聞是説，始慨然曰：「爾固楊侯子孫乎？胸中甲兵，志氣卓犖，亦云無忝祖德矣。」〔四〕次日，生持《族譜》謁予爲序。予維楊氏之蕃，肇自唐，衍於宋、元，及於我明，雖當零落之後，而厥族猶彬彬蔚起，以文化武，以治易亂，不恃險阻，從法約束，亦可謂世胄之子孫。識時務，知興衰，挽習俗，而還大雅者矣〔五〕。天啓丙寅。

烈愍譚郎中先哲一首

先哲，字光美，平壩衛人，舉萬曆四十年鄉試，累官户部郎中。時事利弊，多所陳疏。律己矜慎，不可少干以私。告歸十餘年，一以植人材、維風教爲己任。自甲申明亡，福、唐、桂三藩相繼稱號，貴州尚未入大清版圖。流賊張獻忠據蜀僭號，以孫可望爲軍師。既而疑之，改爲平東將軍。而以李定國、劉文秀、艾能奇爲安西、撫南、定北三將軍，陰制之。獻忠屠蜀人幾盡，漸及其兵將，可望等懼，適獻忠中流矢死。丁亥正月，率其衆破遵義，奔貴州，入據貴陽城，官民紛紛逃避，賊黨四路搜捕，威清、平壩、龍里、新添之間，殺戮無算。二月攻陷定番州，屠之。三月，大清兵西征至遵義，可望聞風屠貴陽城西遁，連陷所過城邑，屠鎮寧、安南、普安以入滇。伏屍千里，雞犬無聲。光美聞賊逼境，率衆走，保衛東長沖囤，避之。賊大至，度衆寡不敵，率家人南向拜永曆君，嚙指血書數語，寄弟先召。囤遂破。光美及妻劉俱被執，駡賊不屈遇害。舉家若干口同殉焉。惟子瑄在先召所，得不死。光美屍與劉屍相枕藉，月餘顏色不變。見者莫不哀異。先召合葬之衛西蝦蟆闕側。人呼爲雙節墓。長沖有石坪，今猶傳爲光美夫婦臨死時拜闕石也。《明史》附見《忠義・張耀傳》。大清乾隆中，賜謚「烈愍」。當是時，平壩以鄉官禦賊死者，復有石聲和、張守和，貴陽則有劉瑄、吴子騏、楊元瀛、李公門、李世甲諸人，修文則有陳富，威清則有蔣勸善，安南則有張一熊，安莊則有伍右文，定番則有尹思民、顧人龍諸人。其以校職死者，則普安張珣。其以衛職死者，則安南尋鼎，貴州蔣薦，鎮遠黃祚承諸人。以土官死者，則有韋番、韋帝臣、程番、程民悅諸人。思民、勸善自有傳。人龍、薦、帝臣、民悅，皆附見思民下。瑄，字子佩，萬曆三十四年舉人，崇禎中累官南户部主事，以剛直齟齬辭歸。可望陷貴陽，瑄與子騏、元灜、世甲及貴陽貢生蔡紹周、胡修超、一作起。王孫齊等共團鄉兵，於威清扼賊，於滴澄橋屢敗之。賊大至，衆寡不敵，俱被執，不屈死。元灜，字蓬山，天啓元年舉人，官同知。公門，萬曆四十六年舉人，官陝西分巡關西副使。世甲，萬曆二十五年舉人，官知州。子騏爲光美同年舉人，別見其子《中蕃傳》。富，字君幅，以勇力著稱，官至副總兵。曾調援遼，以安賊起徵還。遂自京師齎巡撫印馳授王三善於湖廣，從復貴陽城。崇禎二年擒斬安邦彦。三年，從鄧玘勤王，皆有功。以老乞解官，居州之扯泥堡。丁亥年，孫可望南犯至扯泥，富率鄉勇禦之，衆寡不敵遇害，一家死者百餘人。子良輔，積功至副總兵，鎮定廣。艾能奇犯定番，良輔率兵禦之於青崖長田，戰弗利，退保定番，城破戰死。（富戰功詳《貴陽新志》。）聲和，天啓七年舉人，歷官寧前道兵備參議。（《方志》作政。）曾監軍遼薊，至是致仕。家居聞流賊至，率衆保裁秧寨囤。賊衆攻囤，親冒矢石禦之。會大風起，賊四面縱火，囤不守，聲和與子生員吉舉家數十口及村民千餘皆死焉。其兄弟貢生聲正之女，年二十，賊悦其少艾，立危崖上，罵賊投崖死，尤烈。守和，魁偉有膽略，官柔遠營守備。丁亥春，衛城不守，與駐平壩之安順同知朱由⿰木肆（宗室，常德府人。）率衆保李子山。（在安平縣南十里，今呼爲穎子山。）二月十四日，寇清晨至，炮石如雨，兩闕并下，守和度不能支，自殺其妻子家屬，揮大刀連斫數十賊，力盡而死。士民萬餘人、由⿰木肆舉家五十口皆同死。珣，鎮遠人，授普安訓導。賊至，逼授僞職，罵而死。尋鼎之先有達者，南直定遠人，以功世安南衛指揮。其後有治本者，爲衛指揮。崇禎十二年，征毛口六墜叛苗，迷道失利，與衛鎮撫余維敬皆力戰死。鼎嗣治本爲掌印指揮。丁亥春，孫賊來攻時，永寧州亦寄安南城，鼎與知州榮昌曾異撰，衛訓導黃元正及異撰客江津進士程玉成、貢生龔茂勳謀曰：「衛據盤江天險，控拒全黔，棄之不守，事不可爲矣。」相率登陴督兵民拒守。逾一月糧盡，城陷皆死之。衛人死者無算。可知者，惟歲貢張一熊、廩生宋懋功。一熊，謁選除通判，以親老不就。母卒，哭幾喪明，事父益篤。至是父子同遇難。懋功事孀母鄧至八十餘，盡其歡。賊至，負母奔避遇害於途。衛沙營司陸朝士求得異撰骨，葬衛東門外，以鼎元、正及諸鋒鏑死者焚之祔焉。（後又移異撰葬江家園，亦以鼎元、正祔，見王民新《曾公神道記》。《記》又謂：與曾同死者有奉使經過之兵部職方郎中陳公，不知與史載之程玉成爲一人爲二人也。乾隆中通謚異撰烈愍，祀忠義。）祚承，鎮遠衛千户，寇陷黔被執，不屈死。而龍里衛人禦流寇力戰死者，猶聞有黄應祺、李世珍、朱紹文、周應淇、羅繼善，皆不詳其爵。右文，天啓七年舉人，官參議，致仕。賊圍鎮寧，率衆拒守，城破被屠死。普安、新添死者無可考。勝朝《殉節諸臣録》載入祠，士民有楊興旺，永寧人。獻賊餘黨據永城被執，罵賊見殺。闔門遇害。見《川志》，當亦在其時。先是，公安嚴俊，號冷水者，博通經史，精天文，居平壩數年，衛諸生多從之游。後寓偏橋雲臺、西華諸山，從者益衆。一日，指日邊星問諸生。對曰：「豈太白晝見耶？」曰：「非也。此名天狗。漢七國之變，此星晝見，今復見，西南不可居矣。」遂飄然不知所往。未幾，而奢、安之亂作，既而張賊亂蜀，其黨餘焰波及貴州，當之者幾無噍類，其所經過，唯遵義一郡幸免屠戮。而賊行後，即感奇疫，至十室無一存，不知蒼蒼者何心！而故爲此慘毒邪！抑疾風勁草，藉以維風教邪！《黔中舊記》闕略。當時致命諸人猶可考見，不過百一之存，故比而書之，以作山國忠義之氣。乾隆中，聲和、瑄、元瀛、公門、世甲，并通謚節愍。（聲和、瑄、元瀛及異撰，《史》并附見《張耀傳》。）治本，亦通謚烈愍。紹周、修超、孫齊、吉，并祀忠義祠。守和、富、良輔、維敬、珣、鼎元、正、一熊、懋功、祚承、右文及應祺等五人及陳某，皆《省志》失載，故謚、祠不及。而在孫賊之先，以鄉人保鄉里死事，乾隆中得謚者，復有貴州衛指揮謝某、副總兵開州李科，并通謚烈愍。總兵官開州金鎮貴，通謚節愍。孫賊後死事者，復有徐登高、趙富、謝某，崇禎四年分守貴陽城，賊陷城，被執不屈，支解死。科，十六年白蓮妖賊黄邦民反於湄潭，寇開州、遵義境，科禦之茶山渡，戰没。鎮貴，本江南人，商於貴陽。安賊叛，括其資助餉，遂占籍開州。從征積功至總兵。乞致仕。十六年，州狆苗叛，攻城，鎮貴與知州鄞縣黄家雋、吏目聶禁守城，拒戰，城陷死之。雋及子近袞、近宸禁并死焉。之雋，乾隆中亦通謚節愍，禁、袞、宸，祀忠義祠。登高，鎮遠人，官都督同知，鎮平越。孫可望自滇遣白文選陷平越，被執，脅以官，不屈死。富，印江人，思石營把總。戊子張先壁叛，將入印。富守秀寶關，報城中令，居民速徙曰：「吾以身代群命矣。」於是守關拒賊，援兵不至，被執死之。光美父泮，字承德，博學知名，萬曆末歲貢，不願仕，以行義率鄉里。形家言東郊形勝，宜建學。泮立割膏腴，易其地成之。天啓初，出己財，招募守城禦安賊，而城以全。先後捐金助餉巨萬計，無吝色。身督教二子，能盡義方。先召自有詩。瑄，本朝康熙中官工科掌印給事中，請沿邊諸郡官輸米，照各省爲常，平倉議准。黔之有積貯，自此始。

長沖囤寄弟語

明社已矣，何有於黔荒？囤存我存，囤亡我亡。與家人相誓以死，亦不負於吾之鄉。唯瑄與弟，生死不見。唯弟撫瑄，以存一綫。嚙指灑血，血與淚漣。弟乎！瑄乎！他日收吾骨於長沖之原！

節愍蔣郡丞勸善七首

勸善，字夢范，或稱小范，威清衛人衛今爲清鎮縣。蚤惠，稱奇童。弱冠舉萬曆四十三年鄉試，主司竟陵鍾惺尤賞，異於諸生。選孟津知縣。清苦自持，一介不妄取，請蠲民間積逋，賦萬餘金，縣人得蘇息。遷河間府同知，以不善逢迎，與當道左，遂拂衣歸，卧林下者二十餘年。著有《秦游草》、《峨石齋集》。丁亥流寇入黔，被執，不屈死。今清鎮人又呼其墓爲蔣孝子墓。其孝行不可得詳矣。大清乾隆中，賜謚節愍。節愍爲竟陵高弟。歸田時，年才逾壯，力以提唱風雅自肩。吴滋大《求蔣夢范先生遺稿》詩云：「囊空惟有句，筆妙總無塵。大力全追漢，奇文半燼秦。一篇存氣運，萬古鑒艱辛。」其詩格之高可見。又云：「我嘗登大雅，詎復忝周親。書籍曾云付，精光豈盡泯。」是滋大又以戚誼從之游。潘士雅《集》中有《春興及長安秋吟》各三十首，俱云《和蔣夢范先生韻》，是士雅當亦其弟子。滋大詩又云：「遺草非封禪，佳兒可負薪。」則其子亦能承家學。今兩集俱不可見。子亦不知誰某，豈灰燼於兵燹之際邪？抑後人不肯收拾，聽其散亡邪？姑就《省志》、《黔風録》所收七絶句存之意，忠孝英光，必不泯没；或猶有什襲遺集如《山水移》者乎？當更訪之。《過庭碎録》：萬曆己卯，鍾伯敬典試貴州，稱得人，而蔣夢范先生及馬沖然、田景新尤所激賞。三子果皆以文名。後田、馬舉進士，而蔣不遇人，皆惜之。究之，田以璫污，馬以賄敗，而夢范翛然高舉，殺身成仁，人亦豈以進士重哉！

夜坐大峨石

白雲石之上，○石，一作山，非。清泉石之下。趺坐萬竹中，涼風生静夜。

按：峨石，爲節愍齋名，必在威清境内，其故宅未詳。《貴陽新志》引此詩，改「石之上」、「石之下」作「亘其上」、「流其下」，且注云：「白雲，山名。」殆以廣順有白雲山，欲引以實之耳，不足據，且所改亦不勝。

也宜亭

高齋闃無人，捲簾花氣入。循砌當好風，衣袂沾紅濕。

草堂冬日三首

僻塢抱幽林，寒嵐盈我室。日生空山中，不知雲入出。

櫛沐廢經旬，依依静可悦。散手小齋前，循階數殘雪。

東山初日出，照我小窗明。風急吹籬響，寒厖吠幾聲。

秋日園中偶咏

紛紛落葉小窗西，個是桃蹊個李蹊。日向東籬蕭索地，而今黄菊已開齊。

鋤　園

獨向荒園把一鉏，菜根爛煮月明初。正須盡摘芭蕉葉，好仿顔家乞米書。

尹上杭思民 一首

思民，字□□，定番州人。崇禎時，以貢官上杭知縣。致仕家居。丁亥春，流賊陷定番，思民與守城官吏士民皆死之。當孫可望之竄入黔也，省中官軍如鳥獸散，賊焚劫，原野道路絶人烟。定番知州長壽陳新第能禮士得民，聞變，集紳士、土官、州民於公堂，商堵禦策。思民及鄉官顧人龍、貢生饒謨，合紳士條陳事宜。新第大悦。會按察使三原張燿、參議臨川曾益、都司常州陳瑞徵，聞定番弓弩手强練抵州，結束土司募兵，爲恢復省城計，而省城之避寇於州者近萬家。於是備器械，儲糧糗，濬城隍，架鹿角，警烽火，選精鋭，飛檄韋番爲守城，小程、小龍爲左翼，方番、洪番爲右翼，金石、羅番、盧番爲應援，又築壘以扼敵。以威遠守備陶世顯爲右師，軍士橋，大龍土官龍在田佐之。勇士簡成書爲左師，軍洞口。臥龍土舍龍起潛、龍飛佐之。燿、新第等坐中軍。調盧山木瓜等四司，由椒山出水車抵青巖，繞賊後以斷糧道。木官通州等四里，由平伐趨上馬，張旌幟以爲疑兵。正月十八日，土官龍在田敗賊於小山，斬首四十九級。二十二日，土舍龍起潛敗賊於長田，斬首二十九級。二月初五日，陶世顯敗賊於土橋，斬首百餘級，生擒二十一人。可望憤甚，令艾能奇帥賊衆，號五萬，初九日攻洞口。成書與世顯率鋭卒更番迭戰，斬賊百餘人。無何，二路失期，敵衆我寡，右師潰，陶世顯、龍在田、龍起潛、龍飛等血戰死。世顯，《殉節諸臣録》題銜作威遠衛指揮，或遵義人也。成書孤軍難支，而賊已分兩路直趨東北關，圍逼城下。城上萬弩俱發，傷數百人，賊少却，空西門以誘我。我軍弗動，戒備益嚴。越翌日，以炮攻城，雉堞毁，則易以板；板壞，則易以木。賊以銅牌書硃字諭降，新第毁其牌而擲之。能奇怒，躬親視城，成書發藥矢中其左臂，鏖戰歷三晝夜。矢乏，則繼以石；石乏，則繼以糞，無少懈，賊欲退。俄而賊軍師李自旺者，號老神仙，手執白公雞，披髮仗劍，以石灰畫地，繞城而詛，十二日巳刻，城内火忽起，人争滅火。賊乘勢登城東隅，而城陷矣。新第肅冠帶北向拜曰：「臣力竭矣！」縊於署内之馴鹿堂。益題《絶命詞》，縊於道署。《殉節諸臣録》益題銜云「分守安平道副使」。《張燿傳》云：「可望寇安平，僉事臨川曾益集衆拒守，城陷死之。」此據王睿《死難紀事》、尹璉《定番五忠傳》，故與《史》録小異。其《絶命詞》結句云：「孤城魂莫散，好去傍煤山。」學正陸涼尹大任謂家人曰：「明倫堂，西山也。」亦冠帶謝祖考，北拜縊於堂左柱。訓導徐鑣、吏目安紹祖、廣順奉調吏目周齡六、按察司獄陳玉環俱自經。鑣、紹祖、齡六、玉環，籍貫并未詳。顧人龍謂妻李曰：「我曾爲命官，爾命婦，皆不可污賊刃。」左右對縊。中堂子諸生大元抱父母屍，哭不去。賊遂殺之。人龍，《明史》附見《張燿傳》。思民聞人龍已死，從容賦詩壁間，投筆引繩死。黎維垣城上督戰死。胡允中冠帶坐庭中，賊至，允中叱之，賊刃死，皆州紳也。時賊轟滿巷，饒謨大呼曰：「我輩宜死戰！」於是諸生王道中、顧從龍、黄文芳、李一龍、夏朝卿、李二龍、毛一練、尹湯傳、尹湯卿、熊化、唐璉、賈翰、王新建、王仰、王基昌、楊東明，平壩衛復有楊東明，萬曆丁未爲衛千户，擊劫沙作站之仲賊戰死。土官程民悦、韋帝臣，土舍韋之福，勇士簡成書，把總許華宇等奮勇力戰，至學壩成書猶格殺數賊，同時百五十餘人俱戰没。舉人毛琛投井死。《省志·節婦》有琛妻李，而《選舉》無琛名，當是福唐兩藩時舉。原任教授艾養中，諸生周卜年、尹湯賓、熊鍾、隨鄉約、杜凡六赴火死。諸生謝賜璠、黎應陽、江山秀、潘達、黎應辰投泮池死。張承祖妻吴氏大哭曰：「我等義不受辱。」相率而赴蓮花池者數十人焉。貴州前衛千户蔣薦、百户向宸、向琪分駐定番，俱闔門同殉。琪家死者十六人。薦、宸、琪，并自雲南左衛編入貴州。燿、瑞徵與賊巷戰城西隅，日晡被執。能奇謂：「燿公，吾梓里也。幸降我。」燿曰：「汝爲賊，吾爲朝臣，何梓里邪？」瑞徵亦大罵，同遇害。燿，《明史》本傳作耀，謂歷官貴州布政使。賊至貴州，率家屬乘城拒擊，城陷，賊執其妾媵，怵之降，詈益甚，賊殺之，并其家屬十三人。《殉節録》書其官亦作布政使，與王睿、尹璉紀者小異。《殉節録》書瑞徵名作陳徵，蓋脱瑞字。武舉蒙九錫亦在執中，能奇曰：「汝何不早降？」九錫曰：「汝何不降我？」能奇手射殺之。是日也，城中上自官司，下逮婦女，竟無一生者。而賊之爲我殺也亦損。其二日，暝天忽雨，點紅於血，賊懼，十三夜即旋省。至桐木嶺，能奇藥發，死於道。豈天厭其惡而假手於成書邪！滿城瓦礫，白骨丘聚，四鄉人不敢入城者三月。卧龍菩提寺僧傭拾遺骸，聚束爇火瘞之，呼爲「萬人墳」。康熙四十五年，州人士請祠祀，不果行。知州王緒祖表其墓曰：「忠烈」。乾隆三十八年，賜耀謚忠烈，益、新第、瑞徵、世顯并謚節愍，思民等四十九人并賜同耀等，祀忠義祠。思民蓋以《省志》失其官，故不得謚。當初議守城時，思民與族子湯賓皆決必死。思民子湯寅年十一，使避落河簡氏。湯賓亦避子清於羅永清，聞難，馳至城。賊去，火尚未熄，得其仲兄良血模糊僵海馬坡草間，猶有氣息，裂衣裹創，哺以糗，遂蘇。告清以父及三弟赴火，家屬皆殉伏，惟已重傷，負母逃，暈厥於此，母亦被創，計去不遠，相與沿河以尋。而湯寅亦聞難，來求父屍，遇母黄於米丹，相持泣。至城，清已得母於積屍旁，母左足不能舉，負母挽良行，一晝夜達鼠場。而湯寅往來血燼，逾日夜，卒不得父屍，號擗數昏絶，黄乃喻之曰：「爾父没王事，峻節榮名，勝死牖下百倍，無屍何害！且爾父止一子，我所以不即死，爲嫗爾，冀忠臣有後，若過哀，有不測，我復何活哉！」湯寅乃止。清又二日負母掖兄，抵改窰，編茅採藿以爲居食。逾年母兄創復，又徙盧番，奉以終。湯寅讀書承母意，中康熙五年舉人，不會試，不謁選。或問之，曰：「讀書衍先業，豈富貴資也？吾父死不得屍，吾尚何面目理政臨民乎？」卒年六十一。清卒年八十二。亦以本朝歲貢不仕終。時人謂「二尹」。有子清，字伯宗，子開治，亦舉於鄉。湯寅，字子敬。

城破題壁詩

省會無人守，丸城那復論？文章難報國，軒冕太辜恩。妖火連山赤，腥風捹日昏。死如能殺賊，糾此萬忠魂。

張昌平問德 一首

問德，字惺初，黄平州人。幼惠有神童譽，年十四入州庠。崇禎三年題門牓曰：「雄才已就《三都賦》，太史行看五色雲。」是秋果鄉舉。初知漢川縣，有循聲。晉順天昌平知州，以病改職。適甲申之變，朝士多污僞署。惺初微服間關南歸。談所見殉節事，慷慨愛慕，津津如不獲與者。歲丁亥，一作丙戌。土賊藍二嘯聚稱亂。聞大清兵至楚，假投誠爲名，肆掠湄、甕、餘、黄間。四月先破甕安、餘慶，挾兩邑人同圍黄平。惺初方助知州黄虞龍講城守，會有内應，數日城即陷。虞龍死之。虞龍，廣東□□舉人。崇禎末知清平縣，尋擢黄平。值苗亂，内撫字，外禦侮，備極勞瘁。惺初與弟問謨皆格鬥被獲，縛至元真觀，賊諭之降，不屈，兄弟相繼觸柱死。賊遂大肆屠戮，慘不可言。問謨，字顯文，州歲貢。

梯子崖 ○在黄平舊城南五里。

懸崖峭壁勢巑岏，鬼斧開梯一線寬。曲磴下驚無世界，浮雲高倚作闌干。從來不信函關險，過此何憂蜀道難。百折千回天路近，塵寰杖底任漫漫。

馬布衣士升 一首

士升，字君秀〔六〕，貴州衛人。性癖潔，喜讀書，少爲諸生，旋棄去，屏迹山寺，一榻蕭然，意泊如也。日以篇什自娱，不與俗人交。寇亂被執，罵賊死。本朝乾隆中，賜祀忠義祠。士升之先，明初自南直儀真來，爲衛官，以功升至指揮使，世襲。七傳至雲龍，字翔高，爲貴陽諸生，博識多通。貴撫郭子章欲邀襄撰《黔記》，義不往。其卒也，子章銘之。次子文卿，即士升之父，字瑞符，萬曆十三年舉人，二十年進士，選庶吉士，擢御史，巡按廣東。以戇直忤當道，左官，遂不赴銓。家居杜門數十年。年八十三乃卒。附泰和郭子章《馬君墓誌銘》：萬曆乙亥夏四月，播事急，上趣子章入黔，至則坐闉鎬中，搜兵甲，練車徒，亡暇與縉紳先生游。比播平，過不自量，裁《黔記》，思得長者熟八番七星，故一叩宛委，分其朱紫，或告予曰：「封柱史馬騰海公，沈研精義，剖發異聞，彼方寸中，皆孔壁汲冢也，而縮武郊落不一入闤闠。」予曰：「行且往見之矣。」亡何，聞公病。又無何，聞公訃。予憮然曰：「斯人也，所謂名可得聞，身不可得見者，非邪？」仲子柱史君、叔子晉寧守，持予同年許觀察狀來乞銘，予固辭不獲，按狀：君諱雲龍，字翔高，其先淮南人，國初始祖成從戎至黔，遂爲黔人。六傳至昭勇將軍福，握衛符三十年，衛政肅舉。晚辭榮學禪，築精舍，鍵户修持。生二子：長應龍，襲祖爵，次即君。君少端慧，昭勇甚愛之。弱冠爲郡諸生，每試輒高等。數入棘闈，屢蹶。則嘆曰：「鵜志在水，鷙志在木，吾志故有在矣。世莫吾知，吾將神游，莫競之林，心存無營之室，烏能栖蝎附蝻於稠閙乎？」乃挈孺人、幼子卜築於城北谷七堡，止焉。長桐大穗爲肆，溪翁牧子爲友，彩雲淡烟爲幄，啼鳩澤雉爲倡和，冥靈、大椿、女貞、文杏爲庇廕，丹砂、怪石、梧丘、竹素爲嬉玩，足不履城闉，口不道世故。家藏書充棟，間於理數堪輿諸帙，一涉獵焉。及諸子稍長，立之庭而誥之曰：「而謂而翁果哉？吾世守先人書，而輩偃仰鈞弋其中，經緯蹊徑，稍不迷矣。顧吾家起介冑，黔尤羅左，苟不演武與力，將何以佐緩急？猶捄火者然，或提盆榼，或挈瓶盂，方員異器，名實相乖，至於盛水，功亦濟焉。文以華國，武以淩敵，趨舍殊律，爲績平焉。長可騎射，讀孫、吴、尉繚書。叔、仲可辦博辭仇，讀孔、孟、周、程書。」已，仲子、叔子相繼舉於鄉。萬曆壬辰仲子成進士，讀書中秘。長子以西陲多故，公趍之，遑以戰功，拜爵。仲子拜柱史，奉公與孺人之長安邸中就養。公至逾月，誦謝元暉詩曰：「誰能久京洛，緇塵染素衣。」竟先孺人歸。柱史奉命按嶺南，過家爲公壽。公曰：「此方多寶玉，慎勿厭清貧。昔人記之矣。」柱史唯唯。在嶺南奏績最，封君如柱史官。君薦服北向叩頭畢，語人曰：「枯體變爲榮體，榮體故是枯體；縷體變爲絲體，絲體故是縷體。何以别？所不敢不服者，主恩也。」叔子令陰華，則又孜孜乎誡之曰：「孺子邀仙掌石月之靈，主於其國，爲藍田玉，毋爲華山蠹。」叔子唯唯。黔自夜郎喪亂，師行棘生，君發困，飯飢揜骼，有昭勇風。君年六十，柱史以兄在行間，弟在少華，離子舍，出補官，君亦安之。亡何，病革，以萬曆辛丑年十有一月卒，得年六十有四。筮甲辰年四月四日窆君於起龍山。君元配李氏，封孺人。子六：禹卿，以軍世襲指揮；文卿，即柱史；漢卿，把總；明卿，晋寧守；鼎卿、臺卿。孫男十二，孫女六。禹卿子士達，女官妹，適指揮應襲劉鼎；壽妹，適指揮顧從新。文卿子士升、士哲、士衡，女吉妹未聘，玉妹許聘楊學博次男。漢卿子士鰲。明卿子士甲、士杰、士望，女舉妹，許越郡丞次男廩生其杰，陜妹聘李知縣三男。鼎卿子士良，同生科，幼予，故交歡柱史，重以許觀察，乃爲之銘曰：馬氏之先，祧於馬服。文稱季長，絳紗棫樸。武有伏波，邊郡田牧。著於淮南，衍於貴筑。昭勇折衝，文林貽穀。厥才維熊，厥門則鹿。富水之干，高連之麓。詩書爲耘，身心爲鵠。庭誥嗣君，武雄文足。長也提劍，仲叔連轂。鳴琴仙掌，校書天禄。柱史奏最，馳恩淑郁。公服更薦，而心如樸。漁樵争席，雲霞布幄。赴來谷七，數逅百六。佳城鬱鬱，崇山矗矗。百千萬年，克綏後禄。

布衣承祖父之恬退，清風勁節，光耀里閭。而其從昆弟士英，乃干進誤國，黄口亦羞道之若浼。一家之中，而薰蕕不同，器乃如此，惠蹠耕魋，真不可解也。《静志居詩話》：周仲馭以鈎黨受禍，與雷僉事縯祚同繫請室，於時御史王懩，阿阮大鋮意，上疏請斬二人。二人遂雉經死。未浹月，而留都不守矣。方大鋮得志，思盡殺東林復社諸人。及僧大悲獄起，與孫御史、張振謀倡十八羅漢、五十三參、七十二菩薩之目，希阱諸異己者，因馬輔士英不欲而止。士英有詩云：「蘇蕙才名千古絶，陽臺歌舞世無多。若使當時不相妒，也應快殺竇連波。」蓋以蕙擬劉副相宗周，而以陽臺喻大鋮也。周亮工《讀畫録》：馬瑶草士英，貴陽人，罷鳳督後，僑寓白門，肆力爲畫，學董北苑，而能變以己意。王貽上曰：「蔡京書與蘇、黄抗行，瑶草胸中乃亦有丘壑。」黄俞邵題一絶：「半間堂上草離離，尚有遺踪寄墨池。猶勝當年林甫輩，弄麞貽笑誤書時。」貽上又題云：「秦淮往事已如斯，斷素流傳自阿誰。比似南朝諸狎客，何如江令擘箋時。」瑶草爲後人揶揄如此。夏復《續幸存録》：弘光雅喜談褻事，亦頗觀圖畫。一日，貴陽進石田畫一卷，弘光親署數字，貴陽、孟津共跋一行。若在盛時，丹青最成佳話，及兹崩潰，飛白竟是清狂。王、馬之不爲王、謝，命矣夫！秀水張庚《畫徵録》云：余嘗見馬士英水墨山水一幀，筆法縱逸有別趣，字亦佳。第其人既自絶於勝國，復獲罪於皇朝，即欲録之，何從位置邪？嘗聞諸金陵人云：馬士英畫頗佳，然人皆惡其名，悉改爲妓女馮玉瑛作。噫！使馮玉瑛復有其人，恐亦不任受也。

時　事

時事已如此，杞憂將奈何？可憐蒿作柱，豈止鏡爲荷。屏迹青山淺，逢人白眼多。此身無著處，行坐一悲歌。

馮處士世寵一首

世寵，字□□，湄潭人。博學，性嚴介。當天、崇間，見逆閹奸相相繼誤國，遂長隱不求仕進。明亡，痛哭不食死。考《勝朝殉節諸臣録》載：本朝乾隆中，賜入忠義祠士民，有桂王殉節湄潭馮師寵，隱居，城破不食死。師、世，聲近，當即一人事蹟，流傳小異耳。當李自成陷京師時，黔人死于國學者，尚有桐梓諸生洪圖奠。後其妻傅以節聞。惜圖奠詩無傳。《殉節録》又載，入祠士民，甲申殉者，有生員陳則從，平番人，聞京師陷，不食死。唐王殉者，生員韓元亨，平遠人，起兵至上杭，爲盜所遏，失援被害，并云見《貴州通志》。又有寇難殉者曹士銓，施秉人，崇禎末寇亂，與母俱被掠，皆見殺云。見《山西通志》。按：貴州有平壩、平越衛、定番州，而無平番，其時平遠州亦未建，施秉則鎮遠屬縣，何以紀於晉乘？檢今《貴州志》，又并三人無之，疑不能明，附以俟考。

聞京師陷

群盜縱横十載遥，兩京王氣竟沈銷。將軍苦乏防邊策，宰相惟聞伴食饒。氣數無情成此日，危亡多故豈今朝。祖宗養士恩非薄，何事盈廷向賊朝。

節愍邱僉事懋樸五首

懋樸，字若木，新添人，庶子禾實長子，舉崇禎六年鄉試。由廣東徐聞知縣，歷湖廣上荆南道僉事，以廉白聞。歲己丑，大清兵入楚，屢招不應，城陷死之。逾十日，面色猶生。荆人士爲棺歛葬之皂角坪。康熙六年，其子貢生爲章乃歸柩，葬小峰塘。弟懋素，字若水，三年鄉舉，歷官河南南陽知府。崇禎八年十月，《邱氏譜》云「壬午歲」，與史異。李自成再陷南陽，若水罵賊不屈，闔門被害，屍横野外，烏鵲不繞，數日不散。土人異之，累冢立石，以表其烈。《明史》附見《顔日愉傳》。十六年，子貢生爲恒乃歸柩，葬牛場坪。若木一女，及若水女嫁蔭子王師吉者，皆寇難殉死。康熙中贈若木太僕寺卿。乾隆中謚若木節愍，若水烈愍。

送寶華上人游雞足山 并序

寶華上人者，蜀人也。初游於賈，以貲雄其儔矣。一日見寶之勝，一切棄去，遂披剃焉。山故饒靈秀而屬於儲俯。往者，僧不過三五人，衣鉢不充，香火寂莫。上人來，始以戒律精嚴爲四主檀越所重，於是謁禮日衆，寶地一新。於元帝殿後又建佛廬，畫棟雕甍，屹然巨麗，聚徒百餘人，鳴鐘而食，盛矣！又於山之趾，開一最幽處，石具種種，諸色玲瓏偃仰，人工位置所不及。奇樹古藤，離奇夭矯，皆百餘年物，蒼翠不可名狀。爲構静室三楹，每入其中，令人塵想都盡，不忍捨去。余嘗嘆謂同游，此地去山不數武，何至今始見，地靈人傑之相待，詎不信哉！上人初慕曹溪宗風，不立言語、文字，日手輪珠，口誦佛號不輟。庚午夏，余讀書山中，燈火幡影之間，梵咒與書聲互答，嘗至丙夜不休。已忽具七條衣，更菩薩戒，閉關一室，枯坐經年。既出關，灑灑如有所得。今僧臘益深游，行自在，坐卧静室，爐香茗碗，泊如也。大雄鐘鼓，香積米鹽，悉付其徒，不過問矣。一日，忽持鉢，辭余西游雞足。余曰：「槁木死灰，有何不可？師昔以商旅而僧伽，今復以山門而行脚，果孰幻？果孰真耶？」上人嘆曰：「真幻在心，不在形迹，認真作幻，安在非真？幻以爲真，焉知非幻？且百尺巖頭掛草鞋，獨不聞乎？」余及其徒皆不能挽，遂聽師去。余惟僧稀寺古，山廢而師來，鳴鐘聚徒，山興而師去。其來其去皆具大根器，具大願力，猛勇精進，堅忍非草草者。此去一瓢一笠，徑行遠道，尚不冀一卷一爐，匡坐斗室，惟是虎溪蓮社，究竟賴吾兩人，缺一不可。今上人野鶴孤雲，余亦羈縻世法，願各以三五載了畢此緣。他日余有罷場之戲，師爲倦鳥之還，斯山有靈，移文不遠，余敢不掃除丈室，以待卓錫，師其許我乎？崇禎乙亥初夏。

喧寂閑忙總道情，蒲團坐破悔無成。於今識得西來意，熱鬧場中試一行。

芒鞋箬笠任逶迤，莫訝投林早共遲。一榻從來如逆旅，出山渾似在山時。

莫更參禪莫掩關，飢時喫飯倦時還。名山不在雲深處，只在吾師錫杖間。

頭陀苦行已多年，托鉢風塵亦偶然。猿鶴故鄉無恙否，流行坎止自機緣。

禪室空將紫氣籠，錫飛杯渡許誰同。白蓮初有柴桑約，試問桑枝那日東？

解巡撫立敬一首

立敬，字念顯，號誠齋，興隆衛人，舉萬曆四十三年鄉試。天啓四年，授陝西華陰知縣，禦却犯境狥賊數萬人。時議於嶽廟，祠魏忠賢以去就，争得寢。璫敗，臺司亦藉免罪。秦人祀之三賢祠。崇禎元年，遷知雲南趙州，築城修學。寇猝至，益濬濠設備，數日畢舉，民賴以無害。奉檄監軍討普酋，八道進，諸監軍率納賄冒級，皆無功。誠齋先與裨帥盟，獨嚴法，又能同士卒甘苦，故所向輒捷。普賊平，遷山東青州同知，改廣東廣州，與平海寇劉香老。尋丁内艱，服闋，補惠州同知。征八排土猺，悉平。十五年遷江西廣信知府。明年擢湖東道按察副使，尋晉右僉都御史，巡撫廣、饒、衢徽等處，提督軍務，以目疾困劇告歸。順治四年，土賊藍二攻破黄平城，知州黄虞龍及鄉紳張問德等死之。詳在《問德傳》。遂圍興隆。誠齋毁家，與參將武邦賢、鄉人狄通判宗尹、周副使洪德等募士力戰，斬俘無算。賊敗圍平越，旋被禽戮。七年孫可望入黔，勒秦王封，據興隆衛署爲王行府，改衛爲縣，自置僞官，勒誠齋授四川巡撫，抗節不屈，絶食死。衛指揮胡其仁、陳一德、千户李仕林俱被殺。其仁之先，自河南固始來，爲興隆衛百户。至崇禎時，其仁襲衛指揮，撫士卒甚恩。十五年苗叛，圍衛城幾陷。仁挺身奮力擊傷數賊，衆遂奔，城賴以全。一德，字純初，其先庸襲千户。有傳見前。一德襲指揮僉事。崇禎末以破藍二功，晉冠帶指揮使，管衛事。聞孫可望挾永明播遷幽制，即謂同官曰：「吾儕世受國恩，今君父在顛沛，百姓罹湯火不能救，生何爲？」恒忼慨泣下。庚寅歲，可望據興隆，誘執指揮、千户十餘人，脅以僞職。一德面數其脅王改制、加賦諸不法事，可望趣殺之，遂與其仁、仕休極口痛罵不屈，皆死焉。死時天鼓爲震，青氣結賊中庭久之。仕林之先具倆，山東章丘人，洪武初從潁公傅友德征烏撒、曲靖有功，授興隆衛指揮僉事。四傳降右所千户，又四傳至仕林云。是役也，紳士死者甚衆，惜不可考。《黄平志》載一德後謚忠節，而數人何以無謚，未詳。誠齋之先曰忠，江南巢縣人，洪武二十三年以副千户調征香爐山有功，留守興隆衛前所副千户。再傳鏞。正統初，始築衛城，開衛學。鏞子清，七年調征泗城。景泰初，征香爐山，尋征草塘。天順二年，征東苗，皆有功，洊升指揮同知。清孫銘，一作明。弘治四年，征普安，克竹箐，升指揮使，即誠齋高祖。誠齋父鶴齡，其支曾孫也。萬曆時以貢爲湖廣道州學正，有教法，故誠齋以衛家裔，雅擅才略，不屑屑章句。而閨庭之際，進止唯謹。父卒，兄立愛亦卒，奉嫂如兄，朔、望雖盛暑嚴寒，必衣冠造門爲禮。撫教兄子，悉推世業與之。其在州郡，雖倥偬，肆應而廉，公自持。征普時，却酋妻黄氏金鉅萬，法乃得伸。其士人祠之凡四所。惠州監生姚子豫没，無子，妻有遺腹，族人利其資，傾陷百計，力雪之，姚嗣得全。在廣州，值府正推官南、番二縣員并缺，檄兼綰五符，諸政畢理，而慷慨許國，摧鋒陷陣，談笑自如。《廣東名宦志》謂其案無留牘，庭絶苞苴。莊烈授巡撫敕諭，稱其治郡夙著。《循聲備兵》、《復嫺將略》，皆實録也。《興隆雜志》：解誠齋撫軍，與五開何雲從閣部、貴陽楊龍友兵部俱爲孝廉時，同在都門。一日，解、何偕謁文信國祠，午倦假寐，解夢信國以詩屬和云：「弦歌人可角牛刀，卓立飛騰障晚濤。莫訝風流如柳絮，堤邊未肯逐滔滔。」未和而覺。語何，則夢亦然。共疑首句「角」字不穩，解曰：「想是割雞字偶誤，得毋我輩止爲縣宰耶？」何曰：「角者，抵也。相國殆以幹濟操守相勵。但下二句殊不似爲我輩説。」俄而楊至，述以語之。楊曰：「弦歌自是作宰，下五字二君姓耳。」二公悟曰：「然則次句吾兩人名也。第末二語竟作何解？」楊笑曰：「柳即楊也。二君偘偘自將，常以風流薄我，豈知張緒風中人，亦非隨波逐流者乎！」相與大笑而罷。後二公果由縣宰洊至大用，功名節義，悉如詩言。楊亦殉義。信國真神靈哉！

贈曾養初

愛子文書不自工，眸稜煜煜對秋風。每將縛兔雙鈎法，引入號烏百石弓。滿地烽烟愁未了，一朝詩酒暫能同。重安清曲宜初服，莫漫興嗟髀肉豐。

按：養初，名三省，興隆人。居重安江上。生有異相，頭骨稜起，雙眸若電。年十六入衛庠，有文譽；顧獨好兵家言，嫻弓馬擊劍。平越守奇之，招致幕中。適九股亂，有銅鼓坉狇人王大勇，壯猛知義，爲諸苗所信服，又熟叛苗巢窟曲折，三省請於守，用其狇衆，遂破九股，平之。叙功，授三省興偏營都司。大勇亦弁職。自是黔中屢有征討，二省必與。曾追射妖僧於九門寨，馬蹶傷足，亟易他馬，麾進如常。事平，晉二階。崇禎末致仕。藍二陷黄平，三省雖老，猶率鄉旅扼之。賊不敢窺重安而趨平越，三省之力也。

忠誠何督相騰蛟 二首

騰蛟，字雲從，黎平五開衛人。公裔□□所編《先忠烈公編年紀略》云：公清源郡王二十二世孫也。王父志清，嘉靖間官四川開縣主簿。父東鳳，以明經司鐸雲南新興州。萬曆二十年壬辰，公誕生之日。公父聞異鳥之聲，公母廖見金色鯉飛入室，俄失所在，人傳爲神魚化生云。《通志》：何東鳳以明經授新興學正，纂《地輿志》。按：東鳳即公父也。天啓元年舉人。任山西榆次教諭，歷介休、汾陽知縣，丁母憂，服闋。崇禎九年補河南南陽縣。縣地界楚、豫，群盜所出没也。公戰守有備，從巡撫陳必謙破賊安皋山下，由是知名。旋行取兵部職方司主事，升員外郎中。出爲淮徐兵備僉事〔七〕，調山西口北道。丁外艱，奪情，不可。十五年釋服，起鄖陽軍門。明年，以史可法薦，代王聚奎巡撫湖廣。當是時，湖以北盡失，而左良玉屯武昌，士卒驕横，公推誠待之，得相安。□□□《何堵事略》云：癸未冬，何公雲從來撫楚。是時左師三十六營散處江漢間，凶獰之狀不可嚮邇，群帥故多降賊，桀傲難制。公推誠接待，控禦有體。又時以忠義激勸左帥，以故兵猶戢。嘗對人誦「鞠躬盡瘁，死而後已」二語。公平生大節具見矣。輯殘黎，收遺胔，皇皇無虛日。嘗出行城市，竟日未得食，屬門者購餅餌從輿上啖，戒勿令有司知，恐爲具饌。夜則寢穿堂一門扇上，枕以木石，其爲刻勵如此。十七年，公遣惠登相復德安，隨州。是年我朝順治元年也。五月，福王立南都，以明年爲弘光元年，加公兵部右侍郎，兼撫湖南；俄晉總督湖廣、四川、雲、貴、廣西軍務。順治二年，南都有僞太子事，左良玉藉口反，公持不可，則盡殺城中人以劫公。公解印授家人，使之走，將自刭。良玉使其徒劫公登舟，公乘間躍入江，自楊邏竹牌門逆流至漢陽門不死，漁者拯之。《史》云：「良玉欲與同舟，不從，乃置之别舟，以副將四人守之。舟次漢陽門，乘間躍入江。四人懼誅，亦赴水。騰蛟漂十餘里，漁舟救之起，則漢前將軍關壯繆侯廟前也。家人懷印者亦至，相視大驚。覓漁舟忽不見。遠近謂騰蛟忠誠得神祐，益歸心焉。」而懷印者亦至，於是部曲聞公在，稍稍來集，乃間道抵長沙。集屬吏堵允錫，傅上瑞、嚴起恒、章曠等痛哭誓恢復，傳檄遠近。公上疏曰：「爲内變一時突起，微臣就死明節，痛陳始末，仰祈聖鑒，并懇速發兵救援，以重上游事。臣蒙先帝授鉞，十七年正月至九江，與藩臣左良玉聯兵而上，相與一周，無事不推誠質信，竭力調停，嘔盡心血，得以少延。不意春來闖信突聞，臣與藩臣慮外援不至，内軸一空，相對攢眉，憂形于色。臣正在明斥堠，飭扞掫，以禦大敵，奈僞太子之説忽傳，藩臣突然東下，臣百計難挽，情節、日期備在前兩疏中。想皇上撫御多方，可無他慮。惟起行之廿三、四兩日，將武漢之男婦屠掠一空，即臣一弟、一侄、三僕，煢煢相依爲命者，俱不知下落矣。門城民居暨臣之衙署皆成灰燼。臣標兵久在良玉，開藩全楚餉亦在良玉，臣既不能與之争，即與民守廿七里之空城，屍横骨遍，烟斷魂消。尤可異者，各鎮將俱欲挾臣偕行。廿三日，千馬躪入院門，前後刀箭并至，臣挺然受之不懼。相煎之甚，既欲自刭。又以力挽不克，遂乃勇赴江濤，自竹牌門逆流至漢陽門，氣將垂盡，突爲小舟撈救。臣於是以渰没餘生，逐日與帶傷之司、道、廳、縣商固守之策。臣乃檄調武屬鄉兵苟延旦夕。賊見在窺漢，臣亦多方招撫，許題厚恤，而計亦窮矣。懇乞皇上，念危地死臣，速發兵馬錢粮，俾臣得以憑藉振頓。況楊鶚事久有主者，仍請敕臣躬至湖南會師，積餉順流直下，以固上游。少遲，臣惟始終一死以報陛下而已。伏乞敕部，即日議覆。又《遺章曠持檄出師檄》曰：悲哉！時至今日，成何世界？擢亂極矣。兵家五字：「戰、守、死、走、降」。以今戰守勿道，又諱死，不言走乎？我瞻四方將安往乎？降乎？昧心忘君，義所不可；戰守不成，走降非策，則惟有一死。語云：死士一萬，橫行天下。何苦戀此七尺耶！往無不濟，此七尺又何曾死？騰蛟不敏，標下死士三萬人願爲諸公前驅。張將軍先璧出茶新，曹將軍志健出猶義，合窺章贛。黄將軍朝宣出醴萍，徇袁吉，周將軍金湯出澧滋。忠貞十八鎮出興歸，聯絡川蜀水師，出夔州峽，并下荆襄。既無東憂，又張西勢，并力直下，勝氣在我。而況劉將軍承允以寶師，馬將軍進忠以荆師，王將軍允成以岳師，盧將軍鼎以武漢、袁吉之師，董將軍英以總督標之師，王將軍鳳昇以援剿之師，水陸步騎百道并進，或壓其首，或繞其背，或抵其腋，或披其肢，又況齊、嘉、豫、漢之雄兵，柯、陳、黄、麻之義旅，動以百萬，引領南望，將一呼而百應，諸君何貳何虞，不一奮戰乎？今與諸君約，從騰蛟之言富貴可長，妻子可保，致身爲忠臣，竭力爲孝子；不從騰蛟之言，富貴如朝露，妻子被俘掠，爲叛臣，爲賊子，況朝廷之法紀尚在，我太祖高皇帝大行烈皇帝之靈爽赫然，騰蛟秉尚方，不畏强梁，寧畏捍帥。天下義旗回指於公，恐不能爲壽於旦夕也。檄到勿忽。然良玉東下，而李自成由陝入楚，寇十餘萬尾其後。俄良玉殞，夢庚降，福王走死，大雨四十日，百川溢漲，伏屍如林。自成以二十八騎游鄂之九宫山，鄉兵斃之，不知其爲闖逆也。於是其部下劉體純、郝摇旗、袁宗第、藺養臣、王進才、牛有勇等皆來降。公遣萬大鵬以數騎往撫之，置之湘陰、長沙間。而李錦亦偕自成妻舅高必正，因允錫歸命，公置諸荆州。旬日增兵二十萬，軍威大振。公《復奏逆闖伏誅疏》：總督湖廣、川、貴、廣東、廣西五省軍務，兵部尚書何騰蛟奏：闖死確有實據。闖級未敢扶同。謹據實回奏事。痛自闖逆肆亂，逼我先帝，陷我神京，罪通于天。一旦被戮九宫山，差紓神人之憤。奉旨：「何騰蛟着吏部先行涑議妥叙，仍着將殲賊情形，闖賊首級真否，該撫察奏解，若果的真，照格叙賞，以昭大信，欽此。」竊惟人臣之訓，義在勿欺，如闖死非真，而臣謬以爲死，且居之以爲功，是欺也。欺則臣罪當死。闖死果真，而闖之首級已化爲異物，如首級物化，而假托以明闖死之爲真，亦欺也，欺則臣罪當死。然闖勢實强，闖夥實衆，何以死于九宫山團練之手？誠有其故。闖逆既死，則宜留首級示信，何以首級竟不可得？亦有其故，請爲皇上陳之。臣自遭左變，投身江濤，遇救得生。臣揣闖逆知左兵南，逞勢必窺楚，即飛檄道臣傅上瑞、章曠、推官趙廷璧、姚繼舜、咸寧知縣陳鶴齡等聯絡鄉勇以待。闖果爲清所逼，自秦豫奔楚，霪雨連旬，闖逆困于馬上者逾月，此固天亡之也。闖逆居鄂兩日，忽狂風驟起，對面不見，闖心驚疑，懼清之躡其後也，即拔賊營而上。然其意尚欲追臣，盤踞湖南耳。天意亡闖，以二十八騎登九宫山，爲窺伺計，不意伏兵四起，截殺于亂刃之下。相隨僞參將李雙喜係闖逆義男，僅得馳馬先逸，而闖逆之劉伴當飛騎追呼曰：「李萬歲爺被鄉兵殺死下馬，二十八騎無一存者。」一時賊黨聞之，滿營聚哭。及臣撫劉體仁、郝摇旗于湘陰，撫袁宗第、藺養臣于長沙，撫王進才、牛有勇于新牆，無不衆口同辭。營内有臣晉豫舊治之子衿氓隸，亦無不衆口同辭也。張參將久住湘陰，郝摇旗現在臣標，時時告臣逆闖之死狀。嗣後大行剿撫，道阻音絶，無復得其首級報驗。今日逆首已泥誤死于鄉兵，而鄉兵初不知也。使鄉兵知其爲闖，氣反不壯，未必遂能剪滅而致弩刃之交加，爲千古大快也！今而後，逼君破都之氣焰遂成烏喙獸臠之肉餅，亦可以謝先帝矣。自逆闖死，而闖二十餘萬之衆初爲逆闖悲號，既而自悔自艾亦自失，遂就戎索于臣。逆闖若不死，此二十餘萬之衆，僞侯僞伯不相上下，臣亦安能以空拳徒手操縱自如乎！伏乞皇上祭告九廟，祭告先帝，使天下後世知數十年之劇寇首逆，乃一旦天亡于九宫山，以慰二祖列宗之靈，以快普天率土之願，臣志足矣。至如明詔所云察實，照格議賞，是徒滋舉朝之議，而重微臣之罪，臣惟有灑血于先帝而已。回奏委無一毫欺飾，不勝惶悚待命之至。隆武元年月日奏。時唐王自立于福州，素賢公，加公東閣大學士、兵部尚書，封定興伯，令規取江西及南都。公以舊軍參降卒中，題授部下黄朝宣、張先璧、劉承允及新降之李赤心、即李錦。郝永忠、即摇旗。藺宗第、王進才與良玉舊將馬進忠、馬士秀、王允成、盧鼎，并中軍董英、曹志建分鎮湖南北，所謂十三鎮者也。公鋭意東下，期以二年正月會岳州。先璧等觀望，獨赤心自湖北至，又爲大兵敗遁，諸鎮皆罷。公由是威望大損。諸軍怯懦，貪殘不受節度，殺人無虚日。大兵雷奮焱擊下汀州，而唐王被執，永明王立於廣東，授公武英殿大學士，加太子太保。然大兵漸近矣。四年進才以乏餉，掠及湘陰。大兵至長沙，公走衡州、祁陽、辰州、永州，時十三鎮互相寇掠，公走東安白牙市，而永明適自肇慶遁桂林，使告公以所部劉承允暴横，公不能制。爰朝王及太后爲請封爵，以羈縻之而已。五年，加公太師，進爵侯。大兵下湖南諸州縣，攻桂林北門。公分門拒守，亦會金聲桓、李成棟叛。大兵解去，公乃取全州，而漸復諸地。十二月，大兵至黎平。《編年紀略》云：大清恭順王令線軍至黎平，圍公家宅，執孫太夫人、徐宜夫人、子婦及族中男婦數十人以招公。而亞夫人王氏與族人俊民妻、趙、源長妻張之五妻能先死焉。族侄俊品擄至漢陽，亦抱幼女投水死。前後死國難者四十餘口。先是恭順王館公家口于官，有司供奉，唯謹囑太夫人以書召公。公已知其狀。書至，戒令勿入，傳至群帥，方令持書者進，對衆焚之。公望北再拜涕泣曰：「兒不幸遭時多故，兒之罪也。然從母命則貽萬年之譴責。老母休矣！兒念決矣！」永明王聞之，下詔褒慰曰：「非卿不能有此難，非卿不能處此難。」公捧詔涕泣疏曰：「臣讀《易》之上六曰：艱貞吉。又曰：悔貞吉。內難而能正其志，臣知所以自處矣。曾記唐李晟家眷百口陷于賊營軍中有及之者，晟泣曰：天子何在？敢言家乎？郭子儀破土蕃靈州，魚朝恩使人發其父墓。子儀入朝，上唁之。子儀曰：臣久在行間，不能禁士殘人之墓，今日之報，是天譴也。臣才品不及二臣，而捐軀爲國之心千載而下，可以相質。執公眷屬孫太夫人、王夫人以下四十餘口以招公，而眷口皆從容引決。公聞之，泣曰：「夫爲忠臣，婦爲節婦，死亦何憾！族屬既罹網羅，便是劫數，俱應速死。惟王陵之母，千古傷心，趙苞之心，寸草未報，死有餘罪耳！」方與諸將議取長沙，而堵允錫私怨馬進忠，乃召忠貞營李赤心於夔州，使進忠以常德讓之。進忠怒，驅民出城，焚廬舍，走武岡。王進才亦棄寶慶去，它皆效尤。赤心所至皆空城，亦棄去，東之長沙。公聞大駭，檄赤心由益陽下星沙以扼大兵。故六年正月，集諸軍長沙，而部下士僅六千人。防赤心之襲，不護行，只吏卒三十人隨公往。赤心詧偵其已東，即尾之趨湘潭，不知其空城也。赤心已不守而去。公入居之。大兵倍道躡之，遣降將徐勇入城勸公降，公怒叱之，遂以公詣大營。絶粒七日，不死，乃以帛絞殺之，時永明王永曆三年正月二十六日也。湖南各郡聞公死，莫不流涕，百姓争立神主以祀。朝廷諸將聞公死，皆曰大事去矣。公生于萬曆二十年壬辰，薨於順治六年己丑，年五十有八。公之死也，有僧夜半掩葬城外。迨順治辛丑，僧至黎平白其由，公侄孫之玉呈詞湖南巡撫，檄湘潭知縣，親臨開土，果獲公骸，遂移葬湘潭縣城外之唐興灣流水橋側，并立石焉。康熙十五年丙辰，公從侄文明始歸公喪葬黎平。事聞，永明王贈公中湘王，謚文烈。《桂藩實録》云：謚忠烈。子三：文瑞，字憲卿，從公軍前，永明王授以都御史職，襲定興侯，領兵。庚寅永明王往桂林，文瑞護行，帥師禦敵。辛卯十一月於粤西南耑敗死，軍人丘于郊原。康熙丙辰，其侄之玉始往收其骨，歸葬城南梘冲瓠甗形。德生、長生，葬湘潭城外唐興庵流水橋。康熙中歸葬黎平城西西佛崖。

先君子於咸豐間編纂是書，既爲公傳，又搜得公裔孫撰公《編年紀略》一卷，以其佚事遺文頗詳，而詞語未盡馴雅，欲旁采異同，別爲《年譜》以行，經營未就。今刊斯編，公《傳》稿本，又因甲寅之亂，闕佚不完，已丐汪梅岑先生補作于右。仍以先君原撰所存之末數葉并刊於後，以存其舊云。同治十二年夏六月，莫繩孫謹記〔八〕。

《明史》以雲從與常熟瞿式耜爲全史之殿，贊曰：「何騰蛟、瞿式耜崎嶇危難之中，介然以艱貞自守。雖其設施經畫，未能一睹厥效，要亦時勢使然。其於鞠躬盡瘁之操，無少虧損，固未可以是爲訾議也。夫節義必窮而後見，如二人之竭力致死，靡有二心，所謂百折不回者矣。明代二百七十餘年養士之報，其在斯乎！其在斯乎！乾隆四十一年，議謚勝朝殉節諸臣，賜雲從專謚録曰：「督師兵部尚書兼武英殿大學士定興侯何騰蛟，志切時危，情堅報主，艱難百戰，始終一心，今謚忠誠。」寧鄉陶汝鼐《弔何文烈歌》云：「忠之烈兮文天祥，義之張兮漢雲長。吾師一身兼二子，楚天灝魄并三光。瀝血點點成化碧，披肝片片欲飛香。人聞七日盡大難，誰知萬古立綱常。」汝鼐集又有《督府何公雪中垂弔俘殘即唁先慈之喪夜遣都騎來邀語不勝感涕二律》云：「一路荒嚴野哭哀，吞聲驚説令公回。不期弔鶴横空下，即命神駿帶雨來。櫜鞬始聞趨柏府，版圖虚擬報蒿臺。相依永夜情何限，欲賦東征未易才。」「烽火燎原照雪光，鈴旗一駐影蒼蒼。同將羊祜尊前淚，灑向劉琨夜半裳。芟舍幾時無雨霰，雲臺今夕有星芒。應知國老孤忠力，留得天雞叫大荒。」國朝湘潭王岱《弔何黎平》詩云：「開曠邁百統，日月經天行。至彼衰晚運，英傑亦挺生。何公黔南秀，生也實國楨。歷仕中外間，動關蒼生情，徒手支半壁，天柱無東傾。區區李郭才，一身豈不并。惜哉武侯策，難與運會争。各鎮甘獻俘，解甲東南兵。遂使乃公志，一簣傾全城。義烈故其餘，慷慨非沽名。成敗未可議，氣識雲霄横。靈爽豈淪没，河嶽留精英。」鄧顯鶴《沅湘集》按云：忠誠，以己丑正月二十七日，死於湘潭，其授命之地，在縣城流水橋坡側，有僧推土牆掩之，部將張熹宦爲具棺殮殯橋側。閲十九年，公子某始來啓攢，以其喪歸黔。潭人月夜往往於橋側見朱衣象簡人徘徊瞻眺，蓋公之靈爽實在兹矣。謹按：公與史忠正、瞿忠宣同支前明殘局，爲撑持宇宙不可少之人。《明史》特以公與瞿公本傳殿一代之後，今忠正于揚州，忠宣於桂林，皆有專祠招魂封墓，都人士歲時奉祀，上冢恐後。公於湖南經營戮力盡瘁，殞身與二公同，而春秋禋祀獨無一椽之庇，一漿之奠，誠爲闕典。余往官博士時，曾屢請上官欲續建朱子五忠祠，以宋之李忠節、明之何文毅、蔡忠烈及堵文忠、劉忠烈、章文毅諸公，合祀爲五忠祠。事未及行，比年復聒之潭人，當於流水橋專建何公祠，而以湘潭己丑殉死諸人配享，并求公藁葬處封土樹碑，昭示後世。近聞潭之士大夫有稍議及此者，未知竟能成否？楚以南祠宇相望，而煌煌忠義之魂，尚無有起而妥之者，是不能不有望於吾鄉維持名義之君子也。又《弔謝瑛》詩按云：謝瑛，崇禎丙子舉人，己丑殉城死。己丑之役，潭人争殉何公，死幾無孑遺，其見於紀載可考者，新會令潭景行，推官周蕤，教諭周侯，貢生嚴士騏，生員王載、王蒙、謝直生，舉人李馭芳、王元兆及瑛，皆一時名流表表者。施秉宋應舉《何文烈墓誌銘》：嘗讀史至文文山以身殉國，萬變不渝，卒之從容就義於顛沛流離之際，輒掩卷而嘆曰：「此有宋之一人哉！而古今來不再見者也。」後三百年而有雲從何先生者出，作史者悲其志，痛其遭，殆與文山有同恨焉。先生處明之末季，寇氛騷然，國運既移，神器有主，雖督師百萬，吾知其無能爲矣。先生乃以大義自奮，指天誓日，收已散之人心，續既墜之天命，庶幾乎中原可復，神州可返，迫至内難互作，躬犯險阻，幾投江河，卒以區區十萬之粵師，恢復湘潭，稍延一綫，其志亦良苦哉！無如天不祚明，身與國俱亡，啖之以爵禄而不顧，加之以刀鋸而不辭，已乃七日不食，從容朝南再拜而卒。其大節凛凛，是以震動天地，摇撼山岳，視文山前後如一轍也。而其艱難之遇則過之也。余謬以不才司鐸黎陽，得奉祀先生於鄉賢祠，又嘗往來過先生之故宅，不禁慨然想見其爲人。既與此邦人士弔古興懷，考論之餘，得先生行狀。自布衣時，早以忠孝自許，同里朱公萬年守萊州，流寇孔有德至，朱公罵賊死城下，不少屈。先生聞之曰：「此事朱公先我而爲之矣。」其忠烈之懷，矢諸夙夜。如此始嘆曰：「古今來忠臣義士於生死一節不變塞者，其自許固有素哉！」文山云：「人生自古誰無死，留取丹心照汗青。」於戲！先生之死，先生之心亦若是則已矣。先生作古人方數十年，而後嗣乏人，墳墓不治，行道傷嗟。至是，先生之曾孫琮始倡義約其族人等爲先生修墓立表，乞言於余，以銘諸石。余既重先生之大節，而又嘉琮之不忘其先人，不能以不文辭也，因《序》其事而銘之，銘曰：五溪以南，百粵之東。郡界牂柯，萬山巃嵸。毓斯正氣，誕降我公。胸懷磊落，大任在躬。孝廉既舉，移以作忠。才優歷試，郡邑兼治。聲聞於朝，擢以不次。公爾忘私，鞠躬盡瘁。天步艱難，灑血垂淚。一綫式微，四方孰毗。矢志復國，爰統六師。昊天不弔，顛沛流離。疾風勁草，生死以之。取義成仁，亦孔之悲。公身云亡，公事亦畢。布衣之志，終身勿失。烈烈轟轟，垂芳史筆。嗟爾後人，允爲表率。

開泰張應詔《明何文烈公論》：二十一朝中，文信國公何赫赫哉！而何文烈公同之。信國公宋末竭力盡忠輔二王，公明末竭力盡忠輔三王。險阻艱難，其時同，其勢同，其志同。元執信國公於五坡嶺。張弘範曰：「國亡，丞相忠孝盡矣。能改心以事宋者事今，將不失爲宰相矣。」信國公泫然出涕曰：「國亡不能救，爲人臣者死有餘罪，況敢逃其死而二其心乎！」國朝執公於湘潭，遺之書，其略曰：今天厭於明，神器有主，尚思收既覆之水，然久死之灰，棄身不顧，而單騎被執。心與文文山一轍，而境遇之艱難倍蓰過之。忠貞亮節，誰不憐惋？先生之道盡矣。若肯承合天意，知命來歸，當不讓洪承疇之一席也。公報書曰：某少壯從王，運逢屯蹇，甲申三月，自分一死，所以苟延至今者，思躅汾陽後塵也。不意志切才疏，致滋狼狽，負恩辱國，臣罪當誅，尚可苟延人世乎？丘墓妻子不敢顧，頭可斷，心可剖，先王先公實式憑之。不爲利動，不可威劫，百煉之剛，又自相同。信國公《過金陵》詩曰：「從今離去江南路，化作啼鵑帶血歸。」公《自悼》詩曰：「盡瘁未能時已逝，年年鵑血染宗周。」其慷慨悲歌無乎不同。信國公殉節燕都，衣帶中有贊曰：「孔曰成仁，孟曰取義，唯其義盡，所以仁至。讀聖賢書，所學何事？而今而後，庶幾無愧。」公殉節大埠橋，先有説之使降者，公拒之曰：「孔曰成仁，孟曰取義，衣帶之遺，彼則行之，我則繼之，吾志決矣，勿復多言。」從容赴義，公又自許同信國公也。黎平有神魚井，人謂公乃靈物所化。信國公亦係湖蛟，廬陵人至今能言之。兩公行事若合符節，宜其相同若是也。宋三百年而有信國公，明二百六十餘年而有公，其養士之報同。元聽信國公盡國難，國朝祀公鄉賢，褒嘉忠烈，正自相同也。兩公可謂同有千古矣。

述懷

列祖艱難業，諸臣敗亂重。揭竿何太夥，制梃竟誰從。國是成剜肉，軍謀競養癰。劇慚心力竭，無計掃群凶。

絶命詞

天乎人事苦難留，眉鎖湘江水不流。煉石有心嗟一木，凌雲無計慰三洲。河山赤地風悲角，社稷懷人雨溢秋。盡瘁未能時已誓，年年鵑血染宗周。◎《黔風録》載此詩，題云：《誓死》。「眉鎖」，作「氣結」。四、五、六三句作「卧薪何計雪三仇。窮山放虎誠非策，集澤哀鴻恨莫收。」「宗周」，作「林邱」。較《黎平志》載，凡不同二十二字。

《黔風録》云：玉書童時，嘗從先子宴同里世官宋氏宅，架上度數十册，多前代書。中詩稿一幅，乃宋氏祖德遠所録錢開少《喜李少白自楚歸》二律，後附忠誠《述懷》、《誓死》二篇，録歸藏之。每公車，輒就忠誠鄉人訪遺文，了無所得，且不知此二詩意。忠誠倉皇戎馬，而部校劉承允受卵覆至大將者，乃以調發不遣官，怒馳至其家，執公子索數萬餉。然則忠誠未殉國時，家已先破，宜鄉人之無所得也。李少白久退林下，其游楚也，或即忠誠湖湘開鎮時，其自楚歸，或亦忠誠殉國之後，故開少詩，有「十載風塵」、「斷潮殘月」之感。開少後爲僧，號大錯，居吾里之後巖山主即宋氏，世官德遠竹林也。宋氏及鄉人子弟多從之學。忠誠二詩，或少白自楚携歸，開少得之，宋氏又得之開少，故兩人詩并見也。忠誠于數當陽九，大勢全失，險阻艱難，矢死無二。視文文山之柴市，魏了翁之崖山，夫何以異？天實爲之，非才之不足也，二詩雖吉光片羽，重有加於照乘連城者，忠義凛然之概，固與天地同其不朽也。按：此詩《沅湘耆舊集》以爲武陵傅作霖《决絶詞》。「煉石」作「支厦」，「凌雲」作「驂鸞」，「慰三州」作「到三洲」，「赤地」作「戀闕」，「社稷」作「冠冕」，又十字不同。且有次章云：「戎馬崎嶇間道來，殘花猶伴戰場開。麻鞋兩載奔天淚，白髮孤臣搶地哀。莽莽故園何處問，滔滔逝水幾時回。鍾山風雨依如舊，夜夜銅駝泣草萊。」黎兆勛云：「二詩疑并忠誠作，而楚人誤屬之傅潤生。潤生依忠誠於長沙，爲監軍御史。永明超拜至尚書，從王武岡，大兵入城被殺，《史》亦附見《忠誠傳》。時事相近，故致誤收。友芝則謂「天乎」一首，結轄不盡可解。「戎馬」一首，則朗暢，是迥然兩人作。忠誠從子□□親見忠誠之死，所記止「天乎」一篇，則爲忠誠作無疑。其字句異同，殆傳者以意潤色也。潤生作，蓋止次篇，而楚人誤益其首篇耳。

節愍鄔御史昌期六首

昌期，《省志》：期作奇；《諸野録》又作琦。依《明史》及《通鑑輯覽》。字□□，都匀人，明末以選貢官廣西知縣。桂藩永明王稱號，晉柳州府同知。尋擢湖廣道御史，從王走安隆。秦王孫可望謀篡逆，王與廷臣計，密敕李定國統兵入衛。馬吉翔、龐天壽附可望，構殺吴貞毓等十八人。大清順治十三年，定國奉王走雲南，將捕殺吉翔。吉翔趨獻諛得免。復諂定國，客説定國薦入内閣。吉翔遂盡握中外權，而天壽亦用事。定國與劉文秀時詣二人家，定國時封晉王，文秀蜀王也。昌期患之，與光禄少卿高勣合疏，言二王功高望重，不當往來權倖之門，恐滋奸弊，復蹈秦王轍。疏上，文秀、定國遂不入朝。吉翔激王怒，命各杖一百五十，除名。定國客金維新，走告定國曰：「昌期等誠有罪，但不可使主上有殺諫官名。」定國即偕文秀入救，乃復官。十五年冬，大清兵入雲南，昌期等從王奔永昌〔九〕。明年走騰越，至南甸出鐵壁關，逼木囊河即緬甸界也。時扈將孫崇雅、靳統武等相繼叛去，王遂決意入緬。緬人遣使迎王，請從官勿佩戎器，始啓關。吉翔即傳旨許之。昌期等極諫曰：「猛虎所以威百獸者，以有爪牙故也，奈何自棄其防以啓戎心？」不聽，至蠻莫。二月初，緬人以四舟迎王於水次，從官自覓舟隨行者六百四十餘人，陸行者自岷王子而下九百餘人，期會於緬甸。十八日次井梗，二十日緬酋請大臣議事，王遣昌期及馬雄飛往。

酋不出，惟使驛人傳問，皆神宗時事，二人驟不能答，又出神宗時敕書，其寶文與明末異，以爲僞，驗黔國公沐天波征南將軍印文與之同，乃不言。蓋緬人於萬曆二十二年因亂來朝請救，朝廷却之，是年遂與緬絶。出此，示前代未嘗受恩也。四月咸陽侯祁三昇帥師迎王，緬人請敕止之。昌期泣諫曰：「臣等無狀，不能宣威遠夷，使有輕朝廷心，三昇表迎，正君臣出險之一機也。」不聽，使人敕三昇，謂我已航閩，將軍善自計，三昇捧敕痛哭，遂撤師。五月，王至緬阿瓦。一作亞哇。城移於赭硜，一作者梗。始知前陸行者多被掠，自殺。岷王子等流入暹羅。緬人結草編竹以居。王百官咸聚草次，自編茅以居。緬人見三昇迎王，威令尚行，恐一旦出緬，加之兵，因潛阻內外聲聞，雖時進米給從官，常不得飽。庶僚鳩形鵠面，藍縷無人色，而吉翔、李國泰等擁貲自擅，乃激怒王，至擲玉寶令碎，以濟從臣。吉翔、國泰竟碎之，昌期等痛哭不受而已。九月，改升昌期河南道，掌六科。十八年，李定國等會師來迎王，大敗緬兵於錫波江，緬民多死者。懟其酋，迎王階禍，縛置篾輿投之江，而立其弟爲緬王。時已降本朝之吴三桂，未萌逆，封平西王，留鎮滇，欲效沐黔國爲世守計，上書固請嚴檄緬酋，獻王自效。緬人因謀盡殺從官以孤王勢。七月十六日，使人請當事大臣渡河議事，皆辭不行。十八日，緬又使人詭請王詛盟以堅信。昌期、天波等十餘人猶持不可。明日，馬吉翔、李國泰脇衆往，緬人圍以兵三千，厲呼曰：「爾大臣可俱出飲咒水，否者，亂鎗攢刺，出則以三十人縛一人，駢殺之。諸人妻女皆就樹縊如瓜果，從亡諸臣，蓋至是無噍類矣。惟總兵鄧凱以傷足未行。緬人遂送王於三桂縊之。凱竊記咒水之役，文武遇難可知者，爲昌期等四十二人。《明史稾·諸王傳》、《明史·吴貞毓傳》并載其略。昌期既被害，隨行一子一侄，亦浮水而殞，見《舊省志》。而《行在陽秋附記》：壬寅隨駕回滇諸人，又謂昌期有子三歲，王死不知所終。乾隆四十一年，於死緬諸臣始終不二者，分別賜謚。昌期得節愍。云：「節愍奉主播遷，崎嶇守死，雖顛沛流離，猶正氣不阿。屢言責李定國無失臣禮。」其死也，定國嘆曰：「鄔公死，何吾面目以生乎？」旁溝人物卓爲後勁。《方志》闕略，故摭諸別記，合父老所傳，足以發明正史者，綴於篇。著有《扈從日録》，今無傳，惟見友人所舊鈔一册，題曰《鄔從御小草》，不著名字，所咏皆貴州明人孝義烈婦，人微行摯者。貴州鄔姓爲御史，惟節愍一人，且烈婦諸作以都匀人終，其爲節愍詩無疑。蓋猶在扈行以前作也，據具録之。其時，貴州人與節愍同扈從入緬者，復有塗敷功，官編修，見《行在陽秋》。又，平壩衛有黄瓊，明末貢生，永明時官庶吉士，或云官司經局正字，亦咒水死四十二人之一。見《黄氏譜》，史志皆不載。

讀郭青螺黔書烈女傳六首

普里夷州十二營，僰人女亦銕錚錚。豈緣夫婿通侯貴，自是明時禮教成。

倉猝莞藤駭浪舟，傷心三烈赴清流。九齡稚子天留在，一笑居然報此仇。

誦佛焚香四十年，靈芳相伴緑芊芊。剪茅却换三間屋，雷電窺人倘見憐。

有夫十四歸囹圄，早判單棲了此生。不是郎中鄒潤甫，妾身那得暫分明。

罵賊伽藍聲尚厲，裂屍馬女恨難消。自應孝烈爲雙烈，并重新祠八角橋。

貞烈旌門牓署新，至今猶説馬恭人。遂令走卒糟糠婦，誓死都全白玉身。

按：節愍《讀黔書詩》凡二十首。其五古十首，咏孝義獨行。其七絶十首，皆咏烈女。咸豐甲寅秋，繕録於遵義城南之湘川講舍。八月中旬，桐梓賊起，來逼城，匆匆入保講守禦，未及取携，遂與《黔詩稿》三册、友芝詩文稿五册，皆爲燹毁。而節愍詩并副本亦燼，可惜也。乙卯夏，重整舊稿，僅門人輩私録六首存，雖不敵所亡之半，亦罕而愈珍矣。吴復妾楊氏，鎮寧州十三營司僰人楊太女。祖仕元，爲普定府通判，州爲宋普里部地。司在州北三十里。復，字伯啓，合肥人，洪武間封安陸侯，從潁川侯傅友德征雲南，克普定已西堡，因留鎮。聞楊聰慧有志操，禮聘之。未幾，復轉餉盤江卒，楊哀毁幾絶。翌日，沐浴更衣，于靈几後自縊死。事聞贈貞烈淑人。　三烈謂梧州通判銅仁劉仁女辰秀及二妾葛與張也，詳後徐以暹詩下。　興隆衛百户韓一麟妻韓氏，年二十四，麟卒，矢志守節。小屋數椽，焚香誦佛四十年，忽生異草，嫩緑浮英遍一室，飢窘至鬻屋，剪茅以舍，異草復生。一夕雷雨，赤光耀其室久之，年七十二卒。萬曆間，御史宋興祖題旌疏稱韓氏「四十八年純節，草木皆知；七十二歲完名，雷電可燭」，斥其事也。　五開衛舍人王言妻袁氏，百户傑女，幼許字言。嘉靖五年，言年才十四，父指揮以侵餉逃亡，逮言監追，久之産盡，遺書袁父母，令改適。氏誓死不從。四十一年恤部郗郎中兩憫之，暫縱言歸完娶。甫二月，言復就獄。

隆慶三年瘐死，袁守節如初。御史雷稽古上其事，有旨免贜，旌表復其家。伽藍，石阡人，雲南姚安普淜驛丞王瑛女也，許字同郡諸生楊正綱。正統十二年六月十二日，從父解任歸，至郡境，父被賊害。伽藍年十九，賊執以行，厲駡不絶口，亦被害。萬曆五年，知府鄭一信爲建孝烈祠于北關八角橋之左。九年御史陳效題旌後。播賊倡亂，郡龍泉司馬萬珠女年十七，爲賊李保所執，駡不受污，賊怒裂其屍。事平，題旌以馬女木主附祀伽藍祠，遂易祠名爲雙烈。馬恭人，都匀衛指揮陳昱妻也。昱病危，馬具命服詣祠堂曰：「夫婦之道，生同室，死同穴，夫有不諱，妾無獨生。」昱卒，馬閉户自經，時年二十一。詔表其門曰：「貞烈」。按：《黔書》于馬恭人後，即繼以劉進妻包、郭秀妻趙二人。進、秀并郡軍士，各死於水。包得進屍，負歸，謂鄰婦曰：「吾年二十二無子，豈能再事人乎？」遂自經。副使吴立嘉其烈，合葬之。趙聞秀死，亦奔水，遇救，歸悲號誓死。逾月，防少懈，亦自經。殆詩中「走卒糟糠」所指也。

陳太常正心一首

正心，字知先，黄平州人，《州志》謂其崇禎壬午舉人，而《省志》壬午榜無之。蓋福、唐時舉也。父智有義行。歲丁亥，土賊藍二陷州城，執知先，將殺之。有賊酋何姓曾受智恩，德知先，乘間縱去，遂請師滅賊。永明王聞之，召爲太常博士。窮荒轉徙，顛沛流離，未嘗去王左右。後從王緬甸，還，王遇害，知先殉焉。

白鷺洲○在黄平舊州城北芷芳潭土。

紫靄山山襯夕陽，春鉏斂翼泊溪旁。鴻歸錯認千門雪，鷗過咸驚六月霜。玉膽瓶前横瘦影，蘆花洲上舞霓裳。携尊對飲何須燭，勝爾崑巖襲夜光。

【校勘記】

〔一〕三首：原作「二首」，據實收詩數改。

〔二〕道光二十一年《遵義府志》卷四十三《藝文二》此句之下，尚有「望二日題於羅氏之忠愛堂」十一字。

〔三〕乾隆六年《貴州通志·藝文志》和《遵義府志》此句之下尚有「恒來謁見，足稱幕賓矣」二句。

〔四〕《遵義府志》此句之下尚有「興盡而返」四字。

〔五〕《遵義府志》此句之下尚有「爰爲序，以表不忘之志，亦猶峴山之記，爲予去後思耳」諸句。

〔六〕君秀：原作墨釘，據《貴陽府志》卷七十四《明耆舊傳》「馬士升，字君秀」補。

〔七〕《明史·何騰蛟傳》（卷二百八十）作「出爲懷來兵備僉事」。

〔八〕上海圖書館所藏莫繩孫《何騰蛟傳附何公忠烈傳編年紀略》鈔本卷一末，莫繩孫記曰：「先君子於咸豐年間編纂是書，搜得忠誠公裔孫所撰《編年紀略》一卷，時以其文詞多陋，欲旁采異同，别爲《年譜》以行，經營未就。今刊刻斯編，公《傳》稿本又佚去，因丐江寧汪先生梅岑補成之。忠誠事迹已見《明史》，故《傳》只從略，而其軼事遺聞則《紀略》頗詳，雖詞語未盡馴雅，今仍其舊附録于後云。繩孫謹識。」此處又有夾條，似爲莫繩孫之修改語：「先君子於咸豐間編是書，既爲公傳，又搜得公裔孫撰公《編年紀略》一卷，以其文詞多陋，欲旁采異同，別爲《年譜》以行，經營未就。今刊斯編，公《傳》稿本又以甲寅之亂佚去，雖已丐梅岑先生補作，亦仍以先君原撰所遺之尾幅、《明史》以『何雲從云云』至後三葉附録之。張應詔所作《何文烈公論》并刊之，以存其舊。同治十二年長夏莫繩孫謹記。」此上圖鈔本文字與此異，故録之備考。又，此鈔本所言「《紀略》頗詳」，即指本書《黔詩紀略》。

〔九〕從王，原作「從主」，據手稿本改。

黔詩紀略卷之二十三

明

許通判善所一首

善所，字元夫，號明谷，貴州衛人，《省志》云貴陽人。副使一德猶子也。父厚德，字子載，號鶴塘。以貢官北直南河知縣。明谷萬曆四十年舉人，謁選河南西華教諭，移襄城。直國家多故，教士尤諄諄忠義，以作士氣。遷知南河縣。南河故其父舊治，釐弊蘇困，如駕輕就熟。以不能祠魏忠賢有仁聲，而無美敘。崇禎元年，晉通判岳州。岳當川、楚衝，奸民出入江湖。通判職糧、捕、水利。湖田開洿，江沙遷徙，蘆地變更，向訟此者，判莫肯按理，多爲豪右所侵。明谷至，必躬自履勘，悉其界畔、遠近、廣狹，豪民無所施。又以機宜獲水陸巨盜，置之法，江湖帖然。會有齮齕者，竟左河南南召知縣。河北詐降諸賊，乘監軍楊進朝不設備，迨河冰合，遂陷澠池、伊陽、盧氏諸縣。巡撫元默扼之盧氏山中，復間道入內鄉寇南陽，而南召亦數遭蹂躪，兵食兩虛。明谷親冒矢石，枝梧扞禦，危城僅存。賊又攻郡城不下，乃大掠村堡，走荆襄。逾年，督師復縱逆魁於要害，大河以南遍地皆賊。明谷誓以死守，會被劾歸。兄欽所、弟新所，并貴陽諸生，俱殉國難。貞所，萬曆三十七年舉人。讓所，四十三年舉人，官教諭。明谷之既被劾也，明亦旋亡。閉門掃軌，唯與同里吴滋大中蓄二三輩彈琴嘯歌，以寄忠憤。大清兵徇貴州，亦相率倡義，其事不詳。大清既定貴州，闢宅左爲指月堂，野服道裝，藉佛自隱。朝廷促仕不應，亦優容之。康熙三年卒，年八十二。四子：世穆，字嚴瞻，歲貢，亦隱不仕。世皞，字□□，以諸生輸餉從戎，累功至總兵官，封平原伯。世康，字晉侯，以歲貢鄉舉，《省志》謂世康登賢書，而鄉榜題名無之，疑明亡後福、唐、桂三藩鄉試舉者。亦不仕。世寧，字磐如，亦以諸生從戎，官都司，殉難。許氏先後死難者十二人，失其名者不在此數。明谷痛念家國，病亟時，命子孫無爲立墓石，著述悉火之。子孫遂不知其墓。今存一律，其後人從他所抄得者。

題畫菊

廿年棲息在東籬，人影花陰兩不離。多謝徐翁新作畫，那能陶令與題詩。疏烟冷雨傳香處，短夢長愁欲澹時。簾捲南山渾不似，蕭齋愁對一枝枝。

袁參將蕙芳一首

蕙芳，字瑞芝，仁懷縣諸生，襲威遠衛指揮僉事。宋有豫章人袁世明者，官總制。理宗時播州之唐朝壩、古磁、仁懷諸蠻夷出没爲邊患。唐朝壩，在仁懷縣境。世明方視師江淮，魏了翁薦於朝，令領兵入蜀。正月師至，五月奏凱，留世明鎮之。蕙芳其裔也。父壘，壘兄鍪，萬曆中討播時爲楊酋下赤水里頭目，與上赤水里父遭酷禍之袁年，并不爲之用，首獻地歸誠，率家屬從征。事平，先授年鎮撫，鍪冠帶總旗。尋以播江内諸司置遵義府，於府西置衛曰威遠，以羅氏、袁氏爲衛官。壘爲衛指揮僉事，晋游擊。天啓元年，奢崇明子寅叛陷蜀州縣，壘倡義赴援，擒僞節度，招降僞巡撫，克復重慶、仁懷、合江。復與賊相拒於仁懷之竹瓦寨，血戰三日夜，兵盡被擒。寅説之降，大駡不絶口，遂支解之。蕙芳時爲諸生，痛父之死，自請爲前鋒，直搗奢氏巢，掘崇明先墓，鞭其尸以雪憤。壘事聞，贈明威將軍，命即其戰地立忠勇祠以祀。後又與陳王謨同祠府城忠烈廟。廕蕙芳僉指揮事，擢參將。既而重復遵義，援黔救滇，迄平奢、安，蕙芳功爲多。鍪至天啓間，爲分防隘渡領兵游擊，官至副總兵。威遠袁氏與壘同時死奢難者，復有一修，先死封疆者有見龍。奢賊至遵義，一修爲威遠衛經歷，與府推官馮鳳雛、司獄蘇樸保城拒守，城陷，鳳雛禦賊被創死。一修樸誓不污賊，墜城死。見《明史·忠義·張振德傳》。見龍居威遠衛之沙溪里，以遵義籍中萬曆三十七年武舉，爲土城千户。四十年從總兵官劉綎討建昌猓，加衛守備銜。四十六年，綎起左府僉書，從經略楊鎬援遼，綎上揭兵部，請調川、貴兵，并舊識蜀中參游將弁見龍及周敦吉、吴文傑、鄧起龍、雷安民等二十餘人。請令見龍隨帶本部漢夷殺手親兵，自備衣甲、戰馬一千或千五百。人稱其精壯〔二〕，膂力過人，熟技擊，有膽智，足當一面，必不可遺。明年二月，綎等已四路出師，比四川都司童仲揆以川兵至，綎已先出關，遇大清兵，戰死阿布達里岡。乃擢仲揆副總兵，督見龍等軍充援遼總兵官。擢見龍都司。天啓改元，經略袁應泰欲城清河、撫順，議三路出師，用大將十人，各將兵萬人。未行，而大清兵已逼瀋陽，見龍等從仲揆馳救，次渾河策急，抵瀋陽，與城中兵夾擊。已，聞瀋陽陷，見龍等憤曰：「我輩不能救瀋，在此三年何爲？」諸將乃分兵半渡河軍橋北，半軍橋南。橋北軍結陣未就，大清兵來攻，却復前者三。橋北軍遂敗，諸將死者過半，他將走入橋南營。大清兵盡鋭圍之數匝。仲揆、見龍等鬥益急，矢盡力竭。大清兵萬矢齊發，見龍敦吉等并同仲揆死焉，他將弁亦無苟免者。《明史》以見龍諸人附見《仲揆傳》，且言遼左用兵，將士率望風奔潰，獨此以萬餘人當數萬衆，雖力屈而覆，時咸壯之。事聞，仲揆贈廕祠祀，見龍等皆予贈蔭。本朝乾隆中，并賜謚烈愍。敦吉舊爲永寧參將，當爲永寧人。一修、見龍不知於壘年何屬，而既分衛職，自是一家，可謂忠義之門也。已，壘得蕙芳復仇，復彙集壘死難及其時題叙、褒恤諸文爲一書，曰《祀襲壯義勒》。有胡從明、翟司教二序，載《府志》。其事得表暴於後，而一修、見龍無有知之者。鄉撰《府志》已并爲補傳，猶失書見龍死難一節，故藉詳如右。

征蔺書懷

痛哭先公血，猶凝竹瓦新。忘讎難作子，怯敵豈爲臣。月影弓弦急，霜華劍氣伸。誓將梟賊首，持以報君親。

按：蕙芳此詩，或以爲盧節愍安世贈蕙芳作。玩語意，乃蕙芳自言，當屬之蕙芳爲是。

袁安化明哲二首

明哲，字保身，號鏡予，獨山州人，萬曆末官長沙府經歷。以解遼餉功，遷知安化縣。治尚簡静不煩刑而民聽。足疾乞休，施地，瘞旅骴近百，今州城東義冢是也。縣令初服放情，提倡風雅，觴咏所届，宫商應焉。其時以詩鳴者，復有黄金鼎。崇禎末寄都匀歲貢。初性絶鈍困學，久之頓悟，淹貫經史。國亡隱居不仕，至康熙間始卒。著述甚富，皆亡逸。老輩猶見其一種曰《梅花百二十咏》，今已無存，《鏡予集》亦不可考。

頌棠蔭祠二首

歸橐明珠荷葉篇，幾年但飲白羊泉〔二〕。清高合伴廬峰隱，父老無煩送一錢。

開學完城遲不妨，圖經且闕合洲荒。遥知陌上新栽柳，盡是他年蔽芾棠。

按：祠在獨山治南門内官塘上，祀明知州王希曾，字文礽〔三〕，南城人，崇禎中請建州城、州學，俱未報允，捐金置田以爲柢，使州人掌之。創《州志》若干卷，引疾去。官塘上舊有南樓，文礽志所謂「南樓映月」者也。塘中荷最盛。文礽暇即爲塘上游，或登樓賦詩，故州人即塘上建祠立碑，志去思，扶綱允常爲之記。州署後北偏荷池，乃文礽所鑿，有《荷花池三絶句》，序云：希曾日過荷花池，淫雨滴瀝田田荷葉間，晶如明珠焉。因憶金陵士人詩曰：「胡椒八百斛，人竟笑其愚。何如碧玉斗，盡日量明珠。」噫！是詩其有所諷耶？因廣其意，得絶句三首：「荷葉藏明珠，葉傾珠落水。何如種稻花，六月收新米。」「荷葉藏明珠，荷盤易傾覆。何如豫章材，庇民萬間屋。」「荷葉藏明珠，珠光照人面。面瘠百姓肥，閑庭夜開宴。」即首章「明珠荷葉」所指。白羊，蓋山名，當即州西五里之羊角山。溧陽狄郎中沖先知州時，遷州治於白陽山下，見吕光洵《狄郎中墓表》。白陽即白羊也。附：扶綱《棠蔭祠去思碑》〔四〕云：獨陽刺史王公諱希曾，號文礽，以江右名儒奉簡命來守兹土三年，政通人和，效幾馴雉。頃者，凡五請告致政。獨之人思非攀卧能留，立祠祀公，以誌公德，屬余紀其事。余思昔未遇時，游獨陽，與公雅相契，因悉公狀。公弱冠登鄉薦，三上春官，衡文者昧日色，三厄一榜，既而振鐸郡陵，聲華籍甚。壬子秋，分校黔闈，試得士八人，皆名士。旋以國學應内擢，第介性耻事夤緣，出守楚靖。靖故名郡，然自設學來，青衿每難一第，公鼎遷學宫，士始相繼馳捷。巡沴流行三載，歲儉，公捐俸，施粥數月，活飢民以萬計。爾時遼氛孔棘，需餉之檄如雨。督餉者不諒，撫字心勞，顧責以催科，政拙至遷閶幕。會部院特薦，晉雲南令。下車除衙蠹，行合徵，革耗羡，代窮民完不輸之賦，尤均平水利，四境靡争。滇人士不忘公德，碑識未已，立祠祀焉。無何，當事又以獨越在邊徼，無城池，酋叛後，民是用困，調公獨陽。公除煩苛，秉清浄，有淮陽卧理之風。創栅欄，編保甲，得膠東備盜之法，猶謂邊徼無城則民難守，無學則民不知禮，兩請於上，建學建城，兩臺是其議。值公帑告匱，又格土司兵燹，致學、城議有待而行，而公爲民之力已殫矣。濱行，尤汲汲以志書爲闕典，乃繪圖纂綴其概，付梓成帙，以俟後來。即不盡獨山而獨山盡於此，一片赤心，可與獨山俱垂不朽也。於是鳩工置田，立祠於州治之官塘以祀公。越數月事成，爰命紀其略於石。

黎黄岡懷智十四首

懷智，本四川廣安人，年十四隨父朝邦從遵義樂安溪上。耆崇明之反也，從督師朱燮元有功，授大理經歷，陞黄岡知縣。明亡，年已五十七矣，結茅於家南石頭山，落髮爲僧。先是隱君昆弟於石頭南廻龍山建龍興寺，即今禹門寺也。逮丁亥，丈雪老人避川寇，從昭覺來駐錫龍興，隱君因師之，更名徹智，號策眉。及丈雪歸，遂爲開山上座，與明遺老大友、大錯輩講味禪悦，借以韜光。年八十九，往省師昭覺，行至内江，病没於廣福寺。明年，其徒葬之中江般若寺中。

山中吟二首

破屋三兩椽，著在碧峰上。雲散天宇清，放目聊四望。世界空中花，起滅盡虚妄。日落山風寒，閉門吹火煬。

結茅荒山頂，隨風度朝暮。秋老西園花，水影斷巖樹。曳枝度别嶺，即景得新句。歸去日已昏，落葉滿前路。

斜日

斜日上崖樹，前溪偶一臨。静觀流水意，如見古人心。花老孤芳減，潭深萬象沈。蕭然洽幽興，倚杖獨閑吟。

一榻

一榻幽然静，心清息萬緣。山空雲自在，天净月孤圓。僧打林間磬，人烹石上泉。此中多隱趣，誰爲世情牽。

偶題

歷遍乾坤已半生，巖居今日始修行。一官拋擲等閑夢，數載幽棲無世情。客去客來何障礙，花開花落自枯榮。深山只作藏身計，何用千秋識姓名。

山中雜詩四首

松下雙扉冷不扃，一龕金像照青燈。眠雲麞鹿驚回夢，落澗獼猴墜折藤〔五〕。隨意看山山轉好，無心合道道相應。多時不踏門前路，蘚葉苔花積幾層。

白髪禪翁久住庵，衲衣風捲破毿毵。溪邊掃葉供爐竈，霜後苫茅覆橘柑。本有天真非待造，現成公案不須參。豁開户牖當軒坐，盡日看山不下簾。

卜得幽巖遠市朝，柴扉半掩草蕭蕭。自甘白髪貧無怨，誰信朱門富不驕。急債莫於寬裏做，妄情須是静中消。白雲也道青山好，夜夜飛來伴寂寥。

自覺從前世念輕，老來萬事不關情。芒鞋竹杖春三月，紙帳梅花夢五更。求佛求仙全妄想，無憂無慮即修行。松風昨夜分明説，自是聾人不肯聽。

相　逢

相逢盡説世途難，日望宫門擬挂冠。除却淵明賦歸去，更無一士肯休官。

絶句四首

茅屋低低三兩間，小扉環繞盡青山。崖邊野鹿時來去，却比山僧一樣閑。

倚杖來看山外雲，樹頭黄葉帶斜曛。天風颯颯來何處，吹起濤聲隔嶺聞。

一徑縈紆入翠微，蒼藤古樹静暉暉。幽行我自忘機去，驚起山雞拍拍飛。

石頭山畔秋色冷，月浦溪邊樹影涼。携杖閑吟穿竹去，晚來天色正蒼蒼。

萬侍郎年策 一首

年策，字獻之，平溪衛人，天啓四年舉人。明亡，永曆稱號，累官兵部侍郎。事蹟具其邑子許之獬所爲傳。附：許之獬《萬公傳》：公姓萬，諱年策，字獻之，湖廣平溪衛人，中貴州天啓甲子鄉試。歷任陸川教諭，南陽府同知，分守鄖襄少參，晋太僕卿、大司馬。鼎革後，以壽終於家。公少時倜儻有大志，卓犖不羈。父早卒。奉母夫人孝養備至〔六〕。家素貧，有索負者至，母曰：「今無以償，姑俟予子成立，當厚酬汝。」其人曰：「而子放曠不檢，安得成立？」公聞之，毁裂冠服，謝絶慶弔，□門伏案，誓學不成不出户。三年果中甲子鄉闈第十人。初授粤西陸川縣教諭，興學之士著，有能聲，當道時薦。於崇禎七年升河南南陽同知。方嚴率屬，潔己愛民。時土賊楊應秋率衆作亂，焚劫村鎮，盤踞山中，與流賊八大王、老回回等遥爲聲勢。崇禎十年，公以計殲其渠魁，餘黨悉平。崇禎十二年，擢升分守湖廣鄖襄道參議。公將去南陽，新代者未至，應秋餘孽復煽惑謀亂，人情洶洶有不可終日之勢。南郡士民請於撫按，願留公數月。公留與之經營籌畫，復靖讒頑。及代者至，公授以方略，綏定乃行。南陽童叟攀轅號泣，數千人送至襄陽境上而返。公至襄，總督熊公文燦奉命勦寇，駐劄襄陽，檄公守鄖陽。適曹操等諸大寇相繼投降，公謂不宜受降，即受，亦當散其黨羽。熊公特信重之。時曹操屯房竹、保章，張獻忠屯穀城，名雖曰降，聲援甚盛，擄掠淫殺，所在皆然。官軍不敢過問。熊公姑議，將穀城閉門焚燒，以絶其禍。公曰：「賊之在城中者，不下數萬人。城中百姓亦不下數萬人，若一概焚燒，賊死固當矣，其如數萬生靈何？且穀城内外遠近處處皆賊，欲爲焚城之計，踪迹豈盡不露？倘賊知先發，是速其反也。不如從容以計圖之。」熊乃止。是穀城數萬生靈不至夷滅者，公之力也。後李自成等十三大寇果復變，掘平各屬城垣，殺掠官民，勢若燎原，不可復制。崇禎十四年七月初三日，賊數萬圍攻鄖陽城，公多方守禦，至初五日中傷賊魁，方徐解退。嗣援勦諸兵鄧圯、陳洪範猛如虎，與石砫司鎮筸滇兵象兵，或駐防，或養馬，日無餘晷。又值歲歉，斗米數貫。公爲設法催辦以給，兵不告匱，民不驚擾。熊文燦被逮，朝廷命楊公嗣昌以閣部督師，薦公監軍事。尋升太僕寺少卿。公以母老辭歸終養。崇禎甲申變後，赧帝即家起公太常。公已知時事不可爲矣，屢疏懇辭，不行。永曆踐祚滇池，授公楚粤總制，尋授大司馬。公皆不就，屢遣使登趣，公不獲已，始强起。至滇，稍一視事，即引疾卧碧雞山中。順治十六年，國朝開闢滇南，公幅巾歸里，隱碧土塞别墅，足迹不履城市者幾二十年。每歲時，肩輿便道，至祖墳祭埽，望城慟哭而返，曰：「吾不忍見故鄉皆荆榛瓦礫也。」置祭田以祀先。與弟復之、肅之俱年逾古稀，怡怡一室，終身無間言。孝友之德，蓋得諸天性者云。公狀貌魁梧，雙目炯炯，見者無不逡巡悚慴。及聞其言論風旨，亦復温厚和平，豈非德厚詣深，有非凡之可測者歟？其歷仕皆有能聲，而其最著者在南陽平楊應秋之亂，在鄖陽靖流寇之氛，止燒穀城活生靈數萬，撫輯哀鴻，調濟軍餉，隱然有折衝樽俎之風。以故南陽建祠塑像祀之，鄖陽奉入名宦，事詳《湖廣通志》。公晚年與同鄉總制天如鄭公、方伯子相夏公〔七〕、復之、肅之諸公皆龐眉皓髮，朝夕過從，往來泉石間，悠游杖履，一時人心風俗有所維繫，猶爲近古。歷今不過四十餘年，而頽波日下，作狂瀾之砥柱，障百川而東之，是惟後學之責也夫。公生於先明萬曆二十六年戊午，卒於康熙丙辰，享壽七十有九。至今本貫鄉賢未祀，實爲缺典云。

甕水故山莊

山居曠遠昔年游，杖策三泉共素秋。杯酒酣歌當甕水，棘人慘淡自滇州。雨餘謖謖芙蓉老，漏轉聲聲蟋蟀幽。月到空庭心欲寂，蕭然未改舊風流。

蔡副使如蘅一首

如蘅，字香君，號湘渚，又號玉林，貴陽人。與兄彦還教諭，并有文名。同舉天啓七年鄉試，人目爲大小蔡。官至江南安廬兵備副使。崇禎十五年，流賊張獻忠破廬州，不知所終。附：貴池吴應箕《蔡香君太守招飲芙蓉亭》詩：「木脱都城霜下初，空亭流映尚芙蕖。自來習郁池邊醉，難得中郎枕内書。好事不知秋黯澹，高談偏覺意蕭疏。使君莫戀驊騮色，且與寒光問麴車。」

楊龍友游台蕩還出山水迻集相示

溟濛一夜風雷吼，雷孔閃爍星河走。驅使五丁下宫闕，鞭策六鼇出海口。楊君愚類愚公愚，移將雁宕來長途。猶怪嶙峋費收拾，鑿成片片付奚奴。奚奴之囊大於斗，雙鸞瑞鹿無不有。

玉女思上載花船，老僧欲醉天涯酒。烟深草濕長莓苔，霞城秋色自西來。百尺喬松千丈瀑，更藏餘力摧天台。鍾阜落孤雨，幽人今已還。傾囊坐我茗爐間，高堂層叠吐空山。不見班痕留鬼斧，但聞石梁之水鳴潺潺。

附余懷《板橋雜記》：王月，字微波，母胞生三女，并有殊色。長即月，尤慧妍，善自修飾，頎身玉立，皓齒明眸，異常妖冶，名動公卿。桐城孫武公暱之，擁致棲霞山雪洞中，經月不出。於女牛渡河之明夕，大集諸姬於方密之僑居水閣，四方賢豪車騎盈閭巷，梨園子弟二班駢演。水閣外，環列舟航如堵墻，品藻花案，設立層臺，以坐狀元。二十餘人中考，微波第一。登臺奏樂，進金屈卮，南曲諸姬皆色沮，漸逸去。天明始罷酒。次日各賦詩紀其事。余詩所云「月中仙子花中王，第一嫦娥第一香」者是也。微波繡之於帨巾不去手。武公益眷戀，欲置爲側室。會有貴陽蔡香君名如蘅，强有力，以三千金啖其父，奪以歸。武公邑邑，遂娶葛嫩也。香君後爲安盧兵備道，携月赴任，寵專房。崇禎十五年五月，大盜張獻忠破廬州府，知府鄭履祥死節，香君被擒，搜其家得月，留營中寵壓一寨。偶以事忤，獻忠斷其頭，函置於盤，以享群賊。嗟乎！等死耳，月不及嫩矣，悲夫。

周主事祚新七首

祚新，字又新，號墨農，或呼墨龍，貴陽人。太學碑云貴州衛人。天啓七年舉人，崇禎十年進士，官主事。善詩，畫墨竹尤擅長。國朝李專《題墨竹》云：「琅玕三尺凡五節，節節思化仙陂龍。謂非與可不能辨，竟是黔人周墨農。祚新其名又新字，詩歌行草人推崇。」可想其風概。曲阿姜紹書《無聲詩史》云：「又新僑居金陵〔八〕，爲户部郎。寫墨竹得文洋州、梅沙彌心印。蓋又新所藏多名蹟，而與可、仲圭之襪材咸萃青箱，故能爲此君傳神也。」又新爲楊龍友妹婿，收藏鼎彝書畫不亞於龍友，惜其集無傳。

咏春水

東娥細翦鸚哥翎，東皇綃帳魚蝦腥。天池浩瀚蒼溟溟，碧濤翠汁淵泓渟。楊花未飛蒲未長，縠紋蕩漾晴如紡。漪漪曲曲似有情，小泛輕舠不用槳。姚辱庵曰：「效長吉。」

送次讀龍友新詩有懷作擬古三韻

神珠光燭天，赤龍抱電發。大士不得志，歸卧南樓月。手持昆吾刀，光輝耀鬚髮。

明堂登祖器，圭瓚考堯年。世眼售青黄，而乃自獨賢。天子修大柴，明禋動山川。

明霞洞

巖巖石洞透青霞，清沚微芳峙一涯。芰徑漫留書帶草，延階須植合歡花。雨聲滴瀝欺殘籜，雪意濴洄門曉茶。寂寂洞門春色隱，誰從滄海問桑麻。〇姚辱庵曰：《十憶詩和楊龍友文驄作》：蓋思其先人陟降之地在萬山中，乃自號爲萬山中人。有《東山草堂》、《石林》、《小仇池》、《片玉亭》、《翠屏山》等詩。龍友在吾鄉，實能爲四公子事。又舉族殉節，并其所云買田陽羨、負臼梁溪事不可得。而公詩與龍友詩，則風流不遠，芳馨臭澤，挹之猶在也。

折枝牡丹

綽約新承雨露澤，名葩應自粲瓊臺。何人忍下并州翦，翦取春風枝上來。

落花詩

丁丁伐木應青巒，樵徑花香錦似攢。谷口漫迷紅紫霧，不知家在幾千盤。

魚竿裊裊釣絲柔，花港濴洄放葉舟。月午漁歌聲徹浦，層層錦浪打船頭。

吴尊周 一首

尊周，字讓公。秀水姚佺《詩源初集》録其一詩，云貴州人，次越卓凡、周又新之前。蓋亦明末人，附存俟考。

爲人賦白下納姬詩

桃葉秋翻荳蔻初，錦梢倒放白楊閶。麐圖已慶朝成繡，蟢織還看夜上裾。千瓣流蘇垂翠黛，雙穿跳脱比璠璵。若逢通德嫻班管，又著香奩幾部書。

李訓導達一首

達，字允亨，黄平人，天啓中歲貢，官訓導。生平執義不撓，居鄉里講學，在校職無改厥度，時有「古執先生」之目。允亨之先曰德，隴西王文忠之次孫。永樂靖難，貶黄平守禦所千户，傳八世至朝陽，字鳳臺，萬曆中討播以草塘軍圍鐵柱關，攻海龍囤，功多，升指揮使，調守備迤西。子喬襲。允亨，喬弟也。

宜娘營

郭外禪林曉露清，五更鐘韻忽錚錚。元音斷續溪聲静，寶偈宣揚日暈明。萬石不因撞莛響，豐山却候降霜鳴。如兹切切開迷路，猛省偏深世外情。

李教諭通一首

通，字允明，達弟。少與兄并有文名，以貢官教諭。

七里晴嵐〇七里山在黄平舊州城東，嵐光四時不散，城市、村廬皆在浮藍軟翠中也。

七里峰峰曉露涵，迎暉樓上坐晴嵐。翠烟作帶山腰束，碧霧如虹日影含。飛入海濤成蜃閣，挹來朝氣潤書龕。須臾三足天中布，野眺悠悠興正耽。

李府判占春 四首

占春，字少白，號樸莊，黄平人。達猶子也。父喬襲衛指揮。天啓初，王倫、石勝奉之亂，與知州胡起賓率軍民立五營團練鄉勇以保城，官至副總兵。少白以將家支子好文喜客，豪邁不群。天啓中，以選貢歷雲南通判，才識爲上官倚重。然落落不得志去。《黔風舊聞録》云：「通判當群凶蹂躪時，與錢開少諸君拮据無間，志圖綏靖，明亡退隱，乃述《黄平州志》，有「藻鑒人倫」之稱。著作散失，存十一於千百，可惜也。附丹徒錢邦芑《喜李少白自楚歸里》詩二首：「三楚遨游一劍輕，山川無恙慰君行。春風故國人千里，夜雨孤帆夢幾程。湘漢波連殘月影，洞庭雲擁斷潮聲。歸來長物都删盡，檢點詩囊白雪清。」「歷盡崎嶇千萬山，蕭蕭楓葉點衣斑。天涯日暮雁初落，故國深秋人未還。十載風塵悲短髮，半生事業老朱顔。相看世故多難合，擾擾勞塵未可删。」

游鼓臺山

秋晴變氣候，殘暑蒸林藹。同人久相期，尋山荒郊外。翩然來故人，偶爾成良會。扶杖溯荒蹊，曲折循溝澮。蘋蓼間密疏，竹樹幻明昧。縹緲問孤峰，巖壑信奇最。昂首接太空，浩浩蒼風大。怪石争怒横，溪光繞如帶。絶壁隱高天，古穴没松檜。斷碣考遺踪，山靈如有賚。轉盼歷滄桑，俯仰發長慨。

廬墓行爲傅生佑商作

溯溪泊舟人語喧，草堂白晝兵火熸。芒屩歸來日再午，庭除慘淡摧靈萱。潘家山中殉白刃，慈烏暮號鴒在原。母志自成不朽節，子心曷報罔極恩。此時痛極甘從死，幼弟煢煢誰可倚。淚盡血出强視息，卜葬先塋隔鄉里。神憐大節予佳城，故人倒杖披荆榛。死所堪葬實天巧，結廬三載芝生塋。尊人高義岑范儔，母節凜凜湛千秋。子兮努力繼先澤，他年碑碣光松楸。

兩岔河

○在黃平舊城西十里，波洞、上塘諸水匯於此。

兩水瀠洄抱遠岑，漁舟隨浪任浮沈。歌聲瀟灑三更月，笠影横斜一壑陰。網罟治生饒隱趣，風波謀食亦驚心。道人不禁江湖想，往往披衣澤畔吟。

按：兩岔江在黃平舊城西南十五里，一出上堂，一出大原，合流入平越界，即麻哈江也。

十萬坉

相傳坉頂雲見則雨，雲散則晴。

山形緜亘勢縱横，開國曾雄細柳營。叠嶂瀑泉懸露布，層崖古檜挂風旌。結成密霧知將雨，散盡浮雲喜欲晴。地利天時都占却，年來誰復事南征。

按：坉即黃平舊州北琴坡頂，明初穎國公傅友德、黔國公沐英、總兵南黨屯兵於此，溝塹猶存。

樊司理郃一首

郃，字曰稷，平越人，由選貢官推官。

集友人山齋

秋光落衣袂，琴瑟清心神。主人具尊罍，左右亦可親。新涼散疏雨，輕雲淡寒明。暗花窺軒牖，雜香隱通津。杯酒美人意，殷勤不易申。舉觴致容與，次第玩遥青。水光接晚霽，妙景隨目成。主賓足遐契，良晤實宜珍。邈兹千秋懷，欣慨各爲情。

黄黔陽晭六首

晭，字赤城，平壩衛人，崇禎初選貢，官黔陽知縣。明亡不仕。康熙初，衛守備泗陽盧大濟撰《衛志》，得赤城訪遺事，故貴州明末平壩掌故差詳於他府衛。獨朱茂公全家死流寇而失其名與官，殊不可解。然猶幸得赤城詩存其人也。

過朱茂公老師舉家死難處

冷雲低樹掩芳林，怨氣吹沙白晝陰。鬼哭關前山欲裂，血香巖下石如金。一門父子全忠孝，百世丹青照古今。此處尚留英爽在，我來回首淚沾襟。

《安平縣志》：茂公，萬曆中平壩衛百户表之裔。順治丁亥，孫可望陷平壩，茂公父子被執，罵賊死。全家皆遇害。見盧大濟《平壩志稿》。貢生朱偉言其家譜即是年被焚，故世系無考。其族明人有名正國者，無墳墓，不知即茂公否？其子則名字俱亡矣。

平原八詠 ○録四首。明人稱平壩或曰平原。貴溪夏言有《平原道中》詩，即平壩也。

梵刹崖　崖突起治西南隅，城堞跨之，上有永福寺，下繞通城河，松柏蒙茸，藤蘿蓊翳，溪聲鳥語，與梵音相和。憑眺寺樓，蒼然意遠。

蔚然奇峭自天開，佛寺憑虛占碧嵬。夏臘一隨花放落，鐘魚長伴鳥徘徊。孤城暮靄聯蒼嶠，四面飛霞擁翠臺。今古游人同極目，劫塵閱盡幾多來。

信泉　在衛城西百餘步，《一統志》所謂聖泉也。自石罅迸出，匯爲池，曰潮汐無停，應刻漏，故又曰「信」。又曰「百刻泉」，置石鼓其内，潮溢咫餘，下至鼓半而止。

石罅流泉自在行，靈機妙稟使人驚。盈虛若解金丹訣，消息聊傳天籟聲。性體乾元宏潤物，功垂坎止霈資生。年來頗慰三農望，豈但臨流欲濯纓。

珍珠泉　泉在衛西南十里沙作鋪大道旁，客經過，語笑，泉中珠輒纍纍而起。嘉靖中，參政泌陽焦公希程爲亭其側，易名曰「喜客」，復爲《記》，刻之。

誰儲珠琲在澄湫，粒粒流光向客投。龍姥散花輝合浦，蛟人泣夜動高秋。翻空色相從何看，度盡聲聞應自求。塵夢由來泡影似，相看莫作等閑游。

按焦《記》略云：「泉湛然甘洌，可鑑可酌，冬温而夏涼。客至語笑，明珠翠玉纍纍而沸。風恬日霽，晶瑩射目。客語在左左應，在右右應，衆寡亦如之，否則已，殆如酬酢然。」國朝康熙壬子，總督甘忠果文焜復爲《記》，易其名曰「噴珠」。二《記》并載《安平志》。與沙作隔一山，爲謝華寨，亦有珍珠井，噴珠無少異。綏陽縣有雅泉，對泉吟咏，則噴珠不絶。蓋泉脈與人聲應耳。貴州泉如此者甚多。

洛陽溪魚穴在衛東十五里，中有兩石穴，方圍十餘丈，天成欄楯，若井甃。春漲時，魚躍出楯口，逐隊泳游，土人伺取以爲利，大者可百斤。

十年流水託幽潛，幾度臨風向日占。南浦雲深鱗介聚，寒江花滿浪痕添。春驕夜雨風雷壯，性率天機氣度恬。不到滄溟難自異，尋常丘壑笑徒淹。

題衛守府盧公廳事

衰鬢飄蕭一腐儒，喜看新政與人殊。風生麈玉隨囊劍，月映壺冰照僕姑。八載賢勞心欲嘔，四方凋瘵喘方蘇。連叨歲稔眠秋犢，遍采耕桑入畫圖。

宋縣尹世裕二首

世裕，字瑞吾，又字今我，都匀人。《黔風録》云甕安人。《黄平志》又云黄平人。依《省志》。舉崇禎三年鄉試，官知縣，遷雲南建水知州，勤慎得民。

七夕後一日同友人游古臺山〇即鼓臺。

天衢華露溢來多，咫尺雲梯接玉河。況值新秋巖氣爽，正逢佳夕鵲橋過。何人跨鶴淩青嶂，有客開樽映緑柯。坐嘯共尋方外興，不知朝市有烟波。

過武陵

江上人家花木奇，微風細雨半離披。西來山色從空渡，東去濤聲放海遲。幾處疏簾飛燕子，何人結網羨魚兒。澄清已覺鯨波静，一楫中流自在時。

孫尚書順一首

順，號蒨溪，思南人。崇禎三年舉人，十年進士，官浙江安吉知州，行取授兵部浙江司員外郎，升本司郎中。永明稱號，相從戎馬間，官至兵部尚書。永歷亡，不出。隱居著述以終。附國朝知府惠安陳龍巖《停舟富民莊訪孫蒨溪》詩：「微雨罷江干，江容澹且冶。芳草獨青青，芙蓉秀木下。衆峰宿靄雲，糊塗如墨灑。牛犢散沙汀，寢卧任所假。鷗鶿掠舟飛，空中吹野馬。小艇舉罾人，泛泛隨波打。得魚固悠然，失亦中心寫。兩崖束洪流，斂魂看怒瀉。言念有伊人，著述隱緑野。洞口雲未封，停橈富民社。」

白鷺洲

磅礴江心見淺洲，青莎有鷺狎同儔。引年棲息閑如鶴，快意忘機静似鷗。素影蹁躚摇素練，清姿皎潔濯清流。因知王化滋禽鳥，羽族飛鳴得自由。

江太僕見龍二首

見龍，字雲卿，五開衛平茶所人，舉崇禎六年鄉試，知湖廣新化縣。桂藩稱號，擢御史，監湖南軍，晉太僕寺少卿。太僕爲何忠誠鄉里，高弟文行，頗稱於時。忠誠殉國後，不知所終。遺稿散亡，僅二詩及《祭忠誠文》存耳。《黎五志》失其事蹟，不爲立傳。據《寶慶志·政績》録云：知新化縣江見龍，性嫻雅，善詩。軍興旁午，督餉甚急，猶與諸生講論不輟，士多感之。亦可想其風概也。

游會同嚴屋寺

策杖來尋山下谷，溪流新漲如山沐。拉僧同破白雲封，中藏世界宜幽獨。草色羅生古徑蒙，苔痕亂迸清泉出。洞天無鎖小橋横，山路深深高樹緑。磴道盤空入翠微，天風御我寒生粟。昔聞佛座雪爲山，今見帝居崖作屋。何處能藏太史書，此中定秘神仙籙。

出都門

黄金臺畔客心殘，六月栖栖理舊鞍。裘敝三年成小草，囊遺一劍出長安。當時漫道登天易，此日仍歌行路難。戀闕思鄉情共切，不堪回首五雲端。

附雲卿《祭何文烈文》：嗚呼！夫子其遂已乎？柳莊疾棘，衛君當祭而輟禮；晏嬰既往，齊侯趨車而行哭。吾儕受知夫子，鳳不及栖，龍不暇伏，望表景附，聆聲嚮和，猶百川之歸巨海，鱗介之宗龜龍。乃今夫子已矣，誠生民之極哀也，其尚能從容提管爲文以哭之耶！況繪天圖海，安所措思，能悉數夫子三十年來全忠大節、嘗甘茹苦之萬分一耶！雖然，不忍言，不忍不言，憶夫妙齡發雋，黔南楚北，士頌文章，及其筮仕，介紛兩邑，皆擅長也。當時銅墨無良，簠簋不飭，其誰爲龔遂、黄霸也者？賴有夫子。囊錐脱穎，爰晉邊憲，凡當時之授斧鉞者，兵刃不血，綰符綬者，城亡不罪，鴻雁未集，雀鼠公行，其誰爲蕭曹、魏丙也者？賴有夫子。楚撫之命方新，左師之壘已變，方城之骨高於山，漢江之血深於水，剿固難言，撫何容易！其誰爲臨淮、汾陽也者？賴有夫子。南北迭陷，天下悖恼，閩粤不支，人心動摇，二王登極而勢愈蹙，群臣奉命而計愈窮，其誰爲伊尹、周公也者？賴有夫子。星沙不守，武攸亦降，湖南之半臂難撑，粤西之單門已震。當此天命已去，奮不顧家，風雨營中，麻冠布服，不遺夫力，永全城下，金槍石炮，幾亡其身，其誰爲文山、秀夫也者？賴有夫子。奈何内變倏興，中湘旋犯，劍履踉蹌，兜鍪委棄。今之竄者、伏者、挾輜車者、擁妻孥者，莫不生還，其誰爲顔將軍頭、常山舌也者？亦賴有夫子。何夫子之前智而今愚也耶！嗚呼！夫子有胡威之清而不以介名，有陸宣公之筆而不以麗藻名，有汲長孺之敢而不以戇名，有張乖崖之威棱而不以搏擊名，有賈長沙之達而不以痛哭名，有范文正之宏納而不以吐握名，有司馬丞相之儉約而不以布被名。至夫子所爲，艱難萬狀，勞苦一生者，國家知其八九，百姓知其五，將吏知其三，遠方士大夫知其一二，餘則悠悠之口，與蒼蒼之天，遞分其明與昧而已。嗚呼！見龍等互鄉小子，安足以知夫子？惟是夫子之勞已極而莫慰，夫子之功垂成而速亡。將號乎，未足發我憤懣！將泣乎，爲其近於婦人。不忍言，不忍不言。勉撮夫子生平，對靈几而呼蹌以告，冀夫子亦含涕而來見，門弟子員之深痛大慘，不在區區釃酒迎牲間也。抑更有請焉。吕氏曰：説義不稱師，命之曰叛。君子不與交友，賢主弗納之朝。司馬温公曰：背師賣友之人，爲子必不孝，爲臣必不忠。今者師業未竟，佑啓世兄附翼攀鱗，桑榆可俟，敢有越青松寒白水作翟公之客者？師靈非遠，赫於上方，其無負師於幽冥可乎？嗚呼！哀哉！

陳行人良能一首

良能，字心猷，黄平州人，舉崇禎六年鄉試，官行人。好博覽，尤好佳山水，常策蹇從奚奴，所至嘯歌，歸則詩草盈笥。善書，求之者門限爲損。著有《紀年草》。心猷父廷章，字闇然，有至行，以天啓選貢令雲南河陽，遷潯州通判。其侍兄廷謨病，衣不解帶，一夜十就。聞子弟私名親長，必叱責。晚患足疾，聞兄及長者窗外語，或官長呵殿過門，必俯身致敬，其不以冥冥墮行，多類此。廷謨，字文顯，以貢爲偏橋衛教授。比弟得滇令，即致官歸，教子侄。陳涪州于宸諸生時，貿西門市，見而奇之，詢家世，曰：「故人子也。」携與諸子共學，曰：「此子當早雋，若輩弗如也。」惟心猷負才未之信。于宸尋鄉薦，以手加額曰：「今可以對故人矣！」因謂心猷曰：「爾病多買胭脂，反掩真色耳。」因痛自洗伐，尋亦獲雋。

馬苑桃花〇在黄平舊州東溪上，傅潁國、沐黔國舊牧圉也。時已有小桃源之目。清溪小石作深紅色，儼如落英繽紛，蕩漾溪口。後鼓臺僧復兩岸植桃以實之。

雲封古壁透溪沙，更有山桃二月花。入睫忽驚暘谷采，舉頭尤訝赤城霞。漁郎叩石仙扃閉，游客流觴野興賒。不獨武陵春色媚，此中依舊樂桑麻。

劉副使憲模一首

憲模，字侗初，五開衛新化所人，以永從縣籍舉崇禎六年鄉試，十五年進士。歷官浙江海寧知縣，紹興府推官，奉天知府，辰沅道副使。按《省志·進士題名》無憲模。考《太學題名碑》，載崇禎壬午特用出身進士，不分甲第，凡二百六十三名，貴州得二人，其百四十一名即憲模，黎平府永從縣籍。其第八十名曰李之駒，思州府籍，《省志》亦失之。《黎平志》謂憲模甲戌進士，《開泰志》又謂庚辰進士。皆傳聞不足據。其歷官之奉天府，當即武岡州。據《寶慶志》云：順治四年桂王遷武岡，五月改五岡州爲奉天府，是其證。其官年不詳，奉天以下則桂王官也。

見雁字有感

近月雲間雁影飛，迴文欲寄恨依稀。憑君寫作團圓字，爲勸征人及早歸。

扶部郎綱二首

綱，字允常，都勻衛人，崇禎六年舉人，七年進士，歷官吏部員外郎。明亡不仕。著有《都勻府志略》若干卷。

寄　弟

杏園策馬經三載，把酒論文又二年。非是螢窗分雁影，只緣鳳沼逼鶯遷。三春草緑王孫路，萬里梅殘驛使傳。咫尺螭頭紅日近，白雲何事遠南天。

與君把盞催花發，陌道行旌絢彩霞。三五年來同雪案，七千里外隔天涯。深依北闕龍顔近，翹首南雲雁影斜。莫道鳳池人去遠，此身原許帝王家〔九〕。

鄭尚書逢元十八首

逢元，字天虞，又稱天瑜，平溪人。少警敏沈厚。天啓中進賢熊侍郎明遇忤魏忠賢，謫戍平溪。激賞於諸生中，授詩文法，許以公輔器。舉崇禎六年鄉試，由婺川教諭擢衡州府同知，晉知府。十六年以平賊守城功升副使，尋加参政，監滇、黔、楚、蜀、粤五省軍。兩京既覆，妖僧冒福藩者，誘煽平、清、沅、晃間，天虞知其贋，與蜀按米壽圖、總兵皮熊計擒之。唐王進天虞太僕卿。永明稱號，召監督羽林，轉太常。戊子冬晉兵部侍郎、右副都御史，總督滇、黔、楚、蜀軍務。以保黔功，尋加尚書、左都御史。庚寅，孫可望據黔稱秦王跋扈，天虞書《王命論》以諷。適丁父維正憂，卜葬餘慶城南，而奉母居蒲村。可望强起之，天瑜婉辭以書云：「絶裾請纓，温太真之後悔何及。依劉爲命，李令伯之陳情可憐。」杜門不肯出者八年。永明居滇，特召授禮部尚書，仍兼兵部，參與機務。永明被執，遂祝髮於滇之寶臺山，自號天問和尚，與丹徒錢邦芑爲世外交，事詳黃嘉穀所爲《傳》。尚書著述甚富，兵燹無存。雍正中，其裔孫必楷乃於舊家敗簏中搜得《谷口集》一帙，玉屏令東陽杜兆豐及邑子田榕序刊以傳，皆晚年歸隱後所作也。附黃嘉穀《尚書鄭公傳》：鄭逢元，其先世山東東昌人。始祖忠，永樂初以軍功授平溪衛，世襲指揮。九世生逢元，幼穎異，至孝性成，父病驚悸，祈禱禮神，哀痛迫切，竟感神夢示而父病愈。及爲諸生，操行立學，慨然有經濟之志。天啓間尚書熊明遇忤璫，謫戍平溪，見而奇之，許以公輔器，相與談論詩文無間。崇禎癸酉中貴州鄉試。計偕不第，以養親故，爲婺川教諭。課諸生必遵鵝湖、月川之法，獎勤罰惰，師道尊嚴，督撫交薦。崇禎丁丑，超擢楚衡郡司馬，清廉方正，權豪斂迹，遂晉太守。元在衡既久，一切公私巨細之務，無不歷剔而振舉，賢聲益著。衡、永間土賊紛起，承平將三百年，武備廢弛，殆莫能制。元訓練鄉勇，扼要設伏，悉掃平之。先是賊犯常、岳，武昌戒嚴，至是賊平。楚藩劄示督撫鎮道，謂衡非元守，則全楚悉爲賊壘矣。偏撫李乾德上其績，授監軍副使。元感激涕零，益思報國，與諸郡將隨方設略，或剿或撫，盡平餘孽，屹然西南保障。於時大司馬王應熊督師討川中流寇，而賊勢轉熾，屢書丐元入蜀協謀討賊。楚督師何騰蛟批軍政書云：「楚才而蜀用之，恐爲識者鄙。」因與李乾德交薦，遂加參政，爲滇、黔、楚、蜀、粤五省監軍道。會甲申之變〔一〇〕，人懷割據。歲丙戌，妖僧姓查，於辰、沅間冒稱弘光。楚人輕剽，爲其煽惑，烏合數萬，地方騷動。且遣使致書，加元顯秩。元知其贋，斬使焚書，一面申滇、黔督撫，一面會合湖南郡將，星馳電掃，妖僧伏誅，民乃寧靖。已而永曆於桂林改元，召赴行在，監督羽林，授太僕卿，俄遷太常。戊子冬晉左司馬、右副都御史，總督滇、黔、楚、蜀軍務，賜尚方，便宜行事。元朝暮勤王，鞠躬盡瘁，不遺餘力〔一一〕，方督師張同敞疏薦有「保黔第一功」之語，加尚書、左都御史。庚寅孫可望據黔稱黔王，威屈大臣，任意生殺予奪，實懷篡志。元因書《王命論》以諷之。歸卧杜門，威不能屈。及永曆居滇，特召元至，語及妖僧僭僞，元能斬使焚書，且抗節八年，不屈於可望，始終一心，臣節不愧，將畀以機務。元懇辭乞骸骨歸。諄諭：時事需才，亟借老成，不必引退，改宗伯兼司寇事。元頗以重典以濟時艱，咸稱邦之司直。李定國等甚禮重之。至皇清應運定鼎，元即祝髮於滇之寶臺山。時經略洪公承疇屢强元出，以佐維新。元以明室故臣，義不可出，竟以緇衣歸田，孝事老母，不啻孺慕者然。門生故吏，罕得睹其面。嘗有詩自述己志，隱然以陶處士自居。母年八旬，元年六十，尚孝養十有餘年，生事葬祭，足爲世法。其生平忠孝大節，實足壯山河之氣，與日月争光，詎可任其湮没，而不核其事實以詔異世哉！所著藝文，什不存一，蓋因時事多艱，無暇捃摭耳。元字天虞，法名天問，卒年七十有六。天虞長於四六，有《久病恐不起，勉草數言寄别親友》云：「冒寒起於四月，卧病忽已三旬。或實沈臺駘爲災，亦造化小兒所苦。不似漸離之矐〔一二〕，目何以盲？不登督郵之堂，腰何以折？不苦於吟詩，瘦損安同杜甫？不嫻於作賦，憔悴何似靈均？肩頂頤臍，有隱有高，蒙莊之描寫支離，不是過也；形體力用，不綜不攝，沈約之寄書徐勉，何謂無之？時而痛也，似華陀劈斧胸前；忽爾昏焉，如梁公下針腦後。身無霖雨之寄；汗若滂沱；腹鮮阿香之司，響同霹靂。知彼二豎，已入膏肓，嗟此三彭，莫逢倉扁。不能如楚王之吞蛭，只恐爲謝傅之夢雞。切念生老病死，氣無盛而不衰，消息盈虚，物有推而必霣。所以龍蛇相見，賢者識其將危；至於梁木興歌，聖人知其不免。有身爲患，乃大雄氏之至言；遇死即行，亦士君子之妙論。既有如斯惡趣，豈可法其達觀？游魂爲變，我何往而何來？大道本空，妙無罣而無礙。如此則一身之外，皆爲長物；百年之永，亦等浮漚。從今病不服藥，非不尊生也，恐無寄榔而接梨；此後死不具棺，非不依古也，何必薄鳶而厚蟻。青辭勿舉，緑醑空呈。蓋忠孝之事，既莫盡夫生前；而懺悔之文，亦無濟於身後。今從忽忽不樂之時，寫之以曉子侄；即於奄奄氣息之會，草此以别親朋。如有未了之因，再圖相見之日。」附存以見一斑。

甕安遇故人

嗟余方倦游，薄宦寄孤迹。怨色盈階除，芳樹含深碧。睠彼美人思，風烟暗朝夕。謂子涉江湖，辛苦河梁役。何意載琴書，尚作黔江客。旅次一重逢，笑言欣自適。握手暫爲歡，明發擬分席。聚散竟無常，悲感時交迫。余生無所知，惟抱友生癖。安得與子游，白首終不易。只此足千秋，何必侈往昔。人生適意耳，浮名亦何益。

庚戌春正月大雪郡守嚴催報畝復額家久於外飛糧較多俚言誌苦

使君最忌農餘粟，年年檄下頻催足。娵訾建月里胥來，正值陰霾灑滕六。大家小户圖田形，凍僵手足皆皸瘃。幾人撫字得半征，一日風雷報全熟。去年不喜聞杜鵑，今歲猶爲傷布穀。布穀催春農事忙，杜鵑啼血貧人哭。急從八腊位中求，復貰一蹄原上祝。非敢貪求望有餘，全入輸將憂不足。莫言小民竭簞笥，只要上官多紀録。官多紀録氣轉揚，十三郡守獨稱强。含藏合浦沈珠采，壁畫豐城露劍鋩。于斯敏績驚童叟，從此能聲達廟廊。自擬循良同杜召，欲飛令譽勝龔黄。勒碑豈是峴山石，樹蔭何如南國棠。方冀恩深浹肌髓，頓成顑頷生飢餒。佛云有患因有身，我謂多慾自多悔。東閣延賓采蕨薇，西成報賽虚籩簋。禪關終不避塵勞，杯酒何能澆塊壘。緩急莫憐莊子貧，嗟來必作黔敖鬼。思昔儋儲既無一，此後謀生有何術。欲泛浮梁學逐末，青蚨子母安從出。欲思避穀學張良，仙方難與松喬乞。欲携妻子竄深山，耻與狙公争橡栗。天實爲之謂之何，怨尤毋障維摩石。惟分淑慝未曾忘，令我無端思俊物。古來誰是最高人，陽城自署真成佛。

痛　哭

痛哭三年裏，倉皇覆兩京。二宗殉社稷，萬里薦戈兵。王氣歸閩海，中興事北征。胡爲李息縣，浪被黠髠傾。

按：息縣，謂黔督李若星。黠髠，謂在平溪冒福王之查顯仁也。附潘馴《丙戌紀事》：查顯仁者，年可四十計，未詳何許人，亦不知何時爲僧。丙戌春，挾兩徒游食於黔之平、清間，自稱宗藩。所過村落，厚索飲食供給，居民以其天潢也，稍餉之，去則舁以輿。如是者月餘，遂入平溪，止於蕭寺。時楚宗之避難者多在平，偶遇一宗人，教之曰：「君托迹緇流，恐爲世人所侮，曷標識之？」因遺兩小赤棒樹門側，於是人咸以顯仁爲宗室矣。南豐王者，亦楚宗。聞之過訪，適顯仁他出，南豐留刺而去。翼日，顯仁令其徒報刺，署曰「華嚴僧拜」，而不名，又不親往，南豐怒其輕己，率諸僮往詰之。顯仁匿不出，南豐益怒，遂排闥入，顯仁不得已，與南豐相見。南豐急詢顯仁名派，顯仁曰：「問欲何爲？」南豐迫之，顯仁終不言。南豐曰：「得非詐乎？」顯仁曰：「即詐，亦何與君事？」南豐曰：「若此支吾，定奸徒也？」叱僮捽赴官。顯仁微哂曰：「何遽至是？吾當往耳。」遂振衣緩步，無懼容，亦無難色。諸僮不敢逼，但擁之行。南豐隨其後，往叩喻司馬。司馬名思恂，蜀人，曾撫浙，流寓平城，新奉督餉之命者也。閽人通焉，思恂報曰：「吾奉命來莅事，且詰奸諸有司。」責其付衛訊之。南豐遂返，令諸僮尾顯仁至衛署。顯仁入登堂，據公案，南向坐，兩徒鵠立。侍衛弁見之愕然，前致詞曰：「師系出何藩？因何至此？幸明語，我庶可復司馬命。」顯仁欲言復止，久乃嘆息曰：「此間人那得知？須黔撫范鑛乃識我耳。」弁愈益訝之，密引兩徒入內，叩其詳。徒曰：「我等相隨未久，實不知所從來，微聞師云是弘光帝脱離雲游，恐爲人覺，戒我等勿洩。」弁聞言大駭，亟走白思恂。思恂曰：「那有此？姑縻寺中，徐察之。」弁乃躬送顯仁還寺，而道路遂喧傳爲弘光矣。僮歸告南豐，殊驚悔。平有金國鼎者，誕人也。先是鳳督馬士英徵兵於黔，鼎部數千人往應之，入金陵得列裨校。金陵陷，鼎逌歸。每對人言，迎駕時親把弘光御衣，以是誇耀於鄉閭。平人偶憶其語，謂弘光，鼎富辨之，趣召鼎。頃之鼎至，一見顯仁，即匍匐叩頭，涕泗交頤曰：「臣何幸今日復睹天顔？」顯仁問何人，左右以國鼎對。顯仁曰：「好忠臣。」衆聽之，咸以爲真弘光矣。又有孝廉高士美計偕歸，云過南都，曾與朝謁。亦在是，見國鼎拜，士美亦拜。衆見之，益以爲弘光無疑矣。蓋國鼎所據者，道路之喧傳；而士美所信者，國鼎之認識，兩人實未親炙弘光也。思恂聞二人言已確，立命駕至，左右傳呼「司馬來」。顯仁命取片紙，舉筆書曰：「朕乃弘光主也，脱難至此，賴卿保護之。」思恂覽竟，即就席前跪奏曰：「皇上蒙塵北去，何緣得出？」顯仁曰：「朕行至中途，守者稍懈，乘間脱身，仗天地祖宗福庇，間關至此。聞國已有君，無顔復出，思托身空門，不欲人知，不幸爲汝等所覺。」言已泣數行下。又問聖母安在？思恂對曰：「臣閲邸報，馬士英擁護至杭，兩月後杭復告陷，今不知所往。」顯仁大慟，悲咽不自勝。思恂奏曰：「道遠，尚未有的耗，幸寬聖懷。」俄，思恂出，議奉蹕之所。士美進曰：「官署久荒落不治，且百無一備，某家有園宅，去某第僅數武，稍華整，願奉聖安居之。」思恂以爲可，遂以其輿擁顯仁去。至則各官以次謁畢。士美具蘭湯，設綺縠爲顯仁沐浴更衣。日進庶羞珍味，夜設錦衣繡幄，趨事罔不恪。明日，思恂率各官起居，一面具狀聞於朝；且飛書四達，遠近來朝者踵相接矣。又明日，遂命士美爲太僕少卿，國鼎及諸弁爲錦衣衛。鼎等循故事，謹巡邏，城門戒嚴。一日，顯仁語思恂曰：「朕今已皈依西方，修淨土業，無復問天下事。大小臣工遠來修謁，不惟廢職，恐摇人心，宜禁之。」思恂乃標示各路云：某日早朝，奉聖安皇帝面諭云云。初，遠邇風傳，識者疑之，此示出，而人益信，來朝者日益衆，然左右須賂乃引見，有爲所阻抑不得一面觖望而去者。顯仁間設宴與諸臣淋漓大嚼，謔浪笑傲，呼諸臣爲兒子，衆莫測，以爲弘光素不嫻禮，或應爾。顯仁每飲必火酒，且令每日進御，蓋人言弘光嗜此物，顯仁或得之傳聞云。越數日，國鼎等議設羽林，卒以備非常。下令召募，諸不逞之徒，往往應之。旬日至千人，而儲偫無所出，乃命撫按司道，下至郡邑長各輸金有差。又以平城狹隘，議徙沅，刻期啓行。思恂以老病辭，士美等從。及抵沅，士民郊迎，皆擁香道左。有司飾臺使署爲行宫，備極華靡，諸器具牢醴茗粲稱是。黔舊督李若星，時寓黔陽縣，聞顯仁至，星馳來見，拜跪戰慄。顯仁命賜坐，謂若星曰：「兒子頗矍鑠，何馬士英遽謂老也？」若星叩頭謝。侍宴時，顯仁舉卮酒賜若星曰：「兒子飲此增算。」若星避席叩頭，跽飲訖，又叩頭謝。顯仁見若星恭謹，遂留視帷幄，與秘計。顯仁又降諭曰：「朕出亡時，對天默祝，幸免於難，當建無遮大會，施千僧以答神庥。今仰仗佛慈得至是，宜踐斯言。諸臣爲朕行之。」乃召多僧於東寺大演法事，施僧帽千頂，衣千領，鞋千緉，有司竭蹷從事。至日，顯仁詣寺拈香入門，即下車，若星掖左，士美掖右，升殿，觀者如堵。禮畢，顯仁諭衆僧宜虔誠，用稱朕報答至意。衆僧俯伏不敢仰視。顯仁還宫。初，思恂報至，黔巡撫范鑛、總鎮皮熊先後往謁。黔紳進見於鑛曰：「聖安真僞未可知，且撫鎮俱去，會城空虚可虞，請留。」鑛曰：「聞舊主出，不一覲，臣子誼謂何？即使非真，就彼處分之，亦所以鄭重其事也。」時黔紳李章玉者，在弘光時爲職方郎。鑛約同行，且爲給傳。章玉曰：「聖安被縶北庭，必無脱理，其僞無疑。」辭不往。鑛强之，中途托病而還。鑛行次鎮遠，蹶馬折右足，不得前。而熊已先至沅矣。熊部將王達觀，洛陽人，曾充福邸儀衛，侍福世子久，熊携之入見。時當盛夏，顯仁恒以幅巾蒙首，只露半面。達觀出曰：「頃雖未睹其全，然與福世子殊不類。」熊知其詐，而未敢倉卒，姑順左右意，以覘其動静。而國鼎等遂執金吾禮，與熊抗，熊亦不校。越數日，而蜀按米壽圖又至。壽圖則真南都勸進，舟中親奉玉音而日簪筆起居者也。入視顯仁，果大非。伏謁不起，大言曰：「自南都不守，諸大臣爲社稷計，迎立新主，陛下失國之君，既削髮爲僧，固應居蕭寺候旨安置，何得儼然南面臨莅臣民，署官職，蓄士馬，摇動人心？非自全之策。」顯仁不能答。壽圖又再申前説，慷慨抗論，聲淚俱下。顯仁色沮。左右俱叱「米御史起，皇上自有鑒裁」。壽圖不得已趨出，往晤若星。若星極言聖主隆遇，感恩之狀，期以死報。壽圖知不可與言，晤熊。熊細叩弘光真僞。壽圖曰：「僞也。」熊曰：「某部校王某亦言其非，猶恐識認未確，且羽翼已成，未可輕動，俟公來耳。」壽圖曰：「願緩圖之。」相與握手而别。次日，左右傳諭，昨米御史驚聖躬，今不豫，趨召醫診視，敕壽圖勿得再見。壽圖就熊畫計。熊曰：「君昨言太急切，故群奸憚之，某稍委婉，彼不疑也。某部將某某皆可使，明日言於左右，請以備宿衛，倘許之，吾事就矣。」又曰：「吾觀左右，皆小人，可以利誘。君若啖之以重賂，必就吾縧縱。」壽圖深以爲然。遲明，熊即以前説告左右，皆許諾。熊因進曰：「昨米御史語言伉直，有忌故主，意若執迷不悟，當繩以法，以儆後來者。」左右是其言。而壽圖亦致重饋於國鼎等，且謝疇昔唐突之罪，祈代爲緩頰。國鼎受之。二人計已就，乃密約各官，同歃血盟。與盟者爲太僕卿鄭逢元、辰沅道僉事徐煒，惟不令若星知，以其翼戴甚堅，恐生異議，僨事也。月幾望，擬顯仁當出，熊等選廄馬十匹，飾以錦韉，絡以金勒，每馬令壯士控之，皆衷甲以待，俾壽圖繕疏進獻。翼日，顯仁御正殿，熊等先入侍，次傳御史進馬。左右以受賂，故聽入。諸壯士控馬隨之，立丹陛。壽圖持疏上奏曰：「臣遠來，無以將悃，不腆下乘以充外廄。」顯仁頷之。壽圖復奏曰：「天無二日，國無二君，今新主踐祚已久，陛下復招摇於此，是二君也。臣前日懇請退居屏迹，以安人心，實爲陛下計，願聽臣言。」顯仁曰：「已知。」壽圖曰：「陛下不聽臣言，臣不敢愛一死。」反覆辨析，聲色愈厲。熊進曰：「皇上南歸，臣民共戴，壽圖倡邪議，辜恩背德，無人臣禮，宜逮治。」顯仁目左右，叱緹騎執下。壽圖遽起曰：「吾天子從官，誰敢執者？」衆方欲前，爲控馬卒所格，不得近。熊急呼宿衛士共擒壽圖，諸將應聲鼓譟而進，直趨堂上。顯仁知事不諧，急向後走，諸將士追及之，去其幅巾，左額上一刀瘢，長二寸許。左右見顯仁被縛，皆長跽請死。壽圖曰：「汝等認假爲真，未足深罪。所可恨者，遽受僞職，作威納賄，不容於誅耳！」令俱付獄。若星聞之，大恐，自批其頰數十。熊等遣人邀之，已駕舟遁矣。熊等就鞫顯仁於庭。顯仁閉目摇首曰：「兒子輩反矣。」欲加刑，恐致斃，乃取弓弦絞其足。顯仁楚，大呼曰：「若星兒子何在？速來救朕！」鞫其姓名，終不言。沅之長老曰：「沅有查顯仁者，爲僧出外，久不歸，貌殊類之。」遂皆以爲查顯仁云。先是，思恂等疏達於隆武，隆武批云：朕因亂爲衆所推，勉即大位，實無利天下心。據奏聖安復出，朕心慰悦，既識認果真，當即備禮迎請前來，朕不難避位歸藩。九卿科道會議以聞，議者或謂宜還大内，待以太上之禮；或謂宜置善地，厚以養膳之資。隆武批着遣部臣某、監臣某，往彼恭迎，經過地方官用心保護，多備供億，不許怠事。使臣方就道，而壽圖擒妖之報至矣。隆武批云：妖僧查顯仁假冒聖安皇帝，大逆不道，卿等設計擒獲，具見忠智。皮熊封定番伯，米壽圖陞都察院右僉都御史，鄭逢元等加秩有差。金國鼎等附逆顯著，即着壽圖究問正法。喻思恂不審來歷，幾致燎原，先雖誤認，後未相從，猶爲不遠之復，宜從薄罰。李若星身居大臣，妄冀擁戴之列，甘受兒子之呼，叩首乞憐，衣冠掃地，姑著革職爲民。顯仁作速解來行在，沿途嚴加防守，勿令致斃。俟與在廷諸臣及通國軍民共質，以釋天下後世之疑。旨下，熊等乃取國鼎等杖殺之，士美得從末減。顯仁方就檻車，而八閩繼陷，遂不果行。顯仁在獄，每自言必稱朕，衣服必稱御用，飲食必稱進膳，或飯不時至，則曰：「朕躬飢矣。」稍粗糲，則曰：「殊非朕所御。」人至今傳笑。後數月熊恐其在獄召釁，遂斬之。

思州陳太守元城工將竣賦贈二首

老矣非關喜出游，循良今見古人儔。五年遠夢思安道，三日枯禪坐子猷。清澈思江梅共咏，春臨平野燕同謳。避囂雖矢門常杜，欲借餘光照竹樓。

莫謂尋常汗漫游，山中端的乏良儔。雙江橋上懷汪澤，百雉城邊紀壯猷。舊草久從梨棗壽，新詩又被管弦謳。九重有意思調燮，鋒穎還修五鳳樓。

茂龍塘即事六首

衡門之下可棲遲，聊借幽芳構所思。古樹亭亭迷小徑，閑雲款款補疏籬。禪參妙偈期良友，圃足生涯付蠢兒。有興醉歌長短句，武陵溪水正漣漪。

結廬雲外不須遲，覓險尋幽費苦思。四面有山堪作障，三方皆水不編籬。聊將舊案參船子，懶押新詩付雪兒。翠篠宜人隨處是，寒光浸户緑漪漪。

山水多情笑我遲，狂吟隨景快人思。溪翻急瀨鳧依渚，花發幽香蝶繞籬。蒼鼠竄梁窺燕子，飢鷹穿水掠魚兒。閑愁盡付風吹去，漫擁長竿釣碧漪。

老病貪眠日起遲，蹉跎詩酒寄幽思。閑挑野菜營晨爨，頻插山花傍短籬。耕欲熟時常問僕，文於佳處每呼兒。從容晚眺秋江上，一片微風漾緑漪。

蔽屋幽篁日影遲，何人懷古慰相思。每期清霽雲生榻，只恐凝寒雪壓籬。傾盡濁醪娱野叟，翻殘青史教群兒。詩脾冷沁澄兼活，葉落横塘蕩曲漪。

遠謝塵囂已覺遲，一番聞見幾回思。山獐畏虎行穿嶺，村犬迎人吠隔籬。鬼谷著書堪號子，寧馨誤世莫名兒。美人不見傷遲暮，徒向河干俟直漪。

江巖架屋題曰續騷草堂漫賦三首

石磴幽棲自去年，鄉心端不問歸船。半生豪氣天涯外，一往仙風閬苑巔。張旭草狂名播遠，杜陵詩聖目空前。黍離歌後無中秘，夢在嫏嬛古洞邊。

高巖卜築對江津，奚俟形家郭景純。舉目烟雲非俗客，依身風月是芳鄰。采薇不必登西嶺，燒筍何須到渭濱。欲網鮮鱗一沽酒，常呼小艇伴漁人。

暫息車塵避要津，此間風景夙稱純。客愁半畝難旋馬，居之千金不買鄰。隔岸秦箏鳴酒肆，滿船簫鼓徹江濱。夕陽散步磯頭立，又見東山月照人。

由思州過餘慶告墓〔一三〕

一見墳塋倍慘然，此番風景不如前。滇山楚水三年夢，子意臣心兩地牽。國難不堪推竈尹，鄉音常自叩筵篿。半途未遂從龍願，逆旅恒驚逐鹿言。宦念久灰蒙主眷，禪心未了結僧緣。綈袍戀戀猶承友，華髮蕭蕭强去顛。日望白雲愁跛鼈，夜彈紅血共啼鵑。高明顛倒猶舒意，俗鬼揶揄亦哽咽。未死一身皆是罪，開言半句總成諐。空囊慮僕飢無力，持鉢千人苦更煎。神鼎已遷無死所，玉門終愧有生還。含元遠矚悲秋草，凝碧遥看晃野烟。殘齒已經高犬馬，微軀焉敢薄烏鳶。山陽縣裏空聞笛，花萼樓中獨聽壎。聞弟訃。靖節有心培柳舍，東陵無計覓瓜田。兼山號道思元晦，天問名僧仰屈原。中立未能娱緑野，茂先何以夢鄉嬛。時將豪白參迦舍，或念中黄叩偓佺。尹穀倉忙行冠禮，鍾儀顛沛奏南弦。家人遠仆墳前石，稚子昏除壁畔聯。事業未親崖海上，精神常在鼎湖邊。也知人事全無算，豈獨天心不見憐。黄壤未知王氏臘，青詞猶寫義熙年。潸潸更觸傷心事，頂上僧伽易進賢。

秋日山中訪三憨上人

尋僧覓路野田荒，遥憶深山古寺藏。幾許迂迴纔得見，無言對坐木樨香。

黄道司報予充里長漫賦二首

昔年專閫事如何，袖裏彈文轉見多。今到衙門充里役，可將春夢笑東坡。

好讀詩書病眼花，每從老圃作生涯。若持官簿沿門走，荒盡東陵五色瓜。

徐副使以暹三十首

以暹，字赤海，銅仁人，鶴年孫。崇禎九年舉人，歷官廣西肇羅道副使。

九日登銅巖跨鼇亭望兩江合流放歌

颯颯風來紅樹裏，跨鼇亭高江心峙。二水瀠洄晝夜流，匯處卷石屹然起。怪爾得於天者優，不識何年置於此。石隙樹古枝槎枒，石脚波澄光邐迤。豈是愚公移，無乃畫師擬。天瀉銀河閬苑開，明月玉宇蓬萊隈。桑田滄海幾變遷，石也依然青崔嵬。人生佳境不易得，況有良朋酬令節。紅茱白菊芳樽前，浴鳧飛鷺平沙列。山蒼蒼，水湯湯，看山臨水思何長。當風落帽且高歌，有酒不醉復如何。

三烈祠詩有序

天生奇男子難，生奇女子尤難；生一奇女子難，生數奇女子難之又難。如吾郡先正劉恕齋公兩婦一女，以妙齡殊質，途遇群獷，慷慨輕生，清流并潔，膺天子之恩綸，享一方之血祀，猗歟休哉！暹未生時，景仰芳躅，已馨人齒頰久矣。迨童稚之年，隨吾丹崖公過其祠，指示暹曰：「此劉氏三烈也。」詳述顛末，贊嘆不已。既而入祠禮之，睹其廟貌森然，几筵瑰麗，王言赫奕，名賦如林。嗚呼！巾幗女流耳，且能大振綱常，争光日月。一門之内，有三仁焉。彼鬚眉男子，北面寇庭者，愧死無地矣。雖然，尤有異焉。向使侍御張公初不按粤，繼不撫黔，其子劉小江公何以脱離虎穴，顯親揚名？即名揚矣，不獲重莅其土，又何能殲醜宣威，獻俘雪耻，而衡門有帝天之寵命，莞藤有含笑之貞魂哉？噫嘻！奇緣妙會，忠孝兩全，天之巧於成小江公者，正巧於報三烈也。亡何，滄桑倏易，賊焰燎原，城破而祠灰矣。暹宦游五嶺，髦期言旋，目擊憮然，不勝丘墟之感焉。未幾，而刺史劉公一山毅然重新，藉諸當事，相與有成，棟宇崇觀，增輝俎豆，同里人情咸爲欣躍，三烈之靈，可再慰矣。夫一山公，三烈玄孫也。復能鼎新祖志，傳芳徽于既燼之日，脱非三烈有靈，安得賢子孫若小江一山其人者乎？嗣是兩江淑媛，幽貞接踵。戊子之變，俠節麟麟，可謂師表後人，儀型百代者矣。嗚呼！真奇矣哉！真難矣哉！暹因次諸君子，既叙且歌。桂林山蒼蒼，灕江水洋洋。卓哉三烈女，英風高且長。争取剡嶺指尖血，争弄銀瓶波底月。龍章却自鳳銜來，春秋承祀人咄咄。搗穴蒼兕驚，泅波獰虬絶。孤兒事若斯，孝義兩無敵。吁嗟兮！富貴風光幾人老，禍水冰山一齊倒。惟有天邊俠女魂，歲歲朝朝紅日曉。

附謝國楩副使《劉公小江傳》〔一四〕：公名時舉，號小江。其先吉水人，入籍銅仁。嘉靖丁酉舉於鄉。公考仁，字恕齋。由明經官粤西梧州別駕，携室以往。某月日，恕齋公以疾卒於昭平堡舟次。時副使公年方九齡，猝遇莞藤灘彝白晝殺掠，驚濤駭浪中，鼉翻鯨噬，争迫孤舟。公女兄辰秀年甫十六，指江誓曰：「萬一不免，死此而已。」遂與二庶母張氏、郭氏相向哭。賊至，亟提緹囊啗賊，即乘間赴水死，張抱弱息初秀繼之，郭又繼之。張年二十，郭年三十八。此嘉靖丙午御史端蒙蕭公疏請旌曰「清流三烈」是也。賊怒甚，執婢僕盡斮之。賊徒有公感者，縶公左右手浮之江，且曳且行，乃引入巢。時族子澄卧病，公之兄時復匿枕側，得不死，愬於守備劉壁，索尸藁葬，昭平江上建堠木以識焉。公入賊窟，念父櫬誰歸？三尸誰瘞？且不知澄與其兄時復幸免也，晝夜悲泣。賊哀之，紿公曰：「若思歸乎？」公曰：「予父病死，予母姊俱溺死，予昆弟奴僕若悉劉之矣。家在萬里，孺子何歸？」賊乃稍寬之。惟時時默書姓名，淪落淒楚之概於竹木上，投溪谷上流。人獲竹木，知有踪迹，然越在深阻，計未可脱。久之，金溪張賓禄，梧州故人也，至昭平，邂逅屠者，始知其詳，嘆曰：「諸亦已矣，獨梧州一子，何忍負之？」〔一五〕遂白之官，出贖金，謀諜者説公感曰：「劉郎者，當道親也，今詗在若巢，與若金易之。若屬知之，則金分，不如斵之，則利厚。」公感許諾。是夜具雞黍，裹糧導之，使從山後仄徑出，負至舡中，覆以蓑席，遂免。御史張公兩山幸公之得出，嘉賓禄之義，給傳以歸。公幸而生，入里門，勵志讀書，由鄉薦官雲南楚雄令〔一六〕，再官平樂同知。會兩山張公撫黔，具三烈事，交章題奏，天子表其節曰「貞烈」；敕提鎮督師會剿。公以宦粤從事行間，俘賊四十餘人，以祭三烈。又徧覓諸俘，迎養老媪，以報當年不殺之恩。天之所以報三烈之貞，而成公之孝，先後皆主持於兩山張公之按粤撫黔。其事奇，其人傳，孝烈之報，夫豈爽哉！公曆官陝西莊浪兵備副使，兼甘肅行人，太僕寺少卿。卒，祀鄉賢祠。

文筆洞避暑次韻

何處堪消夏，兹山境最清。玲瓏開一穴，虚静悟三生。徑竹留雲影，江濤和梵聲。此間塵不到，我輩迹常并。

重陽後十日補登高游北山寺

重陽過十日，蠟屐敢辭勞。木落山容瘦，天空雁影高。黄花如有待，白首只徒搔。不負前期約，惟應借酒豪。

粤中初歸游大悲閣有感

忽忽如隨倦鳥還，老來乞得此身閑。一龕恍惚生前我，四壁分明夢裏山。風散鐘聲清午榻，雲迷松影鎖禪關。故鄉景物依然是，借對花枝作笑顔。

銅關下有火星巖魏公文相**書水字於石上以厭勝之仁者之用心也詩以志之**

江城遥望此山紅，俗説形家虐焰同。干配丁壬稱世媾，濟占既未識天工。揮毫潑墨雲霄上，祈福禳災雨露中。一字流傳仁者術，先生顧笑不言功。

喜銅巖跨鼇亭落成

石上剛容著小亭，玲瓏直欲破空青。重源暖浪浮仙宇，四望晴嵐列翠屏。松月滿窗含静影，荷風吹檻動微馨。老年猶及昇平盛，拌醉今宵未肯醒。

東山樓閣

東山東望靄蒼蒼，樓閣崚嶒接渺茫。乍聽鐘聲浮下界，忽看日影挂扶桑。高吟索和松皆友，趺坐求安石是牀。乞向此間容我老，便應倚老興逾狂。

南岳飛泉

劈從混沌幾千秋，噴灑珠璣得自由。莫是銀河天上瀉，直疑宿海望中收。重巒複壁烟雲斷，古往今來日夜流。洗却人間煩惱盡，拈髭相對不知愁。

文筆淩雲

文筆峰高尺五天，長槍大戟笑徒然。秋凝白露添和墨，春翦青雲借作箋。重叠鸞章三錫下，分明雁字數行連。懷中自有生花兆，漫向山靈乞秘傳。

漁梁夜月

石在清流月在天，月明灘上石涓涓。照來西子真無二，悟後東坡不計千。鶴渚鳧汀都似此，瓊樓玉宇自悠然。直教胸次塵都滌，粉碎虛空脱脱圓。

西嶺樵歸

結伴高山薄暮回，束薪又見夕陽催。一肩壓處雲添重，複岫歸時月正來。遥數寒鴉投寺塔，横吹短笛落江梅。羨他釋負全無事，戲共群兒笑口開。

石笏朝天

玉皇香案侍多年，正笏歸來尚儼然。皎潔一輪秋捧月，繽紛五色曉生烟。龍驤虎步過金殿，鳳翥鸞翔下衆仙。定與嵩呼同效悃，兒孫羅列肅班聯。

玉屏獻秀

鬼斧神工製作屏，雲蒸霞蔚入青冥。人皆比以崑岡玉，我欲題爲座右銘。愛此不教塵懶拂，對之那肯户常扃。只應天上多呼吸，香案傳聞姓字馨。

天馬行空

求真知己最難真，捷足風雲快絶塵。世上那無千里馬，眼中誰是九方歅。壯兒欲試何曾敢，市者雖稠莫與親。屈指滄桑留得爾，只今拄笏益傷神。

再登金鼇山

俱指禪關説避秦，相逢俱是亂離人。山中不少千年樹，爨下纔供數日薪。未信白雲猶戀客，可憐孤月只隨身。重來景物渾如夢，追憶當時益愴神。

結砦鼇山

南徼焚燒未即平，祇園偷活夢魂驚。當年勝迹傳燈地，此際中宵擊柝聲。每踞鼇頭思往事，幸從虎口脱餘生。何時一掃妖氛浄，重現莊嚴妙德城。

弔雙烈詩三首有序

昔人云忠孝原於性生，死忠死孝，初非奇事，惟深閨婦女見危授命，世不數數見，乃有致身風鶴之頃事并出於一門者，古今胡可多得也！侄婿盧生雲龍者，吾郡孝廉盧公次子，孝義天篤，妙年雅望，吾弟太學以逵素目爲快婿，女乃余祖中憲丹崖公曾孫伯廉憲鍾汝公孫女也。自幼聰慧，從事吾母何恭人學女工書史，動遵姆訓，荆布自飾，及笄適盧門，致孝致敬，中外無間言。何氏，余外祖鄉賢何文東公後裔，女範不減於寒門。戊子之夏，聞賊將屠城，憤然自刃，共成大節，慘烈莫可名狀。視古鬚眉丈夫何以異？嗟乎！聞是時銅江婦女，一時殉難者不可勝紀。至先機遠辱，從容就義，則惟此二氏最也。猗歟休哉！余分憲西粵，有客自吾鄉來者，授余《雙烈傳》，讀之不勝愕然，哭其慘變，尤奇其貞烈，爰筆數行，以附諸君子之末。

鐵騎驚傳未度關，春閨人已絶塵寰。琪花不作風前折，玉樹誰能月裏攀。非是妾身輕似葉，只知女節重如山。淒淒碧草東巖麓，唯有芳名在世間。

誰識天涯女丈夫，一門雙烈世應無。寧枯荒草千年骨，不染桃花半點汚。繡袂長牽看合璧，玉樓空冷嘆連珠。夕陽猶照娟娟影，愧殺昂藏七尺軀。

雙懸嫠曜并争光，詩句遥傳字字香。劍影驚飛明月鏡，血痕倒濺曉雲妝。名堪二乙峰同峻，義比雙江水更長。勒馬帳前知幾許，誰將寸鐵植綱常。

茶山十景十首

齋前矗立數千峰，曉起峰峰染欲濃。最愛山腰雲作帶，山頭齊現翠芙蓉。右千嶂嵐光。

山巔都被白雲蒙，峻閣巍然目易窮。動地乍驚獅子吼，鐘聲飛落半天中。右雲閣鐘聲。

一石亭亭肖瘦笻，步虚難見白雲踪。志公飛錫今何在，留與禪門制毒龍。右錫杖淩空。

當年展翮肆淩霄，天地方圓眼界遥。偶爾倦飛依梵宇，長風九萬待扶摇。右鐵鵬展翅。

山爲泉竇石爲關，屑玉飛珠出洞間。一桁水晶簾不捲，直疑扶杖對廬山。右南洞飛泉。

喬松百丈欲淩空，怪狀奇形妙化工。乘興偶來明月下，此身如在廣寒宮。右玉屏松月。

一穴天然石作扉，春來燕子任飛飛。人間争羡雕梁好，安樂窩誰識所歸。右紫燕巢巖。

種種奇英不待栽，溪頭溪尾四時開。山僧課罷渾無事，信步拈花一笑來。右幽澗花香。

文禽相戲浴仙池，風動花香境自奇。好把碧筒流曲水，高歌沈醉夕陽時。右蓮池鴛鴦。

高柯約計百千春，上有藤蘿附在身。歲晚青常濃似染，霜中雪後轉相親。右古樹藤蘿。

徐舉人必昇三首

必昇，字扶九，貴陽人，舉崇禎九年鄉試。先世世有文行。曾祖太魁，嘉靖四年舉人，官户部員外郎。祖講，萬曆十六年舉人，官教諭。父卿伯，字夢麟，晚號臏夫，萬曆四十年舉人，四十一年進士，授御史。天啓二年，安邦彦急圍貴陽城，王三善受巡撫命，次鎮遠，次平越，不敢進。屢疏劾其逗遛，有旨嚴促，乃進，解貴陽之圍。見《明史·土官傳》。三善趨大方，又疏其驟勝輕進，將爲所困。後悉如其所策，語在《陸德隆傳》。尋以剛直敢言爲時所忌，擠之於外，官至四川參議。時鄉里未靖，遂携家避地居南京，買宅於評事街，題小園假山曰「小飛雲」，以識鄉思，今石刻猶存。《跋》云：「余黔之興隆衛有飛雲巖洞，石極幽而有奇致，往官祕省，便差還里，數憩其下。今避地金陵，懷想之餘，用以貌軒前小山，而并以名其軒。崇禎癸酉中秋日臏夫題。」同治初，收復江南，太和馬學士恩溥典居此宅，以姻家往還録而存之，惜不得其詩。其子又有必遠、必遴，并本朝進士。必遠且以順治六年在貴州未開鄉科時，則自南京趨禮部也。扶九明亡後，不求仕進，自號五溪山樵，以詩酒自放終。

雨中春盡

白雞催酒錢，凄凄行路人。雨滴青山詩，花壓梁城塵。持斧送春去，袖書思買臣。谷口駐鶯傾，目斷周與秦。

吾爲春持謀，卷牀怒風雨。百花耻雷同，一夜付鶗鴂。聽窗折新篁，抱琴去湘浦。我悲車馬客，銜泥殊未苦。○姚辱庵曰：其詩杳默，絶類孟貞曜，張爲當取以爲清奇僻苦主也。

咏梅花

十年清夢一花寒，淺酌琵琶春酒乾。江女神祠邀嶺月，青山白袷卧仙官。宵燈翦落新風雨，隴字釵横古鳳鸞。我自幅巾常病道，窗前移日爾闌干。○姚辱庵曰：「宵燈翦落新風雨」，不知其所自出。老杜詩云「新詩」，立意新，最是作詩用力處。蓋不可循習陳言，只規摹舊手也。

沈舉人奕琛 二首

奕琛，字石友，普安人，舉崇禎九年鄉試。

湖舫

林香二月後，游子意何其。水步桃花漲，人題柳浪詞。高峰含海氣，丹竈帶雲炊。不盡流連意，清言廢竹絲。

曲堤分野水，人上木蘭船。小草春來思，殘烽江上傳。風和迴北雁，雲濕近南天。俯仰千秋迹，荒祠帶夕烟。

周　鎬三首

鎬，字瞿瞿，新貴人。祚新子也。二人未詳所終。秀水姚佺録其詩於徐扶九先後間，附以俟考。

東越咏懷

夢想當年倚碧桐，此生何事道終窮。小窗雪壓堪幽獨，大地春廻少異同。寂寂琴心誰共語，棱棱鶴骨自翔空。歸來重續山前道，三過梅花嶺上風。

別苕溪

荒城十里桑，相對溪光久，莫作來朝雲，暫時且握手。

斗　屋

聚斂精光一室中，携將兩耳不隨風。高人擊竹還長嘯，未許天花散太空。○姜如農曰：「此瞿瞿睠念家尊墨農詩也。墨農博古，銓次賞鑒不減《宣和書畫譜》，故秋水堂桐軒若西房東序焉。斂聚精光，亦金玉其相意矣。」

【校勘記】

〔一〕人：原誤作「又」，據稿本改。

〔二〕貴州省獨山縣仍健在的百歲文化老人徐惠文所編《獨山明清民國詩詞選》此句作「幾年但飲獨陽泉」。

〔三〕文礽，原作「文礽」，今據手稿本校正，下同。

〔四〕《都匀縣志稿》卷十八《藝文内篇》題作「獨山棠蔭祠去思碑」。

〔五〕清鄭珍《播雅》卷二作「落澗玄猴墜折藤」。

〔六〕早卒奉：原作墨釘，今據民國四年《甕安縣志・列傳・寓賢》（卷十九）校補。以下據該書校補者，尚有「曰今無」、「厚酬」、「放曠」、「毁裂」、「悉平崇禎」、「國朝開闢」、「望城」等十一處，不再一一出校。

〔七〕子相：原作「于相」，據《思州府志》校改。

〔八〕僑居：原作「僑君」，據手稿本改。

〔九〕此詩《都匀縣志稿》卷十九題爲《贈别諸友》，其一、二、五、六句與此小異：「離筵酌罷數行酒，折盡江南一樹花」；「置身北闕龍顔近，翹首黔雲雁影斜」。

〔一〇〕會：原作「命」，據手稿本改。

〔一一〕力：原作「方」，據手稿本改。

〔一二〕矐：原誤作「臛」。《史記・荆軻傳》：「秦皇帝惜其（高漸離）善擊筑，重赦之，乃矐其目。」據改。

〔一三〕由：原誤作「田」，據稿本改。

〔一四〕副使：原作「副便」，據手稿本改。

〔一五〕何：原作「河」，據手稿本改。

〔一六〕令：原作「今」，據手稿本改。

黔詩紀略卷之二十四

明

程副使生雲六首

生雲，字古愚，遵義人，崇禎間以拔貢授銅仁知縣，累官監軍副使。循聲著聞。世亂解組歸，屢徵不出。年八十而終。著有《求志軒集》，已佚。副使抱負瑰瑋，風節棱然，居郡城北十餘里，韜光兵燹，叢集艱危，敦行孝友，力成全璧。時以詩、古文名。其書法深入北海，殘縑剩紙，惜皆零盡，今惟存文昌宫門榜、大覺寺佛堂楹榜，益可貴。按：遵義自改流後，以鄉舉見蜀榜者，崇禎庚午之謝繼宗、謝傳芳及聶一心、官山西汾陽道。格心兄弟。其肆志林泉，以詩酒自適，則有秀峰布衣王其賓。其請纓著績以驃騎退居，著《歷代忠臣殉節録》者，則有牟奇。其幼惠負奇，厭末世，屢徵不就者，則有歲貢鄧旭。其講明正學，世亂不復科舉，以諸生老者，則有曾心一、宗孔。其暫爲校官，遁迹講學，著聲教集者，則有周達諸人。自其賓外，皆與副使時代相及，唯副使詩猶從《志》載得六篇，諸人詩竟無一存者。

懷冉璡冉璞兄弟

一門竝産雙南金，文武才名耀古今。余玠雅能資妙略，蒙哥何得陷孤岑。濮陽禋祀終宜永，湘水宗祧遠莫尋。嘆我後君生也晚，春風徒悵冉家林。

附《宋史·余玠傳》：播州冉氏兄弟璡、璞，有文武才，隱居蠻中，前後閫帥辟召，堅不肯起。聞玠賢，相謂曰：「是可與語矣。」遂詣府上謁。玠素聞冉氏兄弟，刺入即出見之，與分廷抗禮，賓館之奉。冉安之若素有，居數月，無所言。玠將謝之，乃爲設宴，玠親主之。酒酣，坐客方紛紛競言所長，璡兄弟飲食而已。玠以微言挑之，卒默然。玠曰：「是觀我待士之禮何如耳？」明日，更闢別館以處之，且日使人窺其所爲。兄弟終日不言，惟對踞，以堊畫地爲山川城池之形，起則漫去。如是又旬日，請見玠，屏人曰：「某兄弟辱明公禮遇，思有以少裨益，非敢同衆人也。爲今日西蜀之計，其在徙合州城乎？」玠不覺躍起，執其手曰：「此玠志也，但未得其所耳。」曰：「蜀口形勝之地，莫若釣魚山，請徙諸此，若任得其人，積粟以守之，賢於十萬師遠矣。巴蜀不足守也。」玠大喜曰：「玠固疑先生非淺士，先生之謀，玠不敢掠以歸己。」遂不謀於衆，密以其謀聞於朝，請不次官之。詔以璡爲承事郎、權發遣合州；璞爲承務郎，權通判州事。徙城之事悉以任之。命下，一府皆喧然，同辭以爲不可。玠怒曰：「城成則蜀賴以安；不成玠獨坐之。諸君無預也。」卒築青居、大獲、釣魚、雲頂、天生，凡十餘城，皆因山爲壘，棋布星分，爲諸郡治所，屯兵聚糧爲必守計。且誅潰將以肅軍令，又移金戎於大獲以護蜀口，移沔戎於青居，興戎先駐合州舊城，移守釣魚，共備內水，移利戎於雲頂，以備外水。於是如臂使指，氣勢聯絡。明□□鄒智《跋釣魚城志後》：予嘗觀天下之大勢矣，立國於北者，恃黃河之險；立國於南者，恃長江之險。而蜀實江之上游也，敵人有蜀，則舟師可自蜀浮江而下，而長江之險，敵人與我共之矣。由此言之，守江尤在於守蜀也。元南侵而必自蜀始，豈非有見於此歟？冉氏弟兄受知余玠，而首畫城釣魚之策，王堅、張鈺且戰且守，至死不渝，豈非有見於此歟？向使無釣魚城，則無蜀久矣，無蜀則無江南久矣。宋之宗社，豈崖山而後亡哉！嗚呼！當茲城之成也，宋無西顧之憂，元無東下之路。使賈似道能用汪立信之策，陳宜中能用文天祥之策，下游與上游齊奮，內郡與外郡并力，天下事未可知也。天時不齊，人事好乖，令人有千古不平之憤。

《播雅》按：「冉家林在遵義縣東四十里，其側有地名官墳嘴，明宣慰使楊愛及妻田氏墓在焉。舊《府志》謂二冉故宅在此，而《綏陽志》謂縣西南五里平木山有二冉故宅，《通志》則兩處并列之。今驗二冉子孫居正宅〔一〕，璡墓在綏陽朗里鳳皇山下汪家園，璞墓在綏陽金里徐陽臺，皆久圮無識者。嘉慶五年，周時庵霖孝廉過汪園，見石槨中廣，因入窺之。棺髹漆如新，以銅環雙紐懸石蓋下〔二〕，前和署金字爲『冉璡』，始知是先賢墓。令人掩其石缺封之。棺上又有金字七言絶句一首，時庵曾寫記，惜已沒，無從問矣。平木山宅址，今爲周氏所居，墓記并在附近〔三〕，則二冉居在綏陽爲確。冉家林或其別業，或子孫移居，自不嫌更有故宅也。」

柳子何嘗至播州，只因播土仰高流。聞風便設陳蕃榻，計日忻同郭泰舟。却幸叔文聊一誤，應嫌司馬不終游。至今惟有殘碑在，父老津津説未休。

愚溪書院

《播雅》按：「書院在綏陽縣西二十里大溪源，中祀唐柳子厚。《綏志》及詹淑、馮士奇兩《記》并作儒溪，而舊《府志》作愚溪。詹淑爲首設綏陽知縣，其作碑記云：『治西有儒溪書院遺址，僉謂昔柳公所建。』則此書院之有，當不始於明矣。淑又云：『有耆年孟元者，公之後世，藏公遺帖，昔有見者，今無存矣。』因召見元，詢其始末，謂：公實乾符三年入播，世傳如此，似非無因。遂捐資補葺舊宇，擇近院田地三十畝，授元爲業，并量免雜差，俾世守祠祀云云。竊意人生踪迹不能詳載，公或曾經其地亦未可知，不然夢得與公均名賢，倘好事者借名爲重，何獨於劉而遺之？姑志以質疑。珍按：柳子之不至播，斷然無疑。孟元謂乾符三年入播，子厚徙柳州在元和十年，後四年遂卒，卒後五十七年始爲乾符三年，其語益荒誕無據。但元爲子厚後人，不得僞，雖無從知其始遷，要足徵柳子末裔有在綏陽者矣。故附詳之。」

茅衙寺弔田惜玉

惜兒舊宅今爲寺，芳徑尚留蘭麝香。不欲共迷歌舞地，應思微悟夜郎王。苔經細雨啼猶濕，樹點寒雅怨未央。愁聽暮猿聲不斷，夕陽孤影上禪房。

按：寺在遵郡北十五里，俗呼磨牙寺。當是摩耶之訛。相傳明楊應龍妾田氏所居，寺側以石筧數百丈引水入池，曰田氏澡塘也。後面怪石高下巃嵷，有亭臺遺址，下瞰平田。舊實大池，地殊幽勝。惜玉無可考，當非即田雌鳳。羅孝廉倚衡云：「居茅衙者，應龍妻張氏，非田氏」，亦未審何據。

桃源洞太白亭

先生瞻仰遍方州，矧此山川屬舊游。識郭襟懷誠度越，從璘踪迹自虚浮。三年金骨憑磨鍊，一片丹心任去留。最喜當年流落處，至今花草亦風流。

尹公講堂

北學破南荒，風在講堂樹。後來應有人，徘徊不能去。

按：講堂在綏陽縣東北□十里，今廢。明綏明知縣詹淑《尹公講堂銘序》云：萬曆甲辰，余修旺草公署，掘地得碑，題曰「漢尹珍講堂，唐廣明元年七月六日，播州司户崔礽立。」西南人向學，自道真始。唐人標其遺迹，必有所據。廣明距今六百年，講堂不知圮於何代，爰即公所爲講堂，仍立唐人故石而爲之銘。鄭珍《播雅》謂：「綏陽縣治，自明迄今，并無遷徙，淑修署得碑，復即署爲講堂，當不出今縣署内，而稱旺草公署者，蓋旺草是大名，《明史》於桐梓猶云：以綏陽旺草地置。可見後人不識地理，謂唐之講堂在今旺里，大誤。」猶昔共珍纂《府志》，據定唐播州治在今綏陽之舊説。友芝近聞綏陽諸生宋人鳳言，崖礽一石，實在人旺草場側卧民田角，則旺草公署當是行署。昔定播治在今綏陽治者，猶未允也。

懷白亭

山間明月留佳句，江上清風憶昔年。一自昌齡于役後，愁心終古在湘川。

按：亭，舊《蜀志》謂在桃源洞内，今址不存。

胡副使天玉一首

天玉，字石函，黎平人。其先自金谿徙桐柏曰庸者，明初以征白岩塘功，永樂四年授五開衛指揮，襲六世，石函其裔也。少從學於何忠誠公騰蛟。舉崇禎十二年鄉試。授保寧府推官，移辰州，晉辰州道副使，監湖南軍，隸忠誠麾下，以無子，忠誠使解職事。歸未幾，而忠誠殉封疆，遂長隱不出。本朝新命，吴逆僞命，皆深匿得免。當何忠誠之督師也，以鄉里子弟相從於楚者，胡石函、江雲卿而外，尚有倪知化；其以材武從者，復有黄飛鸞、吴大弩。知化，字六知，五開衛平屯所人，與石函同鄉舉，知四川保寧縣，歷遵義府同知，擢湖南僉事監軍，轉辰沅靖道副使。忠誠殉難，爲文遥祭之，亦絶食七日而死。其祭文云：嗚呼！公國柱也，而今摧矣。國柱其若之何？知化與公生同鄉，幼同學，長同游，仕同方，誓以不負君者，不負國。公洵不負國者也。公不負國，知化敢負公乎？滇、粤戰士大半離心，北來降卒率多背叛，日夜撫摩，無以塞責，遲日必與公相會於地下，以共白其不渝之志也，公其鑒焉。飛鸞，字翔御，黎平人，以參府材官從劉承允，多戰功，授後營守備，擢副總兵。大清兵取湖南，承允降而飛鸞不從，佐陳友龍復取寶慶，假總兵官鎮武岡。未幾，友龍復叛，歸大清。飛鸞乃以所部投何忠誠，飽歷艱難，忠誠倚爲腹心。逾年，飛鸞出督糧，而忠誠被執不屈，遂遁居楚、粵之交，曰地平，忠義之士多依焉。桂藩走安隆時，孫可望以書招之，不應。至康熙初，年七十一卒，猶不肯剃髮，亦見我國家待頑民之寬大也。按：明代黎五以文名者，平茶所有劉欽，由諸生爲百户，著《邊防考》。又有高繼凱，字我侗，剛介尚氣節，中萬曆壬子舉人，官瓊州海防同知。著《四禮勺言》、《自明譜》。中朝所有盧騰鳳，以歲貢官銅仁府同知，著《四書講義》。隆里所有諸生陳金鉉，放情山水，喜吟咏，有詩集，今皆未得其詩，附記待訪。

拜何文烈公墓

別來帷幄幾經秋，痛哭今朝拜古丘。門客三千憑自散，雄師十萬落誰收。哀猿叫月三更苦，枯葉鳴風五夜愁。只有孤忠在天地，長隨湘水共悠悠。

冉舍人學匯一首

學匯，字□□，思南人，崇禎十二年舉人。祖宗孔，繼李同野講正學，已附見《同野傳》。父峑，萬曆三十一年舉人，官遵義府同知。藺酋叛，監軍督糧，事平，勞瘁卒官，贈中憲大夫，賜恤銀二十兩。事載《從信録》。學滙恬澹好學。明亡，永明稱號，曾爲中書舍人，進贈其父通議大夫。入本朝不仕。

葉太守蕃**招同彭同守**永祐**常司李**時泰**雷縣尹**起龍**熊參戎**虎**及鄉里諸同好登中和山以曲徑通幽處禪房花木深爲韻分得花字**

風流吾太守，此日啓前車。爲闢沿山箐，邀看上寺花。虚亭能共坐，薄酒尚堪賒。莫漫言歸去，荒城不是家。

按：此會在我大清康熙初年。葉太守，歙人，得房字。彭同守，黄州人，得木字。常司李，澧州人，得處字。熊參戎，得禪字。其鄉里諸人：謝副使國楩得通字。敎主事鳴雷得徑字。陰助教旭得留字。蕭太守其澤得深字。唯曲字詩與人并失傳。貴州入版圖，以順治十五年，冉、敎諸君亡國遺黎，猶得放情詩酒，與興朝太守攬勝争豪，亦足以見國家之寛大也。葉蕃詩云：「山城測影日初長，得試登臨閣院涼。并發林泉分竹徑，俱新茗火出僧房。坡前牧馬知誰伍，江上還舟成故鄉。風景差殊安集後，醉翁那漫讓歐陽。」彭永祐詩云：「百尺疊春臺，千章森夏木。到門紛蔚薈，入坐火炎鬱。但酬高士話，莫問微官禄。病軀久難勝，欲借僧牀宿。」常時泰詩云：「來頻知僧厭，兹來仍不去。愛此一畝宫，能屏千秋慮。馴烏歸時時，野花開處處。佛禾有靈窟，悠然與心遇。振衣林峰間，軒思逐雲翥。」熊虎詩云：「豈有師臣力，逢時得晏然。習池堪繫馬，陶徑待依禪。草長漁蓑重，花垂錫帽偏。屬分餘競病，何似景宗傳。」

宋寧海騰熊一首

騰熊，字□□，偏橋衛人，舉崇禎十二年鄉試，官寧海知縣，半年即辭歸。以詩文自娱，不復出。猶子安全，孫應舉皆有詩名。偏橋在寧海之先以詩鳴者，復有何一中，字少鶴，萬曆時歲貢，歷宣豐禄川知縣，多惠政。文思敏捷，與蕭時芳齊名，有《少鶴山人集》行世。時芳亦偏橋人，成化間歲貢，官國子監學録，亦有詩文行世，今皆無傳。

大雪寓感寄玉峰趙吏部索衣

謖謖松風下釣灘，聲聲碎玉打魚竿。過橋驢子詩囊破，入帳羔兒酒盞乾。高館讀書懷趙普，草堂偃卧棄袁安。殷勤催得陽春到，應念蓑衣老歲寒。

敖主事鳴雷一首

鳴雷，字白雨，號天聲，思南人，崇禎十二年副貢，官永明王兵部主事。入本朝不仕。吴逆兵肆掠，携子起宗及兩女及子婦張避壺後洞中。賊緣崖至，兩女及張度不免，姑嫂結襟投崖裂肢死。

葉太守招登中和山分韻得徑字

寄酒目爲狂，事佛或曰佞。縶我尺繩間，曾不開一徑。窮途且勿哭，當險須濟勝。齊及清妙場，衆顔發新興。香臺宜近窺，石欄收遠凭。請看列坐間，居然與名稱。既醉禮佛還，明月引歸徑。

譚叙州先召三首

先召，先哲弟，字賓綸，平壩衛人，舉崇禎十五年鄉試第一。旋值鼎革，奉永明王，官至叙州知府，事不可爲，拂衣歸隱，聚書授徒，寒暑不輟，年八十乃卒。賓綸性孝友，事親極盡色養。兄死於流賊，冒險阻歸其骨。撫教兄子瑄，文行不墜，著有《平壩志》若干卷。

同黄赤城訪高峰山

高峰久别思茫茫，滿目蕭條足感傷。實相難空身未度，殘生虚在鬢俱蒼。山風醉客濃於酒，樹色薰衣别有香。見説龐公專好佛，當來一念是慈航。

按：高峰山在安平縣東二十里，昔有僧自然棲息於此，手植柏千株，飄然而去。

悼黃都戎運清

水賊飄風散復增，黃家義旅鐵棱棱。可憐子弟兵戈盡，寃獄翻摧老漢升。

按：運清，平壩衛廩生，萬曆三十四年，以從擊狆賊功授衛指揮，晉貴州都司。天啓初，奢賊陷遵義，從復之。安賊圍貴陽，馳兵來救，遂助巡撫李櫄守城，及圍解，御史蔣允儀劾櫄受安位金盆，致釁辭連運清，逮下獄，羅及子弟。巡按傅宗龍廉其寃，疏白之。運清已瘐死，子衷暢乃得釋。

聞韓指揮永琦**在安莊戰没**

指揮將種有聲名，纔記横戈捍衛城。昨夜西南星忽隕，定應含笑見東平。

按：永琦東平侯政裔，世襲平壩衛指揮。天啓二年，安賊圍衛城，曾與賓綸兄弟守禦，擊却之。四年，巡按傅宗龍駐平壩，十一月賊犯鎮寧，命永琦馳兵救，猝遇賊於安莊坡楊家橋，戰死。

洪主事運昌一首

運昌，字祚熙〔四〕，平溪衛人，崇禎十五年舉人，官桂王兵部主事。大清定貴州，遂不出。

平清兩學忽議屬楚貴撫田公爲請得如舊紀之以詩

自從移解額，始免葬魚憂。遂使龍溪士，争誇蟾桂秋。割黔嗟已蹙，益楚轉成瘤。幸有田開府，舊章還率由。

按：主事有《平溪學校記》云：平溪本隸辰州，科舉在楚，自衛人侯位官兵部侍郎，時四衛諸生遭洞庭覆舟之變，具疏題請將平、清、偏、鎮寄貴州鄉試，於湖廣舉人額内撥五名入黔。時平溪尚未設學，位又與總戎高岡鳳、兵馬司曹繹等赴闕乞恩，部題允建，諸士鼓舞。百四十餘年至康熙甲子，忽有改楚之舉，逾五年己巳，田撫軍大中丞乃題請歸黔，子衿稱便。

張訓導居乾一首

居乾，字正之，黄平州人，天崇間貢生，官訓導。

石塹游龍○在黄平舊城北溪中，有石亘起，若游龍。

樂源不獨峙千峰，更喜波心控石龍。力障狂瀾横一柱，氣吞碧落聳崇墉。東流江漢源何遠，西注彭涪勢自雄。水秀山明稱獨勝，尤饒畝澮足提封。

胡指揮同寅一首

同寅，字□□，崇禎時襲興隆衛指揮。十五年黑苗叛，攻衛城者三。同寅與同知董邦昌力戰却之。見《興隆武備志》。其《名宦志》又載是年指揮胡其仁擊退圍城叛苗，蓋一時事。興隆胡氏有六安、固始兩族。其仁祖固始，則同寅當祖六安。六安胡質洪武中以指揮僉事來守本衛，則同寅亦僉事歟？其《人物志》載苗叛時，衛庠生張緯南、衛家子田惟貢，以駐鎮同知董邦昌監軍鎮遠，相偕赴漁請兵，至濫橋，遇苗，格鬥死。蓋在未解圍前也。

梅岫○在黃平新城東，其巔五出，若梅瓣。

幾多春色到梅花，灌木陰中鳥語嘩。翠柳依依彌野岸，錦桃灼灼遍溪沙。登臨舉酒情偏劇，拈韻分題興轉賒。醉後嘯歌天地窄，不妨潦倒接罹斜。

葉縣令如檜二首

如檜，字芳同，平越人，崇禎間由選貢官知縣。

雄鎮樓告成上陳瓠庵紹英**太守**

斯樓之作主誰賢，曰是風流湖上仙。畏壘自今嚴半壁，金湯何止固千年。諸蠻向化銷烽久，老守多才作賦便。清興可能乘夜月，五城同咏玉京烟。

按：紹英，仁和官學生。崇禎十一年知平越府，十五年於城北隅建敵臺，臺上樓曰雄鎮。周城造望樓十二，取五城十二樓之意。城洪武間建，本四門，正統末寇圍無水，乃建增小西爲五門。

悼凝真觀梅呈瓠庵太守

凝真觀中一株梅，蔭庭覆徑百年來。自從欲發引游屐，豈有花時歇酒杯。賢守騶從遠已至，惡髡斧斤傷遽摧。崖篁石柏共惆悵，此恨耿耿誰能裁。

附丹徒錢邦芑《凝真觀記》：出平越西門，渡石橋，西北循嶺而行十里，爲楊義司治。治之左山隆起，高數百丈，上有三泉，同發齊瀉，清泠可漱。濯山之麓，爲鎮寧寺。寺之後爲凝真觀，觀門外多老樹，西北有古柏一株，直上拂雲，不可丈尺。入門有古梅，大十餘圍，覆蔭門徑，蓋數百年樹也。崇禎末年，武林陳瓠庵爲郡太守，酷愛此梅，恒携酒其下，賦詩留連。乃寺僧惡其礙日光也，斧而薪之。一日，瓠庵計梅將放，復招友人來游，見梅椿禿然，餘根盤石隙，駭甚。訊得其情，笞此僧數十，然已無及矣。今梅根復生孫枝，纔大如甌口，見者無不惋惜。梅之右有桂生崖壁上，根株古拗，今賴有此耳。觀中殿閣猥瑣，皆俗工製造，與佳山勝景不相宜，甚敗人意。獨殿後夾道兩柏亭亭并峙，高可八九丈，阻日搴霞，真足怡神縱目。觀後一峰直聳，高數丈，截然端正如笏，名玉笏峰。峰之左右皆懸崖峭壁，藤蘿蔓綴，細葉疏花，摇雜蒙翳。四周怪樹叢篁，高下掩映，清泉旋激，異石錯陳，游者恒苦目不給賞，情乏圖狀。嵝峨雖多名山古洞，然選其幽勝奇麗，此蓋一二數矣。

李推官正華 一首

正華，字根實，桐梓人，崇禎中歲貢。授南江縣訓導，攝縣政二載，賢聲四播，即爲真。擢貴州都勻府推官，年餘告歸。《省志》都勻推官不載正華。《清平志》駐鎮同知明末有之，云：重慶人。則正華不以推官終，官籍亦非桐梓。壽八十卒。司理懷奇蘊異，學問淹博，歸田後，居遵義永安里之蕩游臺，教子課孫，城市絶迹。喜著白練衣，號「白衣道人」。善飲，嗜陶詩，著述甚富，今皆亡。按：桐梓爲宋南平溱州故地，近接巴渝，文化易及。自宋已有趙高峰，官至長沙太守，元祐八年告歸，敕賜所居，名青蓮院，所著詩集惜已亡。近夜郎壩趙氏瑩出一詩碑，署撰人曰「門下人劉森尚」。其詩稱趙氏爲天族，又云從龍賜姓，則亦宋時人。又云納土是其先。《宋史》載有木攀首領趙泰與珍州田景千、播州楊光榮，同以地内附。則瑩當爲泰裔，特森尚不知何人。又有王元開，入播分承宣慰，卜宅櫃巖，詩載《府志》。櫃巖在桐梓治東北百里。元開亦宋人，皆明以前可紀者。至廖沈領解，益闢巖荒，改流以還，華秀蔚起。當根實之世，如傅按察元和、李監司天植、胡布政賓夏，并以文章、政事鳴。賓夏更名，著《蜀十才子》，兵燹之後并靡。有隻字廑存，唯從《遵郡紀事》中録得根實一首。

臨終自書〔五〕

數十年來清潔士，依稀學得晉陶公。秋月寒潭無色相，飄然委化返虛空。

傅鎮遠爾訥 一首

爾訥，字若木，桐梓人。嘉靖間有天鎮者，通經史，以楊酋禁讀書，不應舉，一意於醫術，有一七活人之妙，名滿滇、黔秦、蜀間。著有《增補金鏡録》、《手驗方》各若干卷行於世。年百歲乃終。子元和，以萬曆甲子副貢〔五〕，累官雲南按察使，即爾訥祖父也。爾訥，崇禎歲貢，官貴州鎮遠知縣。尋歸授徒，年七十三自爲《贊》，書畢，閣筆而逝。著有《春秋講義》，同里貢生覃自重助編成之。

臨終自贊

明有逸民，名曰爾訥。雖仕舞溪，彭澤不足。歸休乎家，詩書自淑。付與兒曹，怡然以没。

田雲州起圖四首

起圖，字義生，平溪衛人，崇禎中選貢，官雲南保山知縣，遷知雲州。

紫氣山看梅四首

山城氣候苦春寒，探得梅花帶雪看。幽韻留供塵外賞，繁華洗浄眼中寬。十分本色惟争淡，一味清香也帶酸。隱隱枝頭珠玉冷，方知勁節未凋殘。

看盡繁華又一年，今朝猶結歲寒緣。花辭蛺蝶應難夢，枝作虬龍欲上天。破衲訪松殘雪後，幽人倚竹晚風前。世情酣豢惟羔酒，疇與空山抱影眠。

雪霜幾度壓山居，静吐寒香只自如。歲暮豈知王氏臘，春來欲寄子真書。江皋有待偏先汝，子女多情尚累予。忙殺望中桃李樹，連朝催發恐徐徐。

索向花邊自嘯歌，一般清映不須多。誰同荔服憐山鬼，獨御冰綃對素娥。甘守飢寒神共瘦，爲愁今古髪先皤。静中識得乾坤意，縱有炎涼奈若何。

文行先生黎民忻四首

民忻，字建極，遵義人。宋昌州刺史得叙後。先世自江西新喻徙四川廣安。祖朝邦始徙遵義。父懷仁《臨終詩》有云：「半學朱元晦」，其自道也。仲父懷義自號「今賸人」。嘗醉歌曰：「功名不值一杯水，富貴於我如浮雲。」可想其高致。惜全詩皆不傳。建極受業於來矣鮮高弟胡某，盡得瞿塘之學。父終，廬於墓。學使馮雲驤重之，舉優貢，後授廣西河池州同，未任。明亡遂隱。母劉，年九十五終，先生已七十矣。猶盡哀廬墓，人稱爲「白髮孝子」。八十一歲卒，學者私謚「文行先生」。

友鹿

朝食野之苹，呦呦階下鳴。貧交垂白首，幾似爾多情。

侶魚

池中尺半魚，鱗甲一何赤。久矣共沈潛，相將與浪適。

洗劍

雪色與冰影，森森逼斗寒。摩抄頻洗拭，三尺倚天彈。

偶題

八十拈毫力不禁，雛孫苦乞寫新吟。天寒手冷無心作，欲選唐詩何處尋？

潘崇慶驤二十五首

驤，字子襄，貴州前衛人。雲南布政潤民仲子也，明末貢生，與兄韻人馴，皆有文名。兄以世亂不欲出，子襄以養母。歲甲午春二月，謁永明王行在，試一等，授雲南羅次知縣；丙申秋晉知四川崇慶州，并以廉惠著。逾二年，大清兵定川、貴，遁免歸。守義不復仕。而其兄乃以康熙元年出山，其謁試也，韻人贈之詩曰：「知爾因親屈，憐予送弟行。」後此韻人復有贈弟詩曰：「雖然殊出處，面目本來真。」可以想其風尚。所著《淡遠亭詩集》，十無一存。《黔風録》收者僅十八篇，今更就其從孫元煒《潘氏八世集》增七篇。

曉日

曉日湧海來，天地豁然闢。峰巒貢明媚，雲霞絢成色。安知霾曀消，但覺疏爽即。佳禽鳴且和，時花苞欲坼。爲報同心子，從今破塵積。

楊君山先生讀書處

讀書人已往，猶存讀書處。遥想抗心時，古今旦暮遇。至今蒼莽中，先生神所據。我來覽遺踪，曠望動遐慕。庶幾輔嗣魂，居然士龍晤。空山久寂寥，依稀宛相語。

按：君山名大賓，新貴人，歷官潮州府同知，攝德清知縣。歲大旱，租賦無徵，時功令嚴迫，大賓自刎，爲民請命，幸不殊。尋病卒。少讀書東山，後人欽其義，題石壁曰「君山讀書處」。

霧

蠻山多毒霧，大宇爲之昏。狡獪疑蚩尤，壅塞施妖氛。咫尺不可辨，遑問谷與陵。欲往窮目力，靜觀勞心神。翻念渾沌初，元黄良未分。萬物基於中，安安何紛紜。厲階盤古氏，苦爲奠乾坤。日月勤往來，血氣滋鬥争。安得憑封姨，净掃無纖塵。不然長如此，相將游冥冥。

聞鄭敬修長史殉蜀難

君不見漁陽鼙鼓舞刑天，怒卷腥風徹骨寒。天子不肯下殿走，百僚殊死涴南冠。芙蓉城中千尺血，飄没宫垣殿瓦赤。百萬髑髏斷錦流，天人眉宇先摧折。君王死國國有章，從官逐逐述蒼黄。群兒不信終膏斧，節使游魂乃獨香。就中那識忠貞士，簡盡天家百執事。帝子投淵尸未沈，兼聞鄭史捐身繼。鄭公可憐仕末流，偃蹇王僚經幾秋。仕宦坎壈不得志，投艱那復辨恩仇。嗚呼！大吏之殉殉以分，分在君看纍纍若若偏多不可問。小吏之殉殉以義，義激那知爵秩崇與卑。榮名顯與晦，而此日區區行吾志。魂兮魂兮今誰懟！絳節九天垂委珮。汨羅泉脈通峨岷，留作千秋浩然氣。

附淮安劉謙吉《鄭長史傳》：鄭長史，名安民，字敬修。少侍父汝黔辦三殿木至都，少少宰李旭山公誌器之。以資貢判河東長蘆鹽運使，升四川提舉。崇禎二年，轉蜀府右長史。王官例，需次五年就官，兼管龍安府同知，駐青川所。所軍三百，無衣甲器械，公捐造，復募壯勇教習之，條上守禦方略。七年秋，流賊小紅郎等大合衆窺川，公恐渡白水易爲衝突，乃親率所軍夜出朝入，示之有備。援兵至，賊已宵遁，疾追，敗其衆。總兵羅尚文疏功，升賞有差。丁父憂，服闋。蜀王疏請，仍留府中，長史左移，食正四品服俸。十一年賊由川北犯省，公守城西角樓，無患。十三年賊復入川北，由兩資横抄仁壽等處，直薄成都。公守南門，退賊。十五年設川東、川北巡撫辦寇。川自兩被賊擾，而元氣已耗矣。公感王寵遇益隆，每燕見輒進規諄切，言必布德施惠，抑强宗循祖制，尊欽差重臣，和協有司，以重屏翰。王雖嘉與其言，不能用。啓三上，唯唯而已。十六年九月朔，府官宴罷，隨王入至宫門，伏地號泣，直陳時事危迫，補牘以進。王亦感泣，謝之。十七年三月，賊陷帝京，報聞，王與直指者，論勿協。時張獻忠破荆襄，駸駸入川東矣。拔夔門，攻重慶。東撫陳公上奇死之。公知蜀不可保，遣僕間道歸黔，判書尾曰：「此身將以許國，勿爲念。」八月賊至涪、渝，而上無有以一矢加遺撫鎮。議守城，公守月城樓，賊不能下，乃踏奏凱營。至初九日黎明，轟北角，城崩數丈，遂陷。公急馳王所，及府門，宫閹皆狂走曰：「王赴水！王赴水！」公入見狀，於是伏橋上泣，三叩頭，躍起大呼曰：「今日肯令我王獨死此所乎！」躍入橋下，抱王屍死。北撫龍公文光亦赴錦水死。直指劉公之勃同内江王至汴被縳樹，射死。皆重臣，且後死，公一長史，官王府，死於王府，炳如也。公少時，父怒，召至門，忽却。母曰：「兒何不速？」曰：「吾聞命，顔色不怡，姑緩受撻爾。」河東歸時，庶母何忤太母意，父怒，逐之歸。何有娠，公切諫不從，迎返别室，生弟澤民。何尋卒，就公妻乳哺。及長，登崇禎庚午鄉薦，以公父所置宅讓澤民，自爲别業，凡田貨、奴婢如之。任提舉時，署鄰水、大竹、遂寧三縣，有廉聲。於遂獲交李如石先生，每見忠義相勉，嘆曰：「今知人品不是一日做得。」李如石先生名實，癸未進士，爲長洲令，有惠政吴下。自甲申僑寓菲門，野服與農夫往還，來仕顯位者，造廬求一見不得。既没，吴人俎豆其鄉。淮陰子曰：「余出李少司農子静師門，函丈時説鄭長史事。授館李公如石先生初相見不異麻衣。」嗟乎！此宰所以重澹臺滅明也。余之郡曰：爾小子爲之傳。

元日

正日祥風迴，村居野性宜。客稀修刺減，童懶應門遲。新艷生寒蕊，微和動晚曦。春光從此麗，次第到花期。

正月望後飲馬寺看杏花

春事今年早，看花不待期。前村開遍處，雙燕未來時。艷色争衫淺，輕香入酒遲。最憐燈月下，形影倍相宜。

見花

日爲尋花出，花稀春可猜。偶憑孤興遠，忽見數枝開。幽鳥窺人下，游蜂隔嶺來。疏林亦自韻，不必近亭臺。

野步

積晦初開日，孤懷獨往時。花因晴益艷，月在野偏宜。小倦剛逢石，幽哦忽就詩。勝游有深理，貴勿預爲期。

春望

群芳猶未歇，不解是春殘。何處堪舒眺，高樓獨倚闌。陰雲籠澗黑，驟雨入窗寒。情緒從容紀，求之乃百端。

月夜放舟

孤舟才一葉，月夜正三更。不覺乘風去，何妨載月行。漁歌前浦入，鶴影半江横。渺渺烟波遠，淒然百感并。

平越道中望巖間吕仙影

迥若風前立，飄然月下歸。生成冰雪骨，尚著羽毛衣。不辨仙真幻，安知形是非。山靈無俗骨，貌出盡天機。

旅中別友

暫作一宵聚，同爲萬里身。非關情太重，只是境俱真。秋老霜催雁，天寒月戀人。臨歧猶惝恍，後日倍傷神。

夜泊懷人

蘭舟維斷岸，楓葉暗前溪。犬吠孤村静，禽喧老樹迷。身隨湘水遠，夢到草堂西。應有懷人者，開門自杖藜。

咏舟

遠浦柳初緑，春江水漸深。曉烟移渡口，明月繫花陰。久罷乘風志，空懷泛宅心。虚游應不怒，斷岸任蕭森。

小立〇一作秋夜。

泠泠風露下，小立倚闌干。楊柳黄兹始，梧桐碧未殘。月來魂欲動，秋入思無端。不待冰霜後，陰蟲已戒寒。

雨中

雨裏雖無事，幽情未可封。攤書觀世務，瀹茗佐山供。妖緑吐修竹，寒香生古松。栖尋閑者理，勿謂縱天慵。

菊

南國木微落，東籬花始妍。數枝斜倚月，一徑冷生烟。傲骨誰憐瘦，霜心本耐堅。欲知開晚意，爲待色香全。

春游山寺

裊裊蘿陰覆古藤，亂峰深處一筇登。松含雪意微存傲，石抱雲根淺露棱。故態狂來宜對酒，塵心淡後喜逢僧。空山坐久偏生寂，透骨春寒冷似冰。

郊　行

千林啼鳥盡春聲，客裏招尋仗友生。漫對青山消舊恨，閑從白社訂新盟。花源有路通漁子，澤畔何人問屈平。見説故園風景好，緑楊芳草總關情。

送官素士游滇省觀

秋雲冉冉騎驂驂，金碧風謡夙所諳。地漸近炎寒不酷，水多稱海碧方酣。千巖選勝君收幾，百舍趨庭我得三。此去題橋須彩筆，應知名譽重西南。

重陽值雨

清秋景物好扶筇，月令何當忽似冬。一夜飄蕭寒氣簇，崇朝蒙密爨烟濃。黄花獨對吟魂冷，白髮相看酒興慵。尤恐登高更摇落，故將風雨黯前峰。

雪

曉夢驚寒未可尋，六花飄處凍雲深。何人門外知高卧，有客橋邊費苦吟。彌漫忽看陵谷改，蕭疏一任鬢毛侵。烟林霧壑皆圖畫，始信元工亦匠心。

雪霽

雪後探幽野色妍，晴光萬里覺空鮮。孤村歷歷見烟樹，小澗絲絲鳴暗泉。高卧誰知憐骨傲，閑游畢竟匪情緣。晚來意外逢佳景，雲白峰青月正圓。

秋暮野游

野寺殘鐘生遠音，欣穿屐齒出疏林。心能忘世真無累，情匪傷秋却易深。夜月迷雲偏作態，寒流咽石不成吟。歸來坐看千山色，未歷冰霜氣已森。

㵐水放舟

袂分黔竹雨，香接楚蘭風。一派涵清淺，千峰劃碧空。地移星始辨，天少月難中。怪石奇於鬼，枯泉倒作虹。學人猿揖讓，避客鳥西東。寇警居無定，田磽耨不工。陰雲當霽合，春翳與秋同。忽聽漁歌起，沅湘思未窮。

李納溪司憲一首

司憲，字明允，貴陽人。父之仁，字心穀，萬曆二十二年舉人。性孝友，以善事繼母稱。除大寧知縣，積穀備荒，出入有則，屢賑而儲額不減，民甚便之。遷騰越知州，修學建城，開龍川江新道，百姓稱「李公路」。官至烏撒府同知。明允失怙，早事嫡母馬、生母牟，撫幼弟司祥，備極孝愛。以崇禎末歲貢，爲唐、桂僭號時納溪知縣，廉惠不阿徇。未幾乞歸。性樸誠好學，友教鄉里，以德行爲先。出其門者，皆恂恂醇謹。著有《省躬録》、《擬陶集》，皆不傳。子仙根，孫祺入本朝，相繼鄉舉，不墜其學行。

黄賓綸見訪明日即别

欲通遠夢隔山河，意外翛然一杖過。語竭漏聲長夜曉，吟殘花影滿庭波。迴思尚憶前游迫，難别翻嫌此會多。亂世不堪論聚散，生前相見且高歌。

陰助教旭一首

旭，字□□，安化人，崇禎末選貢，官永明王國子監助教。精於《易》，著有《續易應蒙》。入本朝不仕。明末精於《易》者，復有清平李敦慈，字幼庵，中福王乙酉鄉試。博學多通，下至星象方書，靡不畢究。遭世亂，友教以終。惜其詩無傳。

葉太守招登中和山分韻得幽字

觀音閣踞郡城頭，矗聚崇華寶相浮。檻俯江流澄碧動，嶺圍天小蔚藍幽。花香偏護五千卷，暑氣潛迴十二樓。人坐忘言渾止觀，起予端賴有湯休。

蕭叙州其澤一首

其澤，字□□，思南人，重望孫，明末諸生。國亡，中唐王聿鍵乙酉舉人。官永明王叙州知府。入本朝不仕。

葉太守招飲中和山分韻得深字

官閑地僻正堪尋，把臂相招便入林。六七十年皆健步，尋常一會亦經心。德江駕浪通吴楚，聖嶺犂雲自古今。不道山川分勝概，多情延佇倍高深。

金教諭甌卜一首

甌卜，字□□，綏陽人，官仁懷教諭。舊《府志》及《綏陽志》皆以爲舉人，而川榜無之，疑福、唐、桂諸藩時舉也。教諭善屬文，尤長風雅。晚歲隱居，守道甘貧。高軒屢顧，不獲一見。人擬之陶靖節云。

游西山觀雲禪院贈休休老人〔七〕〇休休自有聯句。

擅絶西山勝，端應屬道流。懶雲供坐卧，高樹作春秋。馬祖孫無敵〔八〕，牛車語莫酬。勞勞慚我相，出世竟虚謀。

覃學博森一首

森，字子玉，桐梓人，明末貢生，三中副榜，爲瀘州學官。吴逆以僞職迫之，變姓名逃去。

寄所知

副榜三回一貢生，教官因僞志難成。瀘州士子如相問，只爲横江水不清。

邱任子懋宏二首

懋宏，字若谷，新添人，巡撫禾嘉子，廕官指揮使。

送寶華上人游雞足山

出定扶筇不掩關，清風明月一開顔。空門受用當如此，何必雞山勝寶山。
離俗何緣被俗封，解粘釋縛且從容。禪師脚底從來闊，不爲探奇訪勝峰。

孟總兵本淳五首

本淳，字□□，普安州人。幼讀書，尚氣節，有勇力。年二十見天下將亂，棄儒服從戎，積功至總兵官。鼎革後，剃髮爲僧，名本謙。初從武岡多福林寺太初和尚授《法華經》。已，飛錫新化高坪之靈真村，從村中王爾雅秀才乞雪山爲古白林寺，自號「葛天和尚」，時順治十一年也。十五年，逃兵掠新化，至村界顔公廟，本淳出山慰撫之。其黨見所持鐵拄杖重可百斤，遂相戒，不敢犯。居白林九年，趺坐逝，葬以瓦棺，建塔於寺前。本淳居邵與王嗣乾稚潛，劉應祁澹山交至密，酬倡甚多，而詩不傳。

白石巖瀑布○在安南城西五里鴉關橫嶺處。

橫嶺望懸泉，噴落千尋雪。行雲灑烟流，清寒界幽色。

丫頭峰○在安南。

木石心肝冰雪膚，十年不字尚模糊。往來多少行人口，錯道山前望故夫。

春日清泉書院晚眺書院在新寧縣北關外。下三首據《寶慶志》載釋本謙詩。

四山返照片雲無，散步園林興不孤。芳草半池藏野鷺，遠峰萬仞挂新烏。隻形懶漫依鳩杖，個衲相忘對茗爐。自是與人風味別，誰知心内有蓬壺。

秋日登金峰十韻金峰即金紫嶺，一名金城山，道書所稱五十九福地也。在新寧縣東北。

踏磴扶藜杖，飄然佐此身。登臨殊境界，放誕出風塵。泉向峰頭涌，雲從足下逡。舉頭低月窟，伸手摘星辰。石冷藏丹竈，洞幽隱異人。盤桓窮盡日，憩息動彌旬。茗碗澆禪衲，詩囊咏逸民。倦眼忘世故，傾蓋論交新。聲色知都幻，性情取自真。山厨黄麥飯，淡薄養精神。

再游金峰

孤峰峭蒨厭群山，石磴藤牽杖履艱。夾道鳥歌青樹裏，隔扉犬吠白雲間。飛仙勝迹千秋古，老衲栖遲百歲閑。我亦再登憑放意，逍遥景況不知還。

【校勘記】

〔一〕正宅：宣統文通書局本鄭珍《播雅》卷一作「正安」。

〔二〕以銅環：「以」，原作「如」，據宣統文通書局本鄭珍《播雅》卷一改。

〔三〕墓記：宣統文通書局本鄭珍《播雅》卷一作「墓既」。

〔四〕祚熙：原爲墨釘。清乾隆二十年《玉屏縣志》卷八《人物志》：「洪運昌，字祚熙。」因據補。

〔五〕此詩《遵義府志》卷三十三題爲「《自書絶筆》」。

〔六〕明萬曆朝從始至終無「甲子」年，此當有誤。

〔七〕覲雲禪院：鄭珍《播雅》卷一和《續遵義府志》卷三十四均作「親雲禪院」。

〔八〕孫無敵：《續遵義府志》作「驍無敵」。

黔詩紀略卷之二十五

明

王副使珣七首

珣，字稺泉，本四川廣安廕生。崇禎間由推官洊升安普道副使，尋致仕。寇阻不得歸，往來普安、安南諸衛間。卜居永寧州之慕役司以終。士從游者率能敦本抑末。卒，葬司北四里虎山下。著有《稺泉集》，未見。從《方志》拾數詩，如「史氏不妨多佚事，人心長白繫炎劉。」「宛馬徒聞疲苜蓿，洌泉今見浸苞稂。」借題書感，往往惻惻動人。

九日過趙家

遐荒詭節候，冬夏無前後。斷續三月雨，原田盡稂莠。東鄰歌吹聲，晨起驚户牖。是日忽逢晴，始覺有重九。策馬覓所親，脱帽忘塵垢。入門食爽氣，相憐在白首。阿端甫三齡，親我如阿父。昨阻兩日泥，輒問闊何久。載讀海南詩，悲光承座右。養士二百年，臣也涕痕糾。岐陽石久渝，閑嘗閲漢紐。刻畫形似間，終抱無鹽醜。曷爲蹈嗜痂，公然享敝帚。君自敦古人，欲使流俗厚。豈知孟静才，莽蕩吾畏友。奄忽浮雲馳，諸態變蒼狗。世事渾無端，餘生我輩受。此翁意深遠，牛驥相雜揉。斟酌觸變交，茫茫桓予肘。棄置勿復陳，且進眼前酒。懶殘有遺踪，苦蘖足半畝。游幸頗不慳，高負三斛糗。人謀亦已滅，天其矜頹朽。子可託死生，吾交何必黝。

碧玉洞

一壁懸千尺，中開碧玉門。鳥依雲路噪，猿附樹枝蹲。石竅春潮發，江秋晚氣吞。避秦猶可託，俯瞰數烟村。

《安南縣志》：碧玉洞在縣東三十五里，懸崖如削，石壁上連開三窗，若數椽屋，人莫能到。崇禎間，樵人見窗中古藤垂地，扳援而上，乃緣壁鑿路以通石室。室中寒泉一泓，四時不竭。丁亥春，居民於此避流寇。

盆　菊

群草憚霜烈，此君殊自安。亭枝標隱逸，素影照團圞。能就陶家泛，還宜楚客餐。情深勞位置，長許駐仙盤。

關索嶺漢將軍廟四首

鳶飛殊不渡危岑，漢壘荒荒六月陰。滇海嵐間摇漭蕩，蒼梧樹杪護幽深。卒瘏父子中興業，幹蠱君臣曠代心。容易千年柯檜老，時聞風雨作龍吟。

勞人節鉞已東流，父老相傳頌未休。史氏不妨多軼事，人心常自繫炎劉。巖關鑿翠因留姓，殺氣驚鑾未偃矛。獨笑漳河狐兔盡，黄鬚何地有松楸。

當年閫外鼓南行，回首岷宫是未央。宛馬徒聞疲苜蓿，冽泉今見浸苞稂。廟中有馬跑泉。但知臣節風霜苦，豈計勳名日月光。世道升沈皆有數，從他耳食史臣荒。

詎聞漢賊置前禽，南伐先教壯羽林。宛洛壺漿方引佇，祁山討檄豈浮沈。不貪銅柱千年調，惟揭春秋大義深。一自紫陽扶漢朔，君家生氣益森森。

《永寧州志》：關索嶺在州東四十五里，山勢斗峻，上有關索廟。索，蜀漢漢壽亭侯子，從武侯南征，有功，士人祀之。

鄭郎中之珖一首

之珖，字於斯，本四川廣安州人，舉崇禎三年鄉試，授廣東高州府推官。考最，晉知通州，未行而李賊陷北都，粤人留之。唐王稱號，召入閩，授工部主事，升員外郎。順治四年秋，大兵收八閩，士紳多降附。於斯落髮爲僧，走新會賣藥。明年，永明王稱號，乃蓄髮赴行在，改授户部。七年二月升禮部祠祭司郎中。典試貴州，行至貴陽，適流寇孫可望入黔，勒秦王封，殺建議不從之大學士嚴起恒等五人，脅朝士授僞職，遂棄官携妻孥隱湄潭縣湄水上，躬耕教授。時丹徒錢邦芑亦棄官隱餘慶之蒲村，嘯歌往還，不復以人世爲意。十三年十月卒，湄門人龔惟達、吴開元、趙時達等葬之湄水橋西，私謚曰「貞確先生」。事迹詳邦芑所爲《傳》。著有《明書》、《罏史》、《櫝庵詩文集》等，均未見。從《平越志》録一首。附錢邦芑《鄭之玭傳》：鄭之玭，四川廣安州人，崇禎庚午舉人，庚辰授廣東高州府推官。粵東素富饒，而高州又瀕海，去京師遠，官其地者多貪墨不檢，之玭獨清約不妄取，於刑獄尤甚，以故士民戴之，考績以最聞。以之玭爲通州知州，未赴，值闖賊陷北都，之玭爲粵士民攀留不得去。及隆武嗣位閩中，召之玭入授工部主事，升員外郎。丁亥秋八閩皆陷，士紳半降，之玭削髮爲僧，賣藥於廣之新會縣。有司及士人逼脅萬端，之玭終不易志。戊子李成棟歸明，乃蓄髮赴行在，改授户部員外，庚寅二月升禮部祠祭司郎中。典試貴州，五月至貴陽，適流寇孫可望入黔，以兵脅朝廷，索封秦王。大學士嚴起恒、楊鼎和，兵科給事中劉堯珍、吴霖、張載述建議不從，可望遂命部下殺五人，投其屍於水，乃自稱秦王。上驚悼不已，賜可望名朝宗，遣官撫諭之。可望遂盡脅諸文武，授以官爵，改鑄印章，更立制度，有不從者輒誅之。一時士紳怵其威，無不屈從者。之玭乃棄官携妻孥隱於湄水之陽，自號「峨眉道者」。之玭素貧，居官絶苞苴，行李蕭然。躬耕自給，或至并食，恬如也。時錢邦芑棄官隱於餘慶之蒲村，相去三舍，寒暑朝昏得村酒一壺，必相招共飲，醉則悲歌不輟。及甲午春，邦芑迫於可望之徵逼，祝髮爲僧，號「大錯和尚」。之玭聞之，大哭走唁邦芑曰：「昔吾遇闖難爲僧，今公遇賊亦爲僧，天厄我輩固如是乎！」自是放情詩酒，不復以人世爲意。至丙申九月，之玭忽病，謂妻湯氏曰：「我若不起，大錯和尚必來，後事惟彼可託。」至十月初五日卒。邦芑聞訃，奔往哭之。時其友山陰胡欽華，門人西川陶五柳，湄水龔惟達、吴開元、趙時達俱來會哭，因私謚之曰「貞確先生」。卜葬於湄水橋西，爲立碑表其墓。之玭初娶吴氏，繼楊氏，子三：長先卒，次方三歲，次方一歲。江津程源爲撫其兩孤。所著有《明書》二十卷、《罏史》八卷、《櫝庵文集》六卷、《詩集》七卷、《紀難》二卷，行於世。其所雜著尚多，俱散失不可考矣。錢邦芑曰：士之犯難不辱，激於一時，義形於色，易易也。至屢遭大變，百折不挫，幾幾乎難哉！三十年來，國難頻興，所見抗節自全者固不乏人，若夫張、鄭二子，文章事業，已龍變鴻翥，光昭天壤矣；而矯矯志節，復風被百世，振起懦頑，非自祖宗布德之深，養士之善，曷臻此哉！野史議曰：同敞始不污賊，終不屈於大清；之玭始不屈於大清，終也不污於賊。二子之死，慷慨從容雖有異，要其清白一節，始終不辱，一也。宣聖曰：「不降其志，不辱其身。」二子之謂歟！

白雲山

山勢壓萬壑，陰晴惟白雲。至今羅永寺，猶説建文君。水有溪龍獻，糧從石窟分。定知西内去，長憶此氛氳。

按：山在廣順州西四十里，層峰奔矗，兩水界之，還望不覺其高，登臨則衆山咸俯在下。山頂常覆白雲，晴陰皆見，因以名焉。相傳明建文帝常遁迹於此。上有羅永庵，庵前有跪井，汲者必跪乃可得。相傳溪龍所獻以飲帝者。又有石洞，日流米出以供帝膳，帝去即止。帝常題三詩於壁云：「風塵一夕忽南侵，天命潛移四海心。鳳去丹山紅日遠，龍歸滄海碧雲深。紫微有象星還拱，玉漏無聲水自沈。遥想禁城今夜月，六宫猶望翠華臨。」「閲罷楞嚴磬懶敲，笑看黄屋寄團瓢。南來瘴嶺千層迥，北望天門萬里遥。款段久忘飛鳳輦，袈裟新换衮龍袍。百官此日知何處，惟有群鴉早晚朝。」「零落江湖四十秋，蕭蕭白髮已盈頭。乾坤有恨家何在，江漢無情水自流。長樂宫中雲氣散，朝元閣上雨聲收。新蒲細柳年年緑，野老吞聲哭未休。」同寓僧楊應祥竊其詩，冒帝詣泗城土官岑瑛，飛章入告，逮應祥，論死。并逮從帝出亡二十八人戍邊，而帝在其中，乃以實白，迎入西内，稱老佛，不知所終。《方志》所記大略如此。

謝副使國梗三首

國梗，字□□，浙江太平貢生，明末爲石阡府推官。尋升知石阡府，晉屯田副使。而《省志》職官不載，蓋福、唐、桂三王官。《石阡志》次之崇禎中，非也。我大清平定貴州，遂隱於梵浄山，自號「天台逸人」。《思南志·流寓》謂國梗天台舉人，亦誤。山巾野服，往來思南、銅仁之交。梵浄有山寇擾，徙居印江縣，究黄庭羨門之學，能數日不食。好奇山水，出游往還，常數百里不裹糧輒行。詩文、楷書皆名家。印江人多就學焉。年九十餘乃卒。著有《銅仁府志》。

葉太守招飲太和山分韻得通字

天塹攢山堞，何年有路通。丹砂開妙徑，紫犵入華風。同仕如仙客，偕招似八公。青螺《黔記》在，欲借作車攻。

德江晚渡

兩岸風烟接，中流浪捲沙。行人摧鼓枻，立馬待浮槎。魚泛波心藻，鷗穿水面霞。當頭誰作楫，永以作津涯。

石墩積雪

翹首看凝素，寒光溼翠微。迸泉流且凍，枯樹瘦能肥。日落仍留照，僧歸尚帶暉。誰來題郢曲，天半筆花飛。

按大石墩山一名大聖登，在印江縣北十二里。東望如印形，東西南三面皆削壁無階，惟北面與雞冠山連，游人自麓取徑從西北上十許里乃至巔。上多白石，崖縫中細流倒噴，俗名楊枝水，有天生石橋，淩空横亘，下臨無地。頂作三平，峰平闊，通可三里，舊有鐵瓦寺，久圮，居人疊石爲龕，以棲佛。山上積雪，入夏始消。山中有墨石，土人取爲杯斝印材，謂之墨玉，下有葉魚洞。

陳御使啓相 二十首

啓相，字枚庵。《省志》、《富順志》并作放庵。據平水寺殘碑稱枚庵，則作「放」誤。號晡谷。從《川志》。《富順志》作述谷。本富順縣貢生。永明稱號，官至河南道御史。尋爲僧，棄家徧走吴楚諸山，更名聖符，號大友。計六奇。《明季南略》云：孫可望要封秦王，據貴陽，跋扈，自置官屬。癸巳，其翰林院編修方于宣屢勸進，可望猶恐人心不附。于宣曰：「朝内相左者止吴貞毓、徐極等數人，川、黔兩省止錢邦芑、陳啓相數人，除此數人，其餘不足慮矣。」可望曰：「貞毓等易處分，但邦芑等在外，人望所歸，殺之，恐士民解體。」亟發令促邦芑入朝，待以不次，逼勒百端。甲午邦芑遂落髮，意啓相爲僧，當亦在其時也。康熙壬寅，來遵義，隱縣南平水里掌臺山寺，自稱「掌山老人」，足不越户者將三十年。有時飢寒，嘯歌自得。一編一鉢，蕭然人外。巡撫張德地查木至遵義，遣官敦請再四，卒不得一見。年八十卒，葬寺後。時令賢之，優免寺差。其門人羅兆甡復致書夏某云：「先師力學好修，至老不倦，隱身玩世，全節以歸，近無耆舊之編，遠缺遺逸之紀，乃猶樵蘇不禁，抔土無依，請飭府縣，樹碑表墓。」子名世，字又尚，遵義歲貢，能傳其學。枚庵在明末，實一文章巨手。同時邑中張秀才爲政，《遵郡紀事》稱其行文如烈馬馭空，游龍戲水，不知其來。《黔志》謂其《平水集》百餘卷。《蜀經籍志》又謂其集多至數百卷。趙明經商齡爲余言：「枚庵没後，著述存數大甕，今散逸殆盡矣。」持示《文稿》三册、《法語》一册，并手鈔者。稿中有自序《紫雲休暇集》及《摩詰詩評》，知其復有此二種而已。詩惟《播雅》據陳州同懷仁碎拾二十五首。友芝復汰其誤收羅兆甡者，存十九首，益《南略》所載一首。兆甡及談亮諸君，并枚庵逃名平水時從游，得詩文傳授。遵義人才之開，掌山功最鉅。惜全集不傳，落髮以前行蹟亦無紀載。稿中有《上范閣部》等三書與《掌臺記》，并附於篇，以見梗概云。《平水集自序》：人生最無用者鬢眉，而處必不可去之位；人世最無干者金銀，而操必不可無之權。静言思之，不覺失笑。例斯言也，不有制科之文乎？國家政治無關，士子品業無涉，而上以是求，下以是應，遂爲天壤必不容已之事，不更可笑乎？然猶曰：業之者之蒙其利也，非是則無以進也。至聲律之學，誠屬贅矣。乃自達卿巨公以及山人游客，例無不詩者。而坎壈抑塞如予，憂從中來，格格欲吐，亦遂不能無言。夫顯者之爲詩敷揚盛名，山人游客或因以爲利，予不可以已乎！是又不然，譬之鬢眉、金銀，均不可少，然在人則各爲輕重。彼陶朱、猗頓能以金銀裝面，雖鬢眉未具，人不以是失敬。若貧窶之子，即眉如堯，鬢如靈運，止覺面目可憎，况或少有未具哉！故以詩爲名與利者，其詩工否可勿論，有時或不出於詩，亦如富人之鬚眉，原可或有或無也。予之有是集也，則寠者之鬚眉耳，予又烏能已哉？ 附：枚庵壬辰《上范閣部書》：客秋曾具啓，附謝、王兩君上達。嗣後別緣因循，至九月廿九日始得陛辭。其時聖蹕江干，澒動震搖，已非世界。寸寸荆棘，日日紆迴，竟不免於苦劫。老母殞没，抱恨終天。君命草莽，戾干大憲。侄豈復有生之願望哉？身帶重傷，困於六毛山中，數日不死，乃爲白山忠興諸人憐而收之。詎意風聲所及，捷於飛鳥，瞬息而黑波萬尺，不復見黍離矣！如韋、如王兩者，終能閉關自守，故吾不失，殆真晦冥日月不若諸夏之亡，是可感也。其詳具渠等揭中。但渠等心血雖壯，而慮始徹終，不無尚希所倚，倘得六軍西出，則諸人即争先效死無辭[一]。侄戮民也，敢復闕談所事。第念諸人忠藎勃發，必欲得侄之一言私於老年伯前，侄又安能遜謝乎！粤、黔接壤，逼滋他族，可弗圖歟？萬祈老年伯留意垂照，不負繭踵犯難之行，則至幸也。侄辱受老年伯知遇之深，未識有日赴階前謝謁否？臨啓曷任涕咽惓切之至。 又《與朱教官書》：別來倏忽三秋，不孝潛處數閲月，不啻五百轉劫，終老白山，自分何之，不圖腥膻一洗之致有今日也。中間聞永安殿下闢路前去，心甚美之。繼聞受陷，不孝廢食長號者數日，形諸聲詩，情不容已。至昨日始知安車過大插，慶幸不可言。又聞足下近在咫尺，私衷甚願一晤，患難不死之身，視身世一切都如幻泡，惟知交一節，倍加殷勤珍重耳。 又《與古零官父書》：百折餘生，晦藏丘壑，受恩深處如老盟丈，且不能通一音候。向子平云：「當如已死。」此隱人正法，不得不然。世事反覆，不圖復見今日老盟臺與王端老輩，苦心苦術，運用深微，忠義種子，惟不孝能知之。此身不致霄墜，他日得歸見天子，尚可以泣血相明。每念大德難報，中夜憮然。不孝三僕，病奪其二，困頓窮愁，數月來景況不堪更僕，正不必言以重故人慨耳。弟敕印之失，曩託老盟臺察取，風波忽逼，遂不敢復問。今特申前懇，倘得合浦重還，俾弟得視爲蘇武一節，不致歸死司敗，是弟徼兩生之德於台臺者，豈尋常哉！ 又《掌臺記》：湘境有掌臺，里中人日爲所弄，袖而不肯出。即予曾數年於兹，亦識倔强。乙卯予復來，徵之以句曰：「四日辛壬癸，三生乙卯寅。先以武丁，申以巨靈。一夕劃然雷震，腊月轟轟，而五輪八寶，旋爲舒展異哉！不豎不垂，身臂相使，乃布髮於其井文之中，適可而止。」環山如滁，壑林浮末，臺位軒輊之，牧笛横來，竹肉犁然，屬《臺歌三章》曰：「臺以東，仰泉出玉龍。柳生肘，指尖一點通。」「臺之南，戴勝擁花冠。赤帝劍，深深六月寒。」「臺之北，萬丈螺陵色。石遭鞭，屏氣如不息。」予頷之：「有泉曰靈珠，仰噴田之腹，爲九曲，以匯于合口。」「有崖曰燕子，不知其所始。燕子來，燕子來，宫殿值新開，其時哉。」臺晦而倏彰，亦可曰靈臺。顧不取，取肖諸形，亦即以名。昔予有聯云云，若預爲是設，故仍之。施主劉氏，諱某某，妻某氏，聞給孤之風，一旦上其土田林樹以爲梵剎，詣子甫請，予遽曰：五木之祥，其兆昌昌。地出一手，人荷一肩。契理契機，日昌月盛。平水眼目，海衆雲會。請法者其示諸斯乎！

節母篇并引

李鏡月先生爲蔣孝廉山源撰《節母詩》，序次詳盡，摛詞和雅，深得風人之遺。昔楊用修《唐貴梅傳》，李龍湖備載《焚書》中，嘉嘆不置，蓋節義之文所關如此其重也。予之和之，亦竊比龍湖之意云爾。

明運丁陽九，慘亂古無前。肉食多婦人，冠佩交翩翩。榮希長樂老，拙笑魯仲連。市井妝非舊，佯羞淚暗漣。寧知再嫁醜，千載涴山川。巾幗有男兒，頽波手斡旋〔二〕。瓊枝栽甓社，移插羅施烟。冷骨不自艷，梅雪灑河堧。苦口不自鳴，春山啼杜鵑。中道別梁鴻，墜蕊豈再聯。煢煢未亡人，何惜殉蟻鳶。大義擇所重，忍死挾兒還。兒存夫不死，母捐兒并捐。生死須臾事，豈易一心堅。絲雨膠蓬鬢，酸風翦破椽。曉窗呼婢績，夜帳課兒篇。枕淚流千斛，瀰瀰漲平田。風波門外來，鴞音忍迫煎。將軍媚健兒，搜括逮嬋娟。雄狐紿寡鵠，相顧復相憐。烈哉丈夫志，毀面摧珠鈿。婦只欠一死，婦豈有二天。剛颷一何急，催人下黄泉。憤氣噓天墮，愁雲羃空纏。孝子如緹縈，訴帥母幸全。遂歛羅剎凶，義聲一時傳。黔陽月晶瑩，仍照隻影眠。教成雙鳳雛，長君才且賢。鏡月李先輩，鐵筆横戈鋋。詩壇馳英聲，台州老鄭虔。窮愁不得意，并乏廣文氈。

蔣子登其門，叙舊語便便。爲作節母詩，翬羽綴蹁躚。如將鏡與月，高照懸極邊。示我三復之，舌香青花蓮。所關風化鉅，容華安足妍。容華會有盡，衝波下急船。遺臭與流芳，百年同墓埏。寄謝鬚眉客，面目豈徒然。

按：節母，惜亡其姓。詩云：「瓊枝栽覽社，移插羅施烟」，則當自維揚歸貴州。貴州國初蔣氏鄉舉，惟康熙壬子新貴蔣洪泌，名亦與。山源應節母，殆即其母歟？洪泌父克達，籍普安，崇禎庚辰進士，官御史。他無考。詩云「中道別梁鴻」，又云「忍死挾兒還」，豈克達卒官而洪泌母乃攜以歸與？鏡月未詳。李瑞鶴，字雪卿，富順人，避亂居貴陽。孫可望聞其名，欲官之，剃髮逃去。迨逆氛既平，巡撫楊茂勳以禮延爲子師，瑞鶴以方外服見。歲時贈遺，一無所受。其没也，楊遣人護喪歸。著有《燹餘詩集》，見《省志·流寓》。不知即鏡月否？

得大兄楚雄信

痛哭今無淚，團圞夢久虚。可憐生死别，只盼往來書。夜冷魚龍卧，霜寒鴻雁疏。有兄吾自遠，不弟罪何如。

七弟來索金買田

使汝憂生計，由余困數奇。各争雞鶩食，久愧鶺鴒詩。季子田難問，少游言可思。猶勝杜陵叟，離亂淚空垂。

山居雜詩六首

山石鑿奇門，蒼蒼百里屯。夜聽翻句鬼，月照負糧猿。采藥尋高士，藏書待後昆。定知人世内，不用别乾坤。

僭著寒山譜，奇名古路編。果餘留飼鳥，花落自香泉。私雨無官税，忘交省問箋。但慚僧行短，不解執牛鞭。

山事真無倦，波瀾造物微。竹時開口笑，鶴不爲糧肥。偈現他生果，人驚昨日非。偶然憑眺處，無數白雲飛。

日月洪荒久，花林三二家。素心那可得，白眼亦無加。草遏清泉轉，山擠落鳥斜。非關娱我静，兩部自鳴蛙。

獨契終難變，行年老益堅。澹期求水味，静例以山編。時有巢前鵲，全無社裏蓮。古人不可面，空處的堪傳。

敢道還山樂，無言意自賒。眠來猶夢筆，坐久落天花。以月爲佳客，貪雲欲藝茶。不辭牛馬迹，含笑對桑麻。

迴龍寺

僧房落照懸，無事看炊烟。花發年前樹，峰高尺五天。盤空歸鶴老，蟄水卧龍蜷。苔蘚留皮字，何人骨不元。

吴相國貞毓夫人裴子戬穀鄭武安伯允元夫人鄧移吴鄭二公柩合葬於安龍城西海源寺後弔之以詩

燼灰冷作一瓶收，送上荒原源海頭。天府星殘埋二曲，遼東鶴返泣千秋。雨中昏夜催人去，夜裏空山付鬼愁。眼底鬚眉今略盡，更將忠義向誰籌？

趙次老居士見訪

若或相驅過草堂，日之夕矣好煙岡。人從晚季追懷葛，心退衣冠熟老莊。舟可量移還劍刻，李曾無謂代桃僵。奇公獨下□□□，二十年中風雨場。

石上坐

偶值平臺片石間，日西不去去猶還。高吟松籟翻流水，澹掃蛾眉出遠山。雲裏入衣原不礙，世中無夢可相關。本非語必供人解，候鳥時蟲亦只閑。

告　友

掞此無名石上苔，一尊惟對故人開。得詩且破禪龕寂，避世何因匹馬回。風走落花隨鳥夢，林開明月轉經臺。繁霜容易絲絲鬢，莫笑從來錯失陪。

言　山

是籟泠泠盡有聲，一朝僻地得收名。花含巧笑應知節，月入空山亦傍行。散澹獨從泉責備，推敲不放竹逢迎。頗因一懶成虛負，語到澆鉏事未精。

山居

幅巾拄杖委山樵，野俗安人歲月遥。怡悦有雲持作贈，盤桓在石不堪招。簽名執簿呼毛女，潑茗殊形叱木魈。句引桃花休用水，蒼苔直綉過牆腰。

夜有傳私怪擁被爲吟者。

帝子提兵險路通，湘靈鼓瑟清宵空。南山白額風生竅，北澗玄猿月挂弓。敗筆縱書時對帖，衆山有響欲輪桐。衰翁二十年前夢，一倍幽懷現未融。

冬夜不寐

急雨隨風過枕寒，風聲客意兩難安。不知明月愁何似，欲起披雲仔細看。

九日二首

霜葭送白菊飛黄，令節愁中去自忙。不解東坡偏好事，嶺南十月作重陽。

黑雲如甕箐光寒，一盞膠唇醉不堪。報道蟹肥新釀熟，雨中清夢足江南。

郭獨山之翰六首

之翰，字羽生，四川富順人，遷居遵義。永曆稱號，授貴州貴定知縣，升獨山知州。後弃官歸隱。工詩畫，善草隸，所存片紙尺幅，得者珍之。依《播雅》録三詩，復摭他見增其半。

貴定山行

揚鞭向秋色，邨邨落花雨。高石鬱嵯峨，拱揖迭賓主。中安一峰秀，萬壑盡掀舞。叢枝夾路低，衆首一時俯。紅塵雖日深，青山差可補。小憩籬落中，犬吠罷樵斧。魚塘翠篠邊，居人許自取。野酌紛錯陳，山雞無剩羽。蠻姝擁隆髻，鬧若蛙吹鼓。農事當及時，有力君自努。吾亦從兹去，犂鉏師老圃。

開州道中

款段行來計幾程，開陽古道莫知名。夢中芳草春何在，陌上垂楊浪有情。老我二毛千里外，愁他百舌五更聲。即應飛渡茶山去，款款漁舟共笑迎。○上二詩據《貴陽志》。

按：茶山關在遵義縣南百二十里，下爲茶山渡，接開州界。

孫氏樓居

樓頭醉酒樓下吟，鶯未開喉春未深。自愛交情同白紙，空憐柳色似黄金。晚鐘敲斷忙扃户，薄醑傾殘半掩衾。贏得人窮詩律細，天公於我太庸心。

憑虚洞

天畔寒雲絮帽斜，攀蘿乘興到山家。無情石女雙垂乳，聽法金虬獨舞牙。更有豐碑書白篆，便應古洞嚼紅霞。苔文了了神清字，不信歐陽道眼花。

登普照寺

偶向南天泛酒杯，萬帆如葉逗杯開。螺峰漠漠晴雲出，昆海茫茫落照來。醉後不堪重躡級，詩成何事更聞雷。若教縱步銀河去，俯視滄溟真快哉。

南無開士精舍 ○此詩見《平越志》

古寺偶逢支道林，閑雲無意各爲深。飲酣八極詩人眼，悟入三生佛子心。棒喝休時虛梵唄，推敲盡處碎胡琴。二豪不著蒲團相，流水高山自古今。

錢監紀點四十一首〔三〕

點，字鑒濤。《沅湘耆舊集》云：「本籍丹徒，官監紀。大錯和尚邦芑猶子也。」《黔風録》則云：「爵里未詳。其詩稱錢邦芑爲叔，當爲江左人。而本詩注作嘉善人，或地近，故著籍各異歟？」按：卷中《登鎖江樓》云：「相望吴門家不遠，五湖空羨老漁蓑。」《登嵺峨城樓》云：「思家豈不懷鱸鱠，空羨鴟夷湖上舟。」范蠡湖在嘉禾，詩中思家屢及之。禾中、丹陽相距遼遠，又非鄰縣各籍者比，然則點與乃叔蓋皆本貫嘉善，僑籍丹徒歟？邦芑，字開少，福、唐、桂三藩稱號時，由中翰歷都憲。壬辰，桂王自粵移安龍，開少爲黔撫。明年，孫可望入黔，自置官屬，逼□□遂退居餘慶縣之蒲村避焉。在縣西百六十里。鑒濤亦棄官以從開少，又闢柳湖於村之他山下，自號

「他山」。湖大可百畝，中有七十二泉，《省志》云十九泉。旁大柳數百章，結廬臨之，命曰「小錢塘」，命湖堤曰「桃源」橋，曰「宛轉」舟，曰「恰受」。四方隱流聞風麇至，采幽擷勝，終日嘯歌，或聚邑人士講學，播北、水西有千里負笈者。開少草書遒勁，今餘、湄間猶有弆者。孫可望索之急，遂祝髮，號「大錯和尚」，稱柳湖舊居爲「大錯庵」，蒲村舊居爲「小年庵」。小年，其祝髮處。曾居敷勇衛今修文縣。潮水寺，更名「知非庵」，故又號「知非居士」。永明亡，又居滇之雞足山。久之，走衡嶽終老。南昌劉健《庭聞録》云：康熙元年，吴應熊給假省父，四月至滇。有錢邦芑者，字開少，丹徒人，官都察院。初由閩至粤，既由粤至滇。滇破，祝髮雞足山，號「大錯和尚」。應熊遇之於貴州道中，出語不遜，應熊執之以見三桂。三桂笑曰：「是欲辱我以求死所耳，吾兒正墮其計矣。」命亟釋之。而鑒濤留蒲村不復歸。鑒濤竹林偕隱，文章忠義具有家風。所著《勖庵集》未見。《黔風録》載三十四詩，皆蒼秀無塵滓氣。别見者，摭四篇益之。《黔風舊聞録》：鑒濤詩云：「相期願學商山老，長林豐草朝朝俟。」蓋亦有斷然不苟於出處者。其詩五古體原阮、謝，律詩亦近錢、劉。傅汝懷云：鑒濤終老蒲村，而《沅湘耆舊集》謂其鼎革後流落江湖，曾占武陵籍，蓋猶蒲村前事，亦見離亂奔波萍蓬莫定，尤可慨也。按：崇禎癸未進士有錢默，亦嘉善人。鑒濤詩中有弟昭音，不知即是默否？或有謂點爲默誤書者。據滇黔諸邑志所載詩皆是「點」，而《明詩綜》有《釋成回示寂越之顯慶寺》，以爲嘉善錢默，不聞其入黔，則點、默自是兩人。

擬行行重行行

悠悠涉長道，戚戚去故鄉。思君不可見，佇立遥相望。俯視東海流，仰看明月光。顧彼飛鴻影，嗷嗷將安翔。懷中有尺素，道遠不可附。客行多所娱，不若貧常聚。落葉依根株，狐鳶戀巢墓。浩蕩遠游子，能無念所故。當户理瑶琴，柱促不成音。本末何能感，哀傷易觸心。空堂中夜起，涕泣淚彌襟。

擬陶徵君田居

植杖南山下，委懷在一隅。豈不慕榮禄，將爲人事娱。吾生固有常，衣食多所虞。田家終歲獲，飽暖在勤劬。苟辭力作苦，曷慰妻與孥。晨興秉耒耜，日入脱蓬蒲。往還向鄰曲，談笑任吾迂。明月照墟落，清風吹短襦。且醉今宵酒，遑問明旦無。

雜詩三首

窮達雖異境，安處勿咨嗟。日月有盈缺，草木無常華。豈知東陵侯，乃種青門瓜。城南無主地，當日五侯家。

設網以待魚，魚向網中觸。張羅以待兔，兔入羅中伏。智者能知幾，禍遠便爲福。憂患能生人，晏安實酖毒。

燕雀戲藩籬，如在青雲端。鮰蝦游潢潦，不樂江海寬。蜀犬見日吠，夏蟲昧冰寒。知小難語大，各受性所安。登高卑丘陵，觀海輕狂瀾。孔顔常汲汲，寧復營壺餐。嗟彼沮溺流，果哉良可嘆。

舟中曉行

及曉理蘭槳，風景自肅穆。殘星挂城隅，晨光澹林木。村舍遠炊烟，雞聲出茅屋。淺瀨若明鏡，遥峰似膏沐。沿洄屈曲行，轉换變山谷。瞻望雲樹間，遠近總青緑。野況能娱人，疏曠豁心目。坐看烟景佳，翻厭風帆速。

客欲移居蒲村問此中山水風俗長歌答之

老夫家住蒲村裏，萬曲千盤隔烟水。南渡崖門叠嶂多，西鄰湄水通車軌。偏橋東發是辰沅，北距黔陽爲越巂。蒼崖峻嶺上青天，幽谷深巖入井底。行處唯聞鳥雀聲，林麓蒙叢饒鹿麂。土風淳樸古無懷，於此棲遲將兩紀。雞豚狗彘無失時，酒食時時會鄰里。今日并州是故鄉，首丘莫遂嗟已矣。三間老屋數頃田，安土由來難遽徙。屋後俱栽桑與麻，門前盡種桃兼李。萬竿修竹緑成陰，千樹梅花香雪比。草堂南面是他山，怪石離奇向空起。良木參差列嶂雲，好山圍繞如屏几。槐黄柳緑雜楓青，幾度秋霜變羅綺。舊蹟猶存拜石亭，石盡題名名盡美。一湖蕩漾廣且深，湖面千株皆柳杞。緑暗春濃深蔽日，黄鸝百囀清人耳。一葉飄然恰受航，米家書畫差堪擬。下有清泉七十二，游魚淰淰多魴鯉。架木湖中曰嘯臺，寢興坐卧平如砥。臨流永日不知倦，宛轉橋邊堪杖履。半畝人呼是懶園，細草芊芊荒不理。息齋中對富春臺，陰晴寒暑俱堪喜。清凉那有紅塵來，明月清風是知己。薔薇高覆短牆紅，芍藥斜侵籬徑紫。紙窗木榻竹爲簾，左右牙籤列圖史。稚子粗能辨章句，山妻且喜供甘旨。客來看竹到貧家，款留信宿援而止。南村好友北莊賓，盤餐筍蕨佐雞豕。高歌飲酒彈素琴，悠悠那復知朝市。爲農爲圃爲漁樵，二三僮僕隨驅使。門户由來夜不扃，守望相 呼如臂指。不覺流光年復年，見人婚娶還生子。何論他鄉與故鄉，人情相識同桑梓。湄潭尚有胡客溪，先我十年居此始。手栽梅花繞溪邊，兒童盡識名下士。山陰胡鳧卿居客溪。胡執恭子嶺華，有《客溪》二律在《通志》國朝人中〔四〕。近得王家兄弟好，古貌古心居密邇。長垣王幼輿、高密王敬修居楊仙峰，相去十五里。時時越陌度阡來，互爲主客情堪倚。偶在天涯結比鄰，儼然虞虢爲唇齒。可憐同宦走風塵，把臂入林何日是。相期願學商山老，長林豐草朝朝俟。隨人拜舞日傴僂，猿愁鶴怨妻孥耻。年來未挂東門冠，那免北山文一紙。漢家功業比韓彭，鳥盡弓藏走狗死。金張門第日紛紛，當年賓客誰堪恃。歸來守我舊蓬蒿，何必鮮衣乘騄駬。早須投劾覓休閑，莫悔年華去如駛。

按：崖門當指石阡府西南五里之巖門山。湄水在湄潭縣南，入烏江。附錢邦芑《蒲村歸田》詩：「平生寡世情，賦性耽閑逸。塵網一羈絆，舉步成礙窒。沈思本無味，忽忽如有失。一朝決去就，曠然深自得。理我荷葉衣，拂我筍皮笠。逍遥田畝間，昂首看雲色。百物適自然，欣彼歸飛翼。」《明詩綜》：錢邦芑，字開少，丹徒儒學生，晚爲僧，號大錯，《歸田》詩云：「春至雨露滋，百草俱萌茁。荷鉏周田塍，土膏解枯澀。汩汩水泉動，蠕蠕蚯蚓出。呼童治犁鍬，催耕不遑息。天時一相違，事倍功猶啬。君子既勞心，小人應食力。俯仰天地間，貴賤咸有職。一人肆游惰，群情能無惻。飽暖不知耻，恐有災患及。自非終歲勤，豐稔安可必。」

孤雁

念爾飄零後，千山何所之。驚弦聲漸遠，伴月影常隨。獨啄猶呼侣，孤棲不戀枝。相看復相惜，豈但鳥含悲。

客　夜

四壁草蟲鳴，荒城恰二更。客中秋覺早，愁處月偏明。玉露花英溼，銀河雁影横。陰符休再讀，爲爾誤生平。

雨

急雨檐頭過，秋蛩樹底鳴。雲深迷野色，風度雜江聲。苔草沿階長，巖花傍水生。采樵衣盡濕，蓐食晚炊成。

晴

閑步乘新霽，園林散曉暉。鳧鷺晴出浴，蜂蝶暖争飛。池滿流侵徑，松陰翠染衣。偶逢鄰叟醉，薄暮草堂歸。

春日懶園獨酌

〇園在柳湖上。

野外罕人事，雙扉不浪開。銜杯花影勸，覓句鳥聲催。宿雨肥山果，春雷起竹胎。園林欣自得，隨意坐蒼苔。

夜　行

江闊夜漫漫，孤舟旅思單。霜侵沙路白，月挂柁樓寒。遠火知鄰艇，聞潮識近灘。蒼茫何處泊，風静客心寬。

再宿吴明府寓齋

天涯骨肉少，不覺到來頻。感涕懷鄉邑，淒涼話甲申。亂中離舊業，荒徼託孤身。歸去今誰在，因君問所親。

晚泊龍潭○潭在武岡州東北百餘里。詩見《寶慶府志》。

灘平舟漸穩，急槳傍沙汀。樹近春先緑，山多雨後青。鶯啼風日暖，魚躍浪花腥。晚泊頻沽酒，長途肯獨醒。

補樵堂頭五十初度○此首據《沅湘耆舊集》録。

善卷栖遲地，金剛説法壇。叢林三楚勝，花雨一春寒。具識能通慧，長生豈待丹。新詩應自壽，可寄老夫看。

登鎖江樓

高巖落日倚嵯峨，失意逢人强笑歌。路入邊關寒氣早，樓當山海月明多。雲陰石燕飛秋雨，風勁江豚起夜波。相望吴門家不遠，五湖空羨老漁蓑。

咸陽懷古

咸陽天險萬峰環，地拔中條偃八蠻。師武十千開漢業，山河百二鞏秦關。諸陵歲久多陳迹，在世人誰得早閑。堪嘆浮生如渭水，年光流盡不知還。

洛　陽

離離禾黍舊山河，百代豪華瞬眼過。城闕何年經變革，乾坤未定幾干戈。寢園遺迹誰歌舞，金谷無人長薜蘿。伯業已銷成往事，空原愁聽牧童歌。

懷序先序元二弟

且蘭關外泣孤征，萬里無由問死生。原上鶺鴒憐獨影，天邊雙雁叫三更。飢寒急難還思弟，丘隴荒烟愧作兄。相見應憐人各瘦，墓田何日得同耕。

懷兄子阿慈

三齡未滿别離輕，尚憶懷中喚小名。去國早悲抛舊業，託孤終恨負亡兄。吾家蘭玉惟看汝，若父箕裘待後生。縱得相逢不相識，年來髯髮幾番更。

南將軍廟

落落乾坤節義扶，千秋精爽奠名都。陰風暗度旌旗冷，夜雨時聞烏雀呼。斷指乞師驚座客，彎弓飲恨射浮圖。我來欲托蘋蘩薦，痛哭中原事已誣。

歲　暮

貂裘已敝黄金盡，短劍孤篷天一涯。不謂殘年猶作客，未知明歲可還家。久離鄉土音微改，遠歷星霜鬢漸華。冬去春來風景異，梅開獨似故園花。

舟次懷昭音舍弟

急槳衝蘭起櫂歌，愁心寥落滿關河。五方人聚鄉音雜，萬里身經道路多。兄弟隔天誰近遠，江湖同歷各風波。可憐倦鳥知還日，舊業蓬蒿今若何。

潤　州

木落秋高海氣明，雲中樓閣壓峥嶸。千帆亂渡金山口，孤日空懸鐵甕城。花鳥重逢如隔世，衣冠舊族半歸耕。六朝宫殿今禾黍，及暮常聞戰鬼聲。

題韓山人村居

閑步茅堂到藥闌，花間相揖主賓歡。硯浮殘墨初臨帖，琴繞餘音始罷彈。香滿前溪荷十里，風清小院竹千竿。偶來坐卧忘朝夕，心賞悠悠欲挂冠。

登嵺峨城樓〇此首據《平越志》録。

雲物蒼蒼憶舊游，荒城寥落動高秋。楓林葉墮寒山瘦，鼓角聲悲暮雨愁。淮海故人誰尚在，黔山古道我還留。思家豈不懷鱸鱠，空羨鴟夷湖上舟。

長沙感舊

歲月頻更事已違，當年朋輩眼中稀。荒崖舊迹岣嶁在，故闕前王邸第非。黄石一編橋下擲，青萍三尺匣中輝。勞勞塵網真如夢，誰識幾微得早歸。

登六嶺有懷○在寶慶府城。

六嶺繁華帝子年，荒碑遺址尚依然。清江繞郭雙流合，野寺臨堤一塔懸。但覺山河仍似舊，只憐臺館不如前。壯懷回首堪誰問，春盡惟聞叫杜鵑。

哭開少叔

病中執我手，天末十年來。生嘆無家别，身亡有夢回。孤燈雙淚落，抔土寸心灰。論定棺初蓋，名成玉可埋。寄情工著述，避世闢蒿萊。遁迹離塵網，全歸到夜臺。招魂鄉國遠，歌薤友朋哀。案上遺書在，塵封不忍開。

交水道中感懷○此首據《霑益志》録。

憶昔出門日，蹉跎已十霜。他鄉頭易白，老樹葉多黄。疲馬知途遠，愁人覺夜長。離情如在夢，行迹似投荒。親友書千里，關河天一方。歸心馳壟墓，時事應滄桑。縱過繁華處，教人亦感傷。

婕妤怨

寂寞語團扇，悲心與爾同。非關人棄置，所怨是秋風。

昭君怨

玉貌銷烽火，何須衛霍才。好將延壽筆，圖畫在雲臺。

估客怨

土塞孟津口，沙掩黄河舟。門前無大路，應少別離愁。

閨　怨

剗去鳳凰山，莫教當妾户。郎出武昌門，望見妾辛苦。

草堂夜坐○草堂在他山北。

兩岸重山啼野猿，霜楓落葉滿秋原。夢魂不畏關河遠，夜夜三更到故園。

閨　情

金錢無準鵲無憑，欲見音書總未曾。今夜燭花開幾朵，叮嚀侍女莫挑燈。

蝴　蝶

逐暖尋芳舞夕暉，蹁躚如繡點人衣。去秋花卸渾無影，今向枝頭開處飛。

他山感舊

山頭誰種樹參天，種樹人今去幾年。樹老逢春枝盡發，可憐人去不知還。他山諸樹，俱開少叔手植。今叔去爲南嶽僧，且十年矣。

附錢邦芑《他山記》：宇内山石之奇，無過川黔楚粤，然幽遐荒險，車馬不交之處，奇詭殆甚，而世或鮮知之。芑至川黔楚粤之交，選第名山奇水，幾以百計，而嵺峨之鼇溪幽麗爲最。自鼇溪至湄水，可百餘里，幽崖深溪堪怡玩者，何止數十，而蒲村爲最也。村之上有柳湖，湖之陰爲他山。山高不半里，迴曲斜抱，上多奇石，樹多楓樟楠梓。中一石最奇突，名曰翠屏，外削而内空，余鐫「他山」兩大字於上。石腰有洞，曲透其背，其峰勢横飛處，瘦薄而偏聳，爲石帆峰。峰背古木掩映，四布如房然，名曰雲房。左一石高而怪異，曰九面峰，峰前石壁中虚，梅幹從洞口長出，名曰梅蒼。稍上一石横卧，中刳如船，有孔植梅其中，名曰梅舟。石帆之右有洞曰小洞天。梅蒼之左有崖奇險，名霹靂崖。稍上有峽曰藏書峽。此外前後大石二十餘處，低者如蹲如伏，昂者如奮如翥，不可名似。中構一亭，名曰拜石。坐亭中，則諸石之奇畢呈。自拜石亭後上二百步，極他山之巔，四顧諸峰環拱如兒孫；俯視柳湖，湖光圓浄如鏡。此外，縈青繚白，攢蹙點聚，蒼碧圍混，遠與天際，奇觀哉！夫宇内名山巨川載於經誌者，寧可殫述？而是山之奇，殆未多遜也。乃千百年無知之者，余以逃名之故，荒遁萬山深處，始得遇此。然則世之奇偉名勝，隱匿幽遐不復見知於人世者，又寧獨此山也哉？　又《他山賦》：瞻寰區之曠夐，信山水之離奇。乃黔地之荒僻，更聳異而嶔崎。既嵽嵲而陡削，亦崝嶸而逶迤。余也忘情塵累，遁迹遐陬。遘兹異境，心契神投。闢草萊於[山蹇]巇，焚荆棘於坳丘。嵱嵷高下而畢現，崱屴前後而俱收。登椒巔以遥矚，覺[山軋][山加]之奔投。烟雲開閉以萬狀，氣象變眩而莫求。若夫崧屾嵔[山畾]以艱陟，洞穴合沓而陰尋。迴溪漭瀁而滂潰，大壑奔崩以懷靈。隱窺地軸之維絡，邈測天柱之矗撐。至於叢柯偉木，干霄礙雲。榕樟翹負以飛曳，[木衣]栛楚捷而陰森。春花列綺於岓岤，秋葉經霜而换金。高霞華映於峨峇，朱雲采亂於岊岑。獨是奇石磈磥，拔地插天。或贔屭而硈砲，或磥碍而屈鬈。或橫仄而砐矶，或逆豎而倒懸。或龍盤而虎奮，或鵬舉而鳳軒。或蛟騰而鴻下，或獅怒而狻犴。叶魚軒切〔五〕。或轟引而旗導，或羽展而翅翩。或雲垂而烟斷，或浪擁而濤旋。高者遏日，下者迴嵐。巨者藏谷，空者隱潭。皺者膚蹙，漏者竅含。瘦者骨削，薄者縠彡。散者星落，簇者毛毻。仰者如嘯，俯者如疑。立者如望，欹者如嬉。蹲者如怒，踞者如思。揚者如舞，抑者如企。端者如拱，斜者如窺。前者如待，後者如趨。聯者如布，斷者如虧。尖者如刺，利者如封。既崵巇而巀嶭，亦磈礨而嵋峩。叶魚羈切。況齟齬而曲峪，又巧妙而因依。抑且松檜叢倚，柏杉掩映。篁筠疏密以相間，花卉參差而互襯。蘚衣斑蝕而皴蒼，木根盤嵌而凸勁。玉膏涵毓而甘香，石髓凝結而精潤。況復淵泉迸涌，流澮成河。既汪洋以瀰淯，亦滶瀸而迴紆。兼曲汀而斜渚，更危嶼而淤瀦。加之高柳叢生於浩渺，枝柯披蔭於洪渠。荇藻絲牽而帶纘，芹莀斜刺而劍舒。禽鳥間關於林杪，鳧鷺泳唼於蒲菰。連峰倒影於波底，懸崖插根於水隅。以至淌澌泂瀑，石折崖迴。穴鳴竅荅，巒傾岫摧。魚鳥騰躍而莫定，柯葉浮蕩而橫排。山因水而幽窅，水得山而迂迴。維山有亭，名曰拜石。斲木結茅，依林傍窟。據岉屽之巃嵸，當砕砑之崒屼。砐硬拱侍而棋羅，砮硑硱碍以陡嵂。況復蹇烟佇嵐，洗雨伴月。時探奇而入影，時伐虛而剔骨。雲根倒灑夫珠泉，砥腳橫穿夫木甲。叶吉協切。維水有舟，名曰恰受。一葉浮波，清流獨漱。漾淪漪而上下，棹苔萍而簇湊。溯輕漪而纖影，蕩素瀾而破皺。涵嫩緑於霄光，挹柔碧於空秀。月采沈璧而耀金，雨痕滌沫而漂漚。蘭橈宛轉而夷猶，布帆飄拂而邂逅。維山之陽，南望鼇溪。山幽水繞，泉石多姿。既屼屹而明麗，亦岭嶅而舒徐。眄立鐘而接招隱，望洞鵝而訪石雞。登峰西眺，山曰五雲。千崖嶢豎，萬壑巉深。嶚巢仰瞻而神悸，碉户俯瞰而骨驚。鵰鶚斂翮而莫度，狖猓援蘿而懼深。非禪棲之修侶，孰追級而遐登？厥峰之陰，山名佛頂。杉溪環帶，清駛絶影。崨嶫嵾嵬而難躋，巘嵁嶙嶒而奚騁。名刹焜耀於危巘，鐘鼓響傳於絶眕。樹駐曦而虧耀，巒障蟾而蹴景。石磊砢而層疊，泉瀑注而瀉井。西南遐矚，湄水如綫。庵曰西來，塘名古練。當水轉而山環，亦村古而林蒨。幽人於焉結契，賢士或爾憑眷。環山百里，萃茲名區。龍潛鳳舉，霞隱雲游。叶羊朱切。明哲晦迹而耕牧，英流韜采而魚枯。乃復深宵歌嘯，詩酒歡娱。聲林隔而遥答，氣谷短而潛呼。於是雅尚相憐，淪落爲友。朝夕過從，味親蘭臭。風雨無阻於昏冥，歲月雖賒而猶遘。時登高以遐想，或聯袂而紆遲。時銜觴以遠望，或白眼而移時。當唱和之相得，每感慨而淋漓。何諸子之高尚，矢肥遁以相期。況山水之可樂，奚荒寂之自疑。且奇文之共賞，質今古而無欺。復品行之修潔，實風流而可師。吾將托此以終老，造化於我其何私。

出洪邊門

重來下馬叩荆扉，半畝荒園蝶亂飛。橋北數家留過客，青山如舊主人非。

按：洪邊，天啓六年張鶴鳴建。貴陽外城四門之一，直東北隅。

過友人樓居

清江曲曲樹森森，門外芭蕉間竹林。池上高樓臨絶壑，夜深明月照彈琴。

談麻哈亮十四首

亮，字晉若，自四川富順避張獻忠難來遵義，家平水里間，館於永寧、貴筑間。僞永曆中授義寧知縣，三月調貴州麻哈知州。陳枚庵妻以女。永明亡，隨枚庵隱掌臺寺。康熙癸亥，乃剃髮爲浮屠，時已六十一歲。所著詩文集數十卷，毀於火。曾見其小集一册題曰《賣閑愁録》，存十餘篇。長子遠，字行自，遵義歲貢，剛介孝友。弟述病，每夜跪階祝求以身代，七試鄉闈不中，遂絶意功名。構草堂，雜植花卉，讀書課子，與陳又尚、羅鹿游、陰維九諸名宿相往來。每暄朝月夕，呼狂覓隱，嘯傲花蹊柳塢之下。琴觴告罷，繼以咏歌，月光墜林，始各歸去。嘗送子郡試，同人邀游桃源山，太守胡期恒騶輿突至，衆皆趨迎。遠逾牆避之曰：「我奚爲道旁拱立也？」居鄉見循分者，雖傭夫惟恐不入門，同之飲食，道值惡人不頷，踵門不見，人多以此愧改。惜其詩無存。

蟠龍水歌〔六〕并序

蟠龍水，界接仁懷、桐梓。今年遭異疫，初及人，旋及牛畜并山中雀虎。李子冀一自桐梓來，詳言之，且作《記》，紀其事。余因歌之。

桐仁之交蟠龍水，中有霜嫗哭不止。泣言疫癘釀一邨，延染迄今近百里。此方趙氏頗稱繁，二十四口彌月死。嗟嗟趙氏且如此，弱姓單家誰得紀？東鄰弔客滿青蠅，西舍尸蟲繞白蟻。親知相戒不往來，望望且復謀遠徙。連邨鳥鵲墮牆藩，旬日犬羊斃階圮。虎倒荒林豹呻箐，滿眼腐肉不到柴。不仁似彼奚足哀，至貴如人可勝涕。雲封大壑烟火稀，日色慘淡氣如鬼。推原沴氣始庚申，溽暑輓輸積成痏。飢渴鞭笞雜沓加，敢咒敢怒痛骨髓。五屬丁夫半燐火，怨氣曉曉失依祀。間有疲癃坐頹扉，又迫追呼屢經雉。死亡艱苦年復年，難悉指陳盡原委。僉云天運古有斯，我謂寃氛乃爾爾。死者無知已死矣，生者那復棄耘耔。少壯今皆適樂郊，老病行委溝壑裏。太息何人采風謠，願上此災達丹扆。由來人力可回天，不則災害何自弭。竊恐處處成蟠龍，處處似儂哭不已。我聞此語增詫悲，草野豈稱續詩史。挑燈略爲霜嫗歌，賴有紀異人姓李。

《播雅》按：此災在康熙二十一年。桐梓治西南六十里有蟠龍山，山有洞曰蟠龍洞，中極幽敞，水由是出，因名。庚申爲康熙十九年。先是十七年八月，吴三桂死，賊將馬寶與其黨立逆孫世璠於雲南。十八年六月，賊將吴國貴與馬寶、王緒營黎平雙井鋪山上，大兵敗之。國貴及緒死，寶遂竄據遵義。至是年，世璠駐貴州，遣僞編修徐元祚封寶爲豫國公。

十月世播自貴州走雲南。二十年二月，大兵攻雲南。三月提督周卜世復遵義，寶弃城走往援之。五月都督希福等大破之，吕合寶亡走就擒。詩中「溽暑輓輸」一段，蓋叙其據遵時苛役也。趙旭按：此水由治南十里播龍洞出大小馬究，合水坎河，經橋頭下齋郎。前人統謂之蟠龍水，實即溱水也。孫《志》訛「十里」爲「六十」，此承其訛。

和掌山老人咏蓮元韻

根同太華蓮，節節藕如船。但得花常笑，何妨地屢遷。掌山無異土，平水共流泉。不數濂溪勝，漁舟棹晚烟。

仲秋十九日社友傅乃占招游大覺蘭若次韻兼呈郡守縣尹二首

爲愛郊行曳瘦藜，招提日暖草新萋。風摇石筍撑高閣，大士閣孤懸峭壁，江中突出石筍，高二丈許。花帶天橋度小蹊。殿側右行數十武，石虹跨險，題爲「天橋飛渡」。上建小閣，下空敞如門，可容百人，爲農樵通徑〔七〕。奏曲喜觀魚聽水，化城誰見鹿横輗。茶烟酒碗判清卧，不待辟塵休問犀。

跨橋穿洞拂蓬藜，剎爲吾鄉閔相所搆，功未竟而歿，葬於寺側。登臨時，命人斬刈荆棘而上。春日尋芳踏碧萋。蓮社何人能載酒，桃花入寺亦成蹊。石壁桃花大放，游人攀折者多，坐石吟咏十之一二而已。即看杯渡超三島，端望搴帷式一輗。却笑頭顱僧已像，難同馬客貫文犀。

按：大覺寺在遵郡北十五里栗溪上。國初，資中人閔相此置别業，因建寺。寺前有觀魚厂、朱葶巖、映月臺，皆臨溪。右一崖尤奇，極幽曲，奥峭如游方壺。天橋在寺西里許〔八〕，郡北之勝地也。

客窗回文次雷履老韻時余將返羅坪冀老亦有錦官之役

裁雲倩雁寄書歸，久客憐余看燕飛。杯滿酌波鯨引吸，句雄驚坐麈狂揮。梅迎雨潤清東閣，草動風和暖北幃。來往縱君隨嘯傲，臺池眺處綻紅肥。

春日讀無名氏詩漫興五首時因查姓甚嚴不覺筆墨之沈痛也〇按：譚洪之亂，凡同姓幾不免，晉若或改「譚」爲「談」歟？

咏史低昂未易評，讀書遥見古人情。不矜緑字留風雅，只附青編軼姓名。怪事一朝空咄咄，憐君終日唤卿卿。春深河畔垂楊舞，笑問行人可是檉。

無端龍馬獻摩挱，倉頡羲皇點畫多。著作有人誇氏族，删評誰肯定淆訛。調分南北音偏滯，贊缺朱張論太苛。悟到無名天地始，但將兩耳付樵歌。

斗酒初醺百舌鳴，子虚烏有亦阿傖。高人自古多肥遁，賤子何緣太瘦生。竹册園中迷賜姓，蓮花枝上許銷名。縱饒妙偈隨風掃，某甲呼來作笑聲。

由來簡策有荒唐，誰讀誤書能細詳。民氏孔生輕點竄，銀根韓子費譸張。歲偏逢亥誇三豕，人錯添丁寫一麛。羨爾諱名兼諱姓，前生端的出空桑。

幻出三身又幻聲，身聲無那强安名。長舒四手真形現，誰鑄群州錯字成。牛馬不呼相視笑，漁樵招隱自孤清。消歸止合歸禪喜，領取當前悟未生。

失足吟三首并引

苔石墜足幾折，伏枕賦此，誌悔也。

山居合受住山名，竹杖芒鞋了此生。已判形骸如土木，不妨負痛作噓聲。

無名無姓不相呼，雨過前村聽鷓鴣。慰我聲聲行不得，焚香且學小跏趺。

深山采藥未全貧，況復田衣穩稱身。立地但須雙足在，蒲團默坐證前因。四月八日，掌山老人爲予摩頂，授僧帽也。

書瀝膽將軍遺事後

銅鑼木棓荷神船，奔走離奇過四年。一片御衣歸不得，孤臣何處哭殘天。

附陳啓相《記瀝膽遺事》：嗚呼！終日不見一好人，不聞一好語，空過一生，殊爲恨事。詎知好人好語自不無，適不我值耳。今年九月望日，兀坐無聊，有客見顧，登樓語次，忽及滇事始末，愕然有間，旋出而觀所謂瀝膽公案，因相抱哭，切齒昊逆，恨不得寸磔之。天道恢恢，豈不大哉！迄於今，逆賊以反覆之故，伏誅散骨，先帝之目，庶幾瞑乎！悲夫！客姓黎氏，名維祚，字名遠，江津人，幼不肯竟學，惟雜技、卜算、形家等是耽。遭亂轉徙，家遵義。己亥，會駕狩緬，時諸爵鎮將各擁衆拒守。維祚憤惋號泣，遍走告以大義，皆忻幸，各密草迎鑾奏付達。維祚乃合若干本，竅木棓三尺許，藏其中，用荷蓧鐺等物挾術以行，時庚子正月廿二日也。予時寓雞足，維祚過訪，道以行故，心壯而難之。一宿去，自是無從問下落矣。至辛丑九月十八日，抵孟艮府，謁晉藩李定國，述其艱苦及諸勛志，晉藩色動，維祚就破梧出諸奏相示，晉藩大義之。十月六日，給以令諭一道，中云：今皇上入緬，勢已危急，若能走通聲息，懋建奇功，決不負若，當即爲若轉奏。時駕在阿瓦城，城左右夾河，洪波浩渺，相距五六日程，只聲息通，主臣不得見。隨奉敕云：皇帝密敕瀝膽將軍黎維祚。據晉藩奏，爾忠肝貫日，義膽渾身，穿虎豹，趨辰極，烈風勁草，殊軫朕懷。兹授爾瀝膽將軍督理滇、黔、楚、蜀，徧勵諸勛將士、山林隱逸等，謹慎固防，枕戈以俟。候晉、鞏兩藩舉師，四路策應，旦夕是圖，勿遲勿忽。十月十五日拜受訖，并收空旨百道、印三顆，造複底小舟密藏之。木刊諸神像，擊小鉦鑼，肩唱以行。晉藩大喜，以旌甲擁至通界，始改裝返報諸營。冬十一月復入緬復命。比至騰越，而緬夷已送駕出矣。時蓋孟艮夷謀亂事泄，晉藩怒屠之。量不可居，乃馳約鞏藩白文選共攻阿瓦。阿瓦木城七重，已破其三。夷曰：汝不過欲見乃皇帝耳。幾年和好，一朝背弃，何益？姑止攻，三日當送出，否則我亦有變計，一任汝爲。不得已從之。閲二日，右河船密如木葉，内外夾攻，兩藩覆没幾盡。自是兩藩分散。晉徙他夷所，鞏謀恢復據騰越。馬寶與鞏素善，詣白營遥呼曰：我隻身來説好話者，諸軍勿動。遂入相見，告以密謀，言吴願與白合，白遂受所給。有艾將軍者，滿州人，亦歡躍附從，相與鑽刀歃血。會上由别道亦爲緬夷送出，居草殿三間，白兵環其外，吴兵又環之。維祚至艾，道入見。上見維祚大哭，維祚泣曰：「事今至此，臣惟疾奔告諸營，整兵於要道接駕。」上曰：「兒子，爾可致意十王家等，若能救我出，我只願修行去。」哽咽不能言。手翦御衣一片，密寫敕，付即行。晝夜兼行，抵荆侯營，謀共於偏橋劫駕。復入滇偵探，駕已崩於壬寅三月矣。維祚呼天搶地，恨不即剸刃吴逆之胸，佯狂遁去，不知所終。贊曰：匹夫慕義無窮，迺其名卒湮没不克見稱於世者，可勝道哉！覽維祚事，其信矣乎！維祚自己亥迄壬寅，四年間，身無一日得見家，足無一日不在路，前後三度歷絶域無人之境，其生死顧足道耶！志雖不克，竟亦足悲矣！

鄒河西宗孟十二首

宗孟，字直方，本富順人。明亡方十歲，讀書穎悟，有大志。順治十五六年間，僞永曆授知河西縣。永曆亡，隱於遵義南五十里南面水，晚號「滄霞老人」。其題已像云：「斯圖也，遠觀近視之，非人也。恐心則否；及心省之[九]，不否也。而實欲求乎人，入於否不否之間。微乎！微乎[一〇]！可不慎乎！因爲之贊：有不爲喜，無則可樂。於意云何？畏惹摸索。浮雲蔽空，日月難却。面皮塗甚麽，指視無從，像有着落。恐以之反招有靦之怍落魄。」乃説偈云：「相本無相，有相非相。非相是相，大不相相。我有我相，焉用彼相。」時年八十一矣，可以想其志趣。直方負氣倜儻，當天步已改，猶思回魯陽之戈，希僥倖於萬一；及其不濟，匿影荒村，垂五十年。其於君臣之義，知明守堅，視二臣傳中靦然人面者相懸絶矣。遺稿無傳，今所録，皆其墓上石刻語。雖似禪似仙，而故國之思，終不能掩。《播雅》云。

自題墓碑

萬古千秋後，阿誰識是非？惟留一片石，日日伴雲飛。

自題墓碑二首

女媧鍊補後，餘石留山中。勁骨生來硬，虚空聳碧虹。

生隨大塊卧蓬蕭，未得擎天甘寂寥。今日相逢非肉眼，凌風撥霧氣衝霄。

自題真二首

生無慈母并嚴爺，未闢乾坤早有家。恁地紛紜常自在，爲貪碧落玩烟霞。

人生天地井生蛙，井底何能見外奢？躍出井兒睁著眼，一天一地一人家。

醒　語

世事忙非閑是好，朦朧長夜何時杲？往還日月儘多情，一笑棹頭天地老。

見月閑吟六首

天上一朝一日月，人間一刻一古今。桑田變海時經眼，猶見秦城萬里心。

黄粱炊醒乾坤夢，蝴蝶飛回泡幻身。只有青山常不改，登臨日日且相親。

青山鬱鬱似堪嗟，逝水悠悠兩岸花。欲問山翁何所事，白雲釀酒醉烟霞。

山自高高水自流，高山流水日悠悠。等閑聽到無聲處，彈破人間萬古愁。
石林曲曲巖嶙嶙，疑無烟火疑無人。杖頭忽有一花墮，知是小桃今又春。
山静泉鳴别是家，一杯一笑一長嗟。老夫此意無人解，滿眼雲烟四季花。

【校勘記】

〔一〕諸人：莫友芝手稿和刻本均誤为「諸王」，今據道光《遵義府志》卷四十七《雜記·陳啟相壬辰年〈上范閣部書〉》校改。

〔二〕斡旋：原作「幹旋」，據鄭珍《播雅》卷一改。

〔三〕四十一首：原作「三十八首」。今據實收詩改。

〔四〕二律：原作「七律」，據稿本改。

〔五〕叶魚軒切：原作「干魚車切」，據手稿本改。

〔六〕此詩《遵義府志·藝文》（卷四十三）題作「蟠龍水長歌行」。

〔七〕爲農樵通徑：鄭珍《播雅》卷二作「爲農樵必由之徑」。

〔八〕天橋在寺西里許：《播雅》作「所謂天橋在焉」。

〔九〕及心省之：鄭珍《播雅》卷二及《遵義府志》卷三作「及内省之」。

〔一〇〕微乎微乎：《播雅》及《遵義府志》作「微乎危乎」。

黔詩紀略卷之二十六

明

吳滋大中蕃 一 古體詩七十首〔一〕

中蕃，字滋大，或稱大滋。一字大身，貴陽人，户部郎中淮之孫，興寧知縣子騏子也。《省志》：淮宣慰司人。子騏，新貴人。舉崇禎十五年鄉試，桂王時除遵義知縣。潘馴《送吳大身赴遵義令》云：「勸駕初無意，臨歧聊贈言。才高微露穎，世亂易爲恩。太白仙曾謫，平原譜尚存。知君同肺腑，持此代加餐。」乃庚寅歲作。擢重慶知府，吏部文選司郎中。大清平雲、貴，奉母棄官逃入山中。以雲南知府召，力辭而止。康熙中，吳三桂反，遣使聘之，不應。先是從桂王播遷時，得學士方以智贈硯，寶之隨身，三桂又使人脅之，乃佯狂擲硯於市，僞使信之，乃免。及三桂平後，拾硯補綴，於是别編擲硯後詩文曰《斷硯草》，以前詩文曰《敝帚集》。兩應聘修《貴州通志》，其叙大事記，甚合史法。督撫欲薦之，復固辭。自置生壙以待死。年六十□卒〔二〕。其《得允滇郡之辭酬胡止戈見美詩》云：「四十投簪亦未遲，尚慚元亮已先之。山山芝美將奚待，歲歲薇柔好共誰。豈是長歌真當哭，敢云濁飽不如飢。一身去就尋常事，焉用誇明詫決爲。」其却三桂僞聘，《自矢》云：「息意事躬耕，窮途豈倒行。丈夫死則已，何至易平生。」其《置生壙》云：「墓門不用書神道，近代詩人手自題。」其《紀夢》云：「事皆未了無如母，難不相從已後君。」生平大略可見矣。淮字徐川，幼稱奇童，嘉靖初新都楊慎謫戍永昌，嘗往來黔中，徐川才五六歲，嬉戲市間。慎問：「孺子能屬對乎？」曰：「能。」有烏飛過，慎曰：「烏何對？」應聲曰：「翠。」慎大激賞，許以文章名世。舉三十一年鄉試第一，知銅陵縣，以清節聞；擢刑部主事，轉工部員外郎，户部郎中。諸曹多所釐剔，憂歸。遂堅卧不起，優游林下三十餘年，以經術文章倡後進於當世。九邊禦馭尤所究心。著有《壁經一葦》、《麟經獨斷》、《邊籌集》、《銅江長嘯》等集，惜皆無傳。子騏，字九逵，舉萬曆四十年鄉試。矜尚氣節。天啓初，知興寧縣，以才幹聞。會安邦彦叛，圍貴陽，九逵以母劉在圍城中，倉皇棄官歸。崇禎十年，夷目阿烏迷叛，陷大方城，逐守將，稱兵内向。總督朱燮元屬九逵詣六廣，走書召諸目，曉以利害，賊果悦服，遣目把白舍等乞就撫。燮元上其功，優旨獎賞。歲丁亥，獻賊餘黨孫可望等入貴州。九逵謂邑紳劉琯、楊元瀛等曰：「吾儕明之老臣也，坐視賊難，屠戮鄉邦，何以見先帝？」因共起兵，扼賊要路於滴澄橋，敗之。賊悉衆攻擊，力竭被執，不屈死。《明史》附見《張耀傳》。本朝乾隆中，賜謚「烈愍」。琯、元瀛等已見《譚先哲傳》。滋大承祖父遺風，少年游迹遍吴越，多與其韻人崎士縞紵往來，故學行皆有根柢。甫薦賢書，遽遭陽九，殘朝薄宦，抗志西山，忠義文章，推吾黔有明一代後勁。其爲詩，直抒所見，粗服亂頭。不屑屑句揉字鍊以爲工，而質厚氣蒼，自然瑰異。昔人謂其憂世嫉俗，多支離漂泊，有心眼不易告人語，以靈均之行吟澤畔、子美之放歌夔州擬之，似矣。而綜其生平，尤於彭澤爲近，其詩品之相較亦然，不必貌似。晚號「今是山人」，蓋即以自況也。逮我國家聲教四訖，而先生巋然靈光，以逸民樹後生標準，周起渭漁璜、劉子章道闇諸老，皆自諸生得獎，藉成大名。方景山之開柳貫，元遺山之啓郝經，不是過矣。詩集凡十二卷，甄十之三編爲四卷。子旦亦能傳家學，別有傳。附《敝帚集自叙》：家有敝帚，享之千金，不自知其非寶也。當其一語之出，自爲赤水之玄，而識者已掩口于其後。黔故天末，采風之所不及，顧欲以卮言緒論妄意千秋，其誰許我？雖然，春鳥鳴春，秋蟲鳴秋，見其所然，言其已然，亦各適其意而已。計余壬午以來，百折多虞，故其音噍噍哀以思者，弔月之寒螿；靜以穆者，唳霜之隻鶴。今老矣，始獲坦步而履，擇枝而巢，聊優游以卒歲。然而髮變睛眊，神爽漸移，詎非憂思之爲效耶？念歲月之舍我，感性靈之不居，乃緝故編，稍爲倫脊，始癸未，訖己未，凡若干首。嗟乎！德修無術，冉冉其將以有限之心血，日繭抽而穎拔，余其見遺於道民也夫。編成，將欲自負車前，遍贄名宿，冀獲一字之删訂；不則碎琴都市，共證平生，而今已矣！虞翻曰：「天下有一人知己，足以不恨。」余無可致人之知者，何敢恨人之不我知？且世有王朗、蔡中郎，而後《論衡》乃不徒作；有石簣、袁中郎，而後文長可以不死。俯仰人群，千古一遇，又安得入梵天以質訛，藏婆竭以永壽哉？是帚也，微獨人敝之矣！己未夏五，今是山人自識於響懷堂。　闕里孔尚任《序》：予嘗作《官梅堂詩序》，論十五國人才多寡之數，以十分爲率：於吴越得其五，齊、魯、燕、趙、中山得其三，秦、晉、巴蜀得其一，閩、楚、粵、滇再得其一，而黔陽則全無。非全無也，有之而人不知，知之而不能采，采之而不能得，等於無耳。予論才而不及之也，固不任失言之咎矣！頃，唐子御九自黔陽來，盛言其地人才輩出，詩文多有可觀者。予漫應而且疑之。後出《敝帚集》二册，拉予共讀，乃其地遺老吴滋大先生之藏稿。先生爲人，予無從悉其概；觀其詩，則隱焉文之流，多憂世語，多疾俗語，多支離漂泊有心有眼不易告人語。屈子之閑吟澤畔，子美之放歌夔州，其人似之，其詩似之。方今聲教四訖，雖叢箐邃谷，皆成鄒魯。偶得容美田氏一家，謂此古桃源地，不知有漢，無論晉魏，今且彬彬儒雅，與中原名碩通縞紵，成此徑尺之集。而黔陽居冠蓋之孔道，元明已來，已入版圖，曾無一二人焉應山川之氣，讀書學道，稍有著作，亦理之不可信者。茲果得《敝帚》一集，雜體千餘首。即中原名碩夙以詩噪者或不能過之，乃知其中未嘗無人。而輪蹄之往來，疲於險阻，怵於猛暴，惟恐過此不速。即官其地者，視爲鬼方蠻觸之域，恨不旦夕去之。而其中之人又朴略無華，不樂與薦紳游，脱非御九久寓其鄉，結爲親串，亦奚以得此集而來！閱《集》中酬酢贈答，其不爲御九所得者，尚不乏人，安能一一搜而傳之，與十五國人才衡長量短，使天下知黔陽之有詩，自吴滋大始，豈非甚盛事？雖然，託始之人而即爲憂世疾俗支離漂泊之人，詩真不可爲也哉！康熙甲戌孟夏，序於燕邸之岸堂。錫山顧彩《序》：先生生黔中，距都八千里而遥。忽有傳先生詩以來示余者，而先生之人品，先生之性情，先生謦欬之聲音，與夫襟裾之動止，若接於目也。讀其詩，若顏，若謝，若陶，若杜，蓋才大學博，鬱鬱不得志於時之所爲，想見其人，亦今商於之四皓，香山之九老，衣冠甚偉，迥非時輩矣。而縈吾夢想，久之不去，蓋不啻先生之親其身，越八千里而來矣。乃喟然嘆曰：人之不可已於言也如是。夫當代豈乏名公鉅卿，苟其言之不能幾於道，邇則艷而慕之，遠則已焉。今都人士皆將曰：黔中有吴滋大先生者，好學深思，古君子也。抑涉歷多艱，不求聞達之高士也。詎非以先生之言獨能幾於道，故爲之服膺思慕哉？而先生方且欿然若以爲未足也，於詩以「敝帚」名，意其有不敝者長存於胸中也耶？夫黔，古蜀境。蜀之人，文若司馬相如、楊雄、眉山蘇氏父子，表表天壤矣。方其生長於窮山阻水間，目未必盡天下之書，交未必盡天下之友，而負此瑰奇之志、慷慨之懷，山川不足以閒之，卒焉讀盡天下之書，交盡天下之友，而其文其人重於海内，不令一隅得而私之。今先生之居，去諸古人不遠，其亦曠百代而相爲輝映者乎？信若是，則先生所懷，當有慷慨瑰奇不可一世之概，特爲時命所掩而未盡彰彰者，獨其詩云乎哉？詩之傳，特代先生足迹所未及以走先生之名，使當世聊知有先生焉爾。先生前壬午孝廉，未仕以隱居行義聞於鄉。傳是《集》以示余者唐子御九，余門人，黔之諸生也。康熙甲戌孟冬。《黔風舊聞録》：愚聞之庭訓曰：古詩與唐體裁各異，且各有盛衰偏全之分，而要必源於《三百》，歸於《三百》，則其義一也。古詩正始於蘇、李，盛於建安、晉、宋，衰於梁、陳。方其盛也，班、張、曹、劉、阮、郭、顏、謝，各有所長，而得其全者靖節也。唐詩正始於陳伯玉，盛於開、寶之際，及中晚而漸衰。然就其盛時，曲江、太白、王、韋、高、岑、東川、道州之徒，亦與中晚諸家各擅其勝，而得其全者少陵也。故必知陶而後可與讀《文選》；必知杜而後可與讀《全唐》。間以斯意求宋元明詩，十僅一二得。顧嘗聞吾鄉先輩能詩者不乏，而流傳絶少，頗事搜輯。所獲者，人不過數篇，其成一家言者，如周廷潤《草亭集》、謝君采《雪鴻集》，已不可得。唯見周漁璜、潘元亮、田南村三家，大抵皆源於顔、謝，偏而不全，且風格在唐初、中之間，而未躋於盛也。兹得山人《敝帚集》千餘篇，讀之乃嘆曰：是真能學陶矣，是真能學杜矣，是真源於《三百》歸於《三百》者矣！然當時序而傳之，若顧天石、孔云亭者，推許非弗至，第謂爲憂世嫉俗，則似知其初而未究其卒；謂爲不求聞達，則又據其後而竟没其前。愚考山人鄉舉未二年而明亡，當是時車書未同，桂藩自粤入黔，尚紀其叙，以詩證之，蓋嘗外歷令守，内列省郎，再黜再起，知難引疾，是以憂世嫉俗，固不異子美之在唐。及海宇既一，人慶昇平，而山人義不當復仕，躬耕養母，則又略似淵明。然猶以文受諸侯之聘，爲老賓客，且歌咏盛世，屢見於篇，蓋我朝之興，比隆三代，固非若晉宋之際也。山人和不改節，介不違時，庶幾箕子之貞，而論者固未之詳，何耶？抑是集也，其諸怨而不亂，樂而不淫也。夫第篇帙太繁，爰録其關於出處交際，且足見其性情節概者，得三百餘篇，而以崎嶇亂離之作爲《前集》，隱處自樂者爲《後集》。

雩　辭有引

古者，大雩用舞童八列，歌《雲漢》之詩，而《穀梁注》又載禱祠曰：「方今大旱，野無生稼。寡人當死，百姓何謗？不敢煩民請命，願撫萬民以身塞無狀。」按：周宣《雲漢》詩，則此必古詞古質而周文，故其音旨悲切，不減六事自責，然皆上憂下也。後世以其責歸之民，則下不當憂上憂耶？上下協而後桐魚應，遂續之，凡六章。

維天嘉澤，維雨和滋。繁彼有物，命則聽之。
莫急匪生，莫重匪耕。既播既成，萬物以榮。庶政以行，庶邦以平，維雨之盈。
而孔亢矣，而民恙矣。雨則不時，憂我上矣，莫能覝矣。
上天云何？愛此滂沱？匪滂沱之爲愛，胡涕泗成河？

羃羃浲浲，或遂爲雨。跂予望之，終安其處。終安其處，爰失我所。胡喪亂之不恤，而農人是苦？

伐鼓伐鼓，亦碩其牲。載執載陳，載祝載申。我后蒸哉，祀德維純。祀事孔寅，庶反其屯，哀我農人。

有客二章

有客造門，言善龜策。子有何疑，吾爲子決。長跪謝客[三]，我則無疑。朝握一算，夕已忘之。但坐拱手，微吟潛思。兀兀憒憒，意鬼之爲。客再拜言[四]，我不敢知。執子之手，授子之綏。循斯以往，千里無違。

有客造門，言善抵掌。霄壤錙素，環規影響。堯失其履，顔繫其緉。凡今之人，非此莫賞。主人謝客，我方病吃。齒每叩唇，耳赤氣鬱。中百斯泉，喙膠以漆。不能從子，即於藹吉。客起歛衽，諾諾爾爾。自我有舌，奪彼光鬼。今則何爲，不能或以。請從子游，惟子之視。

我行其野四章

我行其野，鬱鬱芊芊，豈曰無田。

我行其野，晨不見炊，豈曰無犁。

中庭有稷，其葉翼翼，維雀之食。

中園有麻，其葉委蛇，維螘之緺。

勸影臺有序

斗大一臺，花陰環覆，受月固不多也。每月漏香來，輿生卮引無數，紛披妖麗〔五〕，競爲將進，視昔之揮杯勸孤影者，聊賴如何矣，作《勸影臺》詩。

割壤成臺，音影盡據。月至猶艱，光流破絮。静言念之，一觴獨御。阿娜枝顔，不邀自赴。争入酒鎗，群飲分茹。把裛持樽，矜凝顧步。瓮卧卮欹，未能遽去。若爲吾舞，吾爲若歌。斗漿可挹，風曉奈何。

贈友四章

山不必深，林不必幽。君子至止，雲結風留。

壤窮且僻，古嘆無人。君子至止，嶽瀆鸞麟。

惟鸞惟麟，亦莫可狎。非時不見，休徵以答。

惟岳惟瀆，就測其量平聲。我尋求之，慨言永望〔六〕。

讀　史

天地如轉軸，今古如積薪。骸骨草木朽，名姓日月新。一朝偶失足，萬古爲傳人。

感遇詩四首

八月高秋晚，横流大峽長。盡日餘無見，客心那不傷？涼風自外至，肅肅登我牀。加我房幃清，颺我懷袖芳。此芳珍所授，三載懷中藏。聊復共領取，慎勿輕嘘揚。

古鼎本銅質，其價乃懸殊。豈惟鐫鏤工，年代亦不無。神歆殿閣閟，杉柏爲侶徒。魑魅時聚窺，豎髮爲嗟吁。物貴有時歇，摧頹委路隅。

芹芽依靡草，秋老不能肥。客心悚物變，相看亦憶歸。人生非莽株，安得無渴飢。閨空易早寒，頹陽無返暉。踟躕大道傍，征馬嚙襟衣。

灰槁烟移爨，荷枯香去萏。由來理不齊，猛然發深感。霜臺一以登，曲折無遺覽。月不凝星光，天水終日澹。元鬢纓危冠，鑑影驚明菼。名節俱未立，逝去誰爲攬。

得家信

忍痛出柴門，孱軀蒸溽雨。一卧夏徂秋〔七〕，懷哉誰與訴。仗客頻致書，欲寫且更住。母兮年過高，恐以益哀慕。翻將瀝血詞，改作違心句。臨發復開緘，瑣屑勞添注。曉夕莫相知，何況千里路。檐際挂流黄，忽報僕遥渡〔八〕。入門向我號，頭足皆泥污。收涕述平安，探懷出尺素。慈親口授言，山妻手親署。踐學固非深，筆底時時誤。但及加餐字，淚下知無數。寄衣不見衣，衣豈真忘付。别旨有微寓，欲歸先霜露。

代　内

丈夫思故鄉，曾不逾信宿。婦人則不然，如農懷歲穀。昨夜夢君笑，君寧夢妾哭。妾比霜中柳，青蛾朝減緑。妾猶碾麥盤，磨礱甘碌碌。離别衆人同，難言惟君獨。門户委一婦，况乃干戈矗。傷哉白髮親〔九〕，爲爾不知肉。

縉雲寺湯池

寺廢亦已久，池乃故湯湯。萬松寺幽映〔一〇〕，百靈司泄藏。遠自沃焦山，虛通嵎谷暘。雙持日月精，吐兹沐浴光。烟霧噴潮汐，薪盡誰爲揚。燥濕互根柢，因之變燠涼。冰雪具春温，柳下而首陽。投軀事祓除，髓骨皆生香。熱中誠爲何，煦煦似魚腸。游鱗盡潑潑〔一一〕，苔蘚亦蒼蒼。習慣成自然，焉知非故常。沃之清泠淵，或反謂不良。炎州有火鼠，熱釜生蟲虹。造化恣神奇，物理安可詳。况欲問從來，丹砂與硫黄。

廣午山紀異

山以突兀奇，兹奇以平故。禿頂承太清，半疑在烟霧。中有蟄虯居，蒙密幽靈護。或然一葉投，翠羽便銜去。輪囷亦千章，風壓不能樹。纔至數尺餘，盤跚成瘻痼。物忌太孤高，培塿有嘉遇。何以天上榆，扶疏飽寒露。

虞美人

君王爲妾歌，妾爲君王舞。妾舞已不再，君歌何太苦。江東尚有土，跨下亦有騅。君王自作計，賤妾那得隨。漢雖已得楚，不能得妾身。請以一女子，愧彼八千人。

偶拈太白句爲題六首

日色促歸人

執手未能去，且復須臾緩。夕陽太無情，令我歌聲短。回首各遥遥，但見蒼烟滿。

空手無壯士

鼠輩何由膽，黃金信有權。回也使多財，孔子甘執鞭。王孫當垂釣，佩劍徒巍然。十語九見疑，意色不能宣。俯身出胯下，一飯方受憐。

長嘯尋豪英

自不甘隱淪，遨游擇所親[一二]。含情長忽忽，抱志苦難伸。足迹遍天下，投交終少人。豈無草澤雄，未易託此身。寸心復安向，見謂羞見貧。

白雲遥相識

別雲上道路，歲久殊顏色。常恐相見難，不復能相憶。那知千里間，一望情已得。竟作故人看，能不我猜惑。游雲信無心，無心鑒自特。豈惟昔所歡，當由志未忒。應寬谷口封，虛彼崖之側。

山月隨人歸

上山月在山，下山月在路。不謂此清光，能逐幽人步。取徑可無憂，到門先入户。與我坐殘更，相依勝親故。

雁度秋色遠

霜氣肅寒空，征鴻帶聲没。片影已難求，哀音猶未歇。橫使意象中，蕭瑟從超忽。客思與之俱，千里伴明月。

讀史

自古而有我，不知歲幾千。乃於千載後，欲悉千載先。其道苦無由，得不賴簡編。掩卷更思之，然乎恐未然。我聞古奇行，往往雜經權。寧爲舉世殺，不受一人憐。亦有聞道人，窅窅復平平。與化偕出入，聲臭胡測焉。天地既已大，時事亦已懸。耳目豈能遍，意見豈無偏。欲以此心手，遽定衆媸妍。不敢謂爲非，何敢謂爲全。傳者未必信，信者未必傳。我悲非昔悲，我賢寧昔賢。觀場倘卑下，疇不恣倒顛。我何發此嘆，請觀今日前〔一三〕。

寄友

人生百不宜，無過生亂世。況復百不爲，翹然命爲士。所謀非所急，所乏非所慮。守此茫茫飢，廉隅卒莫易。妻兒尚且非，何怪衆人棄。改趨事轉環，屈折庶有濟。我口未及開，我顔已先怩。無論不必得，得亦焉足貴。不若遵吾素，枯骸抱憔悴。詎敢爲磽磽，但不甘瞶瞶。寥寥宇宙間，幾人知我志。款曲欲何陳，西風吹薜荔。

蚤行

寒雞報霜色，每每爲所誤。既衣不能寐，徙倚頳顔怒。稍聞沙鳥呼，漸見東林樹。殘月上危橋，沿溪尋水路。馬渴但思泉，僕遲煩屢顧。前村尚莫辨，蒼茫此中去。

設兵

設兵以靖人，人靖兵可息。未聞倚兵威，無故思戰克。征繕苦不休，奸婪從此匿。遂使水火民，昧死懷反側。此時議用兵，兵勞思作賊。兵民互爲用，其禍乃不測。與得良將千，毋寧良吏一。治平在安養，此語非無識。

夢胡元一〔一四〕

霜氣壓窮崕，峨嵋應先照。故人天半來，未曉將寒到。款曲述家常，閑懷與我較。問公何資生，晶鹽出井竈。亂後人既稀，久湮得無燥。問公何承歡，一子猶年少。掀書學鳳鳴，據地作虎跳。瑣瑣未盡詳，寒林雞屢叫。急起搜枕席，恐公匿魄兆。驚定忽生疑，喜餘轉多懊。公固端嚴人，如何闖輕造。得非遂永訣，魂來示音耗。兀兀廢櫛沐，苦憶平生貌。蕪江始相見，彼此年俱妙。藺省共追陪，彼此津俱要。及余墮重淵，隻手排群峭。獨能鑒我心，豈惟寬我誚。此山有此身，微公安可料。蕉鹿未及竟，地天成一覺。別嵋欲西歸，遺蹄尚相召。悔時足不前，但憑一紙報。果然雲樹思，過此徒浩浩。述來書中語。自非生再來，焉能執手告。今夕實何夕，乃得共言笑。呼妻具雞黍，呼兒勤灑掃。若云魄無知，胡爲鵲頻噪。借問夢中交，幾人輕遠道。

聞鄭天瑜被議○天瑜有傳，見前。

曩者固疑公，性高而道廣〔一五〕。剛則難處亂，廣則易遭罔。明目與熱腸，世久置不講。時趨固恥遵，晦迹亦當養。鵠立矢爲遭，豈必皆身攘。我亦同斯患，在昔攖禍網。賴公力出之，矯舉砧几上。至今一回思，驚魂猶惘惘。日月雖不居，深思寧俱往。窮山方獨坐，音徽悵莫訪。何處過山僧，乃言公見枉。約略齒牙間，遲回勞意想。汝雖不盡言，吾已得影響。始末何必窮，大都坐一爽。所憂名太重，家貧況無鏹。安得古咎繇，如公昔慨慷。施報理之常，天心詎終莽。緩急既無與，殊慚公鑒賞。世路當今日，憂虞在吾黨。

贈郝雪海

聖君與賢相，道在勤延訪。自有耳目來，此事已成往。越陌不相存，況復限霄壤。輶軒行采風，所至多長養。如此枯朽枝，尚作珊瑚網。好德自中心，匪獨因道廣。焉有負奇人，肯隨流俗賞。漢季豈乏才，禰生乃見獎。至今談氣誼，未許千秋兩。禰生我不爲，北海君如仿。所須非早暮，所借非標榜。憐蚿與憐風，別自有情想。不然殊失圖，茫茫拾墜響。

干　將

干將閉古獄，吐氣凌星辰。既拭華陰土，復親君子身。不聞有割斷，但侈會延津。處固不終藏，出亦安所陳。如茲號神物，神物空自神。

梁父吟

炎室既以燼，賊臣毒君子。鈎黨與徵辟，朝致而暮死。盛名安足居，疇念國之紀。先生傷禍亂，長謡蕩陰里。性命思苟全，躬耕非所耻。自非魚水交，嘔血良可已。

別　友〔一六〕

彭澤八十日，余今四十辰。心褊志不遐，以斯愧古人。知交惜離別，祖帳紛橫陳〔一七〕。座中誰最關，心友與周親。蹇默各垂頭，蓄意難具申。豈不憂貧賤，未肯易其身。得歸即可歸，何必因鱸蓴。海氣吹寒霰，酒至一再巡。揮手辭金馬，暮色促征輪。

種　樹

種樹地非宜，芒刺如在側。屢欲更移之，方春乃可得。芽蘖久不萌，日往驗其息。下根蹊幾成，上枝纔點的。爾顔雖未舒，已覺動我色。因思一樹微，何關於休戚。死者苟可生，無辭爲擁植。而況士與民，甘心恣殘賊。

釣　臺

磻溪有釣臺，東海表賜履。桐江有釣臺，客星奏太史。古人豈有心，時勢固如此。釣利與釣名，相去一間耳。捷徑不在山，壟斷反在水。至今烟波上，人人高自擬。其心豈云遐，其迹實可鄙。何若洞庭翁，收筒明月裏。姓字且不傳，爾我知誰是。一曲猶未終，扁舟去如矢。

有　見

飢者自能食，渴者自能飲。貧者自能儉，賤者自能隱。乃敢誇豪健，繆謂慕箕潁。人即爲我欺，捫腹亦暗哂。古來立身具，年多成土綆。舟固不必刻，繩豈可不引。枉自負讀書，終老慚坐井。誰爲我發蒙，梧禿枝留影。

白馬渡望桃源二首

宇宙有至境，豈必皆曾城。古今有至人，豈必骨體更。形神苟無累，曉夕猶長生。我觀此桃源，山水非阻傾。胡爲漁佃翁，遽獲神仙名。因思大元前，荒僻非所爭。遂令此中逸，忘年事桑耕。既無異患干，適已亦寡嘗。壯老在烟霞，人人得其情。即此稱靈異，誰曰非必誠。

亦是人間世，翻疑別有天。桑麻無貿易，雞犬盡長年。入者不復出，安知時代遷。怡然上古風，一隅聊自全。漁人偶爾入，亦復偶爾還。來時桃花引，歸路春草連。回思外所歷，不盡此中然。詣郡告太守，欲以風薄猥。往來恐多事，謬謂迷緣沿。陶公傷所遭，感此爲之傳。明明黄虞思，特借逸者宣。子驥亦知之，心往足不前。如何千載下，鑿石尋寒烟。

入峽二首

峽棱厲秋氣，傴仄驚衝波。猿聲不敢號，含悽覷薜蘿。平使日月光，亦畏此中過。青來纔一折，孰謂天地多。沈冥積古魄，時時聞嘯歌。物生每不正，舟下直投梭。已謂入九幽，翻然在星河。長年方意氣，笑問公如何。

峽得性之隘，水失情之曲。舟行盛怒間，調停苦跼促。首尾殊所指，側豎從所觸。要以無私爲，饜波龠淪欲。舟識水石意，人借舟耳目。動作或不如，將受陽侯酷。以身付三老，叱咤敢言辱。此時聞過心，若谷猶未篤。

早春田園八首

邇來視稼穡，頗識寒暑情。百物匱於後，天地無能争。東林日欲曙，群動乃多驚。已飯闔雙扉，緩步逐牛行。牛既羡草短，予亦快風輕。微暄醒雪氣，泉心汩汩生。一道浄練光，去作溝遂聲。聽之遂忘疲，日與桑烟平。

候至物難静，高人亦未閑。晨疏畎畝道，夕飲犢牛還。即事賴區區，庶免終歲艱。置身在天地，苟食誠何顔。昨者經前陂，枝頭色已殷。沈魚上新浪，青鏡飛白鷳。顧惟物我懷，幽興未嘗慳。長歌散遥慮，孤雲方在山。

種豆豆不治，鋤瓜瓜不成。老農欲徙此，卜祝向神明。神理惜微茫，終古昧其誠。去去大道傍，不知何者傖。語低而氣緩，自命爲儒生。嘉言偶時命，兼收實與名。此事不謂無，而非我所榮。却歸理畚鍤，坐聽倉庚鳴。

東田起長堰，西田臨荒陂。春至水澤均，兩田安聽之。笑問築堰翁，毋乃枉勞兹。此翁殊不答，但看秋陽時。

日入牛未歸，隔籬問童牧。得非昨夜飢，致令今不復。亦在前山隈，或恐虎耽逐。爾豈不知求，吾何憂一犢〔一八〕。失牛終歲勞，失童終身獨。不應天地心，生人賤於畜。徙倚行入門，青燈照茅屋。

牸老艱於犢，迄乳頻顧嬉。兩鼻相接引，意語疇能知。鄰叟夜叩門，聞我盆中啼。生息已足慰，況復是男兒。殷勤借一觀，摩弄兼抱持。靈蠢安足問，門户良在兹。紹得老農業，勿忘求火時。

主人不解飲，成釀若流泉。偶逢高興人，共坐幽谿前。新芹既已香，時鱗復多鮮。競采還同烹，在釜杯已傳。到手勿告緩，但飲莫問天。潦倒發狂歌，字句殊未宣。觴勞客亦醉，便抱尊罍眠。應知化爲蝶，繞予竹石邊。

山家惜春卵〔一九〕，朝夕忍兒啼。羽翼且近百〔二〇〕，牀前游以栖。既生惻其餒，減食以相齎。日日視肥瘠，心心防野貍。几席被污踐，愛之不忍驅。豈是安口腹，邑政方榷雞〔二一〕。

偶作命稚子歌之二首

隱几閲吹萬，潛心理群蒙。時會便相造，孳孳元化中。成勞不自有，物乃擅其工。猗娜林際花，殷憂籬下蟲。機緒忽復動，哀樂何時窮。

息意趨林水，澹然成孤清。花能常在眼，鳥能頻和賡。而況琴與書，一一恣所營。我愚從此養，我志從此明。恒恐失此山，畢命於稼耕。

七月十三夜與徐僧盧飲勸影臺賦得山月

樓月令人矜，江月令人廣。池月令人深，閨月令人爽。花月令人思，樹月令人惘。惟有山間月，能生人慨慷。而況值夏終，涼意漸已長。木石共作烟，烟來山忽往。烟非月所使，月實烟所養。月低山復高，山反居月上。山月誰後先，今古難爲想。以身置此光，爾我不能兩。一觴方在秋，孤衷易爲響。

禾　香

畢生營一飽，日午未就閑。緑雲既已蒼，新苞質猶孱。迴風動積水，好味生葉間。荷鉏久忘歸，對之頗解顔。豈俟餕與椒，應知終免蘳。自非屢空腸，焉覺此相關。

理穢

園莽倏而深〔一二二〕，元黄增我愾。從前妖冶姿，一旦成蕪穢。憐賞異昔心，刺眼若芒背。雜拉命小童，除之惟恐在。運去合遭黜，色衰寧保愛。自無奇挺姿，冰霜不爾貸〔一二三〕。

夢曹石霞點定予文因出袖中卷相授○石霞，詳廿七卷。

積學三十年，藏深敢輕示。如何清夜中，傾倒爲子質。我言出我腹，胡獨當君意。往往發一篇，三嘆未忍置。袖中出一卷，不知何文字。低徊納予手，似將身後寄。予也幸後死，此事真予事。雞鳴子不留，枕席熒涕淚。悔追郭北游，分携何造次。交臂失心朋，魂兮煩遠至。予文仍篋笥，子神在天地。楚水與黔山，千秋同寤寐。

九日作

羣陰日方進，何以命重陽。試看兩日前，積晦如懷霜。今來天宇霽，原野生輝光。始知倚伏權，天地多弛張。紛紛紅與紫，即在玄與黄。衆人哀其窮，君子識其昌。洗盞坐疏林，振衣陟崇岡。同歡獨異趣，引領遥相望。回首叫白雲，汝姑隨我藏。

鶴沙坪

嶔崖約寂流，去鳥納前嶺。超超野趣繁，曠然天機逞。竹簸止雙屐，恬心爲細領〔一二四〕。含桃卸餘英，雪片徑中冷。遠見無數峰，微弄天外影。嬋娟但一秀，窅映未盡屏。似彼澹蕩人，時或露孤耿。在近不生憐，隔想翻如頴。物狀信紛詭，余懷何淵永。離家不數武，别自有朝暝。

寄潘士雅有序。士雅自有傳。

士雅令蒙自三年，民呼爲佛。乙巳夏，土司李世藩爲貪殘所逼，而迤東之民，亦困於征輸，乃相與殺守令，攻城邑以泄其寃憤。於士雅獨無加焉，將遁，猶拜泣而去。師至問其故，則曰：「師迫，賊不暇殺我耳。」噫！是何異？偶然之對，固可述而志矣！紀其實，以備采風。凡二章。

明季俗頹放〔二五〕，舉世靡不阿。卑者既齷齪，高者亦煩苛。誰能從沸湯，一爲揚清波。區區一縣尹，受禄固不多。縱欲矯衆行，其如操切何。潘子不謂然，俗敝我則那〔二六〕。於古則有儀，於家則有模。叶磨。焉用一路哭，以博一人歌。云官雖則卑，論道實無訛。在令即言令，寧復知其他。有時遭厭鄙，往往得譏訶。或以此上爲一篇，謂三篇長短相稱，且各爲一韻也。然長篇换韻處，鈎連而下，乃古體如此。故《序》云二章也。譏訶尚不恥，何況厭與鄙。一朝草澤呼，遠近遍郊壘。屠城殺宰牧，快意聊復爾。於君獨無犯，依然猶父子。中或有異志，翼之以肝髓。當其鳥獸散，羅拜涕不止。莫忍舍長官，未暇計鄉里。大寒思陽春，大旱見海水。問君何由然，自謂僥倖耳。安得長者言，稱之蓋如此。平生信不負，讀書良有以。墨吏與小夫，聞之兩愧死。我欲傳循良，深山備外史。勿壞賴勸歌，非獨爲君美。

大道無險夷，寧待既濟福。平居慕義心，往往變倉卒。植根固不深，安望陰成緑。達者有曠懷，入世尊其獨。爲人所不爲，足人所未足。小官竟不卑，屑屑談愛育。及乎攖禍亂，戈鋋莫能觸。豈曰賊有良，爲君素寡欲。焚溺俱勿傷〔二七〕，所以稱爲佛。嗚呼世孰世〔二八〕，寇乃司榮辱。

按：士雅任蒙自時，蒙自土司每新官至，陋規贄千金。土司有訟，則奇貨居之。士雅至，却其陋規，有訟則唯公唯允。賄賂不行，尤惠於縣民，故一時稱老佛。迄土司李世藩因吴三桂之激圍縣城，戒其徒曰：「潘公、恩人。城破，切勿驚擾其家。」後屠城，而士雅家屬獨無恙。旋聞大兵至，賊拜泣而去。子德徵在昆明聞變，星夜至蒙自，士雅謂之曰：「若吾愛財，不惟今日不得與爾相見，家亦無遺類矣！惟縣士民遭此慘毒，而吾家獨全，心何安乎？」此詩「小官竟不卑」至末，謂此事也。潘元煒説。

田　器

軍興凡八載，括取盡田器。農家值春耕，彼此相假易。時平重生業，思爲衣食計。加以官糴頻，鉏耰得無備。爲裘冶氏良，采鐵是其事。石炭歘揚輝，星流汁融膩。鉗錘自我操，伸縮由吾意。工成亦自喜，躊躕殊滿志。還思區冶徒，神鬼司爐韝。一鑄得雙精，千古誇奇異。劍出天下亂，犁出天下治。賣刀而買犢，便是陶唐世。所以嵇叔夜，樂此不肯置。柳下清風來，人間鳳凰至。

夏晚書懷

讀書懷古人，面目不可見。結交盡天下，中情時百變。以此卧空谷，釣天游枕簟。麥飯日兩盂，豬肝月一片。雖無宰官遺，亦有農父薦。磐石即講壇，水狂而山狷。無使處稱尊，魚鳥推黎獻。自笑尚脱頤，寧免目同眀。焉敢冀千秋，俯在遺佚傳。

示奭侄

汝父棄汝時，汝方在懷抱。我亦走四方，使汝失養教。幸汝能自立，不敢爲隸皂。蹭蹬場屋中，一薦非所好。家聲雖勿墜，我意猶餘懊。前途倘更進，何地不可到。我生負罪尤，事事愧忠孝。睦族我多慚，遺親汝勿效。決疑與成務，一一中窾竅。許我身死後，孤幼爲輔導。薄施望厚酬，擲筆還自笑。君子曰不然，賢者固難料。

【校勘記】

〔一〕七十首：原作「七十一首」，據此卷實收詩數改。

〔二〕年六十□卒：《黔南叢書·敝帚集》作「年六十餘卒」。今查《吳公中蕃家傳》，中蕃生於明萬曆戊午年（一六一八），卒於清康熙丙子年（一六九六），享年七十八歲。

〔三〕長跪：《黔南叢書·敝帚集》作「長跽」。

〔四〕客再拜言：《黔南叢書》作「客謝再拜」。

〔五〕妖麗：《黔南叢書》作「姣麗」。

〔六〕慨言永望：《黔南叢書》作「悵言永望」。

〔七〕夏徂秋：《黔南叢書》作「五十秋」。

〔八〕忽報：《黔南叢書》作「忽傳」。

〔九〕白髮：《黔南叢書》作「白首」。

〔一〇〕寺：《黔南叢書》作「守」。

〔一一〕游鱗：《黔南叢書》作「游鰕」。

〔一二〕所親：《黔南叢書》作「帝真」。

〔一三〕日前：《黔南叢書》作「目前」。

〔一四〕夢胡元一：《黔南叢書・敝帚集》題作「乙巳秋九月望夢胡玄一霜始降」。

〔一五〕性高：《黔南叢書》作「性剛」。

〔一六〕别友：《黔南叢書》作「昆池别友」。

〔一七〕紛横陳：「横」原作墨釘，據《黔南叢書・敝帚集》補。

〔一八〕憂一犢：《黔南叢書》作「愛一犢」。

〔一九〕山家：《黔南叢書》作「田家」。

〔二〇〕且近百：《黔南叢書》作「近百翮」。

〔二一〕邑政：《黔南叢書》作「時政」。

〔二二〕園莽：《黔南叢書》作「園冬」。

〔二三〕不爾貸：《黔南叢書》作「不我貸」。

〔二四〕恬心：《黔南叢書》作「恬心」。

〔二五〕明季俗：《黔南叢書》作「運會值」。

〔二六〕俗敝：《黔南叢書》作「世亂」。

〔二七〕俱勿傷：《黔南叢書》作「俱可逃」。

〔二八〕孰世：《黔南叢書》作「孰知」。

黔詩紀略卷之二十七

明

吴滋大中蕃二古體詩五十二首

雜諷六章

龜前知，不自卜。人之靈，聽于物。

屨櫛不如一沐，群居不如獨宿。聖人不貴，安知非福。庸人不賤，安知非辱。高歌不已，安知非哭。

鼠托社，蜂寄稷，社稷不食蜂鼠食。污神之衣嚙神膝，除之未得嗟何及！

紅女投梭娼婦被。農夫力田倉鼠費。巧鵲爲巢拙鳩睡。智者造物愚者敝，聖人烏用爲深計。

斗粟尺布，耰鉏德父。一毛可增，千里徒步。吁嗟揮金非細故。十日一夫人不息。十牛一犁人不食。十議一築舍不立。十鵜一魚翼不濕。十夫一匹子不識。

抛埥歌即擊壤。

西岡日入閑抛埥，老農何知天地大。國有君兮君有臣，我生其間爲之民。衣食之外無艱辛，日月代光光千春。爲逃爲禪夫何人！長安奕道争劉李，曉暮誰家又天子，山中之塊與不取。

報恩寺鐵鑊歌

文皇靖難誅英傑，城填骨骼溝流血。功成事定起悲心，建此報恩兼解厄。內府物力幾爲空，窣堵摩霄警日月。一時招致萬山僧，更啓東寮作香積。鉢盂傾倒太倉儲，釜鬵冶盡邪谿鐵。騏驥院中馬遞薪，光禄廚裏官輸踖。飯罷逍遥捫腹游，誰念民勞與帝力。大屋架成養閑漢，論年將已垂三百。我聞青州城南寺，舊是田齊孟嘗宅。其中有二鑊，大者可容四十石。當年造食以養客，及遭李伾毀爲兵，過者至今猶太息。是知帝王度，涵蓋天下哀無籍。尚不計失何況得，不然雞鳴狗盜徒，比較緇流差有益。

題許子儀所畫悶鷹圖

摯蟲百中勇難程，坐立韝緺氣尚横。飢飽隨人良可耻，久居鬱鬱若爲情。側眼長空自梳狓，翎生蟣蝨神如醉。縱横狐兔惱人腸，幕南一擊何時當。人生最苦不得意，從來偏屬雄豪輩。鐵椎枉把副車驚，玉斗空向鴻門碎。山人有觸涕滂沱，爲爾含毫費揣摩。不寫皮毛寫況味，聊將筆墨帶壺歌。霜原草短剛風曙，破壁焉能留爾住〔一〕。還視山人尺幅中，但驚變化通靈去。

茅屋爲春風所敗

野情未已雷群逐，舞茅挂樹知無屋。癡妻失計牢閉門，稚子登牀蒙頭哭。旋石如斗狂呼颸，驅波塞竇勞箕籊。由來苦樂事莫同，草木猶道春風惠。廢椽零落只如許，擡頭忽見天倚杵。憎教磬室列缺見，輾然一笑流青電。爲賀先生自此升，不然拔宅沖霄騰。未盡牀頭三斗麥，更向山椒覓葛藤。

題懷白亭

野鹿銜花羅襪棄，靈武倉皇遽稱帝。是時南北不相知，越王猶是天王弟〔二〕。諸軍擁戴繫人心，僭號雖非義不悖。適逢夫子滯潯陽，名大才雄無可避。樓船迫脅官難辭，事敗同遭目以僞。夜郎遠竄謫亦輕，中道尋聞赦書至。愁心雖欲寄龍標，兩足何曾履斯地。世情賤近而貴遠，千載茫茫深慨企。信是可人期不來，有如俗子推不去。湘水瀠洄起夕烟，鳳山迢遞延朝翠。一亭孤據郭之偏，賊毀兵棲且將廢。

澄霽亭前老黄葛爲魏將軍作

渝州德盡遭天怒，國無老人有老樹。横拏倒放數畝荒，日月光華常蔽錮。春城鏟草出孤青，冷碧蒼雲一朵亭。臃腫未堪供爨下，不材翻得比冥靈。將軍倚樹結爲屋，長槍大弝皆沈緑。有時宴好招朋儕，芳樽寫盡春江麯。六月六日天正炎，狂枝鬧葉争低檐。崩濤倒峽肌生粟，急雨轟堂衣欲添。人生際會亦何有，昔爲散木今不朽。抱關不值信陵君，碌碌風塵稱下走。

春江行

碧桃花澹春波緑，趨走巫陽去不復。尋懷悄步倚江皐，却共征夫話行役。年前訣別點蒼山，瞥眼穠華三見木。天地失位生人賤，弓刀得意妻兒獨。弟楚兄黔我亦西，籍竄軍功如鬼籙。晝煩營繕宵警巡，飢不及飧垢無沐。輕生豈是愛侯封，不材何意中原鹿。縱然有翼誰能飛，南望鄉雲淚枯目。可憐欲説不敢説，無數傷心託幽竹〔三〕。江流宛轉鶴盤旋，荒墳野鬼啾啾哭。我亦辭家作郡牧，一身千里惟主僕。兩岸春沙吐夕烟，愁心更比征夫蹙。杜陵血恨何時乾，眷顧太平天下福〔四〕。爾釋霜戈我挂冠，葛巾黄犢深深谷。

十一日暴暑得雨

渴雲抱日天衣襞，烟走苔階響蒼石。石上清泉樹杪飛，亂學清商鳴古拍。滿堂風雨即滄洲，葛眼遺涼坐小秋。愛殺荷花無世味，將香全贈鼻根頭。

紅　薯

猶憶先皇全盛時，中涓將旨飛南陲。爲求韎鞨開深井，炬束松明曉暮移。緬奴力殫滇土耗，連年挾亂召王師。輦來内庫丘島集，百甕千缻堆陸離。薊臺忽圮散珍異，但供戲擲盈丹墀。乃知遠方之物安足貴，寒不能禦飢何施？我來三月無青草，茂陵消渴烟詩脾。蔗漿已過黄柑蠹，惟有紅薯生華滋。肥形脆實凝香雪，朱蠶蜿蜿塗胭脂。閩海金薯壓黄褓，瑶池玉腕餘青絲。土人掘地如探寶，樹藝溉植猶蹲鴟。大者捉臂小屈指，一莖五銖愁貧兒。歡然入口冰餳碎，腹飽延年那可知。石家衛尉方多悔，從教寸擊珊瑚枝。

昆明池看龍挂戊戌

九天風雨窗前過，霧裏蜿蜒驚老大。頭角仍弢尾微播，攫拏欲上愁遭挫。精猛勢鈍困復作，霹靂翼之乃可賀。陬澨蟠蟄知幾個，獨爾逍遥歸帝座。自今潤灑八埏荷，千江萬壑資餘唾。雷驅電掣安敢惰，炙日腥蟲愁無那。劉氏豢龍時飢餓，池中之物雲雨佐。定軍山頭血方涴，何如終向南陽卧。感兹憫默還余坐，須臾日出青冥破。

聞雷起舞歌丁酉季冬晦夕

今夕何夕兮，雷乃孜孜。空山石落兮，衆星亂飛。夜不可短兮，晝不可知。天地蒙難兮，我不先之。影顧形嗟兮，爾復奚爲？

鹿拒山采藥行

荷鉏乘夜氣，采藥西山隈。一溪復一溪，烟霧猶未開。囊錐欲脱未能脱，遥峰寸碧孤裵裒。蹭蹬已久屯始荄，殘雲亂落如陳灰。一朶斜飛抹其角，似嫌突露仍韜埋。乍即日光青若倚，摩空意鋭知何已。石骨烟披尚欲珊，莫怪仙人頻洗髓。

示獠奴灌花

不住看天無雨意，那能坐待花憔悴。蒙泉曲折萬山陰，徑險崖巉難自致。也知爾獠只雙肩，一勺雖微較己賢。淩晨好趁金烏睡，借爾項背行流泉〔五〕。踉蹌浹汗莽吁喘〔六〕，及至岡頭傾半器。啞然自笑急非急，手觸花枝清露滴。滴露何能起百腓，要與驕陽争一息〔七〕。施如當厄淺猶深，富弼黔敖一樣心。

關索嶺歌

關索嶺，四十三盤纔及頂。行人初至北極關，只道前頭路已盡。分明斫壁與梯天，隔斷華夷幾歲年。雞公象鼻摩白日，回看仍覺小于拳。翠壓眉棱不可望，人生偏欲攀援上。褫衣脱帽學蝸旋，寸進猶如逆風浪。咽喉何處尋冰霜〔八〕，誰從盛夏施壺漿〔九〕。中嶺有泉甘露汁，人馬同奔涓滴涼。英英廟食者誰子？粉面朱唇垂大耳。平興之外索無聞，挂漏坐令疑壽史。漢室重延寄武鄉，可憐心力盡南荒。重兵良將曾餘幾，七出徒然侈弩强。當時廟算豈真失，前門拒虎後進狼。左牽右掣天何意，不康炎鼎開遐方。至今千二百餘載，黔風獵獵滇雲蒼。吾聞王者德至地，山失其高金失剛。此嶺雖云峙天末，何若終南與太行。慎勿自大稱夜郎。

重陽夜坐〔一〇〕

重陽見月能有幾？昨日猶愁雨不止。忽然菊影自塗窗，涼氣充庭天若水。苦寒人失苦寒心〔一一〕，花畔添衣夜已沈。露重梧桐隨葉墜，暗貽清響答蛩吟。

壬寅冬過光斗河 河盡淘沙，終歲作赤黄色。

涇水一石泥數斗，此谿竟欲兩黄河。問君何爲濁乃爾，云是上流采砂之餘波。淘砂之户砂爲命，積雪層冰没雙脛。貪他斗底一微塵，忘却軀中筋力盡。我聞此砂特其末〔一二〕，別有斧劈及箭鍔。斂英秘魄入重泉，卒歲窮年勞探索。百尺漿干千尺綆，追覓灰蛇與線蚓。入即枯骸出始人，夜臺猶抱砂牀寢。采得精華傍水淘，殘脂剩蕊逐淪漂。遺稜幸爲窮老利，誰知禁網同牛毛。尺土泥沙皆有主，月課分牌輸大賈。研硃煮汞各因材，半入私囊半公府。上官推讀鴻烈文，煉就丹砂千萬斤。願得黄金同土價，不願將家入白雲。

毛女引

東巡不返沙丘路，百里阿房燼三户。美人如燕落層臺，竄入烟淒泉咽處。烟淒泉咽幾經時，芝草松花且療飢。楚練齊紈消已盡，毛生寧是舊光儀〔一三〕。丁丁伐木來何許，欲話從前羞復止。妾今無意得長生，莫怪當年求不死。童男童女去可還，海中豈無三神山。詎知連弩強天子，不及卷衣弱小鬟。

題射虎圖

何人不數漢飛將，請君細看丹青狀。片紙猶驚怒髮張，何況畫在麒麟上。麒麟偏不畫君形，風雨蕭蕭客霸亭。帳下健兒皆解散，韔中留得幾雕翎。酒後耳熱歌烏烏〔一四〕，雄心未得當單于〔一五〕，憶昔射石曾飲羽，此虎非石亦非虜。彎弓不發十步内，一吼南山飛血雨〔一六〕。才氣無雙致足多，不能持重奈君何。藍田自是從騎少，勿怪當時醉尉呵。

賣葛嘆

吴兒織羅歌嫋嫋，越女采葛心悄悄。將羅與葛向市賣，不論辛苦論花草。輕羅出手已成錢，素葛生塵顧者少。不知當日請臣人，何以能結姑蘇好。

問　劍

爾劍胡爲呼以寶，截鐵如泥頭似草。試思伴我三十年，何曾得近雌雞腦。把看氣色盡昏，星斗無光淚有痕。不辭今日重磨拭，只恐仍前匣裏存。

來日大難

青霜催曉露，煢煢走白兔。堂前卧螳糧，佳人稱寡嫗。捶牀撫枕百呼號，畢竟難從泉下路。死者不作良可悲，來日大難誰可訴。郎君都雅妾妙年，那能見之不一顧。琴聲瑟韻兩悠悠，久摺眉棱今且布。胸中豈必樂人新，眼底相看人又故。外黄女，臨卭婦，風流千載能不誤？

騎驢吟 馬禁甚嚴。

我騎驢，君莫笑，少游款段余心好。不能乘車共載危，不能履虎貽人誚。藜杖千山逐落暉，年來筋力亦衰微。花陰雪嶺徐徐策，鹿陣雲群緩緩歸。回思十載弓刀子，玉勒金鞭驕欲死。只今駿骨朽成堆，不及塵中雙敝屣。

竹米謡

上天淫威何所疾，良苗不實竹乃實。放花結子粳糯同，顏色紅纖殊可食。挈孥扶老入林中，采摘終朝懷袖充。無煩稼穡禾三百，誰信篣篼擅歲功。金石尚流草木死，竹兮未必長生米。

亦思續命苦無田，謂己不能賑貸。勞君輸粟良可耻。吁嗟竹乎，既不若天復穎粒能飽隴西之數州，又不若離朱琅玕能飼鸑鷟之九子。徒使蒙袂疾屨争旦暮于呼蹴，差勝蘆根與鳧茈。安得列方物而上供，佐玉粲之一匕。

即事

兩騎駝鷹一騎獒，翩騅斜跨擁旌旄。纔出城門鞭共下，紅塵一簇鐙邊高。乍過南坪旋北浦，憑陵雜遝驚風雨。黄熊白澤走何之，竟日歸來雙九扈。踏歌簾内曉光寒，衙官且止聲聞鼓。

猛虎行

石落山昏風叫怒，一聲長嘯無行路。蒼兕奔欄豕突林，中夜忽聞哀寡婺。姥莫哀，聽我詞，物有猛者甚于斯。不角不距姣鬟眉，狂噬吞啖如荼壘。東家失女西失兒，南園北閣充調飢。元狐爲導狼爲隨，猾入其腹殊不知。危冠大翼正紛紛，擇肉毛蟲安足云。眼前未有宋庠叔，世上應多封使君。姥聞我辭拭淚語，明日南山止周處。

吞烟行

妙齡作客長安市，烟酒初名烟酒。驚看初列肆。朅來歲月曾幾何，海澨山陬無不至。此物聞從異域來，葉碧花紅匝地栽。片切絲棼餳共味，竿長袋短水爲媒。知他滯穢能消否，馬上樽前不離手。吸爲甘露嘘爲雲，服氣餐光我何有。吐火吞刀事豈同，須知冰炭不相容。莫將赫赫炎炎意，置此疏疏冷冷胸〔一七〕。

願爲

願爲江上獨立之青峰，不願爲天邊弄影之明月。青峰萬古自崔嵬，明月有時還晦缺。策馬到溪頭，久駐待行舟。行舟過盡無相識，日落烟深聞嘆息。

和邢孟貞讀林茂之賣書行〇孟貞此詩丁亥歲作。

廿年風雨隔吴會，探詩始得知君在。亂後難存既老身，手握殘書向街賣。街頭盡是射雕兒，奪却殘書滿地遺。歸來空手低顔色，搜拉枯腸但咏詩。門東索飯憑叫怒，堅塞兩耳如不知。嗚呼！丈夫坎壈焉足悲，蔣山松盡無禋祠。

閲高埜芸所贈長松箕踞圖有感

巴賓浪迹無生趣，早暮煩君酬我句。況能放筆掃長林，傾寫胸中磊塊氣。摩詰當年但有詩，詩中之畫汝成之。濃陰鐵幹相撑拄，樹底何人坐起遲。不愁斯世無嵇阮，誰可容他雙白眼。此詩要亦存其意，以意圖意意更遠。今來忽睹幀頭詞，失聲不覺遂多時。岷江自古接湘水，箕踞長松那可思。時埜芸縶於賊，爲其所沈。

再題埜芸所贈巫山圖

峽裏巫峰吾不見，壁上巫峰今識面。誰能移置此堂中，高子埜芸心所變。傳聞巫山少一峰，多年飛去大江東。今日盡飛來我壁，攢英聳傑驚鴻濛。一峰未了一峰起，遠近低昂不相似。

就中一峰獨上天，峻筆窮追得半耳。漫言鴿鑽與鬼愁，即今猶令滿堂秋。耳邊時有三聲唳，瞿唐中斷無行舟。何人拄杖尋絶壁，似置西枝草堂地。數椽臨麓不曾關〔一八〕，中夜得無防虎至。桃源巫嶺事相同，雲雨知他第幾峰。莫因宋玉荒唐説，不使襄王出夢中。畫圖指似良有以，世上山川幾類此。寧教尺寸礙人行，未肯陂陀隨衆趾。洪濤巨浪漱其垠，窟宅虛無意鬼神。萬古長江誰鎖鑰，徒仗雙崖寄北門。

竹天

坤山以蘆荻名，而所得乃在竹。熊掌之取，詎燕婉之求云乎哉。于其所命之以天，是蓋能自全其天者。

貴竹之貴貴以竹，自昔歸來少寓目。即令搜討時一逢，不過尋常三兩簇。那能快眼況滿意，每笑此君真落穆。未及買山先問竹，意謂無竹荻亦足。豈知荻反是虛名，户户琅玕媚幽獨。屯陰積晦自爲天，裹石穿籬氣難束。清風何曾一去林，稠烟慣傍深叢宿。奇光灑灑撲面流，鑒我鬢眉盡成緑。游眺未已雜坐卧，恍然對彼人如玉。乃知此物具遐心，不在囂塵在空谷。春深紫籜迸蒼苔，能使飢腸不見促。一蛇一蚹防護周，見謂食筍寧食肉。非關好語出癡腹，自是君家原療俗。雖或知愛未知敬，勞勞爲爾還叮囑。移家尚覺隔日遥，盈畝恨莫終朝速。徒乞紛紛恕一貪，猶勝時賢苦徵逐。

采蘭

芃蘭無幸遭霜擊，使我終日如有失。奴言數本在高巖，只可遥思不可覓。乍聞頓覺色飛揚，呼奴便往指我蹟。果然好物不浪生，索處層陰散幽碧。孤危自喜絶躋攀，恥受人間培與植。我上固難汝下艱，無可往還惟嘆息。勢窮事迫智慮生，斵葛爲藤繫腰脊。一人墜取數人挽，性命可輕酬主癖。敗葉殘泥怕損遺，心忙何暇爲揀擇。驪龍頷下奪珠還，回視重淵方跼蹐。

贈朱大受

吾鄉山水楊與馬，一時名噪三吴下。吾弟高懷慕古人，未肯一筆從俗寫。落紙人呼黄大癡，神韻雖同骨法奇。研頭殘瀋自矜貴，詞客羞稱況畫師。天子憐才鬼神忌，殉骨捐軀迷葬地〔一九〕。人琴俱亡蹟已無，後世誰復知名字。白首孤生慚孝友，抱骸濩落如喪狗。林丘圖史遺餘齡，誰走烟煤欣未有。殷勤爲語所從來，曾于吾弟得營裁。雲山不死吾弟死，展卷一過中心摧。曝竹當年尚失聲，敢云兄弟如友生。今將友生當兄弟，典型若在即老成。索之不已君莫厭，要爲吾弟存生面。對牀風雨倘重來，抵掌衣冠驚再見。

春盡日俟官嗣長不至〔二〇〕

君言三日城中住，一見張公便南去。及今匝月尚逡巡，不肯乘間一我顧。顧我猶愈見張公，芍藥正鬥鶯粟紅。朱櫻紫筍甜于蜜，黄鸝青鼃歌能工。勿云觴咏有餘樂，暫解塵囂亦不惡。未必官人勝故人，飢腸空向屠門嚼。厭山誰能復到山，掩關已久懶出關。君既難來我不往，輕風好日又成閑。

五色蘭有引

鍾退谷《題五色蘭卷》謂《蘭譜》無五色之名，國香階秀，不可以青黄點拂。五色應是五種，而以風月偃仰當之似矣，而非其實。今予圃中之蘭，實備五色，花時各自爲態，因思退谷曾使黔中，豈方秋未及見，抑行促未暇訪耶？當時門下士如蔣夢范、馬沖然者，皆留心風雅，何不以此告公？作詩正之。〇夢范已見前。

光風纔放梅花暖，又泛蘭叢吹蕙轉。千莖萬本吐葳蕤，異態分形恣辨演。白者疑莎留積雪，碧者疑枝俱是葉。朱英紫瓣不尋常，蠟片猶稱多酷烈。寧爲花殊葉亦殊，禿衿長袖美而都。深情未肯相依附，各出新裁改樣圖。我重此花非爲色，即論顔色何奇特。思摹一本乞公詩，我後公先那可得。公向夢中曾識面，我從園内頻頻見。若非身與結交知，枉自讀書窮萬卷。

癸丑正三日走謝曹澹餘中丞未及見而歸作此自咎〇曹澹餘，名申吉，安丘進士，康熙十五年巡撫貴州。

破衾高卧萬山雪，忽致新吟詩數帙。若論時情固所難，循分也應躬走謁。及到轅門忽一思，我年亦已過半百。鞠躬後進行輩中，尚復何求甘磬折。急呼籃轝舁余旋，懷刺一任空漫滅。入門老母問城事，半晌低頭説不得。園中羞見砌傍梅，開徧南枝又到北。如此清光如此香，胡爲竟使終朝隔。移牀花下意茫茫，没盡殘陽猶面熱。

金陵女子歌

昔寓金陵土街口，一夕，對户作焰口法事，士女聚觀燈。月之下見一女子雲鬟被肩，容態絶世。訊諸主婦，知爲東鄰楊氏子，與渠有連。次午邀之過，得晤對數日。予欲買之，其父不允，遂舍之而歸。已四十年，乃聞其竟爲予死，因作《傳》以紀其詳，并作詩二首以弔。○録一。

金陵作客年雖少，鬢影環聲如糞掃。莫愁桃葉已成塵，縱有千金無一笑。誰憑錫破睒摩門，勾出當年倩女魂。恨月未明看不的，愁風吹去帶難捫。盈盈座上生秋水，蓬髮蓮趺羞欲死，背癢纔思爪一爬，却爲方平鞭輒止。世間真有幽曇花，瞥見翻令惹怨嗟。墉城苦被東瀛隔，聚窟奇香遠莫賒。天下才人幸難遇，不才枉把紅顔誤。如光如影復如霞，也須上在氤氲簿。

鴉　鵲

鵲噪人皆喜，鴉鳴衆競彈。問之何因爾，吉凶于汝兆其端。始知好語冰能熱，莫怪攖鱗膽盡寒。思截佞臣舌，誰披義士肝。寄語鳳凰休誤認，鵲兮靳尚鴉比干。軟美雖可悦，骨鯁亦足歡。言之太甘中必苦，諫者不易聽尤難。勸君莫强與人事，不如飽食閉口巢林安。

夏國公顧成誌石嘆在厲祭壇。

西風吹土土花碧，野寺牆陰横片石。閑搜細捫讀未終，知是前朝壙中碣。上書皇帝嘉元功，特敕詞臣撰次工。千秋萬歲藏幽室，寵及三泉媲鼎鐘。挽郎歌薤千人送，天鹿神羊夾翁仲。

内府支金部使臨，經營既定推難動〔一一〕。祠祀蒸嘗三百載，西南老顧名猶在高帝呼公爲老顧。鼇柱傾頽大海乾，纓貂零落丘原改。冢頭犂作梵王宫，頤控金椎鬼不雄。誰言翊運開疆者，寸壤難容異代躬。

壽李蒲村臬使〔一二〕

浮竹之鄉稱絶遠，誰持使節開重巘。張官置守已千年，漫道南人不復反。六十年來事更多，蠻争攘竊未停戈。萬里勞師凡兩度，要從百戰起沈痾。詔曰疇爲予司臬，首清冤濫須廉直〔一三〕。公時正守尚書郎，清心自昔甘冰蘗〔一四〕。叱馭何辭九折坂，前驅并轉三軍輓。孤忠作伴膽爲鄰，妙手搏風塵可飯。每言蔡人即吾人，與作鷹鸇寧鳳麟。焚書既欲安反側，晝地還期返樸淳。白髮儒生深自匿，下交頓許成相識。一旦幾爲盛孝章，移書不但争之力。垂老焉知未有家，擬憑拄杖事天涯。戀公仁政不忍去，猶向堂前祝歲華。

雞鳴嘆

節節足足鳳凰聲，咿咿喔喔籠雞鳴。鳳凰一叫天下平，籠雞三號天地明。雖然爲益有大小，覺人瑞世總非輕。鳳杳不可見，雞賤還遭烹。黄綢被暖春忘曉，雙柑斗酒聽倉庚。

木龍磯

卧波老幹銜厓吐，便欲憑虚竟飛渡。勢頓旋遭樵斧欺，肢殘尚剩輪囷度。藤爲髻鬣苔爲鱗，懶作槎浮同梗住。影入沈灘鬥蟄虬，根蟠古岸尋屈蠖。總無枝葉惹風霜，漸積土埃成道路。

生意何殊半死桐，奇情要學長虹步。漁子一見欣投竿，恰好垂綸及深處。緣木真可以求魚，守株豈但能得兔。誰云臃腫定不材，偏在顛危有嘉趣。相傳只説釣之磯，細省方知身是樹。變遷物理孰能窮，時來化作蛟龍去。

贈張蓮山

張公學劍兼學書，軍中猶載三十車。有時山前射於菟，有時花下注陰符。昂藏九尺蒼眉鬚，非常自許羞稱儒。西走象郡東夫餘，九州嫌窄海可都。高檣大艑淩天吴，張帆列幟驚神魚。夜窺星斗濕狼弧，曉謁蠻王分氍毹。瑪瑙之盤水晶壺，脯麐菹鷗行屠酥。髻鬟組袷棲姸姝，留君不住翻改圖。應笑仲堅非丈夫，歸來却遇河陽鄔。翩翩聊作阮元瑜，不律横排金僕姑。要臠猘狗腥妖狐，身親奪槊手援桴。蒙皮負矢爲前驅，昆池劫灰看有無。方騫暫息集高梧，將曜芒垂參井墟。才大能降膽不粗，冠危帶緩時蹌趨。典衣庀具邀吾徒，鬮題刻燭聲烏烏。滄溟可竭管難枯，上規往哲李與蘇。肯學參軍咏娵隅，井幹跳躍驚大巫。語君珍重愼前途，肘金如斗纛如荼。長篇闊幅天山摹，座間食客履皆珠。揮毫不少千人譽，塡胸磊塊盡消除，拔劍斫地胡爲乎！

讀書行贈張茂對咸池不群

張家兄弟皆鸑鷟，艱辛不受山林辱。上堂供母下挑燈，夜夜書聲撼茅屋。我來侵曉霧冥冥，足及門樞側耳聽。沈淫未省有客至，猶帶餘音出户庭。嗜癖耽奇殊可喜，況復能從探厥指。

爲君一一發其藏，啼笑千秋如掌抵。讀書何須未見書，洛中空載三十車。眼光對面如不隔，神龜龍馬亦蟲魚。縱談不覺日將夕，更出新詩相訂質。高華直欲壓時流，要向古人争一席。盛晚中唐何足分，嘔出心肝即至文。暫將簪紱了塵事，細與重商舊所聞。

聞詔

聖主憂民無不至，今日欲行古時事。東封既了巡南地，翠華常帶甘露沛。捐租減課兼除弊，宛然父母爲子計。猶恐荒遐未霑暨，飛書列款纖毫備。詔省犴獄清寃滯，老農亦加粟帛賜，黄紙出閤惟下吏。

知足

生逢戰争偏用文，盾頭磨墨空紛紛。今雖終老在山谷，身見太平何復云。養雞牧豕度年歲，抱孫弄子無離分。頭髮落盡齒牙缺，看看又欲成高墳。從前那望還到此，高天厚地歌吾君。

【校勘記】

〔一〕留爾住：《黔南叢書·敝帚集》作「留君住」。

〔二〕越王：《敝帚集》作「永王」。

〔三〕託幽竹：《敝帚集》作「理幽竹」。

〔四〕眷顧：《敝帚集》作「眷愿」。

〔五〕此句之下,《敝帚集》尚有「莫辭力弱姑爲宣,猶勝車陂遠溉田。花開不獨余欣賞,明歲春瓿爾味先。獠承我語勉一去,意雖不樂辭難拒」六句。

〔六〕浹汗:《敝帚集》作「赤脚」。

〔七〕争一息:《敝帚集》作「抒一得」。

〔八〕尋冰霜:《敝帚集》作「攫冰霜」。

〔九〕「誰從」句:《敝帚集》作「那能盛夏不揮漿」。

〔一〇〕夜坐:《敝帚集》作「月坐」。

〔一一〕人失:《敝帚集》作「人識」。

〔一二〕特其末:《敝帚集》作「猶係末」。

〔一三〕寧是:《敝帚集》作「寧似」。

〔一四〕「酒後」句:《敝帚集》之下尚有「可憐終始厄於弩。取旗不賞亡軍死,漢法不爲一人殊」三句。

〔一五〕「雄心」句:《敝帚集》之下尚有:「却來山下射於菟」一句。

〔一六〕「一吼」句:《敝帚集》之下尚有「吾聞大將萬人敵,那向毛蟲鬥勇力。困辱休云盡數奇,畢竟還由簡易失」四句。

〔一七〕置此:《敝帚集》作「置余」。

〔一八〕不曾闢:《敝帚集》作「不曾開」。

〔一九〕「天子」三句:《敝帚集》作「蒼天不欲容才士,殉國捐軀萬里地」。

〔二〇〕候:《敝帚集》作「候」。

〔二一〕推難動：《郘亭集》作「抔難動」。

〔二二〕臬使：《郘亭集》作「先生」。

〔二三〕廉直：《郘亭集》作「人傑」。

〔二四〕「清心」句：《郘亭集》作「拜命飲冰夕内熱」。

黔詩紀略卷之二十八

明

吴滋大中蕃三近體詩一百四十二首

岳陽樓望洞庭

萬里隨流至，孤舟繫岳陽。平分荆楚地，别作水雲鄉。日月行無礙，魚龍樂未央。疏排非不力，存此志洪荒。

江 行

帶睡辭宵浦，開篷路幾千。帆陰時就塔，峰影自登船。傍樹停炊爨，呼燈覓市廛。舟人遲月上，又欲趁風便。

金山寺二首

恥與衆山伍，衝波别出奇。地天都不借，江海莫能移。風逆徒延跂，身登忘險危。中泠名太盛，反使後人疑。

江心呈島嶼，疑是蜃嘘樓[一]。尚覺孤莖動，無妨巨浪搜。櫓聲時和磬，窗影或銜鷗。何處容塵濁，居然在十洲。

登富春山

更上層巒頂，瀾光守一丘。古人有高寄，此地足淹留。骨已能全傲，名非昔所求。後來登眺者，曾動逸思不？

釣　臺

静想當年意，爲臣良獨難。不然都尉聘，豈異故人官。姓氏存風土，賢愚慕釣竿。至今江上水，别自作深寒。

大滌山謁石齋黄先生

自得親河岳，昭然盡發蒙。先生猶古柏，小子儼寒蟲。去得一矜字，博來三日聾。井閭如不出，頭白亦頑童。

哭　書

定欲燒焚此，方知盜賊疏。從來成帝業，原不外圖書。氣數雖應爾，天心或秘諸。只憐精髓竭，半世已成虚。本集《絶句》卷中又有《哭書》二首云：「重購深藏寶不如，白頭相伴送居諸。誰知福薄難消受，三十餘年又哭書。」「舊刻離騷及子長，千年古墨尚生香。縱然覓得如新友，笑語雖同意不良。」第一首注云：「舊集書丁亥焚於賊。」即指此也。又三十五年辛酉復有《哭書》二絶。辛酉爲康熙二十年，又吴世璠陷貴州時也。

渝州雜詩○四首録三

人滿遭天概，無如此地凋。牆根熒碧燹，沙際拾金翹。户少村難立，田荒草待燒。補苴猶恐失，況敢説征繇。

戍鼓已停槌，春城四望開。諸軍閑角射，遠客獨登臺。魚米初成市，人家各剪萊。臨風懷士治，整頓信雄才。

養人無異術，立國有鴻綱。道已通巫僰，庾先足稻粱。屬城皆色起，節目漸恢張。持此酬當世，拂衣歸草堂。

王園石案石枕有引

甲午春，於相國王春石公園得石案一、石枕一。案長五尺，濶三尺，厚六寸。堅潤如紫玉桃花，朵朵作淺紅色，散布案面，洞達表裏，點綴甚匀。枕赭色，長二尺，圍尺有五，昂首蹲腹，狀如伏犀。重於鐵，膩不留手，遍體皆指爪痕。《玉書》云：黄如蠟，文如掐，中懷玉。此枕似之。各賦一首。

詎是平泉石，來從相國園。段頽飛不起，花落點猶存。未必經僧枕，皎然有桃花石枕。得無印管痕。當年身貴後，蒙錦遍雲根。

宛爾犀跧伏，温然玉潤瑩。無煩三獻泣，應列九賓迎。釣豈從魚腹，祠疑自穀城。軍中當警鐵，定憶冷流清。相國督師于遵。

渝城見燕

差池何自至，綽約共追尋。不是鞦韆影，居然畫閣音。年年花柳恨，刻刻海天心。見説無家者，銜泥傍故林。

營　月○四首録三

懸軍夜寂寥，萬幕息騰囂。遠嶂孤烟合，寒星數點摇。甲潛芳草短，角轉壯心消。誰識光華苦，翻同風雨宵。

披帷一以視，浩氣夫何如。天地有今日，風塵無定居。裹糧朝飲血，被檄夜辭廬。代馬覊嘶立，因之雙淚徐。

獨宿愁車下，征夫事若然。何當清鏡影，長照古龍泉。大角光初潤，招摇勢且旋。無勞悵離訣，消息在明年。

霜天曉月同潘平遠道子賦○三首録一。道子見後。

寒逼不成眠，攬衣雞唱先。氣嚴精欲斂，光苦影猶懸。一縷棲全碧，微峰突亂烟。遥知滄海上，熊魄正無邊。

人日遲友不至○三首録一

春光昨一見，旋復變寒威。以我不能往，知君未易來。静聞冰響繼，細數梅花開。忽睹案頭筆，方知久共陪。曾以畫竹見贈。

贈無端還廬山并引。四首之二。

僧常言：康王谷下當崖罅，新構一樓，瀑簾正出其上，濺珠跳沫時時落檻牖中。雖盛夏重衲，猶不能勝。於其還也，賦而俾鐫諸岩側，以當意游。

水石皆能待，簾樓相爲生。翻憐終古概，未滿昔人情。望去波間影，飛來海上城。長江雪月夜，共隔幾重明。

不是人情侈，天工巧奪之。如何飛瀑下，恰剩一樓基。常恨難棲住，今容静覽披。谷簾奇已甚，得此更增奇。

次傅甦築見贈韻六首之四。

結茅窮阻絶，出入與雲俱。不復與人事，于何來嘆吁。趁花無暇懶，就鳥肯言劬。地黑歸常晚，頻勞山鬼扶。

不信山多奥，頻來君尚疑。徑微樵屢誤，樹僻鳥難知。亂水時妨屨，危橋但剩基。沿緣凡幾許，轉入轉參差。

心遠何因地，寂喧歸所求。爾能同眺聽，吾豈負林丘。固信貧非病，須知了即休。泥中堪曳尾，長跪謝犧牛。

山中殊視聽，住久不知幽。近午猶貪睡，纔陰即念裘。簫韶松慣代，名字鳥常留。尚恨身無翼，恣余汗漫游。

次茅雲谷見贈韻五首之四。

不成朝市隱，聊與棘分居。石氣全凝日，峰情恰受廬。蝸行殘壁粉，狷過亂床書。雅欲閑心想，江花夢亦疏。

了不異人意，以何貽我憂。聲聞纔幾日[一]，庭户已如秋。食至鳥先下，思來筍自抽。細聽鈴語默，猶未墜風流。

嘗蠟登山屐，還乘下澤車。衰榮難問柳，憂樂特關魚。燒筍焚蛇戟，芟蕉裂鶴書。丹臺及紫府，差可任銓除。

竹露收餘響，晨曦造曲房。澆花蟬虎匿，展卷蠹魚忙。市遠無兼味，家貧有儉方。此生淪落意，只許北山詳。

栽　竹十二首之二。

以少物爲貴，雖多君益珍。依然猶卉植，所具獨精神。和豈皆從俗，清非不近人。山家能有此，似亦未全貧。

免俗纔今日，成林更幾春。塗窗微有致，掃月遽無塵。肅肅常秋氣，亭亭即偉人。阿誰能徑造，野雀與苔鱗。

送易如金東歸

君謀復不用，莫怪涕頻揮。斯世輕黃目，何人重白衣。春風先到舍，舊犬喜迎扉。默默登堂後，中廚進蕨薇。

重過友人山齋

相思輒過從，小犬作先容。近午杉陰直，經霜芋味鬆。談狂詩約束，石漏草彌縫。醉踏溪聲去，村烟已報鐘。

栽花十六咏有引；録五。

栽花、藝圃，小人事也，奚足述而津津不置？然世皆先生大人矣，莫不各有所栽，所栽不同而其爲栽一也。至於花，勞者不暇栽，俗者不肯栽，愚者不知栽，舉衆人之所不争，委之窮山逸老，則自栽之而自吟之，且長吟之，又奚不可！

心日念花枝，辛劬焉足辭。一朝建氣候，畢歲得嗟咨。别試經綸手，微分造物奇。比他標紫客，不異是孳孳。

未了獨癡緣，澆培送暮年。是鄉真可老，此事較猶賢。爲爾千場醉，遲余幾夕眠。世人如得見，應悔不林泉。

唤我作天公，天條十指中。縱饒千綬紫，怎及一區紅。妒羡兼蜂蟢，恩仇半雨風。從兹林内鳥，定少白頭翁。

養目割園租，爲謀未甚迂。掘泥覘雨迹，逐瓣數花鬚。清福消非易，閑愁遣不誣。枝頭三兩點，便欲索詩逋。

樹底驗光陰，朝朝繞砌尋。妍媸吾有眼，榮落爾何心。小月依痕泛，微烟着蒂深。每於新故際，無感亦沈吟。

龍山六咏〔三〕有序

鈷鉧、愚丘以子厚而得名，名固視其人哉！然鈷鉧、愚丘之得名，子厚之不幸也。余避地龍山十有七年，谿山澗谷，助我非少，而未嘗一字酬之，豈人之不足名邪？抑谿山澗谷之未易名也！癸卯夏初，游泳之次，一拳一勺不至辱吾墨瀋者，輒予以品題，又各錫之以嘉名，或以形，或以致，或以意，要使境足運吾筆而不慚筆，可永斯境而無憾。後之人按吾詩以索境而境傳，按斯境以索詩而詩亦傳，兩相待而兩相壽，豈偶然歟？雖然，名者造物所忌，陵且遷矣，又安知境與詩之必傳哉！即使必傳，又安有廢放次且十七年於此，如吾之久且習者哉？則詩可以不作，境可以不名也。抑又思之，鈷鉧、愚丘未必人人至之，而若或人人至之者，子厚之《記》爲之也。即鈷鉧、愚丘，今且蕩爲冷烟，鞠爲茂草矣，而尺策陳煤，猶若見其錚泓而突伏，則非子厚之《記》爲之，子厚之人爲之也。夫子厚少年躁進，晚乃見道，然已雖悔靡追，後之人猶因其文而重其人，以悲其遇焉。則詩又何可不作？是役也，境凡有六，詩亦如之。

款端巒

小室面蒼巒，嚴威獨改觀。都無睚物意，時作偉人看。静對袪浮妄，微吟領秀寒。幽踪千古秘，猶怨墨光殘。

旅珂岑

水已循溪去，陀猶逆浪争。一團蒼水璧，萬古冷烟萍。竹箭充庭至，絲蘿列檻呈。是山能住我，未免爲多情。

螟頤泉

乳竇似蟾蜍，盎漿同皎魄。娟娟未盡施，滄滄仍無迹。一飲換肝脾，頻看起痼癖。誰憐風雨宵，此處存寒碧。

却月洲

山麓展元洲，迴環抱碧流。乍疑蟾下飲，長見魄沈鈎。芳草無非莊，幽懷不但秋。無人堅一卧，纔讓與鳧鷗。

箝春洞

裂壁吐谽谺，千年猿狖家。偶來探石髓，遂得飯胡麻。不欲人皆盡，時開壁一罅。應知深僻處，别自有榴花。

澹炎瀑

一縷注山臍，晴空見舞霓。豪情餘灑落，冷態自凄迷。莫近熱中客，應將洗耳題。秋風且勿忌，奪我響玻璃。夏瀉秋伏。

蕭翌伸卒於滇已十八年其子附雲歸其骸弔之〇六首之二

萬里投荒土(四)，崎嶇晚節間。一麾初出守，三徑遽求閑。身與名俱重，家隨國共艱。可憐嬴博葬，今日始言還。

素旐來何自，飄飄大道傍。以全歸造物，將憤謁先皇。有子非常子，何鄉不是鄉。逍遥騎白日，爲我一回翔。

蟲　吟

客子難爲夜，多憂滿一園。濃烟初墮砌，衆響欲成村。夜氣勞相警，秋心向我言。憑誰修耳史，字字是招魂。

穀日适兒生同舉一女是日立春志喜〇三首之二

離亂衰門户，百年半欲分。一兒纔掌上，八載更啼聞。乞火鄰家問，披衣老母欣。孿生當暮齒，且勿論能文。

淑氣動芳辰，驚傳滿室春。女男相接武，家國兩需人。憐愛終殊向，持携敢惜辛。久知空一切，只此較微真。

秋　蟲

小物非無謂，乘秋氣頗繁。纔依深淺草，輒作短長論。聒耳不知止，愁心一任煩。如何霜落後，是處盡聲吞。

閉　户〇三首之二

杵静日方高，牆陰長碧蒿。憐山終日向，厭客隔籬逃。悟豈因書得，吟非仗飲豪。清間天似吝，不肯付時髦。

敗樞無可掩，盡付緑香封。世以勞爲樂，予因拙長慵。静詮山鳥語，笑紀卦蟲踪。除却松陰入，苔階總莫容。

逃　僕〇二首之一

勢存客豈散，時易僕難馴。昨夕猶心膂，今朝即路人。爾非甘悖德，我自不謀身。一誤毋容再，前途幸自珍。

賣貂冠

貂珥非吾分，從兹賣却宜。難辭頭見責，且任尾貽譏。一笠不能正，長纓何以爲。毵毵餘鬢髮，頗慣雪霜欺。

賣　鏡

鎮日嗟憔悴，今朝無此傷。不緣真決絶，安得兩相忘。去作珠沈海，開令月滿堂。長眉呈巧笑，差不負清光。

溪行紀興二首

朝來山氣正，泫露未全收。倚杖循溪去，乘涼遇石留。鶯閑時選樹，魚曠不知鈎。一曲何煩賜，烟光任客求。
見道雖云晚，及今猶未遲。盡將諸念遣，乃得百非知。生意憐幽草，澄懷鑒碧漪。游雲不相厭，來止若前期。

林茂之老而貧且盲見其貽邢孟貞詩有所争惟易簣之語傷之〇三首之二

不踐長干道，雙懸歲歲心。亂離文士蹇，貧病暮年侵。道廣身難濟，時移世莫欽。如聞君痛哭，使我未終吟。
不火尋常事，何堪更失明。世皆嫌老叟，天似厭高名。豈壽真爲辱，無才或有成。古來非但汝，我亦誤傷情。

秋　病〇八首之四

病來諸念歇，亦未暇求生。若使常如是，何由致不平。好花霖雨爛，惡夢午雞驚。咫尺中庭地，逍遥羨螘行。
病裏非無得，途窮悟已多。畢生矜所事，此際竟如何。白日荒荒盡，青燈暗暗摩。不須登古冢，繞屋是烟蘿。
世人皆怖死，死豈怖能逃。一旦無張主，從前徒苦勞。古之真曠達，焉往不雄豪。只是空諸有，浮雲任所遭。
聞道籬花綻，兼之天氣清。是身仍屬我，觸物又關情。稚子欣爲掖，慈親笑學行。鏡中時見影，纔覺使心驚。

九月初七日病起見月

何意山中月，頻頻對亦難。經時于女别，多病莫予寬。秋始今宵素，光從此後寒。懷深情倍切，風露倚闌干。

十　日二十日立冬。

山氣曉冥蒙，菊花香不豐。秋争十日内，寒至五更中。定補重陽雨，難寬病葉風。身當衰颯後，觸處有愁攻。

倚　杖

拂衣辭野澗，倚杖過雲坪。樹樹無留葉，村村有嘆聲。時艱非我事，物變感予情。注目寒山外，風高一雁輕。

尤愛溪

是可忘飢處，何須定大川。岩巉防虎鬥，轂軟暢鷗眠。屢至神皆易，言歸足未前。莫將余影去，一過市城邊。

味外泉

山有蒙泉，瀹而烹之，融滋潔洌，實出味外，故名。

一穴此深僻，聲光萬古同。離潛寧有以，得我始能通。但冷猶非至，如香亦未沖。腸枯纔一盞，切莫賤鴻濛。

雪唾瀑

伏地渟雲髓，穿崖透石汗。遂成驚絶勢，轉作捲餘觀。塵拂珠疑賤，河懸唾未乾。不知千古下，誰更拾其殘。

天　橋水穴山而出，人行其上。

水弱無强遇，力疏山作橋。流行俱不礙，鞭架總何消。未覺身飛渡，空聞涉待招。幽人原履坦，世見謂凌霄。

𡾊　洞天橋下。

山水相爲幻，成橋復結宫。已能宏吐納，安肯不玲瓏。幾訝游天上，誰云入地中。足躡兼膽瓠，蜂蠆事無窮。

婆竭洞

石骨自冥搜，層層結蟻樓。寒漿充古玉，窨瀑釀春鹵。或有風雷隱，焉知天地愁。最憐幽鄰處，容得一漁舟。

豈凡岩

今古山川具，何人識此岩。夾天成一線，醮影曳孤帆。猿每來争坐，藤猶切固緘。非關樂奇僻，髓骨豈能凡。

魚　石〇二首之一

乍從荒翳出，神氣未全蘇。陸處雖非據，天飛亦自殊。肯求升斗活，詎可網羅須。静對思觀化，懷中應有珠。

浪　石〇二首之一

石怪理難求，當窗作怒流。風來松借響，月轉室爲舟。出入如堪輿，相催卒未休。山居翻在水，吾意已同鷗。

衆香園〇四首之二

好夢山留住，週遭費裹縫。何須煩掃葉，竟可廢扶笻。竹石時分目，雲霞日蕩胸。苔痕誰與破，但有鶴麋踪。

啓閉信有候，生成莫自由。不然此棘壤，何以遂丹丘。一樸存前古，微區試老謀。招尋來翠羽，頗訝未曾游。

七月十六日張九如先生招飲夢草池閣得晤貞恒世丈并其公孫感賦〇三首之一

誰令久廢沼，又復接文窗。韻勝情難俗，道高心轉降。竟能容草野，頻得飲淳龐。花柳私相慰，新陰漸若幢。

綺閣臨晴瀫，宜人更在秋。一堂三代友，百感寸心收。莫覓平泉石，姑爲華表游。琴書都不異，只異昔朋儔。

丙午元旦響懷堂試筆〇二首之一

霡霂成春事，梅花當曆書。行年四十九，多患百千餘。漸覺身心泰，從教姓字疏。忽聞村鼓鬧，節物未全虛。

所　事

所事竟何論，微吟繞竹根。荷香寬雨氣，梅落醒詩魂。笑指匏同繫，愁聞酒漸渾。千秋知我未，剩有篋書存。

丙午初度

升沈何忍憶，忽忽擲年光。藥蓄非龜手，交投或賣漿。人間無可語，天上恐相妨。長擬仙源住，聽人說漢唐。

蚤秋二首

止語聽幽禽，閑階秋暗尋。緒風生葉底，微月護花陰。香益溪雲重，鐘隨夜氣沈。砌蟲如有恨，時至不能喑。

積雨全沈暑，空庭獨貯秋。一閑差足慰，至貴是無求。墮水禽聲滑，過林岫影浮。茫茫尋邃古，乃在此荒丘。

香髓池有引。六首之三

丁未冬至，鑿池於古梅樹下，花點窺池，如淡妝之臨鏡，忽開我悟，命以「香髓」。夫石者，山之骨；則水者，石之髓也。兹山皆石，而梅生焉。梅且以石爲骨矣，得不以水爲髓乎？無水則骨枯，故靈之以池，不第爲寒香洗髓已也。

故國頻戎馬，心傷夢草池。穿雲生一滴，聽月得多時。徙谷愚難療，分波活可期。如何炎帝女，銜木欲令夷。夢草池，予城居别業。

曲士耽丘壑，高賢薄畛區。各成其所是，何必定同趨。頓使精神注，無憂興寄孤。次山雖復起，不易石魚湖。

唾涕亦堪矜，澄懷淡與凝。孤雲時就濯，微雨略爲增。水氣全歸榻，瀾光忽上藤。史成焚草處，清夢久無憑。予昔夢游芭蕉園太液池。

戊申立春丁未臘廿三日。

春意向荒邨，嚴寒久閉門。微峰生木杪，殘雪抱林根。壯齒居然盡〔五〕，同儕尚幾存。低徊看舊曆，時過不堪論。

除夜二首

凍壓燈無焰，孤村獨夜身。山林容我老，世界逐時新。已矣半生事，傷哉今日人。伊誰存面孔，自認笑兼顰。

士有不得志，撫心恒自疑。賤應來衆毁，貧乃致親離。何地堪埋骨，此生好語誰？豈真千載後，定有一人知。

戊申元旦〇四首之二

三載此棲遲，形神漸覺宜。琴書從我好，山水荷天私。種秫惟供友，栽蕿且當醫。人生雖滿百，不樂亦奚爲？

即非時所迫，亦可措吾躬。地是長春圃，家存太古風。傲人雞犬色，足用荈麻功。若使無苛政，羲皇在此中。

暑　雨〇二首之一

一自梧齊葉，何曾歇雨聲。蹲林看筍長，滅燭救蟲生。好是池能滿，知雖石可耕。孤巖予夙昔，散怨碧苔盈。

五日賦得投詩贈汨羅二首

不忍後宗國，身先赴碧淵。留騷追四始，遺恨與千年。何地非湘水，嗟余愧昔賢。感時深有羨，不作弔君篇。

少年逢此日，只作戲場看。事到身經見，情因痛定酸。颶風誠有爲，止水豈無端。欲話沈淪意，憂君涕汍瀾。

寄郝雪海時欲爲刻集。三首之一。

欲與君言者，文章僅一端。如何猶未得，此外大都難。天尚將余秘，人誰改俗觀。寒山雖可語，且作帳中看。

題朱大傲卧石軒○大傲詩見後卷。

道心閒有得，竹石共綢繆。夢已疏朝市，軀全付壑丘。清泠孤榻領，奇崛一窗收。夙昔猶難忘，前身是虎頭。

哭大芳弟

斗粟一官微，十年與我違。中途猶藁葬，稚子不知歸。世業前皆廢，親交近亦稀。獨餘窮老叟，言念一霑衣。

況復洞二洞對峙，昔人避兵于此。

背山開繡谷，穴地裂冰崖。遽足幽棲勝，能令夙願諧。雙瞠閱世眼，各抱濟人懷。萬古誰先賞，非余亦道佳。

未及山之半，紆迴費討尋。雲飛時易髓，月到忽生心。詭趣欣難必，畸爲嘆不禁。始知靈異境，那在窅然深。

蔗巖二首

洞好先知壁，人言食蔗同。且將屬饜意，慰彼仰瞻衷。如此已堪快，何嘗不巧工。閑心相領略，乃覺味無窮。

若無此一片，何以見茲山。朗朗餘晴氣，森森發古班。樹奇偏履險，藤老自躋攀。盡道頑如石，今看石豈頑。

洗髓巖

瓊崖當碧澗，終古嵌虚明。氣已同波冷，神猶仗水清。巧于宣肺腑，妙在用欹傾。體骨都更易，何曾有世情。

懸秋壁

絶壁逞霜晶，何知畏日晴。蔓垂今古蔭，猿墜短長聲。豈劍倚天立，如帆矗海征。蕭蕭風過後，幾欲動心旌。

雲扶磴

未老力先疲，扶笻又似非。不能除眺聽，可竟掩柴扉。已賴雲爲掖，還同鳥鬥飛。石頑偏用險，足亦與心違。

壬子元日

冰雪占新年，梅花點未全。都無塵俗事，惟伴古先賢。呵筆揮踆兔，明爐煮澀泉。不聞金鼓鬧〔六〕，只道是壺天。

癸丑立春後二日

殘曆尚餘旬，空傳已是春。雪風方得意，衣被不憐人。老覺朋儕盡，愁聞歲事新。韶光能有幾，漫擲苦寒晨。

種黄楊

世皆憐翠柳，誰更説黄楊。遇厄寧因閏，爲才本不長。所思千載後，非計一時芳。莫嘆無華實，凌冬色正蒼。

野　鳥

鳥不厭山深，朝辭暮復尋。見人思集穎，對語欲投襟。一面終爲網，三驅已是禽。孤居原自可，焉用過喬林。

遣　興〇三首之一

遠志無勞計，平生已在兹。齋容陶令膝，窗礙庾公眉。果熟從猿盜，花殘怯鳥戲。偶然經隴首，又見黍離離。

雨投山寺

懶出豈云非，衝泥興已微。磬沈烟裏閣，燈報竹間扉。放馬齕階草，更衫借衲衣。離家心便悔，何待與鄉違。

初　霽

重陰氣忽和，臨眺晚烟多。以我方家食，誰人尚枕戈〔七〕。天心非盡秘，時事竟如何。願得長松下，終焉一放歌。

種　茶

種茗先人志，年來思一酬。亦嘗黄蓄子，未見緑盈丘。地力非予吝，人工頗自尤。今朝重點綴，何日摘新柔？

答友慰〇四首之二

把君書未讀，不覺淚滂沱。世事有如此，人生將奈何。絶裾雖免恨，登木忍爲歌。細省當年失，於親較更多。來書云：「使吾子當日容易一出，越在千里外，此時之恨何如也。」

幾番頻却召，咸借母爲繇。不獨能生我，兼之獲免憂。養生輕一日，貽子在千秋。如此稱高厚，君看可報不？

耐　亭〇六首之三

小笠踞崖巔，諸峰躪檻前。不嫌驚混沌，一爲補雲烟。暫緩探奇意，姑留未盡緣。憑他矜捷足，到此亦俄延。

山深兹更深，何客可棲尋。鳴鐵争猿睡，停琴待鹿吟。亂霞塗繡壁，野水透疏林。此際忘言説，凭欄思不禁。

偶出尚思歸，不歸良亦非。盆荷翠已立，砌草馥難微。嶺氣殊朝暮，崖容忽瘦肥。翩然來白蝠，疑是洞雲飛。

軍興乙卯

軍興開百孔，殘賊肆侵漁。勢劇《石壕吏》，情殷《平准書》。壯哉惟鼠雀，瘠矣盡溝渠。莫怨逢今日，他年恐不如。

冠緌藏虎豹，敲朴當笙竽。竟得賢勞譽，安知物議殊。質田供納價，鬻子應徵夫。且勿嗟垂橐，躬猶免執殳。

古王重授産，謂得免飢寒。衰世無常賦，有田成禍端〔八〕。錙銖真必較，晷刻亦難寛。持贈誰爲受，歸來塞默看。

幕中

老至孰余宗，年來嘆已重。依人聊氣色，寄食且從容。草草勞人事，棲棲佞者踪。生當戎馬日，何處是高峰？

本自薄書傭，胡爲厭老農。携來五寸管，聽盡幾宵蛬。未敢輕彈鋏，何妨比賃舂。丈夫難自樹，猶道泛芙蓉。

發昆明

狂霖忽爾止，天亦喜人歸。野蓼紅相傍，山雲白導飛。盡人知不返，送者自應稀。行矣將安戀，故園香正馡。

耐亭賞滇茶花

名卉專南國，茲亭見却新。丹苞含晚歲，光艷動先春。得氣偏殊衆，衝寒倍妮人。梅花矜別調，亦覺少精神。

悼亡○九首之二

君方周兩歲，便已罹重圍。壬戌安叛。患難一生送，憂虞此日微。多艱抛向我，寸匕免藏衣。君常淬一匕首，藏于衵服。姱節原羞擅，余言已覺非。

所悲良有以，長恨豈無端。對食頻推案，入門先起嘆。人誰憐白髮，我欲覓黃冠。憑借魂來往，依稀勸自寬。

移營

世亂無安轍，軍書每日來。宿春懸後載，裹創事行枚。義重軀骸賤，功高弧矢推。人生非死敵，荒冢亦成堆。

少小貪嬉出，天涯老更征。頻年皆轉戰，是處不留行。井竈爲家舍，烟花媚客程。孤蓬嗟自振，髀肉敢求生。

落花

轉盼已殊前，空勞泣斷烟。過時俱腐朽，多事是春天。着地猶成錦，登枝又隔年。茫茫今古恨，試問樹頭鵑。

雞㙡

積雨新秋後，山山長肉芝。負苞名舊借，奪蝗義新奇。負苞菌，名雞㙡，一名蝗奪，下多白蝗。味擅西南久，供從酒茗宜。此間同地肺，綺季不憂飢。

僻居

僻居少人事，食已步逍遥。纔罷青蠅市，旋看赤蝗朝。輕雷縈遠岫，驟水蝕平橋。物候紛何止，閑心識長消。

同楊耑木登樓晚眺

攀梯先縱步，倚檻俯斜暉。去鳥烟中没，游雲天際歸。寒增山骨瘦，霜縮澗痕微。指點荒城裏，頹垣漸長衣。

自矢

息意事躬耕，途窮豈倒行。四時常衣褐，一飯不求羹。感至邀蛩訴，詩成送月評。丈夫死則已，何至易平生。

夢故友

襟裾不可持，縹渺又何之。已足云千古，無煩論一時。當機如少決，死後更多訾。不見生存者，聞弦每自危。

夢曹澹餘先生

石爛山頹後，珠傷月死時。每經開閣地，輒動叩門悲。桃李雖猶在，風光竟屬誰。精靈殊未散，仿佛尚游斯。

寒食

昏朝小苑東，躑躅思何窮。峰穎簪新翠，牆陰匿剩紅。難辭茶葉雨，易惹柳條風。昨夜夢歸去，春缸酒正融。

穀日爲亡弟俞亮中畫立傳其生日也

道遠無消息，千山泣杜鵑。貽憂於老母，蓄恨到重泉。溝壑雖酬志，丹青并失傳。弟以勤王死粵，生平以畫擅名。寡兄今老矣，朽骨幾時還。

有避

聾俗無高論，奔蹄鮮逸輪。檢辭酬險士，側足避忙人。愛骨難輕棄，平心自寡嗔。多年談學道，得力在斯晨。

于茅

屋老自玲瓏，欺凌任雨風。蒼苔登脊厚，紫菌據楣豐。欲理艱於食，非時貴在蓬。懷安無遠志，未可責衰翁。

葬老僕

比來頻哭爾，難忍斷腸聲。少小相從日，艱難共此生。有心全付主，無子最傷情。仗爾同蛩距，云何掉臂行。

登　龍

矻矻將何濟，悠悠只自傷。亦知貧可賀，敢道壽非祥。終日聊爲計，千秋孰與楊。荒丘如浪涌，若個骨能香。

終　隱

已定棲心計，無爲築道旁。數家成聚落，小徑接浮梁。巷曲雞豚誤，泉遥爨汲妨。不能康四海，何敢薄耕桑。

【校勘記】

〔一〕「疑是」句：《黔南叢書·敝帚集》作「水氣結蜃樓」。

〔二〕聲聞：《敝帚集》作「聲香」。

〔三〕龍山六咏：《敝帚集》作「龍山雜咏」。

〔四〕投荒士：《敝帚集》作「投荒去」。

〔五〕居然：《敝帚集》作「端然」。

〔六〕金鼓：《敝帚集》作「村鼓」。

〔七〕尚枕戈：《敝帚集》作「正枕戈」。

〔八〕成禍端：《敝帚集》作「即禍端」。

黔詩紀略卷之二十九

明

吴滋大中蕃四 近體詩一百三十一首

秦淮月下

秦淮絲管最多情，夜夜嗚嗚傍耳明。有客抱愁階下立，何人擁棹月中行。烏飛更向誰之屋，駝卧行看汝在荆。遥望孝陵深一拜，如聞天語念神京。時北都戒嚴，左兵南犯。

弔方正學先生

木末荒亭伴冷祠，何人到此不生悲！要争一字千秋是，那顧全家十族夷。浩氣豈隨藏血化，存孤猶賴老天知[一]。上海余家今已復姓。大書史策能無諱，直待於今論定時。

螺髻葊弔卓忠貞先生 葊爲卓左車建。二首之一。

騎虎山中黑夜歸，當時何不即相依。功名腸熱神仙冷，君父恩深性命微。至計無如封蚤徙，臨刑猶恨用多違。九原可作誰堪并，應笑夷齊尚食薇。

别萬客侯

歸來海上頓移情，意外相從喜更驚。志大那能藏亂世，才雄焉肯作書生。老親尚在予將返，知己難逢汝合行。時應楚撫聘。回首三山人又遠，浪頭雪立暮潮盈。

太湖逢周士登先生

茫茫萬頃浄琉璃，曉立船頭自咏詩。爲憶古人成既往，敢期今世得新知。欣然執手翻如舊，率爾聯舟不暫離。尚約西湖相待取，鶯嬌柳媚暮春時。

表忠祠弔劉省吾大將軍

已見東方鬥五星，如何造次説犁庭？方張强敵多英勇，遠調諸軍昧勢形。聲死鼓鼙三路潰，血流春草二江腥。將軍豈是忘持重，馬上紅旗不暫停。

按：省吾，名綎，《勝朝殉節諸臣録》云：左軍都督府、左都督僉書府事、總兵官劉綎，南昌人，最驍勇，歷平九絲蠻、緬甸羅雄、朝鮮倭、播州、建昌諸寇，大小數百戰，威名甚著。萬曆四十六年，四路出師，由寬佃道進，與大兵戰於阿布達哩岡，兵潰戰死。今謚忠壯。

丁亥紀亂

〇事詳譚先哲、尹思民兩《傳》中。

甚日春城剷賊壕，堪憐原野厭流膏。天心巧設量人壑，地氣全鍾作柱蒿。賊去兵來梳與篦，饑成疫作濾而淘。低徊爲想身親事，史籍何曾得一毫。

弔陳平人先生有序。二首之一。

先生督黔學，曾受其知。壬午罷蜀撫，抵渝，獻賊執而磔之。時日正中，震霆忽擊，繞賊而去。甲午守渝，爲位哭之。

謀守當年兩莫爲，獨將肝腦答明時〔一〕。已辭帥閫同行路，猶赴湯焚死鼓綏。血染沙場天地動，心存君父鬼神知。書窮萬卷無多予，兩字綱常不受嗤。

按：平人，名士奇，漳浦籍，鎮海衛人，天啓乙丑進士。崇禎間爲貴州副使提督學政。性孤嚴，徑行一意。士每進見，必論文終日，援據古今，闡微抉秘，略無倦容。脱粟之飯，即與諸生共之。喜談兵。後提學四川，超遷巡撫。十七年獻賊寇蜀，已得代行，至重慶入城，與瑞王同拒守，城破被執，憤罵不屈，賊臠之，時天正霽，有震雷之異。詳《明史》本傳。乾隆中賜謚「忠愍」。

庚子冬詹天水求霖臣先生之櫬于黔予既歸之復作此贈二首

見爾仙標水共清，尋源忽動廿年情。當時原不輕心眼，九死安容廢友生。江夏歸骸猶有愧，滇南慟哭此何聲。素旌遠引匡廬色，一棹寒江雪裏明。

人定雖云必勝天，亂餘那復計周全。君行水陸三千里，我抱艱虞十六年。心爲感深容易盡，事從成後反疑愆。先生卒後，寇亂，予冒死三易棺，葬于先塋。公子疑其爲僞。平生自許知何限，敢道茲行遂足傳。

按：霖臣，名時雨，一字敬五，鄱陽人，崇禎七年進士。累官蘇松參政。忤權貴，左遷貴州提學僉事，斷絶請託，持鑒公允。遷河南參政，貴撫疏留，就遷按察使。乙酉八月卒官。

和文鐵庵花影

不向枝頭戀色身，自爲出脱見精神。已知法盡翻成法，纔道無因却有因。亂點苔階妨鶴步，暗披荇沼怯魚唇。憑虚巧作非非想〔三〕，誰是能描善繡人？

仲冬過友山居三首之一

森森古木擁荒苔，未識何年道始開。葉老尚留前代響，山深不許淺人來。乍迎眼底神先往，每坐根頭意懶回。漸轉層幽知落日，幾家雞犬出林隈。

得准滇郡之辭胡止戈以詩見美就韻酬之

四十投簪亦未遲，尚慚元亮已先之。山山芝美將焉待，歲歲薇柔好共誰。豈是長歌真當哭，敢云濁飽不如飢。一身去就尋常事，焉用誇明詫決爲。

春謁許明谷先生有贈○明谷有傳，見前。

八十年餘竹柏身，殼軀欲化只精神。閑談往事皆桑海，静守明鑪作道民。衆鼠任偷不死藥，五芝應屬有心人。相從未得慚吴猛，悵望碧天虚翠麟。

章奇章書來索予近稿且言曹石霞過澂念譽之甚曹近有澂江烟草屬之刻急走止之

雕蟲久已悔楊雲，老至方知薄舊聞。不爲窮愁寧有作，即非身隱又焉文。尋常未許人輕與〔四〕，逐臭安知子亦云。寄語曹丘誠念我，澂江煙草勿遲焚。中多放言。

按：滋大同鄉舉有章爾珮，字琳友，貴陽人。本朝順治十六年知澂江府，以寬大爲澂人所懷。康熙五年擢金滄道副使，裁缺謁選，卒於京。奇章蓋琳友别字也。滋大有《哭琳友詩》云：「姻親再結兩番緣。」又云：「君憐予子同親子，兒仗妻翁若乃翁。」則琳友爲滋大舊姻，又親家也。

曹石霞覓父骨於順寧返而卒於滇池時癸卯十月四日也訃聞哭之三首

雙肩久擬荷綱常，不爲親亡亦國亡。談到世讎恒裂眦，眼看藁葬幾刳腸〔五〕。平生姱節今纔畢，舉世才名尚剩狂。異域裹尸翻得所，肯從枕畔散餘香。

不住僧中不住仙，這回好證舊因緣。皮囊任逐寒烟散〔六〕，精爽常同皎月懸。即使重還多是鶴，况難歸去蚤爲鵑。哭君可必君聞否，日抱遺文當古賢。

按：石霞，名允昌，黄岡人，爲嘉定令。罷官自放，縱酒佯狂。其客死於滇也，騎馬過肆門，肆中十四五女子指謂其父曰：「此曹解元也，兒欲與語。」啼不止。父爲請石霞至，女忽南向坐，石霞東向侍，語刺刺不休，或彼此涕泗交横。父聽其語不可解，驚問故，俱不答。久之，女子趺坐而目瞑矣。石霞還寓沐浴端坐，亦逝。林璐《鹿菴集》記楚人語云：「爾觀此次章起句不甚可解，故《黔風録》此章摘首章意易之云：『國變親亡身自捐，綱常久已荷雙肩。』今證林説，恐即有所指，故仍其舊。

猶記城隅幾夕談，縶維頻爲我停驂。尚云雞黍還期北，何意軒輶竟滯南。細省素幡言豈偶，空憐饒舌弄餘三。曹贈詩有「莫認素車旛」之句，又有《饒舌三弄》諸刻。集中弁語君曾諾，安得泉臺致一函。

觀稼

欄拂花梢雨正新，石淙灘下水粼粼。遥觀驅犢過層嶺，漸散炊烟寂四鄰。莫道明農爲細務，非徒足國是經綸。從來禍亂知多少，半屬飢民半惰民。

六月廿二日錢開少將歸京口以書來别

一夢焉知枕未寧，場中悲喜我同經。也思三舍留殘日，豈意中天見蔀星。無可奈何惟欠死，縱云歸去嘆零丁。持來寸楮猶餘淚，欲寄相思何處舲。

和錢開少秋柳詩○開少見《錢點傳》。

舞罷迴文不自聊(七)，多情揮涕一攀條。去蟬咽怨如繁雨，過雁興哀帶晚潮。漫説當年餘裊裊，暗憐幽夢總蕭蕭。美人已老蛾眉寂，猶自躊躕立板橋。

誰教菀柳頓成枯，悵雨惆霜總覺誣。我自多愁非爲汝，人言憔悴不如吾。烟歸曲徑猶然冷，月過前邨分外孤。記得踏青鶯與燕，可憐回首一齊無。

塞下曲○四首之二

生男何用向邊州，説着沙場淚已流。甲背常馱千里月，角聲不斷四時秋。馬甘苜蓿猶餘瘦，雕快平莎亦帶愁。萬里長城皆骨砌，從來能得幾人侯？

涿鹿關頭乍舉烟，須臾烽影達甘泉。倉皇劍履方臨室，纛沸京兵盡向邊。一戰未能存國體，三軍誰敢望生旋。無頭有骨憑何認，淒斷寒原不下鳶。

曹雲如自思唐訪予山中留數日圖山水數幅而去

幾年風雨夢魂勞，既見還疑意外遭。揖罷竟須登草閣，茗遲且可摘櫻桃。莫談別後多艱事，但看燈前兩鬢毛。愛我亭幽清興發，終朝花底倦揮毫。

《明一統志·思南府·山川》：「思唐山在府城東四里，南連河只水，北枕内江水。」

別龍山二首

龍山久已定吾居，何事琴書遠更移。避色肯爲終日計，全身須趁未陰時。幾番混沌勞予鑿，到處幽遐可自怡。別此不禁蟲鳥怨，白雲相送水之涯。避色，一作「介石」。

谿山於我獨相親，相去無多亦愴神。盡斂烟霞歸篋笥，尚留風月與何人。此身縱往心猶戀，明日重來迹已陳。雞犬也知懷故舊，漫藏高樹匿東鄰。

徙居蘆荻○四首之一

自來行止等游絲，但着烟林便覺宜。屢有尋求將客誤，漸無名字與人知。耕漁足了半生事，木石纔堪百世師。每坐溪頭向水笑，遑遑舍此欲何之。

草堂成○三首之二

更闢層巒數畝餘，半栽梧竹半杉櫚。固非求潔難容唾，亦未全孤尚有書。侍母每將身作杖，課兒且用筆爲鉏。不知天上仙何似，料只窮荒樂隱居。

離却紛拏夢不難，山中事事結清歡。新移美蒨搜嵐活，漸去繁枝縱月寬〔八〕。隔暮小蟲能報雨，未秋暗壁已生寒。大鵬斥鷃逍遥一，無用中天七寶欄。

衆香園○三首之一

一花未盡一花開，碧冷紅腥孰翦裁。心與化工争氣運，力爲草木達英才。獨行頻得雲相伴，欲語旋呼鳥下來。何處更尋乾净地，此間除却或蓬萊。

尤愛溪晚泛○二首之一

從此生涯付小舠，自操兩槳弄輕濤。傍人野鶩如仙侶，到耳寒瀧勝楚騷。水意未甘終石隱，雲情偏喜鬥峰高。安卑豈必皆賢達，盡閱浮沈悔昔勞。

懷潘士雅

一官久罷竟難歸，日日山中望信稀。世欲使君貧賤老，天如甘我友生違。糟床屢滴花頻放，雲壑方深鳥獨飛。爲報故園秋色好，抱琴相待又斜暉。

船　石〇四首之二

石在銅鼓崖下，居然一舫纜結烟汀，潘平遠以四律索和，頷珠已得，莫可措手，乃提偏師以應之，亦鄧艾縋巖計也。銅鼓崖在會城東二里，下爲牛渡潭，船石横其側，長可數丈。

艇子何年繫碧潯，端然頓息遠游心。肯同萍梗常飄泊，一任風波自淺深。大力有人誰克負，奇功未樹不須沈。細思岸谷遷移後，惟爾安閑得到今。

自是天心欲擅奇，尋常雋楫那能施〔九〕。笑渠無用全同我，滯此多年欲待誰。明月蘆花仍滿載，殘陽烟鳥共棲遲。覆舟山下曾經過，纔信其間有伯夷。

置生壙訖却書壬子十一月，時年五十有五。

非關身後太多憂，此骨安容妄一投。已指前溪爲止水，更營塊土作菟裘。恨無烈士堪相傍，笑語時人豈暫游。不待蓋棺方論定，一生强半在林丘。

木鼓雍門色已低〔一〇〕，何人到此不酸凄。黄泉得意惟將母，白首同歸但有妻。此後無煩頻荷鍤，他年誰爲禁樵蹊。墓門不用書神道，近代詩人手自題。

癸丑元日試筆〇三首之一

暖風輕引竹陰斜〔一一〕，不負春來號歲華。報信忽驚林内筍，愛晴初見蝶邊花。緩迎鳩杖登臺望，嬌任狌雛踞石嘩。笑我雖無朝市樂，市朝看我似仙家。

紀夢

癸丑正十日，夢冥司遣卒相召，余語以有母在堂，請一決，許焉。拜辭之下，涕淚交頤而寤。寤而復夢如前。時從友所借得《列朝集》，披覽竟日，蓋不知老之將至也。次日，當道有修志之聘。

深烟老雨困犁雲，睡起簾開已夕曛。夢惡自尋神惘惘，詩奇細讀意欣欣。老來漸覺生無味，死去誰能道不聞。鬼伯未煩相促召，如今地下孰修文？

半世删修且勿云，眼前哺乳正紛紛。事皆未了無如母，難不相從已後君。自製挽歌觀頗達，妻臨斜被謚何文。百年過半非爲夭，況有新營數尺墳。

送彭晉三太守還浙

幾載論文氣味殊〔二〕，今朝那忍聽驪駒。一錢未得充行李，三嘆空勞泣路隅。何意直將春共去，自憐不及杖同趨。天台雁宕公家圃，長嘯豪吟見憶無。

壽景怪叟

五嶽都將拄杖量，白頭萬里客南荒。逢人便吐心肝語，見困全傾館穀償。玩世滑稽今曼倩，角巾野服又文長。世間何物能千古，只有詩文一兩行。

李武曾于幕中見予紀朱葵石先生事訂于歸時來晤值他出未面詩以別之并寄葵石

草檄何人擬建安，懷風徒想一盤桓。爲書舊德存公是，遂枉前綏結古歡。天竺三生原不偶，阿閦一見覺尤難。到家若話南中景，萬樹經霜葉剩殘。

寄蔣復生

少年曾醉竹西樓，回首韶光已白頭。每對紫芝懷綺里，不將黄犬易青牛。竹枝一曲高聲唱，款段常辭下澤游。觀裏瓊花誰得見，輕舠何日别揚州。

江辰六書來索余作付選次答其詩〇辰六自有傳。

桐經爨後尾全枯，筆墨閑操只自娱。章甫從來難適越，黄池焉敢冀先吴。眼前雄傑知多少，身後榮名定有無。況有諸君司品藻，何憂藝苑尚荒蕪。

謝王鹿友贈蘭

多年曾賦贈蘭詩，今日重煩遠寄持。葉比昔盆雖短少，花于前度較繁滋。深香未肯隨時改，幽意安能與俗宜。笑不常情無過我，伊人遽罷一方思。

園居

小築危欄只數楹，居然寶所與曾城。閑來始識花顔色，老去方知物性情。不道從前多孟浪，翻愁此日太分明。蒲團一個經千卷，剗盡崎嶇可坦行。

謝友人招

此生何意及昌辰，得在山中奉老親。未忍遽抛藜莧味，那能輕擲亂離身。曳碑痛哭非佳士，扣角長歌豈異人。麟鳳盡投天網去，可無一個作遺民。

有答三首

不因雲水太相關，細數勞生許孰閑。愛我只應憐白髮，愁人切莫枉青山。碑沈柱立雖千古，岸徙山移總一般。醉尉任呵田父詈，無妨老子號癡頑。

中原旗鼓任縱橫，少覺膻濃老亦輕。請以一拳當五嶽，肯將杯酒易榮名。低頭尚悔重重錯，信步方思坦坦行。忽憶去年樽畔客，幾人結綬幾書旌。

從他百笑過時身，淨掃茅庵頗絶塵。富貴豈應偏棄我，山林原不强留人。可堪性較嵇康懶，未至家如原憲貧[一三]。隨分自安聊且止，寸心終古好誰陳。

憂旱〇二首之一

窮檐何日罷號啼，況復膏霖不點泥。隔歲雷聲先報旱，深春原野未扶犁。已拌溝壑甘長往，其奈軍儲急挽齎。縣帖正繁如雨至，且須持過久荒畦。

小關嶺謁武侯祠祠特圮陋，旁有關索廟，新修麗甚，感賦此詩。

一木思支漢廈傾，將思北伐故南征[一四]。不毛自昔誰深入，窮髮于今識大名。信耳人皆欽別將，低頭我獨拜先生。功成不有甘寥落，猶是茅廬淡泊情。

高境謁楊用修先生祠〇三首之一

持論無如繼統平，天倫爲重位爲輕。臣心愛主常多激，子道尊親亦至情。泣諫原非辭一死，投荒何必嘆先生。斯人不向此中老，今日憑誰俎豆榮。

送夏大夏之武昌

牂江地窄姓難埋，傀儡場中幾上臺。多難豈知余尚在，千山何意爾重來。莫言舉國皆相借，即論餘生實見哀。馬首又東人共老，晴川芳草可能陪。

陳虎侯携家來訪假寓山中兩月乃去臨行留贈次之〇四首之一

膏車兩度問南天，屈指游從僅一年。爲愛此身同引疾，蚤知今日約耕煙。狐援足跰猶歌鮒，杜甫心傷只拜鵑。亂後逢君真意外，白頭燈影倍堪憐。

新柳〇六首之二

一堤春緒碧戔戔，接地輕陰影待圓。即復無風恒欲動，亦關何事易生憐。黄鶯争踏枝微彈，紅杏相依色倍鮮。惹得登樓腸屢斷，嬌憨亂搭赤欄前。

隋堤春暖翠雲浮，萬樹千條散客愁。額上鵶黄猶未褪，髩邊蛾緑恰纔修。莫嫌力弱全無定，長得人憐只是柔。我欲相從學垂手，腰肢如鐵不風流。

擬寄夏大夏青字時寓武昌藩幕

燈下裁書夢裏游，飄然直上木蘭舟。芰荷衣冷風千里，鸞鳳聲調月滿樓。葭菼正深漁火暗，烟波無際野星流。似聞隔幕相呼急，也説楓林一段愁。

寄友

不堪老大别荆扉，故友應憐見面稀。心事總教腰帶識，笑啼偏與夢魂違。暫留東閣觀奇士，終向西山食舊薇。滿徑白雲千澗雪，好煩收拾待將歸。

乍 晴

三旬剛得一朝晴，頗慮中宵月太明。雲喜呼朋將日蔽，天難自主聽風争。最憐楊柳腰頻折，却笑荷花蓋易傾。傍午群陰都散盡，餘光猶可快人情。

山居二首

谷轉谿迴費客尋，偏於路盡得平林，山川亦有嗜奇僻，竹樹原無媚俗心。落筆窗前雲怒起，揮弦石上月沈吟。奚奴跼蹐攄忠讜，爲述前岡虎迹深。

丁年避亂偶經過，遥望林巒翠一窩。口渴思漿如玉液，足穿得屣勝雲靴。傲人雞犬窺天上，拒客荆榛滿路阿。今日移家來此住，回思三十九年多。

武侯祠後小亭爲撫軍田公課士處

了除花判啓塵封，山郭雙旌有鶴從。那惜畫皮爲巧鵲，憑誰操莛叩洪鐘。遠江入抱來千里，群岫升堂侍一峰。城柝欲嚴魚鳥静，烟深講席話從容。

上田撫軍綸霞

欲安邊鄙借雄才，瘴霧蠻烟特地開。石屋主人如可作，王陽明先生號。蠙衣道者竟重來。郭青螺先生號。一時但覺儒生貴，舉國都忘狐鼠災。厚福只愁難久受，還朝之詔且徐裁。

贈李元熾

才高豈久困風塵，要與天家作鳳麟。心比藕絲尤覺細，情均骨肉倍同親。憐余衰蹇常相掖，憤彼浮誇獨任真。古調不彈嗟久矣，乃於斯世見斯人。

贈劉豹南子章

平生頗負人倫鑒，兩眼雖昏不易欺。乍讀雄文心已折，久親雅度意全移。恍聞流水高山奏，如坐光風霽月時。自笑老人非太乙，案頭藜火爲君吹。

贈周載公起渭

兩世通家雖在昔，一時聚首却從今。風流擬見靈和柳，大雅還聞正始音。欲覓替人欣已得，可知倒屣自難禁。願將絶俗超凡事，慰我相期無限心。

贈黄雲客嘉縠

人嫌才少子才多，天意寧甘獨見苛。肯以窮愁消壯志，常將謔浪當悲歌。風雷到底歸神物，光怪終難掩太阿。我有一言聊與贈，閉門摩揣勿蹉跎。

再入志局

猶是華陽舊著書，可堪回首廿年餘。才因患難都消盡，識賴磨礱略勝初。濫以毋追充法服，暫將不律當耰耡。詞人冠冕吾何敢，慚愧諸公曲假予。

紀十八先生墓

崎嶇萬里欲何求，一死難言事便休。有骨不歸同遠島，虛名猶在勝清流。誰從衣帶收遺句，我向荆榛識故丘。擬禁采樵雖未得，且留幾字待千秋。

志成

機組時時織肺肝，羞縻楮墨與盤餐。大書特筆誰當任，細討窮搜我欲殫。山海且須煩郭璞，鐵鹽不用論桓寬。裁成勿道無輕重，一統輿圖仗此完。

送湯明府還粤

此心難負道難伸，纔繳官憑便乞身。赤紱賣來還養士，青錢謝絶不勞民。雖爲古昔常行事，要是於今僅見人。扶杖遠從窮谷至，雙懸老淚灑車塵。

和潘士雅古銅瓶韻有引

先子舊藏一瓶，不知始於何代。丁亥之難，家破瓶亡。庚子春，士雅得之倉傭盎粟間，贖以歸我〔一五〕。夏五月，士雅自楚寄詩以慰，余益不知涕之無從出也〔一六〕。

亦復何堪戀，由來未易忘。製於誰氏手，賞自友先堂先子藏玩之所。汗澤今猶在〔一七〕，回文古莫當〔一八〕。幾番呼客語，載拂示容光。彎紐絲同絡，蜼懸尾漫藏。琴書分蘊藉，苔茗敵葱蒼。間以司花命，時因飫酒狂。賞心惟有道，閲世固非常。鬼妒遭捐棄，神呵免缺戕。敢辭流俗侮，頗賴故人詳。提挈疇能意，全歸反可傷。興懷成異代，相對若爲腸。款識雖無恙，精神半欲亡。

鷓鴣斑黯慘，翡翠色微茫。完比秦庭幸，出疑汾水祥。漫言真不朽，且賀獨平康〔一九〕。偕隱余終老，傳家爾較長。宗彝籌所付，愛鼎慎其將。況被名歌咏，兼之重品商。石金皆有盡，高誼應難量。

求蔣夢范先生遺稿兼問其家〇夢范自有傳。

明時乃不達，夫子遂其真。曲巷惓花草，窮途感鳳麟。囊空惟有句，筆妙總無塵。大力全追漢，奇文半燼秦。一篇存氣運，萬古鑒艱辛。任道材兼器，增輝地以人。我嘗登大雅，誼復忝周親。書籍曾云付，精光豈盡泯。續殘儒者事，念舊友之仁。遺草非封禪，佳兒可負薪。道傍誰下泣，死後漫言身。已近要離冢，終從原憲鄰。衣冠雖朽矣，想見笑兼顰。

聖泉篇有引

泉以聖名，取其盈縮異于他水，應時而至，有類于聖，故曰「聖泉」。一刻百盈，故又名「百盈」。鴻書以爲即漏汋也。偶讀楊用修《贈韓石溪》篇中多龍圖羲畫，蝦鬚蟹眼字，惜其唐突，因成此。雖無昔人之藻炫，然於泉之情性形似，庶或有當。若曰作詩必此詩，則非余所敢辭。

涓滴豈珠源，標奇不憚煩。昔人傳聖水，亳州事。此地見名湲。引勝甘離郭，逃聲耻近邨。經從千嶂得，穴自一蹄存。消長争俄頃，升沈寄吐吞。測陰嫌準繆，紀刻賤壺喧。始悟潮生海，因知軸轉坤。流行誠匪妄，進止必皆敦。滿即如欹器，清猶憶上尊。谷深神易冷，石瘦氣難温。月贈將盈魄，烟摇莫定魂。何年明隱異，終古淡噓噴。遄遄停車蓋，時時過鹿猿。雖遺桑陸品，雅附惠夸論。乍至還疑幻，徐窺實有原。養生休數息，注易可忘言。碣廢疇能考，詩亡孰與掄。最憐同不食，寂寂抱山根。

按：泉在貴陽城西八里黔靈山後。鎮遠侯顧成甃石爲池，覆以亭，池中立石以驗消長。

過盤江橋 乙未

江界兩山，岸嶮泝剽，不可以舟楫通，尤不可以土石甃。夏潦秋霖，爲行李憂。崇禎初年，憲副朱公家民募金冶鐵爲絙襠者十六，橫絙兩崖之間，架以幹木，雁齒參差，然後布板實土，蓋祖瀾滄江之舊制，而措以新意也。久而漸廢，增修者覆幕之，復加以瓦，夾楯施欄，泝丹灑翠，鱗鱗然，翼翼然，如樓櫓麗譙，行者不復知其爲橋，況褰裳胥溺之苦乎！兩岸精藍對峙，金碧映照，橋益增壯。西南奇勝，當以此爲最。因賦二十韻紀其概〔二〇〕。

禹迹所窮處，桑經未盡書。來從火墩腦，輸委沃焦墟。盤江自蜀西來，至七星關而見。劃地千山截，縫空一綫虛。纖腰谿窈窕，珊骨虹去聲。縈紆〔二一〕。金石交何固，鈞陶理或如。縶維驚水怪，繩戲躍仙妤。濺沫難爲杇，奔濤自覺舒。飄飄真御氣，蕩蕩欲持裾。乃悟柔之勝，還思動不居。昔人勞創始，萬古險夸初。直欲身康濟，羞貽世拮据。念窮高岸後，力借補天餘。完毀疇能必，依資竟莫除。無煩鞭石鈍，遂免望洋趄。樞紐遵前範，遮欄警後袽。依然臨板屋，猶似在乘輿。飛跂凌翬鳥，蠉蠕擁蝍蛆。波紋分組練，鱗介被犀渠。麗寫潛虬窟，奇停過客車。還思度索險，應笑鎖江疏。

雨中鳴鹿

老雨埋山徑，深谿一鹿鳴[二二]。尋踪疑隔竹，帶響過前坪。已覺銜烟去，猶餘繞澗情。中原方競逐，大夢正同争。好惜懸庖命，休馳走險聲。雲眠差較穩，寂默得長生。

支烟杖

山有異木，莖瘦條堅，蠹蝕其膚，斑剥如瘿。余取作杖，名曰「支烟」，并錫以詩。

老在深山世莫知，偏於臃腫見離奇。與梅分潔尤餘勁，比竹能斑較有姿。便覺身輕全門鳥，還愁力弱或争螭。響傳秋壑孤生悟，影落千厓瘦引詩。徑破雲來苔有怨，忽穿花過蝶增疑。千峰指點開烟面，半嶺裊裊亂月枝。豈以提携供俗玩，不緣拂拭吐華滋。寒驚午寂初藏鹿，冷挫禪鋒欲吼獅。幾度摩挲矜遇我，有時自笑不如伊。年當少壯誠何用，路值顛危始見思。細省平生無倚杖，得君堪喜亦堪悲。

燕市〇七首之三

三載杏園春，從前嘆積薪。如何明詔下，尚訪釣屠人？

突兀古長城，燕春趙武成[二三]。何曾限戎馬，只可隔邊情。

苜蓿馬初肥[二四]，金牌曉夜飛。來憑烽送入，去賴暑驅歸。

愁晝

罷繡整羅裳，廵階小步長。下簾推白日，不忍見流光。

愁夜

燭蕊笑餘艷，殘妝許影憐。戍樓今夜鼓，莫打五更全。

和友人歸國吟〇四首之二

不願棲故林，不願見故人。願得路傍兒，能知是我身。
昔日松楸隴，今爲牧馬場。馬嘶向春草，寸寸嚙人腸。

效沈千運古歌仍其起句五首

北邙不種田，但種松與柏。松柏盡爲棺，猶有無棺骨。
北邙不種田，亦不種松柏。寸寸無空間，揮鉏那可得。
北邙不種田，但種齒與髮。齒髮不生息，何以無斷歇。
北邙不種田，留爲萬古宅。新宅未即安，故宅已廢掘。
北邙不種田，諸鬼群占籍。侯王非一人，更誰爲鬼伯。

子夜冬歌〇十首之四

愁帶何堪約，時時與火親。身温心懶起，莫怪忘歸人。
飢鳥繞空倉，寒日淡將夕。難道思歸心，不如望歸迫。

歲月有時盡，君行豈終久。不願早歸來，但願歸無負。
莫更問何如，年年一紙書。寒温聽已厭，見墓總成墟。

題朱大傲待歸臺

因石以爲臺，都爲雲所據。數日不歸來，竹風相笑怒。

敝　琴

山水久摧殘，成連見每嘆。希聲原自貴，何用碎長安。

送王自修之塞上王，吴人，自滇至。

地自陰山盡，人從洱海來。莫將雞鹿塞，認作鳳凰臺。

夢中句

倏爾遷時序，都忘故與新。坐來林影换，始覺春山春。

漢陽寄友

瓜州已隔萬重關，又在瓜州第幾灣。莫訝經年無一字，海潮原不上孤山。

贈張國威女將軍〇十二首之四

推轂年年選將頻，懸師不下久逡巡，閨中也有勤王愾，巾幗端然解贈人。
烏帽緋衫畫戟開，萬人蜂擁玉鞍回。登堂女伴驚相問，何處官人直入來。
轅門霜角五更頭，兩兩旌旗并轡游。笑語狂夫須努力，莫教閨閣先封侯〔二五〕。

纔談韜略又談文，男子風流欲盡分。習久漸忘身是婦，尚嫌人號女將軍。

婁山關感事

王圖覇業久摧殘，血迹燒痕尚未寒。和影帶形纔兩個，杜鵑聲裏據征鞍。

摘桂花布滿帳中時予重病〇二首之一

滿地蒿萊百戰場，誰家遺桂尚生香。孤帷徑尺猶嫌剩，瘦骨半床花半床。

漂　母

深恩百代感孤貧，不貴能施貴識人。肉眼何勞誇好士，滿堂珠履笑春申。

震　木

枕簟春山夜正愁，雷聲破寐直冥搜。世間多少相煩事，却碎當門樹一頭。

羡　僧

督府薦亡，延僧法事，禮拜甚恭，饋饍復厚。而士民赴弔者數日乃得入，不得一茶而出，因羨之。

毘盧帽子錦袈裟，高坐公堂頌法華。世上威儀都改盡，看來不改是僧家。

喜客泉一名珍珠泉。〇四首之二

泉去平埧西五里大道傍，甃石爲池，廣不盈丈。每客至，水湧出，纍纍如貫珠，故名。

兹泉豈復類貪泉，何事蠙珠的的穿。應爲世人多剖腹，故將泡影喻投淵。

吐哺郊迎事已陳，誰分一滴潤枯鱗。泉心要與時相左，不惜明珠屢贈人。

南天竹

霜落平原一夜風，千株萬卉總成空。誰言尚有南天竹，要向深山雪裏紅。

吴平露出所攜倪元鎮清秘閣圖索題

疏林瘦石雨烟餘，想見高人落筆初。今日與君同展玩，小蓬門是洗桐居。小蓬門，平露齋名。

語伐桃者

枝頭一點幾艱辛，隔歲噓培到此晨。莫把尋常顔色賤，若無桃李不成春。

友人贈擔當畫

春風引夢入天台，杖底烟雲撥不開。訝道峭寒生枕簟，有人昨日送山來。

過太平橋感舊

當年亭館枕江皋〔二六〕，詩酒從游興最豪〔二七〕。今日經過足惆悵，荒園秋雨長蓬蒿。

午　睡

難將夏日語冰蟲，一枕權游化國中。恰遇葛天搥土鼓，驚回却是落花風。

梨雲圖

小苑梨花鬧夕陽，低飛燕子蹴香狂。美人睡起情無限，久立闌干忘理妝。

望臯署園池

園滿新紅池滿鱗，不知培養幾艱辛。願將惜物憐花意，并及呼天搶地人。

談　仙

老翁牽犢飲溪流，共坐垂楊話十洲。銀闕瓊臺俱不愛，愛他爛醉不知愁。

答人見贈

道山學海靡涯巔，敢謂斯文遂足傳。但有一人知不恨，何須定向國門懸。

漫興四首

醉向岡頭射鹿，閑來溪上釣魚。星落已經出户，月明猶未歸廬〔二八〕。

案有琴書堪適，門無車馬來驚。秫田數畝初熟，橘樹千頭未成。

得句疾書高誦，不知宜點宜乂。眼前已無鮑叔，身後焉得侯芭。

醉葉密移秋素，鱗雲微綴晴斑。此輩似非無意，勸予筆墨且閑。

晚秋二首

階下濃添石髮，林中忽露烟鬟。試問多情風雨，去留特恁相關。

縱老猶閑几杖，雖貧未至簞瓢。囊中一錢常守，月下三人共邀。

自題小影〇四首之三

有口莫關時事，有心莫共時人。迂迂拙拙窮叟，澹澹漠漠閑神。莫望黄冠顧問，猶防白眼災身。青天遲我隻鶴，暫作仙家外臣。

兩字常師忍辱，一生自信無欺。看窮世上桑海，耻作人間女兒。袖拂蒼苔白石，身藏春徑秋籬。琴心每同鶴語，若問千齡未知。

著書空縻歲月，說劍莫倚崆峒。七尺東方何有？八男荀氏差同。人疑是癡是傲，道在不隱不通。笑指白雲深際，天教安置此中。

【校勘記】

〔一〕老天知：《黔南叢書・敝帚集》作「老天遺」。

〔二〕「獨將」句：《敝帚集》作「心傷負杖獨何悲」。

〔三〕憑虛：《敝帚集》作「憑君」。

〔四〕尋常：《敝帚集》作「尋聲」。

〔五〕幾刳腸：《敝帚集》作「自屠腸」。

〔六〕皮囊任逐：《敝帚集》作「皮毛已共」。

〔七〕迴文：《敝帚集》作「迴風」。

〔八〕繁枝：《敝帚集》作「枝蔓」。「蔓」可平讀。

〔九〕雋楫：《敝帚集》作「篙楫」。

〔一〇〕木鼓：《敝帚集》作「未鼓」。
〔一一〕暖風：《敝帚集》作「晚風」。
〔一二〕論文：《敝帚集》作「論交」。
〔一三〕原憲：《敝帚集》作「黔婁」。
〔一四〕將思：《敝帚集》作「將伸」。
〔一五〕「贖以」句：《敝帚集》下有「見此瓶，如見先子，不勝人琴之感」三句。
〔一六〕「余益」句：《敝帚集》下有「和之」二字。
〔一七〕今猶在：《敝帚集》作「今猶漬」。
〔一八〕回文：《敝帚集》作「情文」。
〔一九〕平康：原作「平安」出韻，據《敝帚集》改。
〔二〇〕二十韻：《敝帚集》作「二十二韻」。
〔二一〕「珊骨」句：《敝帚集》下有「若水同牽引，城嫗異紡綀。術因蛛網得，想自鵲巢攄」四句。
〔二二〕「深谿」句：《敝帚集》下有「不知何所駭，細聽似多驚。豈必因傷類，終然異食苹。狂呼音匪擇，哀訴意難明。敢恃長林樂，非夸町畽成」八句。
〔二三〕燕春：《敝帚集》作「燕秦」。
〔二四〕苜蓿馬初：四字原作墨釘，據《敝帚集》補。
〔二五〕閨閣：《敝帚集》作「婦女」。

〔二六〕「當年」句：《敝帚集》作「當年情事類狂猱」。

〔二七〕詩酒從游：《敝帚集》作「詩酒彈歌」。

〔二八〕《敝帚集》此詩另作：「醉向岡頭射鹿，饞來澗底摸蝦。星落已經出户，月明猶未還家。」

黔詩紀略卷之三十

明

朱歲貢元弼 一首

元弼，字□□，偏橋人，明貢生，未詳時代。

送譚秀明歸茶陵

君先憶我行，我今送君别。同是萍水踪，休聽陽關疊。離懷每惆悵，訣詞劇哽咽。悠悠遠人心，澄澄楚江澈。雲山擁去旌，烟樹催歸節。落月動人思，入夢憑誰説。念豈二三移，憂來千萬結。秋岸蓼花紅，分襟淚灑血。

鄒歲貢大賢 一首

大賢字□□，《黄平州志》厠明貢生中，未詳時代。

山居

濃雲封谷口，無客到山居。鶴瘦思奇藥，人閑搜異書〔一〕。野花知節候，流水自盈虛，枕石高松下，翛然見古初。

李歲貢其昌 一首

其昌，字□□，桐梓人，崇禎末歲貢，明亡不求仕。父天植，萬曆末恩貢中副榜，由教職歷新貴知縣，平越府同知，分守新鎮道，有「李青天」之稱。《平越志》載天植爲同知，在崇禎十一年，爲新鎮道，在末年。萬曆時有李紹霄者，博學多通，好奇計，精三廉六遁之術，征播時，劉綎引爲參謀。播平，與有功，復從綎征遼，卒於軍。綎以紹霄平播功上聞，賜金歸櫬。墓在今南溪口柏林中，即其昌之先也。

題隱居

洞子河清堪洗耳，仙人山秀好扶筇〔二〕。他年若問興亡事，尚有城南一禿翁。

按：洞子河，在桐梓縣西南三十里，兩山高峙，中走一水。其附近高出群山者，曰「仙人山」，爲小水田諸山之祖。南爲梳匠棚，與遵義界，或呼蘇箭棚。

宋歲貢時傑一首

時傑，字英士，甕安人，天啓中貢生。

穿雲洞

策杖携良友，閑尋古洞游。登崖城郭小，拜石水雲留。客嘯空山響，猿啼萬壑秋。心虚如有悟，此地即丹丘。

陳歲貢達道一首

達道，字惇五，甕安人，天啓中歲貢。

山居

茆屋枕平林，開門近碧潯。雨餘閑抱甕，風好稱披襟。山鳥感時變，淵魚觀道心。何當羡海岳，俯仰自高深。

傅秀才億十四首

億，字寓舟，甕安人。本江西金谿諸生，天啓中客鄉人萬爆所。爆以擊璫死，避禍入黔，遂家甕安之草塘司。其子孫世有文行。

卜居草塘

扁舟牂柯原，卜居草塘里。山深車馬稀，土腴稻粱美。結廬倚土岡，開徑臨曲水。日斜牛羊歸，月出釣絲理。比鄰三數家，淳古風可喜，豈不念故鄉，鈎黨殊未已。

按：草塘司在甕安縣東，元爲舊州草塘等處。明初置安撫司，平播，設縣於草塘司，置土縣丞。

後巖

叢林結雲根，磴道挂木杪。蜿蜒山腹中，一徑入窅窱。神物何年飛，遺迹猶了了。頭角嵌嵜嶮，鱗而詫夭矯。出洞疑龍宮，烟靄接浩渺。屏幛石氣青，鐘鼓苔色縹。萬壑交長風，濤聲出松篠。

晚過南湖

扁舟湖上過，長嘯散襟顔。天入蒼茫水，雲横杳靄山。鼉龍深夜出，身世片帆閑。漫説風波險，風波朝市間。

風雨過沅上晚霽

蕭條風雨過，羇客正揚舲。雲氣散空闊，天光開晦冥。一江沅水碧，兩岸楚山青。白芷香堪采，揮杯奈獨醒。

龍標祠

離騷摘幽艷，同輩奪高岑。小邑甘時論，千秋播雅音。鵑啼荒箐月，花落遠臣心。他日夜郎客，相思懷舊吟。

長潭小泊二首

小泊且登臨，長潭逗遠心。幽村護青靄，野徑出芳林。澤澤春鋤響，喁喁山鳥音。對兹忽如醉，身世苦浮沈。

彳亍入山去，山中足静便。野農耕石罅，村女浣巖泉。蓑短嵐侵面，砧殘月在肩。難謀林下樂，帳觸意茫然。

偕宋明經英士訪陳惇五隱居

偶遇同心侶，言尋處士廬。山中惟木石，堂上足琴書。醇飲春來釀，芳林雨後蔬。未知名利客，世味定何如。

渡漳河弔魏武帝

霸業銷沈廟社荒，銅臺遺址鬱淒涼。但餘八斗平原賦，誰恤三傳孺子王。射獵讀書曾素志，分香賣履漫迴腸。奸雄狡獪空疑冢，山鬼聲聲嘯濁漳。

泊桃源洞有以神仙真否來叩者書此示之

武陵漁父見遺民，彼且迷途孰問津。不仕直原酬弱晉，寓言何啻避强秦。溪邊過客各成夢，洞口桃花空復春。剩得疑蹤伴明月，可能相遘古仙人。

清浪灘伏波祠

雲臺功績漫相誇，擇主當年見豈差。馬革有言真不忝，苡珠騰謗劇堪嗟。飛瀧霧擁行營濕，怪石濤喧戰鼓撾。那復標功似銅柱，壺頭遺恨莽無涯。

結　廬

年年浪迹寄孤舟，肯爲誅茅忘首丘。四壁雲山思繡谷，一溪烟水夢洪州。忍同元節貽人累，多愧林宗早識優。須信數椽仍泛宅，上方誰斷佞臣頭。謂魏璫。

游飛雲洞遇風[三]

雲蓋巖前結，風聲嶺外多。澗松青不斷，野竹翠相摩。夕靄當窗落，晴嵐捲幔過。蛟螭拏絶壁，鸞鶴舞盤陀。樓迥看噓蜃，橋横詑駕鼉。直疑瀛海近，蓬島鬱嵯峨。

月夜有懷故鄉諸友

欲定歸期未有期，征鴻南絶楚江湄。故山徵逐論心處，也是秋高月白時。

許一鱗一首

一鱗，字履未詳。《黔風録》云思州府人，次傅億前。蓋億之交游，所咏《草塘》，即億居也。思州復有拔貢胡士芳，字瑶草，號眉雪，睹記賅博，有書廚之目。詩文以奥僻成家，竟無一傳者。

草塘

幽居任所適，獨往興悠悠。樹杪留殘照，山空間斷流。琴書閑自得，魚鳥意何求。薄暮東鄰醉，歸途問渡舟。

王歲貢德闊三首

德闊，字明遠，清平人，蓋郡丞炯之曾孫行。崇禎初歲貢。有詩文名。著《清平縣補志》、《明遠集》。

重九後一日登棋盤山

西風蕭瑟漸深秋，再把茱萸索盛游。縱步直教凌上界，振衣渾欲小南州。百年好事忙中錯，一局殘棋醉裏收。回首荒城車馬鬧，不堪重下五雲頭。

按：清平縣東三里有東山，山頂平石可坐數十人，俗謂之棊盤山。

石仙山

山頭石仙人〔四〕，逼真烟霞客。物外逍遥游，不作平泉石。

按：山在清平縣北三里，頂有三石屹立如人。

雲溪洞上三遠亭

一線羊腸轉，尋幽行路難。長途紛逐逐，幾個解邯鄲。

黄選貢都 一首

都，字□□，平壩衛人，天崇間選貢。性孝友，不求仕進。年八十猶行步如飛。《衛志》載其一詩，亦有怡然自得之致。當是時有文而隱者，都同里何三鳳、平越楊光夔、水西今黔西州。李時芳、烏撒李文龍。三鳳，幼有奇童目；爲諸生。當天啓時，即謂天下將亂，與弟諸生人鳳隱王下之僻村。崇禎間，徵輸煩猥，民不能堪，三鳳爲村人策措以應，得不擾。吴逆僭號，開科，或拉之試，笑不答。迨國家收復滇、黔，或又曰：「聖天子在上，可以出矣。」曰：「唯聖天子在上，我乃無庸出。」更隱之九家堡。著有《透意録》一卷、《正氣歌詩》一卷。光夔，字虞卿，天啓間貢生，讀書不出，著有《待證録》。時芳父希瑶以勸安位勿抗王師，位猶豫，遂自刎，位感而就撫。總督朱燮元請授時芳指揮，辭不就。明亡，築室五老山隱焉，以經史詩酒自適，著有《養恬集》。文龍，字見田，爲衛舍人，應襲指揮，遜弗居。善書，工詞翰，貴西九衛游迹殆遍，所至林壑咸有篇章。今皆訪其詩未得，因選貢記之。

春日漫興

無才不解謁侯門，睡起抛書客到論。世事浮沈蕉鹿夢，人情冷暖柳花根。樹間煙洩茶初熟，窗外花香酒自温。昨夜田園春雨足，鸝歌一曲水邊村。

胡處士助國 一首

助國，字碩人，麻哈州人。性狷潔，不妄取予。當天、崇間，讀書不求仕進，日蒔花竹，登山臨水以自娱。卒年七十二。

幽居

澗谷幽居隔市塵，蕭然世外一閑人。閉門不問升沈事，聊借乾坤寄此身。

龍　泉一首

泉，思南人，字履未詳，蓋天崇間人。

黎芝灘

千尋峭壁倚嵯峨，下瞰江流涌碧波。偶自隙中窺素練，疑從天上落銀河。争呼賈客忘移棹，偷覷鮫人愧擲梭。欲向山靈問端的，古人隱顯事如何。

猶舉人登元二首

登元，字象乾，甕安人，黃平州籍，崇禎三年舉人，官四川雙流知縣、夔府同知、叙州知府。

殘　菊

是菊且垂老，清香常到門。殘英寒不落，癯幹勁猶存。芳在憐群異，秋過不市恩。凋零如有恨，珍重託霜根。

震天洞

斷岸連江起，濤聲帶雨來。洞中藏日月，峽外走風雷。幾失劍門險，還疑灩澦堆。煩襟浣不盡，恍若到蓬萊。

戎歲貢貢國一首

貢國，字士昇〔五〕，瓮安人，崇禎中歲貢。

草塘訪友

深山訪故人，坐對笑談新。雞黍情相洽，耕耘願比鄰。游魚隨水適，飛鳥覺雲親。沮溺非高尚，栖栖何處津。

黄上舍宏乾一首

宏乾，字玉玄，黎平人，高州知府朝英子。選國子生，好讀書不求仕進，舊與丁繼善以文字友善。永明駐安龍，繼善爲相，屢以書招之，且令黎守厚資之行，固謝不出，隱居以終，一時推其高致。附國朝黄啓俊《曾祖玉元公家傳》云：公自幼不喜華靡，高祖民望公知高州時，從之任，衣以紈羅，悉屏去，惟布衣自適。性嗜經史，以選監入太學。在茂名時，與司李丁繼善日以詩酒詞翰爲忘形交。迨民望公解組歸，公與丁涕泣不忍別。越十餘年，皇綱不振，秦藩孫可望以四十萬衆輔永明王下滇、黔，其時丁爲首相，屢遣使，饋以金帛，公力却之。復手書招公往，公藉母老固辭。丁相曰：「是蓋貧，不能具裝也。」乃飭黎平守黄中穎厚助以資，促其早駕。守如丁令，凡輿馬、衣服之美，光照里閭矣。公復婉言却之，志不少變。守知其終不應令，乃親詣丁相，白其情。自却聘後，益以肥遯自樂，草屩布衣，放情山水以終。《易》曰：「天地閉，賢人隱。」當明季之衰，國是日非，公殆有感慨於君臣之義，而甘自放於山巔水涯者邪？　按：茂名，高州倚郭縣。

達士歌

參透元機心理深，無根之樹花難尋。忘憂飽食答造物，夢覺羲皇無古今。榮華盛似春桃李，雨打風吹皆委靡。世上空傳緱嶺仙，漢武秦皇嗟已矣。吾師妙道常絪緼，鳶飛魚躍情欣欣。山林鐘鼎有天幸，富貴於我如浮雲。松柏森森青未了，忽憶友朋情思杳。當時意氣淩秋霜，轉眼幽墟生碧草。人非金石能幾時，在世百年有盡期。東鄰歌舞西鄰哭，死守塵情君不知。坐愛玉梅花盛發，貽我芬芳香不竭。此中真樂誰共知，惟有清風與明月。

胡文學奉旌 一首

奉旌，字羽飛，黎平府學廪生。其先蓋宋安安先生之裔。明正德中，勝自維揚以軍來籍五開衛之平屯所。六世爲其父學孔，字士元，稱黎平名諸生。羽飛生而謹恪，不苟戲笑，守庭訓，專力學問，足不逾户。試輒冠其曹。嘗以假書，疾讀連日，夜不交睫，遂得目疾，久困場屋。歲甲午，桂王開黔闈，主司激賞其文，已入彀矣，以字迹逾格復見黜，時試事草草，無謄録故也。我大清既定滇、黔，羽飛當貢，寧棄貢不剃髮，年才三十六也，當事亦優容之。家本素封，以不事生産中落，僅附郭數畝，族人猶侵之，即拱手相授，且自詡曰：「吾田去而糧亦無，可以高枕矣。」授徒自給，多成其才。至康熙丙寅乃卒，年六十四。羽飛貫穿經訓，旁涉子史。詩文多不存稿，以傳誦得存一律耳。明代黎五以文名者，平茶所有劉欽，由諸生爲百户，著《邊防考》。又有高繼凱，字我侗，剛介尚氣節，中萬曆壬子舉人，官瓊州海防同知，著《四禮勺言》、《自明譜》。中朝所有盧騰鳳，以歲貢官銅仁府同知，著《四書講義》。隆里所有諸生陳金鉉，放情山水，喜吟咏，有詩集。今皆未得其詩，附記待訪。

菊　花

深秋喜見傲霜姿，未礙黄花放獨遲。騷客行吟曾有韻，白衣送酒忍無卮。群芳已謝香能在，三徑孤存節未移。把玩爲君難釋去，東籬細嚼讀陶詩。

傅選貢爾元五十首

爾元，字澹方，桐梓人，爾訥弟。少年英異，崇禎末拔貢，四川提學錢邦芑目爲蜀才第二。後邦芑隱餘慶之蒲村，復負笈從之游。邦芑爲選定其《居易堂詩集》刻行。卒年三十五。不竟其才，可惜也。《播雅》僅録一絶。其邑子趙旭近乃搜得其集不完本，鈔以見寄，增録爲五十首。

明經詩涉筆生硬，情味稍乏，而棱棱風骨亦自不凡。附趙旭撰《傳明經傳》：傳爾元，字澹方，崇禎中拔貢。學使錢邦芑評爲蜀才第二。祖天鎮，字繼屏，通經史，年百歲，以名醫聞。著《增補金鏡録》、《手驗方》，川撫劉某爲鋟行。父元和，字商梅，萬曆辛酉拔貢。天啓甲子副榜，知廣西桂平縣。教士愛民，振興學校，賦役均平，邑人祠祀焉。遷雲南雲州知州，時流寇亂，督師王應熊以全川人才第一薦，晉貴州督糧道監軍，加布政司參議，叙、馬、瀘、永兵備道。九載，遷雲南按察使兼布政使。崇禎帝賜敕書有云：「先着祖鞭，九載獨擐甲胄，旋膺周翰，三軍共仰威名。」其梗概可見。兄爾訥，亦官知縣，有聲。明經具經世才，足迹半天下，顧兩滯京華，訖無所遇。旋際滄桑，歸隱鄉里，奉事重幃，以詩酒自娱，而忠義之心往往流露。卒年三十五。使天少假之，其成就當何如哉！著有《居易堂詩》、《文》、《制義》各集，久軼。旭於癸丑秋始得其詩稿，原編五卷，乃其師錢開少邦芑選，缺卷一，故無五言古及序。計存七古、近體、騷體、詩餘共二百餘首。字多闕爛，迻録可屬讀者，百二十首。明經子名之璧，至孫而無傳，僅傳此耳。其世父元勳，弟爾謙，有文武才。與元勳子爾才、爾默，皆不得其著作。元勳，字鼎銘，庠生，貌極偉。天啓間奢賊破城，慷慨從戎，設計破賊。熹宗嘉其功，召見賜酒，授三團營副總兵。爾才，字篤生，歲貢，知湖廣會同縣，多惠政，人號慈母，爲立去思碑。爾默，字識先，諸生，禦奢賊被難。爾謙，字六吉，號搗仙，一字若虚，又稱若谷，髫年割股愈母，十八得歲貢。隨父破賊，有功，官湖廣溆浦知縣，遷兵部職方司主事。永明王賜敕有云：「伏處林泉，隱抱張良之痛；抗懷擊楫，饒具仁傑之才。」爾其益勵膂力，倡大義以挽未昧之人心，廣聯絡以鼓尊周之將士。」永明亡，遂歸隱不出，年八十五卒。定邊令年從周贈聯云：「起鳳臺前真宰相，卧龍岡上老神仙。」李知山專，乃其弟子，贈詩云：「問字客來千里外，考槃人在萬山中。」今太平場側之坪上，南有起鳳臺，即爾謙葬處；北有卧龍山，山寺即爾謙禪棲也。旭高祖母傅太宜人之祖庠生爾誠爲商梅公第三子。追念淵源，不勝世家淪落之感。

曹壽宇椿隱君養親余經湄方過訪

我乘子猷船，君披老萊衣。江河渺難問，事業今成非。徑草聚濃露，檐光懸夕暉。談詩坐深漏，明日又西歸。

按：椿，湄潭人，錢邦芑門人。其兄桂，字壽伯，崇禎十五年舉人，官永明工部主事，乃傅元勳女壻。

湘上早秋

飄颯涼風至，倏然吹裳衣。寒蟬鳴樹間，聲聲淒入微。我心正懷遠，何處理琴徽？

搗衣曲

夫婿千里不知處，夜夜搗衣星河曙。砧聲漸息更漏寒，洞房無人淚難乾。

采蓮曲

女兒采蓮蓮花動，畫橈微微晚風送。少年郎君江上行，玉勒馳馬若有情。

杜鵑行

春將暮矣爾何來，深林碎血凝蒼苔。潛身樹底人弗見，四更五更聲愈哀。問爾何因化爲鳥，夜夜淒啼到天曉。豈真造物有偏枯，千載而今尚未了。蠶叢開國不計年，一朝世運成推遷。玉樓金闕那復住，精魂長恨西南天。滔天波浪由真宰，遁荒舊事疑團在。龍袍催殺換青衣，故宮回首江山改。當日寧無一忠臣，念其顛沛隨風塵。烏號竟任遺弓渺，燕睇都營堅壘新。天道往往出人意，羽毛愛惜無自棄。君不見，鸚鵡入夢垂兩翅，廬陵光復唐神器。

按：順治壬辰，孫可望挾永明居安隆，自是播遷不成國矣。澹方《十憶詩序》有「癸巳，余將之安隆」語，此詩蓋其時所作〔六〕。

題文徵仲畫

天下止有衡山筆，一筆水，一筆石，筆筆神駿留真迹。咫尺萬里揮此圖，來挂茅齋之素壁。巫峽十二峰，氣與洞庭瀟湘通。其間葱鬱隱虬龍，舟子漁郎入浦溆，蕩漾洪濤任水風。石橋半斜古木裏，旁有森森之老松。風動松子僧前落，朦朧樹色藏鵁鶄。白雲暗隨鐘聲起，禪院沈沈眠皓鶴。花潭藥嶼行人稀，但見一人橋上對石磯。兩人回首望飛鳥，不知新月已生衣。

峨嵋山月歌送苟宣子先生歸成都

半輪山月峨嵋秋，手弄素輝仲宣樓，忽思蓴鱸駕扁舟。側身西望峰縹緲，著書祕藏三峨好，藤梢花蕊春風早。深夜把酒爲君歌，洞門飄颯吹薜蘿，君歸錦城近秋河。峨嵋插天在何處，孤鶴翩翩欲遠翥，拂烟入雲乘月去。

渝州東坡碑歌有序

昔巴人爲杭守，見署有東坡碑，愛之，令工鐫一僞者，并載歸舟。杭人覺而追及，即將僞者投中流，以真迹歸，秘不示人。至太守周公諱士登者曰：「此當與蜀人共之，移於西湖紀之。」《渝志》：「甲申之變，此碑淪没。」叔仲董公出守渝州，復於沙中尋出，搨本寄余，其字迹凸凹精神不損。嗟乎！一碑也，經三太守而存三守之名，應與坡公并傳矣。

東坡居士香山流，時宜不合遷杭州。萬斛泉涌無時休，興酣落墨盤蛟虬。鍾王徐顔一筆收，不教簪筆螭坳頭。是處西湖爲淹留，殘碑呵護鬼與謀。守土愛之載歸舟，誑彼都人嗟江投。

真迹祕藏不許售，衆共弗私有周侯。作亭安置翠明樓，無端鼎沸天地愁。破壞不是全金甌，遑惜片石歸山丘。干將埋獄光射牛，俗人對之眯兩眸。今之董公雷張儔，神物能以指顧求。石鼓爲臼重旁搜，斷紋斑駁蔚虎彪。泥沙手剔現銀鈎，計勢似比二公優。軍中緩帶還輕裘，安集民人靖戈矛。念我浩蕩同水鷗，風月思偕元度游。琅函搨本寄遐陬，而我得之心更籌。撫時感事長歌謳，董公此意良悠悠，芳名共碑垂千秋。

秋日喜圖南叔歸夜郎省墓

皎皎秋月飛高臺，寒花滿地爲誰開。質明將事共祇肅，焚黄禮重循先陔。朱霞一片浮天表，峰巒如畫多縹緲。森森玉樹鬱菁葱，佳氣氤氳溯基肇。叔兮叔兮獨離群，早年健筆干青雲。安民歷著龔黄績，殺賊親監李郭軍。才大能文復能武，豈料神州陸沈苦。可惜長江已被量，尚聞内院新教舞。識機决計冠先挂，祖塋重率兒曹拜。屠鯨暫息孝侯手，畫虎咸遵馬援誡。君不見張翰秋風憶山河，子陵瀨上披緑蓑。和光混世行且歌，老子歲月隨婆娑。獎勵後進資觀摩，鹿門時有幽人過。

按：圖南，名元鵬，其姑掇嗣何氏，名何起鵬，由歲貢官至永明永寧道□□。

癸巳春日過蒲村謁錢開少師兼訪杜耳侯鼎黄**許飛則**振鷺**二首**

遥望蒲村路，迢迢入翠微。山空花自發，人静鶴猶飛。相見皆幽意，行歌共落暉。春風欣坐我，明月映柴扉。

三月桃花放，乘槎來問津。村烟籠遠岫，山鳥啄浮蘋。師友爲吾法，文章定有神。裁詩得佳句，唱和見天真。

按：澹方刻集卷首載，同社劉斯涯、杜鼎黄、許振鷺、曹椿、李花棨五人校閲，皆開少門人也。計六奇《明季南畧》載《開少祝髮記》云：「富順杜耳侯，西湖許飛則。」

試新茶

新茸勤焙製，午倦夢初回。嫩葉烹江水，幽香滿玉杯。野花今漸落，小燕昨飛來。莫怨春將老，梨枝始報開。

春夜同許飛則侍開少師坐假園臨小錢塘

水滿階前碧，風微花落遲。淡雲籠月渡，清漢帶星移。眄睆禽聲活，婆娑樹影奇。臨流不忍去，却立看漣漪。

按：小錢塘蓋即餘慶蒲村之柳湖。假園在湖上。

侍開少師游小年庵○庵即開少蒲村舊居，落髮於此。

尋勝又橋東，風花迴不同。雲飄荒寺外，鳥語萬山中。古木凌霄漢，青牛卧灌叢。塵囂聲隔斷，歸路半林楓。

過溪園訪李秋有花棨溪園，當亦在蒲村。

與子三年别，今朝又一逢。山花迷去路，林葉響高峰。離亂知心重，羈棲故友從。何時攬轡去，携手望吴淞。

望洞庭

元氣渾淪叠浪浮，洞庭遥接大江流。清空日射龍蛇伏，壯闊風翻鸛鶴游。帝子南來魂已杳，湘妃西望淚難收。不須憑弔當年事，飄泊天涯正感秋。

江上尋落花

雨過新晴樹色清，乘春偶有采芳行。前溪不見花源路，隔岸惟聞好鳥鳴。洞口漁郎舟楫杳，江邊仙子佩環輕。天台去去歸何處？獨立蒼茫待月明。

留别開少師

黄鶯啼過子規啼，相送春風路欲迷。一代文章知有據，千秋節義信難齊。池前月映藤蘿密，户外烟籠薜荔低。此地傷心輕舍去，何時重到夜郎西？

居易堂成

兩次馳驅望帝宸，干戈未靖飽風塵。千秋事業今須定，一室琴書暫作鄰。鳥過園林鳴翠柳，月臨澗石照青筠。草廬結構名居易，何必滔滔去問津。

寄呈開少師

三載彭宣未在門，又携詩卷到蒲村。桃花夾岸香風暖，柳絮飛空秀色翻。驄馬曾經權貴避，荷衣還與野人論。名高天下全無意，養晦而今吾道尊。

寄杜員外年兄

思我美人在若邪，憂時憫事望京華。月明千里溪間水，寓十里溪。雲照三湘岸上花。樹近天邊藹如玉，龍潛波底幻成霞。杜陵野老復誰比，惟有君詩成作家。

寄許飛則

連牀一月夢魂清，未展經綸向子傾。半下紙簾蛛結網，偶行花樹鳥移聲。風過池上蘋香遠，月到庭前桂影明。越蜀江天離萬里，何期共榻比諸兄。

寄曹壽宇

雲封谿徑幾年餘，暫隱丘園待聘車。春到湄陽香氣重，秋歸湘水緑漪疏。掄才應在山公啓，破格何煩崔亮書。此日宜藏雙草履，匡時謀略自能舒。

夜郎早秋寄呈梁太守

雨過湘山暑乍收，蘆花飄絮滿芳洲。半簾明月蒼梧夢，一派銀河玉壘秋。仙侶同舟人嘆異，鶴琴隨影世歌謳。飛霞片片風烟接，萬里相依庾亮樓。

按：省、府《志》遵義知府無梁姓者，蓋永明時授。詩云「蒼梧夢」，則粤西人。

秋日集若虚弟齋中與高公井先生劉海如斯滙**年兄話舊**〇公井未詳。

雨洗空山嵐氣浮，西風蕭瑟旅魂愁。錦城畫角人難夢，御苑疏鐘孰使休。半榻孤燈光射月，一天高雁響驚秋。與君共話當年事，起舞悲歌氣正遒。

哭黄繼澮以素**十六韻**

良友今淪没，斯文竟寂寥。汪洋懷叔度，幻化失王喬。拔萃方膺選，聯姻已見招。玉虬來勸駕，彩鳳趁吹簫。未歷彤廷試，先迎碧漢橋。渝州連月酒，湘水幾回橈。抱膝嗟風雨，昂頭問斗杓。吟詩凌謝朓，挾策擬班超。俯仰誰知己，棲遲自永朝。雞群空鶴立，鷺序阻鸞飄。經濟何從展，人天不可料。悠悠魂夢斷，渺渺海天遼。美玉璠璵損，良材杞梓凋。遺嫠悲我姊，忍死護君祧。笛枉離聲奏，琴難絶散調。莊生蝴蝶夢，栩栩任逍遥。

按：以素，桐梓選貢，未朝考而卒，未三十也。力學工文，於人少所許可，惜奪其年。妻傅痛絶復甦曰：「從夫死無益，不如教兩孤以繼夫志。」次子隆中充歲貢，亦有文名。

山　風

天邊聞鶴唳，巖際看猿餐。木葉悄然下，微風生暮寒。

月夜送别

送君千里去，何來乘月年。目盡無鴻雁，惟待寒梅開。

夜渡湘潭

遥看漁火明，夜半度江聲。新月吐山頂，舟前鳥啼更。

從軍行

塞上望雲端，秋來月正團。還家雖有夢，恨未斬樓蘭。

塞上曲

一自胡塵起，年年事戰場。蘆茄吹落月，何日得回鄉。

聽秋水道人彈琴

月起明星曙，孤桐在何處？聲聲響入雲，雙鶴驚飛去。

十友吟有引。録四首。

壬辰夏，卞大吕寄《穎山十友吟》云：「雲侣道人命題絶雅絶稱，惜皆少友字意，故依題復作。」余讀其詩，過道人遠矣。余不揣，亦作以見。不能友當世之士，又不敢尚友古人，因自附於草木之末。大吕應不余哂也。

蒼髯翁松

蒼蒼美髯翁，文章肯輕露。吾與子偕隱，不知歲月暮。

抱節君竹

世情類喜諛，此君能抗節。一坐清風間，頓爾除内熱。

碧蓑道人菖蒲

披蓑坐石磯，九節承遠派。自非凌霄竹，誰足當一拜。

月露主人桐

溶溶月色深，湛湛露華淋。鳳皇期未來，渺渺愁余心。

鷓鴣啼

春暮晴還雨，歸期卜屢差。一聲行不得，芳草滿天涯。

采蓮曲

獨向塘中采，相逢意自殷。蓮花原有主，不敢浪貽君。

十憶詩有引。録二首。

癸巳春，余將之安龍，與開少師周旋月餘。徘徊未定，讀集中《十憶》，有「悔别青山憶舊溪」，余依韻奉和，遂歸夜郎。見山中真可怡悦，始信江上清風、山間明月之樂，長公不我欺也。

雲

屋上薜蘿全覆，碧天星月相期。深山幽人早卧，白衣蒼狗休疑。

樹

花發老枝不醜，選巢多宿名禽。山人根底閑坐，緑葉棲烟自清。

垂　釣

箬笠江邊垂釣鈎，飄然忘世無營求。投竿乘月歸家去，一夜風來不繫舟。

暮春還山若虚弟相過

三月乘春驅馬回，弟聞我至踏花來。相看却羨山中鳥，飛過枝頭翅始開。

閑居雜咏三首

謝却塵緣萬慮清，無端花鳥正相迎。山人豈是真疏懶，世事于今不可行〔七〕。

雨洗空山樹色新，離離蔓草正愁人。雲歸還岫舒成卷，鳥入荒叢擾亦馴。

長空一望錦雲斜，何處仙源可渡槎。花月江風堪助興，美人知我在蒹葭。

寄劉海如年兄

六十年來坐釣臺，扁舟江上任徘徊。濟川莫嘆無人用，明主原應愛老才。

五日招屈原

春過衡山多碧色，秋經湘水更幽姿。花開花落無休日，魂去魂來復幾時。

晚烟和開少師

若比行雲去較遲，湖光淡蕩小風吹。闌干曲曲横空靄，人在烟中尚不知。

山中訪友

故人邀我過前塘，雲鳥相隨渡石梁。長笛一聲驚野鶴，桃花兩岸訊漁郎。

漁父祠

一任江風蕩緑波，小舟摇曳扣舷歌。漁竿撑入蘆花裏，落絮飛來雪點蓑。

朱隱君文十七首

文，字湄雲，廣順州人，崇禎時諸生。鼎革後自號「大傲」，棄冠服，隱居放言，以終其身。與吴滋大中蕃相友善。爲詩清放有奇氣，又最老壽。本朝康熙中，安順梅廷楨有《壽明季朱老丈八十詩》，即湄雲也。修文李專傳其詩法，有出藍之譽。其卒也，專誌其墓，與《湄雲集》俱訪求未見。得《貴陽志》載數詩，亟録出，而以潘淳撰《表》附於篇。子繡，康熙五年舉人，官雲南知縣，有聲，晉至淮海道。亦能傳家學，著有《霞谷集》。附國朝潘淳《奉直大夫朱君暨德配單宜人合葬墓表》：同年友朱君霞谷，將奉母單太宜人匶合葬於太翁湄雲先生之阡，而摶顙以徵表墓之文於余。按狀：君諱文，字湄雲。上世本蜀之巴縣人，由蜀而楚，由楚而黔，遂家焉。德配單太宜人，其先楚黄巨族，遷於黔。而太宜人生年十七歸君。君天性純孝，耽墳籍，尤樂交天下士，相與講求大業，慨然欲有建樹。而太宜人柔嘉嫻内則，克明大義，凡君事親養與葬祭如禮，又能積學篤行，以見重於當世賢士大夫。太宜人一一有以勸之。其最著者，姑鄭太夫人病劇，君憂懼不知所爲，太宜人潛嘗穢以慰君且自慰，里閈聞之，無不感奮興起云。君宅衷誠懇，急友朋難，倒庋佽助無遴色，以故户外屨常滿，而家故貧。太宜人搜篋衣，簪珥纏臂皆脱盡。賓至不聞燔滌聲，而筐罍已具，極整潔。與君交者，渾忘其爲貧窶人也。當吴三桂弛張時，兇焰漲空，人心紛紛煽動，逆黨馬寶者，聞君名，遣其腹心厚幣相招，以主贊畫。君嚴詞拒之，賊殊忿恚。愛君者，咸以宜稍通達爲自全計。君笑曰：「聖達節，賢守節，吾自矢，當希賢耳。」而太宜人獨謂：「忠孝，生人大節，君拒之，誠是。顧賊不能致君，必怒君，且恐肆毒以甘心於君，闤闠不可居矣。」爰變姓名，舉室匿深山中，采山釣水，讀書嘯咏不輟。太宜人早夜工針黹以給饔飧，食盡，繼以藜藿，歡如也。已而王師靖亂，君皭然不滓，而卒不罹于禍。浙撫黄中丞秉中，先爲黔西州牧，與君交善，馳尺素招邀。既至，武陵情文，視往時彌篤。杭富民某，素好施與，值親喪，會葬者萬餘人，怨家乘機誣以叛。獄將成矣，君爲微行，廉得實，富民之寃立雪，全活者甚夥。君性既揮霍，復不苟取。客游數載，垂槖歸里門，食貧如故。偶語及斯事，太宜人驩然色喜曰：「此不勝白鏹千萬耶？」越數年，仲子繡，中康熙辛卯科鄉試，現爲宣威州州牧，即余同年友霞谷也。叔子經中癸卯科武鄉試。太宜人後君數歲卒，乃合葬。霞谷由縣令歷府倅以陟州牧，所至皆有廉能聲。方其倅普洱時，逆夷變起倉卒，瘴鄉孤城，危於累卵。霞谷倡大義，誓死守，爲兵民先，卒能完城池而固疆圉，忠幹之名，簡在帝心。後此之達於仕進以揚顯其親者，正未有已也。姑表於麗牲石之左以俟之。至於生卒年月，子孫婚嫁，詳江津李專所爲《誌例》，不復載。

曹价人狀頭招飲以詩見嘲和之〇价人有詩，見後。

我愛曹公子，風流多藴藉。二十奪狀頭，三十稱詩伯。長劍倚青天，高門列畫戟。叱咤生風雲，六詔流惠澤。富貴不驕人，功名垂竹帛。玩世餘青眼，襟懷原自白。廣交天下士，美酒能招客。好景不能賞，良辰各須惜。捧出紫霞杯，相逢傾玉液。觥籌相交錯，追歡忘形迹。漫漫雨花天，天樂奏於席。暑氣頓然消，凉風生兩腋。不減褉蘭亭，今朝興共適。詰朝期南明，仍話松間石。我歸倩人扶，倒著軟沙幘。童子雙鼓掌，笑同山公癖。

江口散步

旅庭無個事，散步白雲隈。寺古苔生瓦，山寒雪綻梅。短歌漁父放，長笛牧童催。相顧無相識，斜陽客自回。

晤老友王方言進士

不意飄蓬客，天涯遇故人。客顔俱頓改，眉目轉相親。君是文章老，我因慷慨貧。年來無限意，不敢復相陳。

已神名未隱，尚許世人知。有夢何須覺，閑情我獨癡。黄金銷酒價，白髮易前期。莫使鶯花老，今朝好賦詩。

贈鄭國書

《貴陽志》：鄭國書亦廣順人，字子牧，詼諧不羈，言多奇中，人咸以狂譏之，或以仙目之。年五十隸州學籍。康熙五年應鄉試不第，好奇者作《悵悵歌》以誚之曰：「悵悵還悵悵，神仙遺榜上。」清鎮任衡作詩釋之，有曰：「須逢玉籙方通譜，不遇洪崖肯拍肩？莫爲神仙歌悵悵，孫山之内盡時賢。」朱文亦有詩贈之云云。雪崖洞，初荒榛中一小庵而已，國書嘗居其中，謂數十年後將爲名勝遊覽之區。乾隆中，布政使陳德榮修之，畢符其期。國書蓋隱淪之流，託於場屋，如古所云吏隱市隱云。

贈李專○專自有詩。

絶調陽春和欲難，抱慚老大尚酸寒。相思蜀道腸頻結，一接君顔眼頓寬。公有雄才成李白，我無藴藉愧袁安。而今且進生前酒，遮莫鄰雞到夜闌。

李　花

明珠何事不深藏，惹得春風滿洛陽。瑶圃流香鶯語澀，珠簾横玉燕飛忙。豈同柳絮空中蹴，不比梅花雪裏裝。一幅冰綃枝外影，笑將清白對東皇。

《貴陽志》：李專少有儁才。廣順朱文以明季儒生棄冠服入山，詩情超逸，專嘗與之游。文作詩贈之云云，蓋深引之也。專好游，西至昆明，北至成都，近而遵義、黔西，罔不涉歷，所至輒有吟咏。又多留手蹟於名山峻谷間，世人見之，每驚爲神仙。專以才名動西南，所至，人士景從；達官府縣咸願引之幕中。晚乃就府縣試，以廩膳生需次，充歲貢。文有《李花》詩云云，或以爲爲專發。

秋日憩武侯祠憶舊事有感

倦枕溪流聽《漢書》，當時豪傑事何如。報韓虎嘯難追鹿，避世羊裘獨釣魚。綠水青山仍故態，白雲紅葉自新居。炎劉萬里無餘地，只剩先生一草廬。

游相寶山示息知上人

乘醉逃禪散步游，閑雲笑我碧山頭。忘年古木棲玄鶴，超劫朱欄卧白牛。開路昔人沈電火，彈丸故國事蜉蝣。欲來就此同君住，弄月吟風任歲流。

新秋過飲南明河有感

杖藜隨興俯江沱，白髮臨風感慨多。醉後有心懷北地，倦游無夢到南柯。垂楊隔岸飛黄葉，短棹横流破碧波。七十餘年成瞬息，桑田滄海竟如何？

偶作示友

流光瞬息改朱顔，羸得癡愚一世閑。無怪市兒嗤我輩，何須白髮哭人間。琴中深意忘今古，溪上行吟任往還。荏苒隨人評月旦，與君支枕卧南山。

小春冒雨訪劉步雲戲作

冒雨新寒詎好游，逢君把臂勝封侯。漫誇斗大黄金印，不及風騷白髮謳。臨市李斯思狡兔，養生莊子笑犧牛。自今歸卧南山上，貰酒同銷萬古愁。

秋霾連日劉步雲過訪戲贈

愁到東籬烟雨迷，故人訪我六橋西。焚香自語徒憐世，佩劍君游未息機。一見仍沽紅琥珀，雄談倒盡緑玻璃。漫嗟老大陰符誤，鶴髮猶然伴釣磯。

過安氏故居

雖然跋扈斷江陽，掃穴犁庭亦可傷。尚有白頭談往事，已無紅粉截州章。千年鬼國悲朝露，萬里蠻烟向夕陽。盡日不逢樵采客，漫隨麋鹿上前岡。

春日苦雨

驟風抱膝兩眉攢，好景翻成離恨看。漫惜百花如淚泣，自憐破帽鬥霜寒。柳梢烟重鶯聲澀，路上泥香燕啄殘。何事玉川沈陸海，教人無處望長安。

紅　葉

霜飲疏林誤作春，寒山點綴爲誰人。堪憐玉露迎青眼，惱殺西風葬白蘋。喬木枝頭摇鶴頂，閑雲洞口染猩唇。溪邊寄語垂綸客，莫認桃花去問津。

感　懷

年來踪迹更飄蓬，又入羅施鬼國中。兩鬢何傷新白髮，三生緣識舊黄童。金門待詔人何在，星漢乘槎路本通。自哭自歌還自嘯，試將蕉緑問春風。

暮春友人招飲西山之巔

無奈春將老，同人載酒嬉。嶇嶔絶頂上，參井比肩馳。俯視一寰小，静聽群籟卑。摩天少鴻鵠，依木有黄鸝。好景神須會，雄觀飲不辭。連朝紅索莫，轉眼緑迷離。感慨因留賦，坦然還睹棋。夕陽催客返，歸步爲誰遲。

題烈女橋蟻墳〇墳在定番州城外。

嘆息程番陷賊鋒，蟲沙猿鶴兩無踪。蟻墳旌烈偏奇特，留得中橋馬鬣封。〇定番陷，詳前《尹思民傳》。

附友芝《濛水迎恩橋烈女墳祠記》：咸豐五年秋，余自遵義將返都匀，道梗留會城且兼旬。八月壬寅，荔波解餉官約南取青崖道，貿然從之。計明日當宿甲浪，中途舁人憊，歧止定番，乃獲經其城北烈女橋所謂蟻墳者，徘徊祠下久之。嗚呼！烈女之死，垂二百年，豈欲有明於後，故舛余行，俾親履遺踪以取證邪？按：烈女蓋定番州人，順治四年春，流賊孫可旺陷貴陽，遣其黨艾能奇攻定番，二月十二日屠其城。明日賊目獲烈女于東關叢冢間，攬其襟，女怒曰：「是污吾襟矣！」裂而走。賊尾至迎恩橋，詰氏里，不應，且謬慰其無家，女曰：「家在吾心，汝斷吾頭。」噴而叱之，賊陽刃加頸，詈益甚，亟搗衆擁以行。烈女跳身投濛水不得，憤觸石闌，腦裂死。越三日，群蟻銜土覆其屍，如馬鬣然，馥馥有香氣。後州人謀徙葬，少去其土，蟻輒益之。耕人誤掇其土，輒病；還之即瘳。牛馬踐傷，旋復完。遂稱迎恩橋爲烈女橋云。道光二十三年，州守者以《省志》失載，疑誕，復議徙墳廣橋。功甫半，明日蟻封如故。乃石爲墳墻界，墳于橋右，而左通行。于橋北建烈女祠，掘地得銅鼓，遂懸祠中以樂歲時。疾疫水旱，禱之亦往往應焉。方流賊入黔，自省會避亂定番者數千家，自他州縣往者稱是。城既陷，百無一生。于時深閨弱息，潔身飲白刃，蹈水火萬計，可知者顧人龍妻李，張承祖妻吴二人耳。嗚呼！何不幸也！蟻子何知？乃能肸蠁感召，保閲二百年之朽骨，巋然中橋，聳動人耳目，將毋殉城萬計貞烈之魂，憤其沙蟲同盡，故陰假群蟻，以表異此女子，使過斯地者，緬想一時被禍之慘，藉以牽連感愴于無窮邪！不然，烈女錚錚而死，且不欲留族姓，而區區弄蟻子狡獪，獨何爲哉！逆旅不寐，爲論次其略，更製《享神詩》三章留祀者歌，其詞曰：「擊銅鼓兮韸韸，聳碧橋兮春江。靈之旂兮旖旎，擁芝蓋兮百花裏。靈不來兮何思，對百花兮心悲。撫遺蹤兮匪遥，悵神光兮合離。」「茨梨酒兮盈尊，雲子飯兮馥芬。神庶幾兮醉飽，福鄉之人兮無大無小。士蹈義兮女含貞，除疵癘兮永不生。長有秋兮歲復歲，肅薦享兮千萬祀。」「燭穗颸兮漣斑，颯風馭兮欲還。雲陰陰兮極浦，珠霏霏兮四山。雨濛之水兮清無渾，賊兮蟻兮，誰怨誰恩？靈之歸兮奈何許，鬱青冢兮浩終古。」

【校勘記】

〔一〕搜異書：民國十年《黄平縣志》卷二十五作「授異書」。

〔二〕山秀：民國十八年《銅梓縣志》卷四十六作「山聳」。

〔三〕此詩題，民國十年《黄平縣志》卷二十五《藝文志》作「游飛雲洞遭風率成六韻」。

〔四〕「山頭」句：清道光十八年《重刊清平縣志·藝文下》（卷六）作「仙山有仙石」。

〔五〕士昇：原作墨釘，據民國四年《甕安縣志·列傳·隱逸》（卷十七）補。

〔六〕時：原作「詩」，依文意徑改。

〔七〕此詩鄭珍《播雅》卷一僅録一首，題作「移居楠木莊作」。其中「塵緣」作「塵勞」，「無端」作「却煩」，「正」作「競」，「豈」作「不」。

黔詩紀略卷之三十一

明

女士

指揮林晟母蔡氏一首

氏畢節衛人。夫爲畢節衛指揮，卒，子晟幼襲。蔡寡居，有志行，且嫻軍律，以晟未諳營伍制，常乘輿循視軍旗而賞罰之。衛中諸營事指揮皆欽蔡夫人，莫敢以幼視晟。軍政少暇，又教晟以詩文。正統十四年七月，叛苗相率攻赤水城，四川都指揮張祥以兵援之，與苗戰不克而死，畢節震懼。時官軍皆調征平越，晟亦守備貴州，城中空虚，惟餘軍數百及居民客户而已。蔡夫人乃率僮僕，簡壯士，盡散己財，料軍實，聚餱糧，補城郭，爲守禦計。畢節人素知蔡夫人才武，皆鼓舞歡躍，願爲盡力。俄而水西叛酋普奴率衆薄城下，蔡夫人登城拒守，調度有方，指揮無不如意。常夜出壯士擊賊，輒有斬獲。賊圍城三月，轉不勝城中之擾，乃自引去。蔡夫人率衆躡之，多所傷殪，賊大潰，城賴以全。時人稱爲「女將軍」。

示兒

晟乎自勉莫辭難，乳臭休言便是官。世禄須知祖德厚，邊臣真荷國恩寬。傳家弓馬辛勤熟，插架詩書子細觀。漫使傍人見吾子，遽因父没兩般看。

烈愍周參將鎮妻汪氏 八首

氏與夫鎮俱遵義縣人。氏幼通經史，能詩。鎮歷功任北直遵化參將，汪偕之任。大清兵入大安口，力戰死。汪聞變，灑血作《雉經歌》，偕其姑及夫妹若嫂投繯自盡，闔室俱焚。事聞，封墓贈祭。鎮事，《明史》失載。其他績，《方志》亦不詳。據劉時俊《渝城功罪紀略》：俊使將官周鎮傳喻石永高。永高使其親信土目欒富出降，亦有意殺樊龍矣。知天啓二年復重慶，鎮與有功。本朝乾隆中，通謚勝朝殉節諸臣，鎮得烈愍。而《殉節録》云：鎮崇禎二年與滿桂拒大兵蘆溝橋戰死。又謂鎮官，一作大同參將，并與《方志》異。撰録必更據當時功簿，或較《志》爲確也。

烈愍名，《志》、《録》諸書并作鎮。鄉撰《府志》時，見舊《志》萬曆四十六年武舉題名有周正，且注云：「直隸遵化參將。」又據高巖山《崇禎四年碑題名》有參將周正，以「正」、「鎮」音近，遵化官同，遂疑鎮爲誤字，而《列女傳》猶未徑改。今按：鎮，崇禎二年死。正則四年猶在。其爲二人甚明。新《志》之疑繆矣。且正父總兵官世禄亦見崇禎四年碑。汪詩云：「有姑早孤孀」，則鎮父没已久，益見鎮、正決非一人，其官地自不妨相同也。否則鎮之遵化或由舊《志》誤記，當以《殉節録》一作之大同爲確邪。近鄭珍撰《播雅》尚仍新《志》之誤，故詳訂焉。汪殉夫時，父母猶在，其父能以詩書忠孝教女，文行必有可觀，惜不得其名字。汪詩雖僅存此八歌，亦已争光日月矣。

雉經歌八章

有君有君真聖明，曰堯曰舜非虚聲。天之方蹶衆泄泄，不陳利害膻功名。嘩自嘩兮汏自汏，一朝戎馬悲空城。嗚呼周郎兮敢浪戰，欲安社稷輕其生。可憐熱血膏原野，願叩我皇鑒此誠。

有姑有姑蚤孤孀，老喜有子登廟廊。十年膝下一相見，倏驚禍變成參商。倚閭滴盡望兒淚，誰共雞鳴問北堂。嗚呼周郎兮子職傷，方陳桴鼓已先亡。白頭青鬢頓今古，飲恨重泉爲大綱。

有父有父七十餘，課兒勤讀壺儀書。緑窗難嫁囊如洗，自甘彈鋏食無魚。傳家清白惟忠孝，狗走雞飛原婦道。嗚呼周郎兮事可傷，執殳先驅委東牀。養女一生此長别，終天之恨魂茫茫。

有母有母病且沈，眼中骨肉斷我心。幾回哽咽不能語，滿耳悲笳漏轉深。只緣素受閨中訓，一寸貞腸等石金。嗚呼周郎兮大命臨，誰問湯藥誰衣衾。榻前步步數逡巡，四顧悠悠夢裏尋。

有兄有兄望眼枯，鶺鴒聲斷雁行疏。空懷壯略休嫌躄，請看塞翁失馬圖。我生志作冼家婦，否則當年曹大姑。嗚呼周郎兮腦已塗，妹今永別從黄壚。勉思菽水承歡事，養女終須嫁丈夫。

有嫂有嫂淑且賢，暮暮朝朝十八年。女紅職紉持家計，荆布蘋蘩儉克先。曾許歸寧今未得，遽驚陸地浪滔天。嗚呼周郎兮戰不還，妹有死所非所憐。初七下九莫重憶，他生還結此生緣。

有夫有夫婦所天，天不天兮訝斷弦。漆室之女尚憂魯，杞梁之妻淚何乾。大凌水邊血已碧，龍虎軍前肉未寒。嗚呼周郎兮方少年，藎忠自許在生前〔一〕。萬古倫常須共肩，頃刻相從到九泉。

有子有子纔兩月，眼動眉舒口欲説。未向閻羅問歲華，遭逢不偶地天裂。忍將肝膽摘西東，完得母恩失婦節。嗚呼周郎兮嗣已艱，僅此一脈望周全。丁寧不盡兒休哭，頃刻牀頭起暮烟。

劉山松妻吴氏 一首

氏，貴陽吴烈愍子騏女，詩人中蕃女兄也。幼諳書史。既歸山松，而山松久客不返，依父母家者十餘年。明末聞流寇將至，懷利刃以待。寇至遂自刎。其父子騏，尋以禦寇被執，横加鞭楚，子騏之妾朱以身翼代受焉。子騏被害，朱亦罵賊殉死。忠義節烈萃於一門。觀《雙蓮詩》，蓋尤志之早矣。

火裏雙蓮詩有序

聞父兄數道天啓壬戌水西賊安邦彦叛，陷普安州城，有同姓姊妹歸蔣及邵者，同被執，同赴火死。一時稱爲「火裏雙蓮」，賦四韻紀之。

吾宗佳姊妹，火裏説雙蓮。在世誰無死，斯人獨可傳。見危須自決，苟免豈能全。十載觀身世，思君一惘然。

按：普安吴氏二女歸同州蔣橋、邵以嵩。城陷時，橋全家被執。賊捶橋垂死，橋妻請以身代。不許，且以刃脅之。橋妻乃紿賊，遥指火光中曰：「吾所藏甚富，當爲君發。」橋得釋。妻乃引賊至其地。以嵩妻亦適掠至，與橋妻同躍入火中，自焚死。以嵩舉萬曆壬子鄉試第一，時官知縣。橋子克達，賊掠之入烏蒙，閲四年乃逃歸。舉崇禎丙子鄉試，庚辰成進士。巡按馮晋卿乃爲二吴請旌。

【校勘記】

〔一〕蓋忠：原作「蓋忠」，據鄭珍《播雅》卷二改。

黔詩紀略卷之三十二

明

方外

按《銅仁志》載：宋開寶間，甕蓬洞民楊再從好仙術，一日有道人假乞者狀，携草履一雙詣再從求售，索金五兩。再從知有異，入商於妻。妻不聽買。道人擲履於地，化雙鶴飛去，旋失所在。但見柱上題詩云：「新打麻鞋巧又牢，五兩黄金價不高。楊君不聽妻兒話，從我蓬萊走一遭。」再從大悔。其字深入於木，久而益顯，雖洗削不去。明洪武中，柱方圮。此黔方外詩之最先見者。是集斷自明代，漫記卷端，以廣異聞。

張三丰四首

三丰，相傳洪武間自閩編戍平越衛，寓衛之高真觀。於觀後隙地結亭以禮斗。又嘗往來都匀，城北石壁峭削，下臨劍河，坐其上石室習元功，手題曰「觀瀾處」。墨迹猶新，今水府廟是也。踪迹奇幻。所著《了道歌》、《無根樹詞》，有參同兩景意。四季止一破衲，草履科頭，時人呼爲「邋遢仙」。永樂後不知所之。城西五里許，石壁有遺影，非刻非畫，至今猶存。貴撫郭子章鐫「神留宇宙」四大字。《明史·方技傳》謂三丰遼東懿州人，名全，一名君寶，不言其至平越。而《張仙外傳》則云：一字元元，俗名仲猷，又號斗篷，閩縣人；又云羊城人。於平越事獨詳。化人遊戲，固不必深究也。萬曆十一年，有疥道人濯足觀池，忽不見。十八年冬，觀中大醮，復有道人浴於池，池左桂枯已五年，挂破衲其上，戒寺僧勿伐，當復活。僧取茶飲道人，已渺矣。明年，桂果活，茂於昔時，乃驚爲三丰再見。今觀中「浴仙池」、「回生桂」是也。天啓元年，推官李若柟葺禮斗亭，《三丰附乩記》其碑，草字頗奇崛。《記》云：禮斗亭，禮斗亭，張仙借此依修真。日月懸頭上，風雲過眼塵。茉莉元君，支天聖人。當年曾格我精誠，今朝列仙班，顯化通靈。敢忘了托迹元津，偶聞父母索吾名，聊寄俚言爲鏡。時天啓元年盛夏，偶遇李父母請鑾，因索記題此。附《張三丰仙師外傳》：仙師留侯後裔，早失怙恃，七歲能棋，稱無敵。十歲習儒業，小婢以魚饋午於館，同業戲擲之，師未知也。歸欲鞭撻而婢已縊。師感悟，遂改習道業，隨方士遠游。經歙州，值大旱，從者餓死，師亦困憊不堪。遇二老翁，皓首玉顏，賜以仙餌而甦；遂隨入番家華林修棲三十年。出山渡流沙，登崑侖，禮邱長春數載。歸遇鄭思遠、呂洞賓，授以至道。依遲世間又二十六載而就鄭，謂師曰：「一魚之命，子將往，必了俗緣方已也。」師即混俗歸閩，補刑曹吏。縣人不知其仙，未幾，辟囚劫獄，連坐，編戍夜郎之平越。同解將及境，師忽入河浴，遂沈溺不起，解以爲死矣。次日仍自水出，云：「吾爲汝完事矣。吾已得衛司收伍回文批帖。」解者探囊中，果然。因而神之，受重饋而別。平越人知其伍卒，亦不識其至人也。千户張氏亦失怙，母甚鍾愛，少敏慧，善棋弈，邦人莫敵。師往較焉，果高手。張業頗殷，款師甚豐。一日殘局，終宵抗衡，記之各就寢。張夢老媼曰：「汝棋當如是而後勝。」晨起不數著而師負矣。大笑曰：「驪山老母大是饒舌。」由是人知其通仙，遠近播傳，覓者旁午。師有遠塵之念，辭相與者十餘家，皆餞於一日，師悉周之在，人愈異。臨歧謂張曰：「吾爲汝卜葬地，以酬殷誼。」命張取骸骨自負，指岩窟密曰：「汝勿懼，往擲物之口中。」既入，則見石牛欲相吞啖狀，張畏而挂角出，告以故。師曰：「大至封侯，斯亦足矣。」復授鐵鎚，命往擊洞門石磴，且曰：「擊不過一二鎚，至斷而已。」張力不勝，擊至七下方斷，見金魚飛去。歸白之。師曰：「悼哉！汝八口之家，止存君一人而已。十年後，位至封侯。十二年間，當會於武當泰和峰際。」言訖而別。後永樂靖難，張以進表，南行至隆平道，逢御蹕，張遂以表進。上極喜，即封隆平侯。至十二年間，果敕祭武當山，見師於山中石巖炊瓦釜，形質憔悴，破衲腐穢。傾水飲爲茶，送棗一枚以啖之。張置湯不飲，袖其棗而別。下山視棗，則已長尺餘。驚訝復上山循師，已遁矣。追悔莫及。師丰姿魁梧，龜形鶴背，大耳圓眼，鬚髯如戟，頂中作一髻，手中執方尺，身被一衲，背負巨笠，自無寒暑。或處窮山，或游鬧市，嬉嬉自如，旁若無人。有請益者，終日不答一語。及至議論三教經書，絡繹不絶，吐辭發語，專以道德仁義忠孝爲本，事皆先見。或三五日一食，或四五月一食，興來穿山走石，倦來卧雪鋪雲，行往無常，境人異之，皆以爲真仙也。先曾隱鳳翔寶雞金臺觀，洪武壬申，應蜀王召，住鶴鳴山。又館内江明道人家、蓉城江萬户宅，遺蹤甚多。都元敬云：師與劉太保冷謙同學於沙門海雲，授其字法云云。《方壺勝會圖》云：三丰，紹興辛卯八月十五生。《史》云：永樂中，成祖遣給事中胡熒齎璽書香幣遍訪，積數年不遇。乃命隆平侯張信等大營武當宮觀，賜名太和。天順三年，英宗賜誥，贈爲通微顯化真人。國朝德州田雯《高真觀記》略云：張三丰，洪武間戍平越衛，人呼爲「邋蹋仙」。嘗自序云：幼年慕道，長歲求元，識至人之奥旨，悟義理之深詮。所著大類《參同》、《黄庭》諸説。其人果道家者流乎？抑時之隱君子有所托以逃耶？永樂間遣官徵聘，竟莫知所之。説者謂金川之役，蓋假訪三丰之名，以偵遜國之逸踪也。即孫文恭《望仙臺詩》亦云：「望仙臺迥草花籠，邋蹋真仙落故踪。永樂當年書誥在，誰知不爲覓三丰？」然傳信傳疑，皆不可考。最可異者，平越城西山曰倒馬坡，坡半見隔山石壁如屏，懸崖千仞上有三丰遺影，首戴華陽冠，側身杖策而行，儼然圖畫，極可觀。旁刻「神留宇宙」四字。余過而慕之，作歌曰：「神仙之説果有無，幾見員嶠兼方壺。風蟬蜕骨幻術耳，逃名欺世夸清都。劉安雞犬事頗怪，籛鏗年紀言多誣。漢武不識東方朔，祀竈却老何其愚！人生百年五倫重，學仙信佛皆傖夫〔一〕。羅施自昔號鬼國，碧雞金馬西南隅。草木瘴癘山水窟，其間或有烟霞徒。熊經鳥伸訣自密〔二〕，寸田尺宅理豈粗。地産丹砂大於斗，彭亨鼎大鉛汞腴。異哉三丰偓佺侶，邋遢道士群相呼。洪武初載來黔地，嵺峨城市吹都盧。石鉢洗泉清且旨，廟砌老桂榮不枯。郭外層嵐立千仞〔三〕，忽於巔頂傳形軀。句展顧吴作小照，儼然一幅行仙圖。華陽笠子兩芒屩，手拖籐杖西方趨。飛瀑直衝入袍袖，松花下落粘髭鬚。憑虚御風將焉往，何不爲我停須臾。神留宇宙四大字，筆法倒薤非模糊。誰人結構置峭壁，巧匠斫削驚天吴。始信靈蹤非妄誕，徘徊不去坐日晡。長生思假六禽戲，前村微雨鳴鵓鴣。」

聞道

落魄江湖數十秋，逢師咬破鐵饅頭。十分佳味誰餐蜜，半夜殘燈可著油。信道形神堪入妙，方知性命要全修。自從識破些兒後，忘却人間萬斛愁。

歸隱

一片閑心絶世塵，山中寂静養精神。素琴彈落天邊月，元酒傾殘甕底春。五炁朝元隨日長，三花聚頂逐時新。煉成大藥超凡世，仔細題詩警後人。

瓊花

璚枝玉樹屬仙家，未識人間有此花。清致不霑凡雨露，高標猶帶古烟霞。歷年既久何曾老，舉世無雙莫浪誇。便欲載歸天上去，擬從博望借靈槎。

柳塘迴文

橋邊院對柳塘灣，夜月明時伴户閑。遥駕鶴來歸洞晚，静彈琴坐片雲關。燒丹覓火無空竈，采藥尋仙有好山。瓢挂樹高人隱久，囂塵絶水響潺潺。

徐貞元 一首

貞元，偏橋衛千户。隆慶間年已四十，忽棄家慕長生之道，自號白雲道人。歲丁卯，偕同里周惠登闢衛北雲臺山以居。山舊名團倉巖，多毒蛇猛獸，徑甚險，素無人迹。貞元入三日達山頂，坐古柏下，振動木魚，四山皆響。惠登繼之，遂結廬焉。越數十年，貞元留二偈，趺坐化去，遺蜕猶存，鬚髮皤皤，指甲長數寸，生氣宛然，鄉人建亭供之，顔曰「遺真」。明亡時，張先壁率兵數千鎮偏橋，欲登山訪異，馬及山而斃，先壁駭然。貞元有高弟張守戒，本偏橋指揮舍餘。萬曆末歷衡山、九疑，游五當，過嵩華，遇異人長丈餘，授異書，能役鬼神，以符藥施人，號「丹霞道人」。年九十餘無疾逝。人亦謂其尸解也。雲臺又有羅漢和尚，本崗苗，爲厨下僧，擔柴運水，目不識丁，忽遍游名山，自普陀返棹歸，則經論了貫，於等韻尤精，而朴率自如，同輩異焉。明末募建跨虹橋，畢而逝，異香旋繞，觀者如市。二子并有詩偈，未見，録貞元一首。

偈

犂牛初世不聰明，知者老翁莫生嗔。問盡千行不知道，大風地上罵聾人。

孔海雲一首

海雲，未詳所自來。崇禎十二年在貴陽〔四〕，形貌清古，腹貼至背，寡言語，恒數日不食，能知來。每以隱語寓意。其《贈郡人章爾瑜詩》云云，莫解其意。後爾瑜於壬子年卒，人始服其前知。縉紳吴子騏延至家，見其諸子，海雲指仲子中蕃云：「乞此郎巾一幅。」他無所言。後舉家遇難，獨中蕃無恙。先海雲至之六年，平壩衛有陳借句者，一名許人度，蓬首垢面，自言瀘州人。晝入城游士夫家，遇紙筆題咏不休，有索者數十百篇不厭，大抵仙經奥語，如「橘中藏二老，云是武陵人」之類。好事者潛伺之，則見其東郊外文廟趺坐，兩袖皆書。有問者，答云：「老坊刻。」曾過一人家，愛其水竹幽潔，爲大書「曾將赤手扶元化，且著青袍混野人」之句，遂不知所往。

贈章爾瑜詩〔五〕

萬古青青不了山，水流東去癸年還。世人盡向忙中過，洞裏誰知日月閑。

文和道人一首

文和，不知何許人，鼎革時，游至桐梓，嘗負一神像。一日，就元田壩三座寺宿。僧不納，遂宿巖下。晨視，不知所往，但見石上題一詩。趙旭爲余言，題字在寺北麓楊氏祠後，今尚存。文和曾爲旭五世祖圖墓，實萬曆間人也。

題石上迴文〔六〕

間雲野鳥宿邨烟，唳鶴驚眠不似眠。參細細功禪密密，坐深深地月娟娟。三更五會空抛像，半夜中初火出蓮。闗外不行修佛事，南巖寄興寫詩篇。

僧孤舟 一首

孤舟，不知何許人，萬曆初至真州長官司今正安州。之蟠溪寺，面壁數年。一日謂本寺住持曰：「明日余逝矣，寺外二樹將折，一樹有聲，即長老；一樹無聲，即余矣。」次日二樹果折，示偈端坐而逝。

偈

勘破無無世界，了然何物心頭。自性已歸圓寂，清風明月自由。

苗僧 一首

僧，思南府受水人，初爲張氏僕。小時常念一佛字，及長願出家。久之得悟，年九十説偈而寂。

偈

本是菩提種，打落有苗胎。曹溪一派水，清風引出來。

僧圓智 一首

圓智，字眉慈，自蜀來平壩衛，精禪理，喜爲詩，鄉宦韓炎天崇間選貢，官未詳。於衛城西建紫竹精舍以居之，與衛士夫倡和甚夥，脱稿即焚，今猶存一首。

山居

大石橋邊小石橋，層巒叠嶂遠塵囂。山僧誤聽樵人語，錯認松聲作海潮。

利根禪師繼慶三首

繼慶，字利根，本名常慶，赤水衛指揮張大壯孫也。大壯之先，出明初功臣濠人龍，開關陝有功，封鳳翔侯。洪武中從傅友德征雲南，鎮七星關，平大理、鶴慶諸洞蠻，加禄五百石，予世券。二十三年，同延安侯唐勝宗督屯田於平越、鎮遠，貴州議置龍里衛，佐藍玉討平都勻撒毛、撒狗二洞。六月召還，議平蠻功，别得衛指揮，世職侯爵。再傳而除襲指揮，在貴州赤水者二百餘年不替。大壯，龍九世孫，初爲赤水衛千户，功升指揮，以事黜。兄子夔升《省志》謂夔升大壯子，誤。援京師，殺敵有功，因復大壯指揮使。致仕，而夔升替掌衛指揮印。大壯復有弟奇韬，亦曾襲指揮，免。又有兄子景升，亦襲副指揮，以隨操居城中。天啓初，奢崇明叛，將犯赤水。大壯曰：「予雖老致仕，然再受命矣。當與掌印城守。惟吾母年九十餘，子陛升文弱，稚孫常慶、常春，可不必同殉。賊果至，陛升可奉祖母携妻子走貴竹避之。」二年三月，崇明及奢寅率其部落百餘營屯衛城東白帝坡，夔升首以游兵挫其前鋒阿六。崇明怒，暮合諸營薄城。城中兵僅千人，計衆寡，嬰守不敢出。賊力攻七日，城破，夔升督鋭卒巷戰，身被六創，經城隍廟指神而言曰：「汝不予助，使予死，當以頸血濺汝矣。」遂自殺，尸立不仆，賊大駭，焚其廟。陛升之去赤水也，至層臺驛遇他賊。安賊方阻水西，不得達，遽返，赤水已受圍三日。大壯又令陛升出自竇曰：「苟免，而賊退，收吾及汝從兄骨于此。」陛升哭而出。城破，大壯奉劉攜二孫將赴水死，未及而賊踪迹至，城外火光燭天，大壯乃入空樓中，與母孫四人相向端坐曰：「火水均之，死所也。」俄，火及樓傾，四人皆墜。賊鈎火中出之，縛大壯，極罵被害。乃縛劉及常慶、常春獻。崇明弗殺，欲以要賂。越日，劉卒於野，常慶、常春舉沙土覆之。時慶年十三，春年十一。劉則寡居七十餘年，曾以節受旌於朝。當城之將破也，景升挈其婦子從陛升於三渡，賊退，與陛升葬劉、大壯、夔升及張氏死者。使贖慶、春於賊營。已聞賊將攻三渡，乃以家歸赤水。十一月，寅率賊目蘇保復寇赤水，景升與叔奇韶率殘卒城守，力屈復陷。景升巷戰，奇韶助之，皆不利。奇韶死，景升傷於短兵，走還宅擐甲，遂被執。景升身長八尺餘，氣敵萬夫，聲如迅霆。奢寅未反，常往來張氏，欽其才勇。及生得景升，喜甚，謂之曰：「若壯士，且將種，能從我乎？」景升張目大呼曰：「爾殺我，天朝行磔爾，無多言。」寅知不可屈，揮諸蠻牽强使跪，景升跪向闕，不向寅。寅怒，命諸蠻彀百弩射之。景升大呼「天祖」者數十聲乃絶。景升之還宅也，已不食數日矣，賊選精壯十餘往，乃能持而縛之，故遇害尤酷。逮既卒，諸蠻猶不敢驟進，而刎其首云。奇韶亦大壯弟，曾襲指揮，免，居於家。景升既執，陛升攜妻子走天鼓巖。賊追將及，妻李投巖死。賊得陛升，縱之曰：「孝子也，且儒者無所用。」惟繫其二子以去。陛升，衛諸生，嘗刲股療祖母，故蠻人以孝子稱之。既脱蠻禍，念父兄皆殉節，二子爲蠻擄，遂不食死。張氏一門男女死難凡七人，賊留常慶、常春於營，使常慶隸頭目鬼師，常春隸頭目阿七，令皆習夷語，左衽，學騎射擊刺。常春墮馬死。崇明敗，逃鎮夷之麽響。居月餘，以常慶畀紅蠻，轉賣之銀河蠻，奴作益苦。乃竊其善馬，東向馳三四十里，日暮阻一溪水，棄馬匿石下。追者踪迹至，縱犬向石而吠，虎忽吼，犬及追者皆反走。黎明逾一關，晝伏宵行，三日乃至麽響，見蠻問以藺州語，常慶亦爲藺州語答之。一老人挑以漢語，亦漢語答，目之乃止。已而老人引入私室，與密語，言爲樊龍虜至此數年矣。又引見五六婦，皆漢人，相視哭，與之善飲食，易藺人衣，同居焉。逮寅、崇明死，夷中亂，銀河蠻且來捕常慶。老人將縱之出建武。卒丁三者，常至夷中，與老人習，令携之歸，乃從三至建武，走金川依其戚。戚已遷去，始廉知其父以不食死已七八年，痛哭於野，遂祝髮入石龍山爲沙門，更名繼慶。事高僧漢月，爲得法弟子，以利根字之。已又事密雲、靈橋二師，皆獲心印，遍歷天下名刹，多與名士游。編所著詩文曰《霜柏集》，楊侍郎文驄爲之序。華亭宋徵輿爲次其先代死難者爲《張氏五忠傳》焉。其《集》、《序》并未之見。

依韻答邢居士二首

尋師天欲盡，歸夢尚昏昏。九死來依佛，三年未聚魂。君親長此負，身世了無根。每向空王訴，低眉亦淚痕。

蜀黔無限事，回首即心傷。盡吸長江水，那澆劫火涼。如公發宏願，爲我念諸亡。乞假如椽筆，冬青寫古霜。

附高淳邢昉《亂離詩·次潭吉韻贈黔僧利根》二首：「故國兵戈地，風雲尚覺昏。亂離思舊鬼，驚定住新魂。行世已如葉，言愁別有根。三年蠻海淚，猶記昔成痕。」「尋師萬里外，何事不心傷。赤水河猶折，峨嵋雪轉涼。不知成幾佛，始得報諸亡。還想南天樹，曾沾十月霜。」又《冬日吴門逢利公贈別》二首：「三年爲越客，此路不同歸。已覺形容改，仍憐消息稀。吴雲閑倚櫂，泖雨凍沾衣。爲問息心侶，何時更發機。」「越嶠寄書後，一帆今正歸。昔年曾禮足，此日但霑衣。臨水霜華薄，勞生機慮非。故山相憶處，磬滿白雲扉。」

答禪客

坐殘清露欲沾衣，夜色教人懶閉扉。響落巖間鐘尚在，月歸林外影何依。久知涉獵功原淺，頓覺聰明入亦非。莫道禪機在高遠，眼前光景即禪機。

丈雪大師通醉十七首

通醉，字丈雪，四川内江李氏子，爲臨濟義玄三十一世正宗。其父母避荒桐梓蘆溪里，因生之。自爲嬰兒，輒好趺坐，五歲捨入寺。僧天祥授以經史，後從可尊聽講法華。於惟此一事實，餘二則非真，頗致疑，因走諸名山，遍問禪宿，疑益甚。後至萬峰山，謁破山海明，問雲門乾屎橛意如何？破曰：「脹壞了我，餓壞了你。」旋作卧勢云：「老僧不參禪，只愛伸脚眠。」雪益疑。一夜因倒穿鞋，脚套不上，擬伸手拔，忽有省，遂爲破山第一法嗣。一日隨破山過白兔亭，觀瀑布，破山書一偈與之云：「畫斷蒼巖倒碧岑，紛紛珠玉對誰傾？擬將袋鉢横攔住，只恐蟠龍丈雪冰。」更爲號丈雪。後走天童山參密雲。一日上太白頂拖柴，偶竹簽傷足，血迸污地，聞密雲自打普請梆，椎急聲厲，忽契香巖擊竹之旨，豁然大悟，入拜呈一偈云：「兩脚行來古路平，通身棒眼血淋淋。而今始識牛和馬，鼻孔分明搭上唇。」遂歸蜀住昭覺寺。順治丁亥，避亂，由銅梁至遵義，旋去。己丑再至，遂即樂安江上龍興禪院，易名禹門，爲道場，集四方禪子，盛講别傳，住十二年。壬子復歸昭覺。年八十餘，示寂。《播雅》云：今禹門存有丈雪住院時語録，皆于一大事，隨指見月，坐斷舌頭。嘉興張玉可爲寫真，猶懸堂上。其自書贊末云：「夫是爲三巫峰嫡骨，宗門作春秋之客。」則固以祖師正法眼藏自任矣。余于彼教嘗輕爲易知，不足學。家近禹門，每過觀舊遺釋藏，環列一樓，而破雪師弟諸手迹，體正力厚，純法二王，輒嘆即渠出家之雄，已非不從積學可得，乃姚江、龍溪諸子欲以一良知良能盡聖人之道，恐真正學佛者亦不如是也。録雪師詩，因爲吾儒三喟云。

寄雪臂兄

冉冉長霞鎖蜀吴，狼烟影裏卧村夫。空飛瀑布聲千丈，夢冷鄱陽水一湖。摸月海濱時合手，奏笳塞上日懸弧。木鵝幾向秋江放，頗怪年來音信無。

萬竹道中

土曠人稀日正長，空山絶響路羊腸。驚看伏壚文翻蔚，忍見歸鴻影帶黄。客思易消樵語雜，沙場難禁野夫狂。只因不負中天令，杖影橫挑鷲嶺香。

避兵有感

烽火驚人地屢遷，數峰猿鳥冷相煎。溪邊紅浪多應血，天末烏雲半是烟。滿肚愁腸如石轉，一條窮命似絲懸。雖無十住安身術，幸有芒鞋脚底穿。

游紫霞山睹古佛地坐有感

踏遍殘霜上古城，雲梯風磴野情生。庭前柏子和烟落，嶺際霞光帶雨晴。半榻牟尼千嶺雪，數行玉簡一溪聲。縱教九轉丹成就，猶要當頭一著清。

山居二首

草鞋高閣白雲際，一钁生涯宇宙長。月挂巖間雲影静，雪殘林際鳥聲荒。濃煎白水饒清富，熟蓄秋橙待晚香。菜葉不將溪口浴，恐流名去播諸方。

荒廬寂寞野烟舒，料掉疏慵興有餘。露地烹泉和月煮，蔬林薙草帶香鉏。風摇緑樹傳秋信，雲冷長空老太虚。一枕石頭無個事，晴峰萬里挂蟾蜍。

示惟乾禪人二首

露滴喬松冷，雲深老鶴閑。白牛千古意，口在钁頭邊。

半榻烟雲静，蕭然放脚時。獨棲明月裏，人世幾聞知？

示知非禪人

坐在十字街頭，發賣阿伽陀藥。病與不病俱來，和根一并拔却。

送半偈禪人

擔囊負鉢到沙灘，苦辣酸甜盡飽餐。此去踏翻滑石板，脚頭莫被草鞋瞞。

示水心禪人

樓頭山月泛前塘，古柏蒼松雲外香。覿面拈來酬鶴叟，不知杜宇爲誰忙。

次太崑何居士韻

傍個烟村枕破裟，旋編茅草且爲家。藩籬不設隨來往，澹澹烹茶煮瀑花。

示大吼禪人

生鐵淩成團澤口，純銅打就天朋山。急須著力親推倒，不致藤蘿薜荔纏。

卧雲庵

七重天末號峨嵋，樹裏老僧下榻遲。八十四盤行欲盡，青山涌出象王兒。

汀　聲〇下二詩爲禹門六景之二。禹門寺在遵義縣東七十里沙灘上。

兩岸沙禽笑轉生，仃伶叠落爲誰傾。清溪何必多饒舌，彈壓江湖只一聲。

石頭山

磊落一堆輕重石，嵯峨定不陷泥沙。焦巴不許人雕琢，本色年深分外嘉[七]。

生柴旋斫兩三片，流水時燒四五聲。稀煮爛炊三頓飽，法堂草長冷青青。

山居

兩生禪師真從一首

真從，字兩生，四川永川人，破山明大師弟子。前世本一僧，名真從。每食豆腐，先於盤拈一粒，念佛一聲始食。衆因名爲「豆佛」。鄰家有丁姓休致者，乏嗣，供之年餘。一日，當妻臨産，見豆佛至，直入室，迹之不見，隨産一子。旋報豆佛寂滅，遂名子爲兩生。在襁褓即不食葷腥。寺有櫃，牢鎖失鑰。及四歲偶入寺，於壁隙取鑰開之。後讀書穎悟絶倫，父命應試，逃出爲僧，居原刹，仍名真從，字兩生。順治中來遵義，始棲茅衙寺。著《楞嚴經解》、《心經解》，人稱「講經師」。旋去成都雙桂堂，從破山參法。復來遵開松邱禪院。有《和歸去來辭》。字師文徵仲，文效歐蘇。年八十。一日上座書四語，端坐而逝。《播雅》云：余嘗觀兩生致書半月，爲遵義令高洪借《禹門大阿彌陀經》，言高護法有《念佛超宗之集》，欲得此經印證。半月復書云：「邇聞高公苛政非刑，無絲毫惻隱，若慈閔殘黎，即達摩老子覿面，現在其《念佛超宗》之集，明明指出家常茶飯不待超，而處處皆宗也，冀和尚曲垂方便，導其良策，使播地回春，法門多幸；莫隨水放舟，誘壞人家男女。」玩此書語意，兩生殆有愧其師之爲逆行菩薩耶？

示寂詩

八九功完，語不空傳。虛空粉碎，優曇花鮮。

語嵩禪師□□ 二十八首

□□，字語嵩，本蜀巴人，少充縣役，尋棄家爲僧，戒律精嚴，從破山弟子長破果和尚得法印。甲申亂後，與黄蘗象巖書雲諸禪宿避居酉陽司。尋入黔，駐錫貴竹獅子山。辛卯，中丞錢邦芑、太史方于宣請住牟尼山報國寺。尋過夜郎，住大士閣，又之馬坪。邦芑復請，就敷勇三潮水知非庵開堂焉。癸巳，携門人卜築西望山鳳凰池，又開堂於木皮庵。庚子夏，移錫武陵德山乾明祖院，還蜀住金佛山東林寺。移大西衍慶寺。尚書鄭逢元請留平溪觀音閣，復居大西泰華峰頂。振錫入浙，化於天童山。徒衆歸靈骨，建塔西山之鳳凰池。邦芑爲之銘。于宣及涇縣王宏締序梓其《語録》以傳。當正統間，有蜀僧徹空往來貴陽潮音寺，機鋒警敏，詩亦清俊。萬曆中蜀僧如登住貴陽大興寺，精三乘，諳六書，著《轉識論》。又有僧碎塵住貴陽青崖谷精寨山寺，詩律古澹。今所著皆無傳，唯《語嵩語録》十二卷，猶有弆者。武陵唐誠德山《贈語嵩和尚》詩：「數載看山約，扁舟到偶然。雪融膠葉雨，雲澹養花天。林始經春氣，僧方足午眠。入山松色暝，清磬斷橋邊。」

散澹歌

玲瓏屋三間，髮長僧一個。進退任自由，家緣隨地破。百事不關懷，二時無功課。抱膝火爐頭，狂歌到日暮。松門纖月來，竹榻和衣卧。日午打三更，黄粱事多錯。堪笑夢中人，光陰虚費過。説與勞勞者，休效吾懶惰。

囑行者浣衲衣

西山破布衲，病骨幸得披。寒暑經數載，未嘗挂寸絲。條條如柳絮，結結若星垂。補綴非慵意，無處卓針錐。灰塵尚幾斗，慢慢細輕搥。勿使擣聲遠，恐聞雲外知。

示自心禪人還鳳凰池

嶺頭雲，斷復續，洞口桃花紅映緑。游山人，三五六，不唤牟尼境則背，唤作牟尼境則觸。鳳凰池畔春水漲，芝蘭笑破寒山谷。

答天虞鄭居士

山居一室兩三椽，折脚鍋中煮碧蓮。茶熟不逢佳客至，日高獨許老僧眠。棒驅佛祖渾無迹，喝驗龍蛇别有天。斷舌英才曾解玉，休將文字謗逃禪。

示法侶

昨夜中秋月，今朝午後鐘。分明的的意，不觸五家宗。

示自心禪人

別却夜郎來，須到牟尼頂。若只窺門户，自心終不穩。

景衢楊居士祈嗣索偈

山寺無別奇，一枚瓜當禮。勿嫌送與遲，爲待堅固子。

頌破山詩翁四首

干戈林裏賣風顛，一個酒杯續正傳。大地衆生都疑殺，不知原是止啼錢。

西川古佛喫豬頭，劈腹剜心老不休。可惜罕逢穿耳客，行人却把路爲仇。

臨機卓卓任風流，活殺全提不展眸。豈但奪人并奪境，虎頭虎尾一齊收。

兒孫個個起家門，散質疏狂物外尊。八萬四千獅子座，一時哮吼震乾坤。

長破和尚示法語有感

戴角披毛入市廛，氣吞萬象力回天。祖翁田地幾耕轉，獨有兒孫冤債纏。

牧牛頌二首

一帶溪山烟水迷，攀藤撥草少遲遲。分明牛在雲深處，尋到雲深又幾溪。

當年欠下嵩山債，今日披毛帶角還。欲解犂耙無處解，拖泥拽水在人間。

答天虞鄭居士二首

鏡花水月草頭霜，夢裏登樓作戲場。石火光中延客坐，無端逼殺暮雲忙。

百丈澄潭一老龍，垂絲千尺釣春風。等閑立破三冬雪，笑殺竿頭争似弓。

寓貴筑城觀音閣答知非居士挂冠三潮水獅子峰四首

萬頃烟波一葉舟，春江幾换白蘋秋。蓑衣欲挂蘆花岸，不見獰龍上釣鈎。

棒喝奔雷接上機，老僧非是浪施爲。殷勤寄語知非子，若道知非早是非。

聞公住處三潮水，泛起鐵船雲外飄。珍重舟人穩把舵，長年作個渡驢橋。

住山消息事如何，茄子王瓜種幾多。珍重園頭勤守護，恐猿偷入葛籐窩。

復玉岑冉居士二首

不居廛市豈居山，合水和泥只自閑。任是冬瓜直儱侗，叮嚀瓠子曲彎彎。

踏遍千山與萬山，看來何物有忙閑。夜來且伴蘆花宿，水面無心月一彎。

答文野周居士

宇宙忙忙白首翁，奔南走北向西東。芭蕉夢起睁眉看，鹿過前山第幾重。

寓中湘示雪痕禪人

兩度肩雲入楚來，桃花落盡李花開。殷勤送子還鄉去，休使杜鵑中夜催。

示兩生座主

卞和三獻灼然癡，按劍投光正此時。千古徒教人痛惜，一聲長嘯一聲悲。

讀傳燈寄鐵庵文相公

上方静坐讀傳燈，萬慮虚靈一念澄。記得當年曾與教，而今髮在已成僧。

答神生居士二首

一燈續燄百燈明，照破昏衢待客行。休戀途中風景好，只須步步到家庭。

今朝病起問維摩，昨日同誰看插禾。下水農人脚不濕，白頭童子唱田歌。

虎丘禪師大冶三首

大冶，四川富順人，受法於塾江龍蟠寺敏樹。敏樹受法於破山。順治乙酉，冶避亂來遵義，初住禹門側石頭山，旋受郡南西坪人所請。丈雪與之書云：「石頭山中柴水方便，而又折蘆他往，開門破户，恐難安頓，是所慮耶？」竟往西坪。陳枚庵《西坪寺記》云：「四衆請輟沙灘之祇，爲創結茅之憩。師一住十有四年，茅就壞。四衆不聽師去，乃開土創刹，即今虎丘寺也。後終於寺中。」丈雪常稱冶爲「宗門獅象」。或曰冶與大錯錢開少、大友陳枚庵皆前明遺老也。塔今在虎丘寺後。著有《大冶語録》。鐵脊道人謂：「言如牆壁，默若雷霆，山立風飛。無禪和氣，無如來氣，無祖師氣。淵源自合，迥異學人。」詩有《大冶方外集》。陳啓相《方外集序》：山水可琴，鬥蛇可書，洴澼洸可封，而詩可禪，髮可僧也。非種種錯亂顛倒解，直未許偶見人夢著。我觀今人無弗詩者，類以詩爲詩，囿四聲八病，分寸不敢稍逾，一片靈光，打入畏縮苦趣，詩殆可讎乎？曷效爲？意詩當不如是。私蓄此見有年，苦無從質正。一日，走馬虎丘謁冶公，儼然負奚囊覓句情狀，促坐宵分，一語一粲，竟不及余以詩。余退後，冶過我於風雪中，又儼然灞橋驢背意緒，復連榻通宵而返，終不及詩。其以我爲不知詩者耶？其以我爲以詩爲詩者耶？今年冬，會予將束裝言別，始不惜《方外集》手侍者相示。空靈簡遠，字字消三日坐卧，世乃有此詩，詩始詩矣。總之以全力分現，如大海水不漏一滴，非從詩入，特從詩出，使予向來結想〔八〕，一朝而豁，乃知天地有一種自然元音，留在蒲團坐上，豈落雕蟲伎倆？不但難作者，并難讀者。持問冶公，詩信可以禪矣！余髮云何？時丁酉孟冬也。

雜詩三首

數年湖海一孤舟，處處晴沙宿白鷗。昨夜波斯呑却月，漫將米價較沈浮。

雨連雲際雪連天〔九〕，地接烟雲雲接天。一等共行山上路，眼中各自見風烟。

一條禿木兩人舁，舁去舁來汗浸衣。屋遠路長天黑了，各人拖了一身泥。

天峰和尚雲昰三首

昰，不詳來歷。綏陽治西二十里螺水上三教寺舊堊壁間，有順治中留題手迹，其款稱：傳曹溪正派馬度第二世，名或作書雲。昰或作雲昰。蓋昰是名，書雲其字也。又自稱「天峰道士」。天峰山，一名辰山，在綏陽城西二十五里。山右雪洞之水流入白楮溪。溪即螺水，皆樂安江上流異名。天峰，距螺水不遠，杖鉢往還，宜有此題壁。國初峨眉僧有福昰者，豈即其人與〔一〇〕？順治初又有天語禪師者，自普州來遵義，棲禪白牛山，闢圓祐堂爲道場，即今郡西四十里沙罔寺。語與丈雪、敏樹爲友，著有《詩集》、《語録》。其徒桂鉉亦善詩〔一一〕，今覓稿不得，附記於此。

思親有感和東山杜子韻

閱歷河山杖一枝，幾經風雨亂離時。慧刀已斷千生愛，老骨偏催兩鬢絲。灼灼仙茶添淚眼，行行語鳥起鄉思。當年自悔逃禪誤，病入膏肓可再醫。

夜酌螺水山房别東山杜子

溪聲浮夜月，光帶晚風飄。未盡傾心語，扶筇過板橋。

戊子春偕東山杜子石頭埜遥兩和尚賞花有感

昨日看花花未放，今朝花放色先頹。不知來日成何際，判醉花陰待月來。

石巖和尚如崑一首

如崑，江陵雷氏子，天、崇間困頓於諸生者二十餘年。一日，遊承天寺，讀《法華經》，頓空世緣，遂剃染於金子峰無學大師。後於三昧和尚座下圓具。甲申之變，避居酉陽司，結茅於楠木山。久之，往來思、播間。癸巳過湄水。井研胡顯避地在湄，建水月庵，留之駐錫。丙申八月八日，書偈辭顯而寂。顯哭以偈曰：「六旬撒手已空淩，薪火傳來不滅燈。湄水黔山留不住，一輪寶月映金繩。」弟子性天供靈骨於抵水。後三十餘歲，門徒徹宇復迎入綏陽五涯塔中。

别胡司農

幻軀因妄起，藏教爲伊始。只有老瞿曇，當年較些子。

釋眼石一首

眼石，湖南邵陽黄氏子，以勇力入伍。崇禎癸未，授千總，遷四川守備，從劉承允迎桂王入武岡，遷錦衣指揮，又從轉徙兩廣至安隆。丁酉，孫可望逼授僞官，遂逃入敷勇衛西望山，從語嵩禪師披剃，令參父母未生前語，使守廚。一日，過廚見之曰：「汝何不作官來此？」答曰：「佛尚不爲。」語嵩異之，使司茶。眼石質所疑，語嵩輒答謁，不容辨。眼石參究益力，寢食俱忘。一日運水山谷間，語嵩突杖擊之，水盡傾，忽頌云云。自是，語嵩弟子辨論，皆爲眼石屈。語嵩之夷陵，使從高弟醒間論法，遂與棲綏寧集福寺。歲庚子正月，醒間出源流拂子，强授之。康熙十九年，卓錫武岡醪田伏牛山，有大帥駐軍山下，居民欲避之。眼石曰：「無恐，山中自有活韋馱救爾輩也。」已而，大帥上謁，眼石以爲請，於是數十里皆得歸耕。

傾水頌

一橹迅雷震大地，山鳴谷應水傾瀉。滔天洪浪浸須彌，拈得口嘴打濕鼻。

西山寺僧一首

僧不詳何人，明鼎革時〔二〕，曾住綏陽西山寺。

將去西山留題

一朝戎馬亂如麻，收拾木魚與袈裟。分付貓兒隨我去，莫教留在俗人家。

【校勘記】

〔一〕信佛：乾隆六年《貴州通志·藝文·詩》作「佞佛」。

〔二〕自密：《貴州通志》作「自秘」。

〔三〕層嵐：《貴州通志》作「層巒」。

〔四〕在貴陽：清乾隆六年《貴州通志·仙釋》作「至貴陽」。

〔五〕章爾瑜：《貴州通志》作「郡人章爾瑜」。

〔六〕石上：民國十八年《銅梓縣志·文徵下》（卷四十六）作「石壁上」。

〔七〕分外嘉：鄭珍《播雅》和《遵義府志》作「分外賒」。
〔八〕結想：鄭珍《播雅》卷二十四和《遵義府志》作「積想」。
〔九〕雲際：鄭珍《播雅》卷二十四作「雪際」。
〔一〇〕豈即其人與：鄭珍《播雅》卷二十四作「疑即其人」。
〔一一〕「其徒」句：《播雅》此句下尚有「余昔曾各鈔數首」一句。
〔一二〕明鼎革時：鄭珍《播雅》卷二十四作「國初」。

黔詩紀略卷之三十三

明

無名子

盤江逋客一首

題分水關

一道泉分兩道泉，層層松栝翠參天。鷓鴣聲裏山無數，合向誰家小閣眠〔二〕。○出《明詩綜》。

元妙觀題壁一首

重游桃源山〔二〕

空山樓閣自峥嶸，策杖來時青鳥鳴。雲滿苔陰仙路合，風迴蘭氣野香生。吹笙簫史元無分，放鶴林逋似有情。愧我重來渾是夢，桃花紅爛眼雙明。

按：觀在遵義治南桃源山。詩見舊《府志》。

普濟橋磨崖一首〔三〕

詩

溪山清，溪水緑，雲霞深處蟠桃熟。西風忽落桃一枝〔四〕，欲爲人間療塵俗。

按：橋在遵義縣北三里許，有小溪自半山衔來會穆家川。橋跨溪尾，俗呼高橋。溪北岸皆石壁。宋威毅侯楊粲肇基郡治，釁序橋道，諸政具舉，此橋其一也。壁上刻此詩，草書，其署款舊認「柴存」。載入《府志》。今細審，「存」字終不確。此刻即在白飛霞題刻「水瀰瀰，石齒齒，白飛霞，曾到此」十二字之左，字迹頗類桃源、鶴鳴諸刻，故或疑楊斌爲，或疑飛霞作，皆無確證。姑編諸失名卷中。

桑林子 一首

書張仙像神留宇宙題字下

削壁洞開古道旁，真人特地露行藏。神留不識鶴歸處，坐聽溪聲重舉觴。

史□ 二首〔五〕

遊桃源洞 有序

余黔人也，往過桃源者非一。見古□題咏有感，□□問津□□□桃花□□□事既□□此地，口占二絶以誌。

洞口桃千樹，花開日日春。紛紛名利客，誰是問津人。

漫話桃源事，桃花始識春。今皇方有道，何必學秦人。

右二詩見武陵唐開韶《桃花源志略》，云見石刻。

東山杜子 二首

杜子，不知何許人。綏陽縣西二十里螺水上三教寺壁間有《答天峰》二詩。天峰詩之「螺水山房」，當即其所居。蓋綏陽遺明隱流也。天峰，見《方外》。

答天峰道士

非仙非釋亦非儒，一事無成老病夫。百病難調心上拙，寸金那濟橐中枯。眼前富貴春三月，醉後顛狂酒一壺。得便此身非我有，不須跨鶴入元都。

天峰和尚夜酌醉歸步韻

寒潭浸初月，冷冷溪風飄。踏雪忘更漏，蹁躚度短橋。

朝陽洞石刻 一首

詩

巖前花發春正濃，柳如黃金弄春風。柔絲攔路挽不斷，怕有俗子交相通。當年老叟圍棋處，猶有窮猿挂高樹。花發花謝春又春，幾載避春不歸去。紫芝瑶草變蒼苔，碧桃紅榴成蒿萊。

市朝遷轉居人易，興亡兩字俱哀哉。我向洞中訪陳迹，神仙遺石瑩如璧。持得歸來售世人，遍售世人俱不識。

按：洞在安南縣東三里。洞中石隙出泉，絶清冽。詩鐫洞壁，無年月名字，蓋勝國遺民之詞也。

夢顛仙 一首

夢老師朗吟

寫遍丁香葉，到處不求知。若問吾姓名，八卦拄九枝。

昆明鄒志學《紫霞石室碑記》云：顛仙嘗夢一老師謂曰：「子宜學道，以贖往恨，則壽可延也。」乃朗吟云云。遂失所在。蓋南極星云。

吴學正時中 一首

夢白首翁授絶句

連日登山看翠微，翠微還繞在山西。諸君欲覓蓬萊島，丰裸山前是璧徽。

附吴嘉麟《還金傳》云：還金公者，麟之曾大父，姓吴氏，諱裕，别號松庵也。其先泰伯之裔，世居維揚泰州之高橋。洪武間，高皇帝南征，吴氏以千兵從之，遂家都匀。至還金公，凡四世。公少游郡庠，慕古之爲肥遁者，不仕，以厚謹聞。宋普以事貨富人黄金二十兩，值白金二百兩，偶遺道上。公拾之，即大書於門。普至，驗視封識，驚喜，以其半謝公。公却之。固謝以十分之一，又固却之。普刲羊禱祠胙遺，公暢飲而去。湖廣指揮張淵奉檄討戎，寓公所，戎竣返楚，榻下遺金一裹，可百兩餘。公又拾之，冀其必來，謹俟之。明日，淵至，驗所遺，儼然存。酬以金，不受。淵大笑出門曰：「有是伯夷哉！」鄉人嘖嘖嘆賞，皆稱號「還金公」。公愈益謹，無德容。公之冢孫爲嘉麟父，諱從周，事公最孝。一日語麟曰：「爾知祖德還金乎？」麟曰：「鄉人婦孺能言之，矧麟也。」曰：「爾亦知其難乎？當是時，家且屢乏，耕不足以給，每舊穀既没，新穀未升，則取耕特易升斗爲數月食。明年耕，又畜一特，歲歲如是。兩拾遺金，可以却乏，而祖終不以此故遺廉潔，豈非難哉？豈非難哉？」近城有津，春漲溺人，屍暴野，公募工瘞之，且置舟以濟。每歲冬，行隍上，見諸遺骸，悉瘞之。配周氏，陝西令周冕之姑。子三人：孟時中，任滇安寧學正；仲諱時宜，麟大父，歷江油、黄岡、鍾祥令，判滇大理府；季時美，任楚巴陵令。孫九：麟父從周，封文林郎；學周、希周，任九永守備；仰周，任學博，仲出。孟周、成周，孟出。遵周、岐周、東周，季出。享年八十有二。開府貴筑大中丞劉公彭年，爲文親祭之。歲甲辰孟冬，徧視葬地，閲月不稱。孟公故不善詩，忽夢白首翁授絶句云云。次日循城西一里許，果獲異阡，龍勢逶迤蜿蜒，隱隱自百里外溯逆流融結，卜日爲厝，人以爲天錫云。

乩詩

江南紀一首

南紀，字士元，明五開龍里所人。棄儒學道，結廬太平山，終日瞑目趺坐，間亦吟咏自娱。一日扶乩爲戲，吕仙赴乩，書二十字。又書云：「詩魔除去即神仙，命汝金門執玉鞭。」南紀遂還衛玉皇閣，作札别知交，舍筆而逝。

乩書二十字

本是靈根客，誤落在塵凡。了卻生生理，金門相往還。

雜歌謡十三首〔六〕

《華陽國志·南中志》云：元帝世，刺史王遜移朱提，治郡南廣。自僰道至朱提，有水、步道。水道有黑水及羊官水，至險難行。步道度三津亦艱阻。故行人爲語曰：「楢溪、赤水，盤蛇七曲。盤羊、烏櫳，氣與天通。看都濩泚，住柱呼伊。庲降賈子，左儋七里。」又有牛叩頭、馬搏坂，其險如此云云。按：漢庲降都督在今大定府境内，而威寧州亦有漢晉南廣、朱提地。明初置烏撒衛，連城於烏龍箐衛，即今州城。烏龍，即烏櫳也。貴州歌謡之古，無過此者。附記以溯風原。

鄰水楊歌

楊純，鄰水人，成化中進士，十七年巡按貴州，敏決如流。百姓爲之歌云云。按畢，乞留，許復任。

鄰水楊，但願年年巡貴陽。貪污畏法，軍民安康。

按：此時尚未置貴陽府，而已有貴陽之稱，謂貴山之陽也。《王陽明先生集》中亦言貴陽可證。《明詩綜》亦載此歌，少末八字。《詩綜》又有《陳父歌》，謂印江陳表知廣元縣事，與利州衛雜處，軍强民弱，表申明制度，以服武弁。民歌曰：「古來力役，軍三民七，陳父定之，彼此畫一。家用平康，勞者獲息。」以表無詩，故附此。

江巡撫歌

歙江東之巡撫貴州，募健兒偵防蠢苗，置賑田，備荒歉，建惠藥，恤隱局，以資貧病、妊娩。甃黿磯以培地勝，輯圖經以維風教，其費皆斥巡撫例供。倡之三年，諸事畢舉，黔民爲之歌云云。萬曆二十七年告歸。

巡撫冰清土視金，生人濟衆是真心。子孫繼世延千萬，福澤緜緜江海深。○出陳治安《序》。

播州語

播酋楊輝既以家法立嫡子愛，而嬖愛庶兄友，欲兩貴之，因上其平苗功，請於凱里置安寧宣撫以居友。友、愛遂相尋搆兵。友告愛反狀，謂愛嘗夢騎龍登天門，上帝謂之曰：「此南方赤帝子也。」既醒，龍成五色，因作詩有「霹靂一聲震天下，南方驚起赤鱗龍」之句。廷命按鞫不實，論友死。贖免，仍讎殺不已。友子宏復與愛子斌尋先怨讎及數世。土人爲之語曰：

骨肉虀醢，參商播凱。出《蠻司合志》，又見《明詩綜》。

黔粤諺

思播田楊，兩廣岑黄。言宣慰氏族之大也。

貴州諺

貴州宣慰司居水西，曰烏蠻，爲烏羅羅；居慕役曰白蠻，爲白羅羅。諺云云，言至死猶鬥也。

水西羅鬼，斷頭掉尾。

黄平諺

黄平鐵，興隆雪。

苗人謡

苗家錐，九世休。

黔中常諺三首

天無三日晴，地無三尺平。尺，一作里。

四月八，凍殺鴨。

九月重陽，移火進房。并同上。

渣城諺

白水驛達渣城，有雞背、關嶺、白石堡、安籠箐，凡六亭。蓋滇路之險絶者。諺云：

渣城白水，半人半鬼。出《方輿紀要》引《滇記》。

石裂文

萬曆二十七年播酋叛，勢甚張。十月，鄉人譚經歷恕避兵深巖，忽聞石裂，有文在石上云云。巡撫郭子章鏤版以傳賊中〔七〕，明年賊果滅。

聚山巖，人化血。石壁壞，諸蠻絶。出《明詩綜》。

銅仁界上碑語

崇禎十七年正月，沅州、銅連界處掘出一古碑，上有字二行云：

東也流，西也流，流到天南有盡頭。張也敗，李也敗，敗出一個好世界。○出《綏寇紀略》。

【校勘記】

〔一〕小閣：《四庫全書·集部·朱彝尊〈明詩綜〉》卷九十六作「草閣」。

〔二〕重游桃源山：《遵義府志·藝文志四》作「游桃源洞元妙觀」。

〔三〕普濟橋磨崖：鄭珍《播雅》卷二作「普濟橋石壁刻詩」。

〔四〕桃一枝：鄭珍《播雅》作「桃一枚」。

〔五〕二首：原作「一首」，據實收詩數改。

〔六〕十三首：原作「十二首」，據實收詩數改。

〔七〕以傳賊中：「賊」字原作墨釘，據《明詩綜》補。

樗繭譜注

〔清〕鄭珍 撰

〔清〕莫友芝 注

梁光華 點校

點校説明

清鄭珍撰《樗繭譜》是晚清記述我國柞蠶飼養及繅絲織綢技術的農學著作。莫友芝爲之作注，即《樗繭譜注》其初刻本爲清道光十七年（一八三七）遵義刻本。「咸豐之末，板毁於賊，人家所藏板本亦盡以散佚，世遂罕見其書者」①。爲振興桑蠶織業，造福於民，清光緒時，遵義華樫塢先生從鄭珍先生之女婿趙廷璜先生處幸得初刻本《樗繭譜注》，「睹是書大快，遂挾去，以刻於瀘州」②。此即光緒七年（一八八一）遵義華氏瀘州刻本，爲《樗繭譜注》的第二個刻本，也是今人能見到的最早刻本。

此後的清光緒八年（一八八二）河南臬署重刻本、清光緒二十四年（一八九八）西安刻本、宣統元年（一九〇九）遵義府官書局排印本、一九四〇年貴州省政府《巢經巢全集》排印本均爲後出之重刻本。當代著名學者貴州大學王鍈教授指出：「此書（《樗繭譜》）初刻版片已毁于兵燹，河南臬署以下各本均屬以瀘州刻本爲祖本的同一系統的版本，（一九八三年）楊、華校注本也是

①② 引自清光緒七年八月遵義華氏瀘州刻本所載趙廷璜跋。

據西安刻本校録的。」①

此次點校，以清光緒七年八月遵義華氏瀘州刻本爲底本，以清道光二十一年（一八四一）《遵義府志·農桑》轉録本、一九四〇年《巢經巢全集》本爲參校本。書中大字爲鄭珍譜文，小字爲莫友芝注文，特此説明。

① 引自王鍈《鄭珍集·文集·樗繭譜校點説明》，貴州人民出版社一九九四年十月版。

目録

原叙

丙申五月，亨自仁懷移遵義。既受事，目其烟户總總，而田疇甚寥，私有不給之慮。徐察之，其號素封稱足穀翁者，隨在皆是也。即其最下者，徒手漫無憑藉，亦各有以奉其身而不致凍餒。始而疑焉，繼而痞焉，則舊太守陳公省庵槲繭之遺惠也。夫自三代以還，井田制壞，而農各私其畎畝，商各私其壟斷。其富者寧棄于地而不以予人，其貧者至求并日之一食而不可得。可勝嘆哉！而遵義自有槲繭來，猶不至于是者何也？槲之生也，不必膏腴，而犖确之區皆可植。繭之成也，不必其自爲，雖行道之人皆有功。以無用之地植有用之材，即以無業之人而納以不費之業，傭之者受小資，主之者享大利，所謂交易而退，各得其所者也。蠶事畢，絲事起，煮繅道織，需人愈多，雖有喑聾跛躃斷者，亦各得盡所能糊其口；而貿遷子本之獲，更可不必言矣。夫以食爲衣者利一定，以衣爲食者利無方。貴州則皆山縣也，皆山縣則皆可使自致此無方之利者也。皆可致此無方之利，何以皆莫之致也？豈無師陳公之遺法而爲之耶？抑頗有行之而法有未盡也耶？案牘之暇，嘗與紫泉莫君緒論及此，屬爲訪種槲、食蠶、繅絲、織繭諸成法，草爲一書，鎸本分致寅好，冀各布之所土，以廣陳公之惠。而莫君以謂其友鄭君子尹舊著有《樗繭譜》，最詳悉，可無别起草，當爲索之。亨亦舊耳鄭君名，知其制行端潔，著作繁富，爲黔中不易覯人物，思一至吾室而渺不可得。幸是時方延主啓秀書院講席，候其來，得領言論風采，諒哉卓然有道之士，渴願于此大副！因乞其《豳譜》稿，而鄭君再三以粗辭，不肯見示。固乞，乃曰：「某之爲此，特紀舊守名蹟，以示弟子，使不就墜失，非法施書也，且詞亦不便俗，倩莫君摭此別爲之，庶有裨乎？」乃授而讀焉。文辭雅質，古色斑駁，欲施之民間，果難家喻户曉。乃商之莫君，屬加音釋，疏其不易明而補所未備。既就緒，付之梓人，乃書數語，志其緣起。嗚呼！一槲繭也，得二君譜釋之，言之文，行則遠，發昔賢之潛德，而普美利於無窮，未必不兩得之矣。

道光十七年五月廿日，長白德亨①。

① 長白德亨，字雲衢，鑲黄旗舉人，道光十六年丙申（一八三六）五月自仁懷移攝遵義知縣。

原叙

遵義爲黔郡，皆古梁州之域。考《禹貢》「桑土既蠶」，明載兖州，若豫若青若徐若揚若荆，皆有織文絲枲厥篚之貢，而梁與雍、冀無聞，蓋非其地所自有也。遵處邊徼，其民又烏知其地之宜蠶也？有前太守省庵陳公教以蠶而利溥矣。丙申冬，余出爲遵守，詢以其地其民之利，興自陳公，百餘年來，居人猶頌其德勿衰。先是請崇祀而未許也，間與雲衢邑宰言，欣然與余復爲遞請於上游。古者有功於民則祀之，是安可使湮没而弗彰乎？雲衢作吏，稱明達才，因以爲蠶之教既可施於遵，則黔中他郡皆可施。思欲廣其法而傳之，而未得盡詳。得鄭君子尹所著《樗繭譜》，言陳公教遵民蠶事始末甚悉。其書良澤於古文，得莫君紫泉爲之考證疏通〔二〕，皆不忘陳公之德教也，亦欲明其德教，垂布於無窮也。雲衢慨焉爲付之梓固宜。後有欲行其法者，知不必擇乎地，地無不可蠶，既民無不可利。曩見程春海少農視學黔中時，撰有《橡繭》一序，適足爲兹《譜》弁首。中言當事曾頒令甲，勸民種橡，亦以可蠶之地居多，是在守土者善教之耳。余莅遵歷半載矣，念一無所利於民，竊有愧前人之所爲，而益望是《譜》之傳之，果不脛而走也夫。

道光十有七年歲次丁酉夏五，山陰平翰①。

① 平翰，字樾峰，浙江山陰縣人，道光十六年冬丁酉（一八三七）任遵義知府。

程春海侍郎《橡繭書事》①

黔郡州十三，富郡二，曰黎平，曰遵義。黎平以木，遵義以繭。繭不以桑，以橡，然非創於遵義人也，乾隆間陳君實教之。於是食繭利凡數十年，春秋繭成，歌舞祠陳君如生。道光三年冬，澤試遵義，旋過橡林間，風策策然，葉鱗鱗然。記所歷郡皆有橡，不以繭。今過平越、都匀，土益沃，宜橡。因嘆曰：「處處有橡，處處可繭也，富獨遵義乎？」過鎮遠，見方伯吴、廉訪宋頒令甲，勸民種橡，詞懇懇，著街亭。時夕陽爛如，駐馬讀之。過思南，遝萬校官世超韡劄出，則方伯、廉訪督使巡上下游，購橡子，教播種，期三年成，食繭利。嗟乎！居尊官親民，爲謀百世利，思深哉，可謂君子儒矣。黔土瘠，黔民勞，勞無所獲，遂頹廢不自振。曉之曰：「利在某，不信視某地民，蘧然顧牆角畦稜有美蔭，皆金錢。」其黠者又慮利與害俱，且榷之。曉之曰：「有百世利而無一日税也。」則又慮購繭器織具紛然，資未入先貸。曉之曰：「如購種，法皆官爲。」夫民，驕子弟；官，慈父母也。驕乃惰，慈乃周，以周起惰，惰乃勉，皆可學而能也。數歲利必若遵義，富甲

---

① 程恩澤（一七八五—一八三七），字雲芳，號春海，安徽歙縣人。嘉慶進士，授翰林院編修，任過貴州提學使、湖南學政、禮部侍郎。著作有《國策地名考》、《程侍郎遺集》等。程春海是鄭珍的老師。鄭珍曾寫《上程春海先生書》和《留別程春海先生》詩。

西南維矣。

【校勘記】

〔一〕「紫泉」，原作「紫香」，誤。按，莫友芝，號紫泉，故改。

樗繭譜注

志　惠

乾隆七年春，太守省庵陳公始以山東槲繭蠶於遵義。公山東歷城人，名玉壂，音殿。字韞璞。由蔭生補光禄寺署正，出同知江西贛州贛，杠去聲，乾隆三年來守遵義。日夕思所以利民，事無大小具舉，民歌樂之。郡故多槲樹，槲，音斛。以不中屋材，薪炭而外，無所于取。公循行，往來見之，曰：「此青、萊間樹也，吾得以富吾民矣。」四年冬，遣人歸歷城，售山蠶種，兼以蠶師來。至沅、湘之間，蛹出，不克就。公志益力。六年冬，復遣歸售種，且以織師來。期歲前到，蛹得不出。明年，布子於郡治側西小丘上，春繭大獲。嘗聞鄉老言：陳公之遣人歸售山蠶種者，凡三往返。其再也，既於治側西小丘獲春繭，分之附郭之民爲秋種。秋陽烈，民不知避，或繭十無一二。次年烘種，鄉人又不諳薪蒸之宜，火候之微烈，蠶未繭，皆病發，竟斷種。復遣人之歷城，候繭成，多致之。事事親酌之，白其利病，蠶則大熟。乃遣蠶師四人分教四鄉。收繭既多，又於城東三里許白田壩誅茅築廬，命織師二人，教民繅煮絡導牽織之事。公餘親往視之，有不解，口講指畫，雖風雨不倦。今遺址尚存，邑之人過其地，莫不思念其德，流連不能去。公遂遍諭村里，教以放養、繅織之法，令轉相教告；授以種，給以工作之貲、經緯之具，民爭趨，若取異寶。皆乾隆七年事。八年秋，會報民間所獲繭八百萬。是年，蠶師、織師之徒能蠶織者各數十人，皆能自教其鄉里。而陳公即以冬間致政歸，挽送者出貴州境不絕，莫不泣下也。唯蠶師、織師仍留。自是吾郡善養蠶，迄今幾百年矣。紡織之聲相聞，槲林之蔭迷道路。鄰叟村媼相遇，惟絮話春絲幾何、秋絲幾何，子弟養織之善否。而土著裨販，著，入聲。走都會十十五五，駢坒而立眙。坒，音比。眙，音答，去聲。遵綢之名，竟與吳綾、蜀錦爭價於中州，遠徼界絶不鄰之區。秦晉之商、閩粤之賈又時以繭成來，墆鬻捆載以去，墆鬻，音垤育，坐賈也。與桑絲相攙雜，以爲緆越紈縳之屬。縳，即絹字。使遵義視全黔爲獨饒，皆先太守之大造于吾郡也。故《譜》之作，志遺愛于首。

定樹

蠶之樹，郡人名青棡音岡。其繭即曰青棡繭。前輩以爲樹是櫟，櫟之子名橡音象，因字曰橡，然其樹實槲也。考櫟一名栩，一名柔，音杼。《詩》：「集于苞栩。」陸疏曰：「栩，今柞櫟也。徐州人謂櫟爲杼，或謂之爲栩。其子爲皁，或言皁斗。其殼爲汁，可以染皁。今京洛及河内多言杼斗，或云橡斗。謂櫟爲杼，五方通語也。」《說文》：「柔，栩也。」陸疏之「杼」，即《說文》之「柔」，二字同。一名柞，一名棫，《詩》：「芃芃棫樸。」陸疏曰：「柞、棫，《三蒼》說棫或柞也。」李時珍曰：「櫟有一種不結實者，其名曰棫，其木心赤；結實者，其名曰栩，其實名橡。」一名櫟。其實名草，即「皁」字。《說文》作「草」。《詩》陸疏作「皁」，下同。一名樣，音象。《說文》曰：「樣，栩實也。」一名草斗，一名象斗，其房可以染皁，故名皁。房半實似斗，故名皁斗。名象斗，象者，似也。一名芧，音余，又音序，見《莊子》。案：昔人皆謂《莊子》「食芧栗」，即是栩實；

「杼」、「芧」同字。非也。《爾雅》「栵栭」注云：「子如細栗，江東人亦呼栭栗，今俗謂之芧栗、猴栗、柯栗，皆此類。」《莊子》之「芧」，正此物，即今貴築縣之毛栗，亦呼猴栗者。族生，最難長，而其花葉其梂裹實，一梂二三實，又皆似栗，與櫟及槲之一梂一實且不周裹絶異。且「芧栗」并言，「芧」斷是栗類，亦猶「樗櫟」并言，「樗」亦斷是櫟類。一名柞實。李時珍曰：「一名柞子，一名杼。」「樣」字俗別作「橡」，故又曰橡。昔人皆以「橡」爲「樣」之俗，愚獨謂以其實名爲象斗，俗人不解「象」字義，妄加木旁，後又省「斗」字，單名之橡耳。槲之房亦作斗，亦可以染皂，知其名槲，猶名斗之意。古但名斛，後人加木作槲。故橡、槲二字，古皆無之。其房名梂。音求，謂其苞求求然。據鄭氏《詩箋》云：「柞之葉新將生，故乃落于地。」李時珍言：「櫟葉如櫧葉，櫧，音儲；櫟，別也，花亦爲穗，其實如槲而小。《山經》有之。而文理皆斜句音鉤。」則俗名水青棡者，櫟也。今食蠶作繭者，即《毛詩》「樸樕」，聲轉爲「槲樕」，後又損一字爲「槲」。槲樕即觳觫。其子欲落葉時觳觫然，因以名之。又疑名「槲」者，以觳觫之義裁一字而別制「槲」字。古一名栲，一名山樗，一名栲櫟，皆本《詩》陸疏。一名心。《爾雅》云：「樕樸，心。」樊光注：「樕樸，樕槲也。有心能濕，「能」即「耐」字。江河間以作柱是也。」《唐書·后妃傳》載：后封嵩山，禪少室，封壇，南有大槲蔽日[一]，置金雞其杪，賜號金雞樹，故又名金雞樹。俗以葉倍櫟大，故名大葉櫟，又名櫟橿，音疆。實名櫟橿子。俱見《本草》。其葉，蘇頌《圖經》名槲若；皮，俗名赤龍皮，俱入藥。郡人呼青棡者，或「橿」、「棡」聲近，遂轉橿爲棡。曾見唐史載開寶四年資州獻梅、青棡二木，合成連理，知則青棡爲蜀地舊稱，其來已久也。槲與櫟大致相類，嘗細驗之：櫟幹老，猶似栗枝；槲生二三年即甲皵。音鵲。櫟皮橫皺而不裂；槲皮直皴而痱癗。音匪壘，皴，裂貌。櫟葉短厚光滑，半以上始出芒，短而句；槲葉長者五、六寸，捫之滯手，盡葉一紋一芒，長而直。櫟之實長而細；槲實大而圓。櫟葉冬夏常青，新生而故落；槲冬零，故盡而新生。櫟四、五月開花，槲三、四月開花，皆爲穗，如栗，七、八月内結實。此其別也。自槲與櫟相類至此，言蠶樹形狀最悉。辨樹者審之。其人，歲儉皆可采食，人者，實中肉也，下「槲人」同。但僵澀甚。食必浸至十日以外，槲人倍之。二木之葉以食蠶，繭成一也。但櫟少，種之，四倍遲于槲，始可蠶，以故無種者。間有之，其理堅密，器尤取材，亦不食蠶也。若槲林中有一種樹，族生難長，甚類槲，惟葉粗大而色較青，俗名扶櫟，即郭璞《爾雅注》云：「《詩》所謂枹櫟者也。」李時珍曰槲有二種。一種叢生，小者名枹，即此；一種即前所説槲，名狀不煩引。于《毛詩》爲「苞櫟」。郭注所引，出三家詩。枹，音夫。夫、扶聲有輕重耳。其葉不中食，蠶食之，肥者亦瘠。扶櫟，俗又呼槲櫟。扶、槲二字，遵義人讀之聲略同也。又呼爲虎皮青棡。山東人謂遵義之青棡爲槲櫟，而遵義又以謂葉青大一種。貴州一省及湖南晃、沅之間，皆謂遵義青棡者櫟木，而謂遵義槲櫟者青棡，皆方言之小異也。又有一種樹，狀亦如槲，種之成林亦如槲，惟葉較槲青而短狹，子亦如槲而細長，皮稍白，亦直皴，而痱瘤略少于槲，幼無皴裂，老乃皴裂，唯大幹然，小枝否。槲則小枝亦皴裂，唯嫩芽否爲異耳[二]。稍難長于槲，土人亦謂之扶櫟青棡，或謂之槲青棡，與槲雜種，亦有專種一山者。以食蠶，絲最韌，幾敵桑絲，爲山繭中第一。不似難長而葉獨粗大之扶櫟瘠蠶也。不可不辨。

定繭

《山海經》載：「歐絲之野，歐即嘔字。一女子據跪樹歐絲。」又：「臷民之國，臷，音至。不績不經而服。」知天地既生斯人，憫其寒，不知自爲計，有受自然之衣被者矣。自伏羲化蠶爲繭，西陵氏身教之，絮帛之暖遍海内，於是蠶功盛焉。降及少昊，以鳥爲官，而九雇爲九農正，雇，音户。其一桑雇竊脂，爲蠶驅雀，可見唐虞以前大抵皆山蠶耳。《爾雅》云：「蟓桑繭，蟓，音象。雔由樗繭，棘繭，欒繭，蚢蕭繭。」蚢，音亢。此五繭唯食桑者成于蠶室，餘四種并山蠶。食棘者或即今椒繭之類。椒繭，蠶食椒葉所成，今山東有之，其種同槲繭。案：李時珍説柘曰：「其葉食蠶，取絲作琴瑟弦，清響勝常。」《爾雅》所爲棘繭即此蠶也。又説奴柘曰：「似柘而小，有刺，葉亦如柞葉而小，可食蠶。」棘繭當謂此兩種。今有一種野蠶，成繭于蒿艾間，蕭繭或即類此。唯欒繭不可知。今之槲繭，正即古之樗繭。或曰：樗，山椿也。槲與之不類，不得强以樗繭合之。曰：昔有言之者矣，《藥溪談記》：「案《爾雅》『雔由樗繭』，即今萊陽之山繭絅。」《暑窗臆説》則云：「山繭即《禹貢》之檿絲。今之山絅樗繭又别有一種，乃今之春絅。樗，不材木，土人嫌其名，故借名椿。《爾雅》所云蟓桑繭，即今山桑檿絲；雔由樗繭，今樗絲借名椿繭者也。」如仲威説，今遵之樗繭種即齊之椿繭，其爲《爾雅》「樗繭」明矣。樗、羽叠韻，樗、柔雙聲，特平上之分。槲櫟類亦可名栩柔，名樗，一也。《詩》：「采荼薪樗。」唯樗即是槲，乃中薪材，堅耐火。若必指爲臭椿，則腐臭特甚，今亦從未有以爲薪者，何《詩》必取之也？且《莊子》言樗必兼櫟，少有單言者，其爲一類明甚。合鄭君所引諸説，樗繭之名確不可易。或曰：以槲爲樗，古無是説。究不若食槲稱槲，名實相副。曰：草木之名，以時地變，其形狀要不可誣也。《爾雅》：「栲，山樗。」郭璞注：「栲，似樗，色小白，亦類漆樹。」《毛詩草木疏》云：「山樗與下田樗略無異，葉似差狹，方俗無名此爲栲者。今所云栲者，葉如櫟木，皮厚數寸，可爲車幅，或謂之栲櫟。」如陸氏言，是後世所謂山樗者非栲，所謂栲者不名山樗，而古名山樗也。其稱栲之形狀，正是今之槲。郭氏但據當時所謂山樗以當栲，不知名是而實非也。又孫炎《爾雅注》：「櫟，似樗之木。」今櫟與山椿無一相似，知所云「似樗」蓋主槲言。然則樗自是山椿，生山中與生下田，本非兩種，于古止名樗，後世增稱山樗，始與栲名相亂。栲、山樗自是槲，省稱樗，即與山椿同名。雔由樗繭蓋食山樗葉者，非食山椿也。樗繭即槲繭，亦可呼柞繭。《御覽》引《廣志》曰：「有野蠶，有柞蠶，食柞葉，可以作緜。」即是此種蠶也。

蠶期

春蠶二月始，五月畢。清明後十日上樹，夏至畢。遲者繭不封口。秋蠶五月始，八月畢。夏至前後上樹，白露畢。遲者繭不封口。春蠶自上樹至畢繭，約七十五日。秋蠶自上樹至畢繭，約七十日。

蠶山

山必謹其陰陽。蠶，陽物，蠶之出卵，自子至午，未以後則否。盡十日而出畢。皆如之。惡濕喜燥。山陽耐日，其蠶美大，繭成亦如之。陰則否，可移作繭。食蠶宜向陽，陰處但可作繭。此謂春蠶。唯秋蠶宜山之陰者，爲可避秋陽之烈。凡當西曬之山，秋蠶最忌。蠶最畏霧，著之甚者則死，不甚亦病斑，不能作繭。山有空穴，雨欲晴、晴欲雨時，霧最甚，相蠶山者謹避之。故有烟瘴之處，斷不可蠶。

蠶地

相地之法，泥爲上，挾沙次之，紅沙、火石地爲下。沙石者所樹，葉細且瘦，繭成如之；且葉盡時，蠶或四下，值日烈地熱，更善死也。秋蠶尤忌。蠶初上山，更宜向陽略平泥地。

蠶樹

槲種二三年，及伐而蘖者，蘖，伐後之芽也。曰火芽，亦曰頭芽，育子蠶宜。子蠶謂初出卵者。壯蠶不宜食，食則病瀉，不能退膘而死。經蠶者曰二芽，再蠶者曰三芽，凡伐後次年之蘖曰火芽，二年曰二芽，三年曰三芽。壯蠶食之。老而喬者用作繭。凡相樹，高毋過一丈，已高則剪移與下繭。已，太也。葉以厚大而青老者良，否則力薄。良者春生時，苔葉皆小白色；苔，音台。帶赤者味辛，蠶不喜食，食亦不肥大。

蠶祥

子蠶之林蠶上樹五六日内之林，名衣子地或謂衣子林。中香如蘭者，謂之蠶花香。此上祥也，後必大熟。眠後有一二紅黑頭者，亦兆美收。蠶率青黄色，間有色深碧。頭峥雙角，小于常蠶者，林中見一二，亦上祥也。凡蠶在此樹，葉未盡，不必往食他樹。惟此蠶，朝東見之，暮或西見之。但同林，雖間一二里，亦能往來，而不見其往來之迹。土人謂之神蠶，稍驚之，似有希希聲。

蠶忌

蠶酷忌油桐，酷，最也。李時珍曰：「罌子桐又名虎子桐，又名油桐，亦或謂之紫花桐。」案：油桐葉微似桐而小，幹率曲屈直上者，至三四尺枝即四出，長頗遲。開花微紅。子大小如石榴，而嘴尖如桃嘴，拾之去其外軟皮，中爲瓣如蒜，或二或四瓣，各有硬皮；乾之，去其硬皮，肉白色，以榨油然燈，亦可和漆。貴州是處有之。經其樹、上其葉者死。烘室中然桐油者，及誤以其木烘者，後生之蠶死。李時珍謂其子味甘而吐，又謂桐子油氣味甘，微辛寒，有大毒，故毒蠶尤甚。山有桐除之，家有桐謹之。又，食白楊者死，亦食他雜木致病。食他木之味，辛澀者皆致病；其餘雖不病，亦瘠繭。唯嫩楓葉，蠶食無害，薅林時亦不去之。

蠶害

蠶害，鳥一也。將曙及薄晚，力防之。時其來，驚之以蠶銃。鳥之中惟鴉最繁，又最無畏，銃所不能禁，獨畏神枝箭，射之，則去可半日。蟾蜍能吸其卑枝者。蟾蜍，俗謂癩蝦蟆，有則攫去之，其害猶小。唯蛇升木，野豬拔樹，兹二害特酷。善守者亦無預防術也。二者唯見則力驅之。若山蚱蜢、音乍猛，形如蚱蜢而大，色微赤黑，俗名績麻婆。馬蜂、山蜂之大者。二物食系樹秋蛾。枇杷蟲似蜣螂而微長，張翼則能飛。三者食蛾與蠶，皆咂破其皮，而吸其肉汁，蠶即死。之屬，唯秋蠶受其害。雞、狗亦食蠶，皆宜防。

蠶病

蠶之病二：縊與斑。縊者，自吐少絲挂樹上死。斑者，發黑點，自墜地死。蠶縊原于寒，俗名黄瓜皮，初眠後始有。各自受病而不傳染。斑病原于火，俗名斑狗，壯膘後始有〔三〕。其傳染，一林爲之臭。病之原三：未蛾，蛹受雜木烟氣，一也；此種多病斑。一卵出時，烘之火已烈已微；已，太也。烈則卵受熱，後必斑；微則受寒，後必縊。一剪移時率滿筐，省一二往復，蠶爲所罨，致吐其沙。此種多病縊。即不病，繭成亦敗。繭亦薄，不中繅。蠶當上樹後，或天氣寒熱不一，蠶值之，至三眠後，滿腹絲化爲滿身毛，毛皆躍躍自動，謂之飛絲，一二日即死。此感天時不正之氣，欲避無由也。然必主廠者運厄始遇之。

蠶眠

蠶四眠：上樹約七日則眠，蜕厥黑而起；是爲初眠。子蠶黑色，蜕黑而褐。又約七日二眠，蜕厥褐而起；蜕褐則色青黃。又約七日三眠；又約十日大眠。一名四眠。凡蠶眠時，必自吐絲絆其後脚于葉，爲蜕時用力地也。若偶傷其絲，則不能蜕而死。其起也，食益力，唯勤移爲功。大眠後，蠶食適增，至一日夜盡七葉，蠶肥甚，澤澤有光，謂之壯膘〔四〕。凡十日，膘既滿，不復食，倚葉似眠，大遺屎，漸小如二眠後時，謂之退膘。膘退盡，始吐絲，綳三四葉自裹如瓮，謂之爬瓮。然後于中周回往復，任絲作繭。每眠約一日，陰雨二日。眠時慎無剪移。移則傷其絆。凡蠶出卵時，旋必食其殼之半。每眠起時，旋必食其蜕之半。不令食，則蠶弱繭薄。此事頗與馬子之食胞同，似蠶、馬二物嘗相關也。方悟《搜神記》載太古時馬皮捲女化蠶事，未盡誣，且《周禮》原蠶之禁，亦掌之馬官也。

蠶食

蠶曉不食，爲露也；晞而食。日出露乾曰晞。午不食，爲熱也；昃而食。日西下曰昃。食必十日增半葉。其極，食之極多時也。朝移之，午樹冬矣，冬，盡也。時日五葉。夜復二葉。

居守

主廠者，蠶匠也。其傭曰蠶火。所居曰蠶廠，分駐曰蠶篷。器備曰蠶刷，曰蠶筦，曰蠶剪，曰蠶銃，充去聲，即鳥槍也。空發以驚鳥，不置子。曰薅刀，即鐮刀。曰排套，曰機竿，曰響笴，曰沙撮，曰撒霹，音料辟。餘如成家，飲食器用。或妻兒具也。

春蠶

春蠶，秋繭出也。十月擇種，收秋繭時，粗擇之，十月又再擇之。取大且厚，大兼尖與圓，非總謂大也。揀種者當各擇均而取之。蛹，雌者繭多大，雄者繭多小。若專取大者，來年蛾出無雄，皆棄蛾也。色黃而赤，指衡之重，摇之活，而耳之不悉索者，悉索，繭中蛹聲。擇種當取無聲者良，有聲者爲響繭，即可繅絲。以爲種。雄者稍尖，雌者稍圓，略可别也。皆針其後串之，毋針其系。繭兩端有系者頭，無系者脚。蛾之出，必嚙系間作孔，若串其系，來年烘種，蛾無由出，皆死繭中矣。串繭爲可挂，便出蛾也。亦有收種後不即串，散布之竹簾上，寒天盛以筦，置密室，將烘始串之者；有初烘時未串，散布竹簾上烘之，至蛾將出前半月始串之者，皆可。然先串便收拾，且環室與簾挂之，亦便烘。室中先置平架、席、竹簾，編簾用一寸之篾，以篾絲緯之，使疏而透風，始不壞蛹。若置之平實不透風處，蛹必鬱壞。布繭其上，風之，或疏挂之，均無使受草木之烟；若冬臘兩月值大寒，又當置之複室，或室中置微火，恐蛹凍死。若受，來年育蠶必病。

烘種

烘種爲蠶事利害關頭，蠶之熟否，皆系乎此。必諳練者數十日夜更守，無稍懈。

烘春種，必四十五日而蛾成。立春始事，春分蛾出。先設一密室，毋入風。倚四壁懸平竿，高五六尺，疏列繭串，去地尺餘，中置盆火，火以槲，他木必病蠶。令其氣暖之，以變蛾。蛾以次嚙繭系出，始終烘，毋失火。火力以漸而增，四十餘日夜不絶火。又必視天之寒燠，節薪之多少，毋已烈；烈則蛾速出卵，先槲葉生，無以食，且必受病。蛾之出，率自未至亥，凡十日而畢，皆如之。有出者即提置筐，入夜尤宜速，恐其撲燈自斃也。

蛾靚

俗名配對。

修眉腹垂垂者雌，淫淫者雄。雄者眉粗而短，雌者眉細而長。雌腹腴，雄腹瘠。縱之昏于筐，昏，配也。聽自合。司婚者擇其合，寢之他筐。其靚也，期對時，靚，交構也。對時者，如今日子時始，明日子時畢，否則人爲拆。毋使過、不及。過則雌脹死；不及則氣不化，卵多𣫜①。覯已，絶夫而閉其妻。夫去，以鰥死；妻畢産，亦自枯。若歲之雄少，則一夫可兩妻也。分兩日配之：今日配此雌；對時，又拆以配他雌。然後配之雌之卵終多𣫜，其不𣫜者蠶亦瘠，父氣不足故也。昏時，有貪嬲而拍拍有聲者，嬲，音擾。此爲狂夫，不去必亂群合，合亦爲所解。不去此等蛾，他蛾之合者皆爲之解，有則立除之。昏之前必去雄之溺，去聲。否則難爲雌；不去則礙精路，雖覯如勿覯然；亦有無溺之雄，尾瘦不濕，不煩去也。覯之後必去雌之溺，否則難爲産。去溺，以兩指輕搦雄雌之後，捋之。

蛾　卵

卵仍無失火，若天氣温，可暫輟火。

筐置蛾二百五十，皆已配之雌蛾。越三日布卵，已出之，盡出其蛾。復置亦如之。筐之蛾，極于五百；一蛾之卵，極于一百。卵約十五日而蠶出，筐約十日而出盡。除不生及生而損壞受戕者，後獲繭三萬者上，二萬者中，一萬者下。若烘不盡法，烘兼烘繭、烘卵而言。則一繭不收。

① 𣫜，音 duàn，指鳥、蟲卵不受精，孵不出幼鳥或幼蟲。《淮南子・原道》曰：「鳥卵不𣫜。」

售種

售蛾于烘户，蠶少者不自烘種，皆售于烘户。烘户者，專烘種待售，凡村落皆有之，便人亦自便也。售卵于市。卵者，已布卵之筐也。春秋皆售蛾，春蛾亦在筐，但于未卵時即售之。春兼售筐；蛾價，秋出者一當春之二。秋出者，秋繭出也。春種也，一歲之蠶，春爲正收。秋季斑、緣尤甚，有收者堪種亦少，且多勞數十日之烘，故蛾視春繭出者爲貴。售蛾待卵于烘室此下專謂春種，售卵者以歸，候繭一二出，則肩之山，售蛾者于烘室候蠶出。售卵者如其已出，肩之山；未出則以歸候之。急若置郵也。于是時也，夜不閉關。

辨筐專謂售卵之筐。

春卵善者必堅附筐；堅，固也。不附者敗，不可蠶。治種者刷以薄麵糊，或豬血黏筐上，俗名搭子。原蛾布卵時，即有血汁膠黏筐上，故用淡豬血黏敗卵效之以惑人。麵糊但取其黏而已。詐售之，其卵不生，生亦必病。若辨之，有汁痕。凡蛾自布之卵多積爲堆，黏搭者皆散著筐上，亦其辨也。此等作僞者，先置空筐，略以數蛾布卵其上，候善筐卵出畢，刷其餘不出者，簸去其半殼，以面糊、豬血搭于空筐中，俟真卵一二出，售之。人之受愚在此，不可不察。

上樹

布席襯筐，搘蓋，襯，音親，去聲，墊也。搘，音支，撐也。蓋，筐之蓋。蠶將出卵時事。以席墊筐，欲子蠶散于地，且便掃。撐其蓋，欲便置槲枝；且蠶性向明，使其見明而出。以待卵生。蠶出卵，針大而黑，即以槲枝置筐弦邊也，聽自上。筐中亦置一二小枝，亦不無上者。午之後，子蠶有散走筐席間者，掃以蠶刷，撮以笲籮，仍置之槲枝，與自上者同架之樹。移之火芽地，架樹丫，聽散食。俗名開衣子，故謂其地爲衣子地。次第盡卵出而止。

秋蠶

秋蠶出自春繭。春繭成，時暑，蛹化也速，急擇之。如春種，串其後，懸而凉之，約二十日蛾畢出。其媾蛾，視春蠶。既覯，秋蛾已覯，即盡斷其雄之翅，恐其飛入林間嬲雌，致不能産而脹死。則析棕心或麻縷，縛雌一翅，系之衣子地火芽間，其卵即布著樹。

㯉林　㯉，音高。

㯉林，除荆棘雜草木也。去荆棘以便循行，去雜木使無溷蠶羞食也。唯草不務盡，欲蠶墜不至地也。土人云：雜木之中，楓亦不去。嘗見《事物紺珠》載楓蠶，楓葉始生，有蟲食葉如蠶，赤黑色，四月吐絲，光明如琴弦，海上人取作釣緡。知楓葉可飼蠶也。㯉不盡地，今日移蠶，昨日㯉林矣。其材即供薪蒸。若衣子地，則㯉也必務盡浄。草亦務盡。衣子地皆未頭眠之子蠶，力不健，風震葉易墜，草不務盡不易拾。

剪　移

蠶食葉盡，皆附空枝，盡捉而移，則不勝煩，且易傷蠶，故剪枝載移。

剪無時，枝空爲度，載以筐。已少則勞人，已多則勞蠶。載太少則多往復，太多則罨蠶，當酌中。與其勞蠶，寧勞人。慎毋罨音遏，出而午之，午，散布也。使忘移家。寧令暫飢，毋令去不能食。枝大者，若鈲之，鈲，手折枝也，音覓傷樹，且損蠶，捉之，毋驚，毋絶。蠶附大枝或幹者，不可剪，捉置筐以移之。出不意驟捉之，即立下；若驚之，或捉稍緩，則抱枝固，雖中絶爲二，不下也。捉者留心。其攫也如虎，謂捉之。舍筐如鼠。謂置筐。移必依林之次，能量蠶權葉，無使有餘、不足，是上火也。凡移蠶，但以所剪枝架樹丫如上樹時，蠶自能緣樹食葉，不一一捉上也。墜地者捉而上之。

下繭

繭成，有未繭者，未爬瓮而尚食葉者，如已爬瓮則聽之；方爬瓮若驚之，則四走妄吐絲，不作繭。移之他樹。不移恐摘繭時礙食。次第候其韌，摘之。韌，音刃，堅也。繭成後，蠶自瀉白漿漿其繭，必三日漿始乾。繭韌，始可摘。若濕摘之，則其繭必壞。已高，梯之橙之，橙，音鄧。毋搦使餒，中敗曰餒。毋按使凹。音坳，外不圓滿也。筐載而歸之廠，晞其葉。葉，爬瓮時自裹之葉。

剥繭

晞已，剥其葉，必順其系，逆則傷繭。繭系爲上，剥必自上而下。必汰其病，汰，音太，擇去也。病見下條。存則疰繭。疰，音注，蟲蝕也；留之生蟲，兼疰善繭也。近山者畢而歸之家。

繭病

繭病三：大而厚，特不封口，值口有黑迹而濕，是曰油頭。口封而汁，汁濕，是曰血繭。二者蛹皆餒，爲敗水所漬，謂善繭爲其所漬。漬，音自，浸也。則善亦敗。其薄而不堅曰二皮，繭之未完者也。油頭、血繭，蠶之斑病未發者所爲。二皮，蠶食不足，及作繭時爲人偶搦者所爲。

炕繭

置架床，布篋薄，累繭其上，下烈火炕之。炕之固宜大火，但亦不可過烈，恐絲脆。炕時以篋席覆繭上，中留一孔，以乾稻草掩之，其繭色始佳，爲取汗。蛹索索若驟雨。候經時無聲，死繭降，升生繭。撤下已炕之死繭，另上生繭炕之。畢炕畢，盛于筦，盛，音成；筦，音兜。售則肩諸市，非强有力者，不勝三萬也。蠶遠者山炕之，售絲復山繅之。就山炕與繅。

繅絲

以下諸條，其有非師授不能爲，非親見不能知者。雖釋之，人亦難解，即不加釋。

甃獨灶，甃，音縐。置繅灶，音戈。中盛荍灰水，荍，音喬。候沸極，入繭，煮一二沸即繅。去灶右尺置繅車，車六幅，徑四尺，必活二幅以脱絲。軸修五分徑之一，床修三軸之修，去其半爲高，容車半，以閣軸端，端活之。一端菑曲柄，末系四尺之繩，活之，斜而左，下結于絲竿。尌之上閣木架一，横之端出尌二寸。于横之二正中菑方柱一，高四尺，上二尺釘管絲弓，釘管，音頂管。弓末懸環，鐵爲之。柱之顛横一木，長三寸，兩頭各植一，長二寸，令勢斜横，近端圓鑿，以銜天輥。音衮。輥六觚，中鍥一縫，鍥，音猰，刻也。縫，去聲。以迎送絲上下。司繅者執皦竿，皦，音矯。皦其繭，和其絲，引其緒，去其繦。强上聲。司火者節火力，足踏絲竿，竿運繩，繩運柄，柄運車，車運天輥。絲出尌上貫弓環，又上從輥外入輥縫，繞出輥外，下縈于車。去車底五寸置盆火，火以炭，毋猛，使絲旋乾。畢，脱之糾之。糾，音九。繅常二人，不能踏車則三人。

繅別

車急則絲急，緩則絲緩。急絲爲水絲，織水紬；緩絲爲府絲，織府紬。繅水絲合三忽，府絲倍之，緯則再倍之。緒之繭曰餵頭，餵，音畏。繅者隨盡隨續，毋絶餵，則絲均。繭舞躍湯面，能終繅無增減，是上工也。

净絲

繅已，以綹張綳車。綹，音柳；綳，音棚。車方趺，音扶。植一柱，中置輪，輪徑如繅車，列左。右列净車，前左尺；車制與紡棉車等，長其筳，音廷。貫籰。音矍。左牽綳車之緒，謹去其纇節。纇，音類。右轉净車，收净絲于籰。車一左旋，一右旋，其行亦異遲速也。籰中積徑三寸爲一筒，脱之。

道經

盛净筒，以綹車收之。車如綳車，軸有柄，出于背，收訖列左。右列繀車，繀，音翠。籰長净之半，貫于筳。轉車收左緒，謹去纇之不盡者。籰中積徑寸許爲一緌，脱之，易籰。若水絲，收緒車訖，脱之，以米泔漚之宿之。泔，音甘；漚，音謳去聲。

道緯

小趺方四寸，厚半寸，中植筳。揉竹片爲提，中孔之，長尺、徑二分之木爲道執，中鉗牛角尖，鉗，音箝長二寸。筳貫徑筩，緒出提孔。左引之，右搦道執中，搦，音溺。顛倒收其絲。節則匀以唇齒，角半没，則出而脱之，抽緒頭束之。絲之管也活，當角者穴，以貫梭緒，先裏而外，如繅絲然也。水絲經緯同緌，緯小經者半。

牽經

横經架二，上排經柱，行架如之。貫籰有柄，以次牽綰經柱，足簆數止。簆，音扣。訖，總之，又貫簆牽之，數以茅刷梳之，醮米泔光之，醮，音贊。而隨以火晞之。自是上機，與他織同。

諸綢

曰府綢，其上也；其粗勁而皺者，曰雞皮繭〔五〕，次之；毛綢又其次也。水綢雖先于府綢，品最下，而名目獨多：其雙經單緯者曰雙絲；單經雙緯者曰大雙絲；單經單緯者曰大單絲；小單絲者疏而狹，亦曰神綢。

綢病

售綢權輕重爲價，銖兩同，價相若。此謂府綢。水綢價以匹，不以銖兩。織户以此故，膠以米粉、以緑豆。綢下機則畢築粉，以膠膠之，以碾碾之，碾，音研上聲。以炕輥炕之，令粉與絲化。府綢增重多者至十分匹之三。今府綢已有行禁，不爲此，惟水綢仍舊。若水綢則築於染，其青色、紫色、大紅、天青、佛青、岡青者，築蜀穄，音祭。其黄緑、淡緑、魚肚白、喜白、水紅、桃紅、洋藍、棕色、秋湘、玫瑰諸色者，築緑豆，各有法，惟膠者同，至增重十分匹之五。綢以此病，利之所在，終不能止也。然貨善速售，利與僞相得，惜不爲。

胰絧

胰，音夷。

府絧韌，先入胰户柔之，後入染户。柔以豬胰。

毛繭

蛾出者曰毛繭，被齧者不可繅也。蛾之出，但齧繭頭一小孔，雖不盡斷，已不可繅矣。但煮之，去其蛹，用一尺之竿，疊冒繭於上，别一竹簽長竿之半，底鎮鉛環。左執冒，右績之，掌摩簽，令旋而墜，冒續續如抽緜筒。其旋益下，絲因急，右疾提收之。去絲節惟恃唇齒。往來在手，不廢游談，而功自就。又有用脚車者，脚車，方二尺之架爲趺，左植方柱，高二尺五寸，上八寸穿之，貫長六寸、徑一寸之軸，不出於外。兩輪各六輻，徑一尺六寸，輻方二寸，中穿徑一寸六十分寸之十二，上穿二寸。植一横聯之，徑六十分寸之三十六，以竹爲牙，互以索一尺六寸。轄之上軸一尺一寸，貫一方橋，長六寸，廣二寸，厚一寸，不出於外。末植鐵銜，銜高一寸，上兩歧，高一寸六十分寸之十八，相去六十分寸之二十四。下以長三寸、廣半寸之鐵爲趺，横鍥之。傍柱植一釘，上爲環，令與銜平。當環外穿柱深一寸，當輪中横鍥一木于方橋，徑六十分寸之十二，出各三寸。右趺植柱三，高五寸，上加方梁，梁如趺之長，令中一柱出梁六十分寸之三十六。爲踏板，長尺五寸，廣三寸，末圓之。當中一柱鑿深六十分寸之二十四，以銜柱之出者，以一輻去牙三寸穿之。徑多踏板三之一，以受踏板之末。于方橋上設筳，中方而漸鋭至端。紡絲時，先貫一木于筳中，使轄銜，後去末二寸貫竹竽，使收絲。然後置一頭入銜，令竽在外，置一頭入環出柱間。輪之中環一繩，上繞出筳，乃坐而左手執絲竿，右抽之，以兩足踏板，使板運輪，輪運繩，繩運筳，以急絲。板可出可入也。人之坐高軸五寸。二日得可當尺竿之三日，惟其絲差緩。此絲善且急者所織爲雞皮繭；其松惡者織毛綢，粗而多纇，然苦衣，且易有，勞者服之。

湯繭

忽内本而外末，繅餘衣，一繭之絲爲忽，五忽爲糸，十忽爲絲。繭之忽頭在内，繅者探其頭引之，繹繹而外。凡繭，上者無餘殼，中下繭皆有，分厚薄耳。此之謂繅餘衣。若不善繅者，雖上繭亦有餘衣。及敗繭，謂油血破口之類，其絲皆斷不中繅。不引緒，并不可手絡也。名湯繭，業被絮者賤售之。和而築之，先罨之，翻去其蛹，湯洗净，乾之，然後和築。綢以爲絮，欲踏裂，近亦三十年。

蠶筐

口徑二三尺，底高尺，蓋高七八寸許。

筐編以荆條或蠟條，荆條爲上；蠟條次之，罕有用之者，知其不佳。密而實疏，使透風，可緩卵之育。其條䔼，音澀，不滑也。附卵斯固。筐必用新者，編筐必用生條，使卵受生氣，乃易生。若以舊筐布卵，則一子不出。

蠶刷以掃出筐之子蠶。

剪茅穗，捋其花，數十莖爲束。四五十莖。束其杆，捋其花之穗尖不束。長六七寸。已大則傷蠶，已長則礙用。

繭箔

篾爲箔，廣三尺，闊二尺，下殺，衰去聲。高四尺，貫擔者中。其疏可出半繭，堅而實柔。滿中則合其口。若肩蛾，即緣附其外，其翼相接，不識者以爲乾槲葉也。

蠶剪

剪似縫剪，短而厚，以裁枝遷蠶。

轡筟音可，一名轡簹，一名轡槁。

五尺之竹，下多裂之，無傷上二尺，執而振之，互相擊而鳴也，以驚鳥。

機竿

鳥至，先棲高木，左右顧，始下食蠶。守者相厥常，置機竿，當厥棲。竿長四尺，横附一端于樹，末系繩。繩前尺五寸結一楔子，楔，音屑。長三寸；又前結活套，末系于樹，上竿尺，長竿尺。别伐一搭鈎，長竿三之一，上竿尺二寸。如縛竿下迤，則鈎末與縛處平也。上横一木竿爲機，長如搭鈎，不系；一端倚樹，一端屈竿令楔子倚之，鈎末上活套環機。鳥以機爲枝也，踏之，機墮，楔子發，竿疾回引套，鳥足結，無脱者。

排套

用馬尾，每三四莖爲活套，餘者雜以麻，績辮音辨。之爲綱。綱寸套一，套交連環，長其首末，系當杈丫間。杈丫，音叉牙。尾細而光滑，鳥集枝不見也。視其首入套中，遽驚之，首或進退，皆結也。

沙撮

竹四五尺，析其末五六寸，篾絲編之，略如箕而小，斂本侈口。子蠶時，上樹十四五日内。撮沙土，撒以驚鳥。以沙與土細，墮不傷蠶。

撃霹

撃霹，音料，斜擿上也。蠶至三眠時，始可用撃霹，以前用沙撮。

竹長平人頭，摩節令滑，上五分之三貫三寸管。糾棕繩如指大，一頭環之，屈中，以細繩經緯爲筦，一頭系管下，一頭貫竿末至管，筦與竿下齊。盛石向空擲之，石去，繩亦從竿末出也。去遠者可半里，聲鳴空中如驟雹，以驚鳥，值之則斃。有不以竹者。以系管繩套，套於右中指，屈之，以右大指、食指搦其末，撃之，撃時必馳其搦，石始脱去。去之遠，稍遜于竹撃十之三。

茅刷牽經用以刷。

刷以茅之老根爲之，取其勁滑，且芒粼不刺。腰束之，下徑四寸，中菑竹柄。

種槲

槲實，九月拾之，掘坑埋其内，令芽，二月出而種之。九、十月間，槲實老自落，拾其堅好者，掘溽潤處爲坑，聚而土覆之。至來年二月皆生芽，乃分種之。若不窨之潤處，則乾且蠹。乾則難生，蠹則不生也。不即種而必埋俟來年二月者，方冬土燥，仍恐其乾而不生也。行必相距三尺，毋已密。太密則得地薄，枝條不茂，且蠶時不便循行。若疏過三尺，又曠土可惜。其生也，明年耘之，三年稍殺之，四年五年可蠶也。或生二年，盡伐之，俟蘖又殺之，則速成樹。凡下種能和以豬血者易生，且他日葉美宜蠶。槲子入土，多爲田鼠所食。分種時以豬血塗子，可無此患。易生美葉，猶其餘事。槲生一二年，行間可種菽麥，三年則止。凡今年飼蠶之林，明年必不飼，謂之歇樹。不歇樹則葉不茂，蠶亦瘠。新種之樹，四五年始蠶，間年歇而蠶之。則三飼蠶之林，其樹必近十年，則已高，移下難，即伐之，留其根，次年其蘖可飼子蠶，二三四年皆可食壯蠶。亦間年一飼，已高仍伐之。一種可十餘伐也。種槲一事，可謂一年之勞，百年之利。

【校勘記】

〔一〕「蔽」，原作「敝」，誤，據《新唐書》卷七六《后妃傳》改。

〔二〕芽：原作「薹」，據巢經巢本改。

〔三〕〔四〕「壯」，原作「莊」，誤，據河南本、楊校本改。

〔五〕其粗勁而皺者：《巢經巢》本作「其粗勁老皺者」。皮繭：王鍈點校本（貴州人民出版社一九九四年十月《鄭珍集·文集》）作「皮綢」，且出校曰：「據本節標題及下文當是，從之。」

鄭珍自叙

戴君者民也，養民者衣食也，出衣食者耕織也。不耕則飢矣，不織則寒矣。飢寒，亂之本也；飽暖，治之原也。故衣食，自古聖人所盡心也。堯命羲和，爲此謀天也；禹八年于外，爲此謀地也；舜咨九官十二牧，爲此盡利也；湯、武誅放桀、紂，爲此去害也；周公夜思繼日，求善此之法也；孔子、孟子老于棲皇，求善此之柄也。無衣食，古今無世道也；舍衣食，聖賢無事功也。自井田廢，而食之路隘矣。雖名至治，無干戈而已矣，無災異而已矣。豪富者無惡歲也，貧苦者無豐年也。爲食之路隘也，若衣之路則倍于古矣。古麻絲葛而已，今則中土之克絲也，西北之毛也絨也，其名不可勝數也。而惟富人得是也，天下率衣木棉也，而十五猶僅蔽前也。古之桑麻，婦功也，皆自爲自衣也，餘始通易也。雖往後亦親蠶織，以供王子冕服也。今則男事之，非爲衣也，以謀食也。故古之民，上勸之而猶惜其力也；今之民，不惜力而惜其無地可施也。故雖堯、舜亦無法也，有可衣食任自爲也。今貴州之地十九山也，田不足食居人也，無吳楚齊秦利也。槲繭，先太守遺以食遵民者也，今食者十之八矣。有田者且食之也，皆槲也。但有山也，皆可槲也，槲則食矣；但知蠶也，山人之山而亦食矣。非一遵義也，非一貴州也。此譜之所以作也。

書後

貴州府十二，直隸廳州四，屬州縣四十八，而遵義縣爲大縣，疆域廣袤三四百里，户口二十萬零，賦税幾敵全省半，歲科鄉會人士亦居十二，烏乎盛矣！而其先廣袤者如故也，户口租税十無四五也；歲科鄉會如故也，人士十無二三也。何今之美、昔之陋歟？抑其致此者皆有所自來歟？夫遵義之地，岡巒峰阜相攢脅，無一里原，無五里陸，依山爲田，皆如梯梲，其土瘠石瘦不可田，又不可勝計也。以二十萬户人褎然耕鑿其中，我知各糊口之不給，而何有以輸納賦税，而何暇于陶冶詩書也？而後乃今知陳省庵舊守之詒澤遠矣。夫子之言曰「富之、教之」，又曰「不患寡而患不均，不患貧而患不安」。盡縣而山則難均，難均則多貧，多貧則難安，難安則民皆思去而至于寡，此理勢之必然者。而遵義自有槲繭來，寡者日以衆，貧者日以富，數十萬户罔不含哺鼓腹，怡然于槲陰絲灶之間。而其秀者亦得所憑藉，以優游乎文林義府。争閑雅都麗，以爲吴越齊秦人士相軒輊。均無貧，和無寡，既富乃可加教，意在斯乎？陳公去遵幾百年矣，仁聲惠政猶幸嘖嘖人口，而志乘闕如。因陋就簡，再數十年遺老向盡，一邑之衣而食之，社而稷之者，恐至不能道其姓字。摘果而柎，飲羹而忘水，君子有世道人心之患。鄭君《樗繭譜》之作，蓋大懼乎此也。故首之以《志惠》也，《定樹》以辨物也，《定繭》以正名也。别時地、析利病，詳其烘靚眠食守居移下之方，著其炕煮繅净道牽之事，白綢品之良否，明易且要之器用形狀，然後以種槲終焉。蠶始即食槲也，終終始始之義也，凡皆陳公以庶富遵民之遺法也。且夫四十八州縣其十九皆山，猶遵義也；山之宜槲，猶遵義也；而户口獨少于遵義，賦税獨少于遵義，歲科鄉會人士獨少于遵義。論者以爲疆域之廣狹、土地之肥磽、習俗之文野不可强而同，吾獨謂無有若以槲繭福民之陳公也。不爾則三四百里之州縣，貴州所常有，而遵義一縣能幾膏腴、能幾才俊哉？守土者盡能依其法而行之，則不必陳公而山國皆可遵義也與！

獨山莫友芝

注叙

德雲衢明府莅遵義，唯民之利病殷殷然。耳熟槲蠒之法，昉舊守陳公百年以來惠澤滂溥，而邑無志乘，循迹就湮，日思所以表彰之而未發。適邑人以從祀名宦請，大愜所願，未洽旬，而詳牘抵上游矣。既又熟慮陳公法施遵義效如是，貴州州縣土地物宜亦遵義也，槲蠒何以不遵義也？皆法未施也。乃詢友芝以種槲、飼蠶、繅絲、織綢之方，粗觕未能覼縷，審我友鄭君子尹草有《樗蠒譜》，聊語應責。而明府是時方延鄭君主講，時其來，亟索稿，將付梓，以分遺寅好，期各行之所土。此其便民之意與陳公同，而其觀成也尤大，誠所謂不朽盛事之美也。顧鄭君書文辭雅奥，伯仲乎有宋之陳、秦《農》、《蠶》二著間，頗無意于規模《考工》，而筆墨時時與之律，有非過目可了了者。在鄭君不過偶焉落簡，藉以旌紀前賢，藏之名山，備異日地志掌故，使他人不嗤陋我邦已耳。明府而欲稱闡名蹟，詡飾山縣，則是書誠卓矣。而不然者，此斑焉古色，眩于目而棘于口者，將覆瓿不暇，而尚欲以家喻户曉，不幾於秦人之入越、夏蟲之語冰也哉？因屬友芝加之音釋。辭不獲命，暇日逐事咨訪，舉鄭君書細校一過，爲疏其難明而附以未備，徵文據典，皆在所略。凡三日夜卒業，而叙之如此。烏乎！友芝居遵義十五年，不能濡翰傳記其大夫之賢者徽法，注鄭君書而滋滋愧矣。

道光十七年四月既望，獨山莫友芝。

跋①

柴翁先生所爲《樗繭譜》，道光中郡守宰索諸深山而刻之以傳衆。咸豐之末，板毁于賊，人家所藏板本亦盡以散佚，世遂罕見其書者。當承平時，郡之民自受先太守法，父授子，子授孫，蛾卵蠶繭之宜，繅煮、絡道、牽織之事，畢郡境靡不習耳。目《譜》之出，人人精能自詡，無俟既茲求法，故于世若無足重輕。即儒雅搢紳之倫，或頗見寶，亦惟辭古是賞，誰其典要目之者？不數十年，而兵革起，鄉人流離散竄，故墟榛莽，遺老凋喪，盡後生小子規復舊業，莫從問法。春斑秋綫，舉作則敗收。于是往往噎而廢食，頹窳不復爲；即爲焉，而繭者絲者綢者率多病，不良于售。遵綢之名遂以日減，其民亦遂困貧無聊賴。視曩者利甲全黔，今古縣如矣。物極必反，盛衰者理固然耶？然其法表裏精詳，幸具此《譜》也。數年來輒思舉是以遍授鄉子弟，令都講而群習之，笥藏者故已久失，而外求又不遽得。去年兒子忻購得於都門，以歸蜀，亟欲授梓，艱於資，時從裝篋行。頃差次叙永，暇即翻閲。適吾友華君樫塢來，吹燈共讀，喟然道素願。樫塢曰：「吾亦覓此久矣，今則曷容緩？」蓋樫塢爲人渴利濟心，近常力勸吾鄉人勤養織，恢故利，咸諉土

① 標題原無，整理者加。作此《跋》者趙廷璜，係鄭珍女婿、受業弟子。

藾蔎善種，即出重資，令走購齊豫間。甚又慮術疏，恐獲難，方日思所以教。睹是書大快，遂挾去，以刻於瀘州。是刻者再出，余知其見寶當不啻百倍昔日者矣。先生自叙曰：「養民者衣食，自古聖人之所盡心，此《譜》所以作也。」當其時，人固習焉不察耳。自今觀之，其利之能不忽焉泯絶，猶可冀以即興者，不賴是《譜》之存歟？且以見先生之爲是《譜》，若逆料數十年之後必有以衰，吾遵利者，而猶賴吾《譜》之可復也。然其可復者，又獨遵利乎哉？余將與樫塢樂觀斯《譜》之無遠弗利也已。《譜》故爲子偲先生注，今并列之如舊。

光緒七年辛巳八月，受業甥趙廷璜謹記。

郘亭散見著述彙編

梁光華
歐陽大霖 點校
李朝陽

目録

詞

郘亭散見著述彙編卷三　文

郘亭散見著述彙編卷四　書目題跋

子部

集部

郘亭散見著述彙編卷五　批校

郘亭散見著述彙編卷一　科舉答卷

見賢思齊焉見不賢而内自省也

莫友芝部分手稿，包括他道光十一年（一八三一）在貴陽參加辛卯科鄉試所作之三篇科舉答卷、一首試帖詩手稿及其主考官賈筠堂、同考官吴嵩梁、學憲胡雲閣三位夫子的評語手稿，幸賴獨山鄉賢出資購回。一九六三年，被貴州省博物館從獨山縣文化館移走。獨山百歲文化老人徐惠文先生將莫友芝科舉考卷清末鈔件贈送於筆者，今據以整理。

因所見而自勵，爲己之學也。夫賢不賢中，有見賢見不賢之我焉。思齊而内自省，庶不虚此一見哉。今夫學問之事，其程功也操諸己，其取鑒也資於人，而其取人爲鑒以程己之功者，則恃乎己之心。心有所奮，斯人之資乎己者，已不與離也；心有所懼，斯人之累乎己者，已不與合也。分其途以取鑒，即併其心以程功，而反躬於以密矣。何則？古來明哲之人，豈必盡成於天授。景行切行止之慕，污世深胥溺之憂。率循謹而克治綦嚴，遂以成出類超羣之詣。吾人操存之學，要皆得師於借觀。善者固可擇而從，惡者亦可因而改。向往殷而瑕疵務浄，乃以立希天學聖之基。夫人類之不一也，而賢不賢分；吾之接人亦不一也，而見賢見不賢異。賢與不賢，豈任其見之已哉！人心同此好惡也，賢固所樂見，不賢固所厭見，然徒曰樂與厭也，則賢者僅在人，恐不賢者轉在已矣。其期之於齊，而怵之爲省乎？羨道岸之登，直欲齊驅并駕；凛履冰之懼，蘄於内省無愆。要使賢即我，我即賢，而不致稍涉乎不賢者，以阻希賢之功，則賢皆師保之臨矣，則不賢皆瞽史之箴矣。

學人之隨境見功也，賢期以齊而所見已不虚，不賢惕以省而所見亦不負，然遂謂能齊能省也，恐功稍懈而賢者已與己疎，心稍縱而不賢者復與己親矣。尚緜其力於思，而絶其欺於自乎？持循凛典則，得其形復契其神；愧怍嚴影衾，對爲勘亦爲証。要使我大異乎不賢，不賢大異乎我，而猶慮有稍不及乎賢者，致入不賢之域，則賢者不讓其先我矣，則不賢者不虞其浼我矣。謂賢爲不易幾，謂不賢爲無足害，是怠心中之，雖見亦如未見也。夫天下惟不敢自怠者，爲能取則於人耳。一息之周旋，宜赴以畢生之全力。賢不賢分至，則思省各爲營；賢不賢互呈，則思省交爲迫。凝神壹志，中懷之策勵難寬己。謂賢於我何加，謂不賢於我何損，是輕心掉之，無所思更無所省也。夫天下惟不敢自輕者，爲能取益於己耳。吾目之所經，何莫非吾心之所註？讀古人書，思省殷於尚友；交天下士，思省陽於臨時。增美釋回，當躬之存遏愈精已。斯誠君子爲己之學也歟？

衡鑑堂原評：

入手高踞題巔，籠罩一切，中後總發，具見力量。

本房加批：

辭清以雋，思鋭以精，氣度春容，機神洋溢，洵爲學養兼到，卓乎不群。

學憲胡雲閣夫子批：

筆端脩潔，不着點塵，直似初日芙蓉，亭亭可愛。

博學之審問之慎思之明辨之

詳擇善之目，學知之全功也。夫學問思辨，循序以進，而闕一不可者也。學知之全功如此。且擇善者，亦擇夫善之理而已。理藉乎人，廣爲收，尤貴虛爲受；理求諸己，深爲入，尤貴顯爲出。統人己以求之，取諸外而不逐於粗，謀諸心而務求其當，擇善之目可得而言矣。今夫善藏之爲天地名物之富，得之爲知覺先後之宗，其理不出於尋常耳目之間，其幾亟争於疑似毫釐之際。然則博學也，審問也，慎思也，明辨也，有不可紊之序焉，有不可闕之功焉。理不循其漸以相深，必至於惝怳而無據。其始也，游之乎古今載籍之繁，衆美兼收，而不敢得少以自足。非誇多也，學之必博，而後有以集萬有而無遺。其繼也，致之以朋友講習之功。有疑與析，而不敢不切以相咨。非煩瀆也，問之必審，而後有以叩兩端而必竭。夫然可以致其思矣。泛而寡要，思之以求其歸；膚而不入，思之以通於微。惟持此慎密不出者，極深而研幾，而學問之理始悉貫於吾心而得其安也。夫然可以施其辨矣。一間有差，辨之以析其似；兩端稍混，辨之以析其中。惟持此明辨以析者，參同而考異，而學問之理，乃悉澈於吾心而無所蔽也。博與審，以擴思辨之見；慎與明，以求學問之精。所謂序不可紊者如此。事不要於密以相赴，終歸於疎畧而罔功。當其學之既博，反復以証從違，凝一以窮閫奥，而又必有以剖其蘊而暢其支焉，非故於學外而以問與思辨贅之也。蓋必如是，而後糟粕所在皆化爲神奇。及其問之既審，神明深其玩索，輕重決於幾希，而必先有以裕其積而大其規焉，非故於問外而以學與思辨苦人也。蓋必如是，而後麗澤之求始要於有獲。夫然而思可知矣。本學爲思，思不流於幻；本問爲思，思不離其宗，而猶必繼之以辨者，要使吾之所思縷析條分而無所障，而思乃可以言慎也。夫然而辨可知矣。辨由於學，而辨有所資；辨由於問，而辨亦易晰。而猶必先之以思者，要使吾之所辨微彰幽顯而無所封，而辨乃可以言明也。思辨以學問，而不遁於虛；學問以思辨，而胥藏於密。所謂功不可闕者如此。由是而知之事終、行之事始矣。

衡鑒堂原評：

製局倜儻，樹詞堅卓。

本房加批：

以總挈穿插見長，而題中字字仍自各還實義，透發無遺，筆亦樸質老成，所以可貴。

學憲胡雲閣夫子批：

入手已探驪得珠，以下勢如破竹矣。不徒製局新，運思巧已也。

君子所以異於人者以其存心也

心以有所存而密，君子之異人可見矣。夫心一也，而無所存與有所存則有異，君子所以異人者以此耳。且天下之人至不一也，求之於心而人以合；然天下之人至一也，惟求之於心而人以分。蓋心雖同具之心，而非徒具之心。無以宰之而官已曠，有以實之而守乃嚴。僅於心見合而不於心求其分，幾何不使聖賢之超越庸流者其真不出也？試以君子論：夫君子非與人同具此心者哉？共此皇降之衷，孰不形神之各足，不得謂君子一心、人又一心也。雖强弱迥别，不無資厚薄之殊，而賦畀維均，誰得於同覆同載中判其優劣？共此靈瑩之府，豈其虛明之獨周？不得謂君子之心勝於人之心也。雖昏明不齊，不無物蔽氣拘之異，而靈臺自炳，誰得於有知有覺内指其分途？然而君子異矣。夫君子何以異於人哉？謂君子得天獨厚，而君子之異人不以天；謂君子才智獨絶，而君子之異人不以智；謂君子故炫其瑰琦之行，矜其奇特之爲，以誇耀於斯人之耳目，使望之者莫不駭然，曰此大異於庸衆人之所爲者，則愈非君子所敢出矣！然則君子果何以異於人哉？蓋其心有專屬之端，固結於中而不可解；而其心所慎持之物紛揺於外而不能移。其異於人也，自有所以異於人者在也。夫亦曰存心而已矣。身世之酬酢何定，惟心有所存者，乃能無陂之不平；境自百出以相嘗，心惟一致以相應。任所值之參伍錯綜，以推之於造次，推之於顛沛，莫不兢兢焉持其心之所存，以貫注於其間，而不使有斯須之或去，則其操之也約而精，其守之也貞而固矣。君子之所以自拔於人者，其以此也歟！生平之閲歷滋深，惟心無所不存者，乃能持久而弗變。事雖萬端之交迫，心以百折而不回，極所經之險阻艱難，悉處之以鎮静，處之以安詳。要惟惕惕焉葆其心之所存，以周洽於其際，而不使有瞬息之或違，是執之固而服膺勿失，課之密而省察常嚴矣。君子之所以不敢强同於人者，其以此也歟！嗟乎！心無所存，雖矯異鳴高而不得爲君子；心有所存，不必高自位置而自大異於衆人。人奈何不自存仁禮以幾於君子也。

衡鑒堂原評：

覷定下意着筆，使通章精神一齊攝起，思力沉摯，機局渾成。

此房加批：

縱筆揮洒，(無)不如意，飛花滚雪，一片神行。

學憲胡雲閣夫子批：

前半徐徐引入，局勢開張，入後興會淋漓，筆情動盪，含緜邈於尺素，吐滂沛乎寸心，矮屋中有舉頭天外之概。

賦得冷露無聲濕桂花得聲字，五言八韻

丹桂淩寒吐，秋容玉宇清。花深惟見影，露濕不聞聲。密蕊粘應重，圓珠滴未成。蟾光浮萬葉，鶴夢浸三更。水氣凉初透，天香静愈生。嶺高霜意結，樓迥月波明。妙諦參無隱，微吟對有情。一枝誰管領，恩湛賜金莖。

衡鑑堂原評：

雅令工愜，逸韻葩流。

本房加批：

清華朗潤，風骨珊珊。

學憲胡雲閣夫子批：

是冷露，是桂花，是冷露濕桂花，是冷露無聲濕桂花。字字細切，不徒以清麗恬雅見長。

附貴州鄉試硃卷道光辛卯恩科莫友芝中試檔案

中式第十一名莫友芝係貴州都匀府獨山州附學生，民籍。

同考試官内閣中書、大定府黔西知府、加三級紀録四次吴閲：薦。

大主考内閣中書、管理諸敕房事務、國史館分校、加五級又隨帶加一級紀録八次彭批：取；又批：識踞題巔，神超象外。

大主考翰林院編修、國史館協修、加一級賈批：中；又批：氣充詞沛，體大思精。

本房總批：筆海吞鯨，思泉吐鳳。日本麒麟之錦，西蜀蛺蝶之羅。所謂穗炳心燈，瓊飛意蕊者也。詩協由庚之琯，律裁典午之衡。解經席奪丁鴻，對策編窮亥豕。合觀衆製，迥異時蹊。撤棘來謁，知生龍文早焕。鯉對維勤，學已貫夫三通，丹始成於九轉。此時分香蟾窟，搴桂苑之一枝；指日得意馬蹄，焕杏苑於十里。

（録自貴州省博物館所藏《莫友芝鄉試硃卷》，標題爲點校者所加。）

郘亭散見著述彙編卷二 詩詞

詩

呈平越峰太守翰

九十日來春未半，脱手春和沁脾脘。居人相慶路人號，但恨使君下車晚。使君自視若無有，獨恐利病蔽疏遠。侵簾漸覺草青青，不廢微行陟原巘。問行戲問市頭民，使君于爾定何親。性情相見比父子，戒休乃喜撻不嗔。笑謂先生但僑寓，名迹所在道津津。旁觀推重當如此，矧在我曹身受人。野王行能妙無後，只今才綰銀青綬。行看上計中外圖，從心專試牛刀手。山民愚蠢但私己，畏公愛公願長久。若曹用意良復殷，安可長教若曹有。

（録自貴州省博物館所藏《鄭珍莫友芝詩詞未刊稿》）

郭店題壁

天地亦何廓廓，古今亦太漫漫。醯雞自九萬里，蜉蝣足十千年。科舉壞人心術，詞章自古俳優。不若棄書學劍，揚旗萬里封侯。

（録自獨山徐惠文所贈《莫友芝未刊詩稿》稿本）

芷江道上生日

衮衮登臺是聖賢，秋華插鬢那成妍。憑添白髮三千丈，誤落人間廿八年。拔劍浩歌空斫地，脱錢沽酒獨看天。堂堂歲月歸塵鞅，似此浮生亦可憐。郎州雙薦棠陰下，老小今朝定鮮歡。若使湘濱常臯比，不應沅上自歸鞍。生來世事寧無見，此際天心總不幹。小立獨從西向望，白雲千里正漫漫。

（録自獨山徐惠文所贈《莫友芝未刊詩稿》稿本）

鎮遠水十一首

薄晚下東郭，夕陽瘦無温。蒼茫沙草際，希微似人村。亂瓦積淤泥，隤椽或山根。仰觀懸崖上，見此新水痕。高屋計平脊，低屋安用論。荒荒府與衛，寧有百一存。

壞屋不可家，葬人安可數。青山黯如泣，白水自東去。水去如復歸，人死應再住。可憐萬冤魂，尚欠一坏土。

生人衆莫養，乃以大劫至。天地真不仁，蛟龍爾誰忌。亦云善惡應，殃福隨所致。試看洪波中，金沙兩無異。覆車無伯夷，鬼神自茫昧。

入水偶然生，巖傾還復盡。或生未終日，或終日而殞。一人既數死，數死才一瞬。豈真前生來，業重死難準。異哉黄平婦，大孝得神憫。天道久不問，此事獨平允。

死者長已矣，還爲生者哀。無居復無食，行見委蒿萊。堂堂府縣官，承令大勘災。計人察屋基，發粟散錢財。口多莫望哺，屋好空自隤。羡彼舉室盡，棄世何悠哉。

濟存唯恐多，乃以惜錢粟。計沒亦恐多，諸公意焉屬。此即繫升沈，難容昧心曲。或者參尉爲，信耳不及目。城居尚如斯，稍遠何由燭。

災民拾金錢，不獻者有罪。水來官亦貧，横至豈民利。況災非尋常，安識本天意。不取乃順天，自無意外事。今官具災狀，火急奏天陛。天恩應緩徵，便爲爾民惠。

利在不計害，人情皆苟安。不然三死地，居鎮遠者日有三死，水死、火死、巖死，傳言云爾。焉有萬家攢。哀哉衣食間，各以性命拚。使非水陸聚，或免覆溺患。利徒仍營營，了不死者觀。撫事復感時，竟日涕丸蘭。

蠠移高崖顛，謂火豈慮水。若能知而避，所死或減此。事後不必言，未事且料理。水後疫必興，歷驗如一軌。思州喧疫神，幸勿意外視。若復不早圖，民無孑遺矣。

低田逐水空，高田還生煙。人家縱免水，豈復望康年。城北聞金蓬，十里化沈淵。神語共傳訛，大難方連連。從來壬子破，水漫高山顛。斯言章句驗，民命天其憐。

焦溪亦濱漁，猝避勢所難。八弓異溪流，半亦付狂瀾。水也爾何心，獨與此邦殘。無兒莫悲酸，有兒莫喜歡。棗柎結胡桃，變化指一彈。四句謠歌。哀哉鎮遠縣，何日還舊觀。

（録自臺灣地區「國立中央圖書館」所藏莫友芝《郘亭父子藏札》稿本）

有豺并序

遵義胥役，勢最獷悍，橫行十三里，擇人而食，莫敢誰賴。官能禁制，便爲民福。前數年有官盲盲然，唯若輩之聽，竟內罔不疾首。其時豺以大，至食人食畜無算。此官去，胥吏稍戚，豺亦不知所之。今年夏秋來，復相嘩，以豺傷人者數矣。官雖仁而吏則恣，氣類相召，有如影響，亦可畏也。昨日郊外散步，聞村老説如此，而爲是詩。

有豺有豺深夜呼，聲氣狠戾非常麤。摇尻利喙索狗豬，人誤值之腹立刳。東家牧兒西家漁，待歸不歸哭嗚嗚。殘骸斷履置滿途，問胡不思所驅除。皆言此事君未喻，平讀。豺來豺去自有區。雖傷人乎吾避諸，驅亦不去徒爲劬。吾遵吏胥豺之渠，磨牙血人擇其腴，一出往往村爲枯。前年有官堂堂軀，萬事不理唯其胥。是時豺來充四隅，公然白日張其喉。强弓勁弩無所須，閉門束手相對歔。悍然復聞吏索租，正供已足胡爲乎？可憐倉箱懸罄如，羸牽絏壯憤不舒。豺來百家十未殂，吏來十室九無餘。幸而後官鑒厥辜，老奸束伏暫不睢。是時之豺影亦無，果誰逐之而誰驅。雉馴虎渡良非虚，迄今五年幸少虞。念及尚覺寒肌膚，令官雖仁吏則狙。仁民仁吏民已痡，我觀斯豺若合符。神君神君父母且，慎無偏聽爲所愚。道光戊戌秋書，笏書大兄笑正，雙薦山樵人。

（録自國家圖書館所藏《邵亭詩文稿書跋》手稿第四册）

《秋燈畫荻圖》，爲節母史楊氏作，并祝荻洲

母夜績，兒讀書。一燈小於繭，照此孀與孤。母績漸盈筐，兒書亦成誦。卷中之淚泉下心，風雪三更守飢凍。母今白髮兒青衿，往事低回有餘痛。願母節壽登期頤，願兒養母須及時。荻

灰畫盡無人見，一疏請旌天下知。

（轉録自龍先緒《郘亭詩鈔箋注·外集》（三秦出版社二〇〇三年九月版））

題沈秋帆西序太守勸農歌

沈侯昔令黚東西，花柳春風隨風唬。單村遠落靡不到，田歌滿路歡聲齊。剛夷一煽妖烽起，南中處處生荆杞。行春冠蓋寂無聞，奔命旌竿疲欲死。嘆息連年不解兵，幾城無恙幾人耕。調發早憐丁壯盡，催科還益尉丞行。我侯軍農兩成竹，籌邊決勝何神速。肯聽潢池盜弄兵，會遣帶劍化牛刀化犢。

（録自南京圖書館藏《郘亭詩文稿》）

客去作此寄之

破曉客竟去，清曦空玉除。獨尋芳樹咏，慵愛《醴泉》書。道路兵戈在，棲遲歲月徂。不堪鳴鶗鴂，行子意何如。

適持率更《醴泉銘》舊拓求售者，故有第四句。

（録自北京大學鈔本《郘亭詩鈔》）

立春直雪

盡道春回不見春，更教飛雪點衣巾。是誰泥著東皇轡，也似遲歸客裏人。

豈是雛春氣力微，餘寒一任雪花飛。應憐隔歲辭家客，小勒韶華待送歸。

（録自北京大學鈔本《邵亭詩鈔》）

于胡魯尊生觀察督勵團防且匝二年，以勞績於昨日歲除，恩旨開復原官，今正朔旦，昔所發援麻哈灰坡通糧道一枝適以大捷聞，賦呈

良家子弟久驚齏，欲舉連鄉費拊循。兩載得嫻魚陣肅，一官應復豸章新。拜恩恰趁迎年夕，賀捷還隨正日春。人事天心同厭亂，萬山看取静煙塵。

（録自南京圖書館藏稿本《邵亭詩文稿》）

中秋始霽適舍弟庭芝不秋試而歸

風聲濕翳静，露采夜光發。誰言積漏中，復此太古月。人天佳節心，喜氣動庭樾。我老尚餘情，穉子興逾勃。跳梁衆叔裏，説餅口不歇。阿態憐延南，試席定傲兀。判乏同兹緣，在眼轉荒忽。勿云意中事，得喪只一發。未至須臾聞，悲喜詎爲核。爾雖闈外人，何如孫山没。所獲乃在兹，相較豈不越。

（録自臺灣地區「國立中央圖書館」所藏《影山草堂學吟稿·郘亭外集》）

棄菊和王子贐

黯淡欺荒草，蕭寥倚破臺。市塵埋不死，秋雨逼還開。晚節終難没，孤根亦可哀。懷清須自立，天意豈憐才。

（録自中國社會科學院文學研究所藏《郘亭外集》）

贈漁邨先生

誰似當年顧虎頭，羸人筆底最風流。瀟瀟夜雨寒林下，何處漁郎繫釣舟。

（録自葛明義《莫友芝書法集》，貴州人民出版社二〇一四年七月版）

霧渡夷牢

不信夷牢水，能尋汗漫游。人行倚杵上，溪接太空流。

（録自中國社會科學院文學研究所藏《郘亭外集》）

書陳相廷教諭自壽詩後

夫子才名舊若擅，少年同學盡先鞭。一官獨冷還需次，四十無居已可憐。謂我盡遲南下雁，看人不羨北飛鳶。秋花那似春花落，長稱橫牆伴壽筵。

（録自臺灣地區「國立中央圖書館」藏《影山草堂學吟稿·郘亭外集》）

臘月十日高梘歸期不果，寄家二首之二[一]

淹留無奈主人情，若要青春作伴行。錦帶花前人獨立，已從今日數歸程。

柳葉洲

柳葉西邊路，洲田依竹叢。我尋柳子村，新筍過湘東。

賓成菴

磊磊菴上石，梯梯菴下田。山僧無課誦，一鍤自耕煙。

石　溪

石溪秋益清，石瀨晚逾怒。落葉濺跳波，風中恣飛舞。

海龍囤

亂石歌殘磊，晴空湧翠臺。興隨飛鳥上，尊倚白雲開。孤嶂非天險，長垣寔將才。徒思争漢大，愚絶可勝哀。

戊申生日二首之一

馳驅既懶性，林壑喜息偃。漸老人事多，昏昏送晨晚。茶鼓方在耳，榴色遽明眼。趁閑理常業，豈不盡耕墾。樹蘭未盈把，蒿艾已滿畹。人生無再少，暇日安可返。誰言炳燭光，要續汲綆短。中夜成屢驚，起坐長歎惋。

九月望，登三賢祠樓，乘月過同年周燮堂教諭理四首

秋城無處不黄花，隨意西風帽影斜。獨上祠樓歸去晚，且乘山月過君家。

君家閣子占虚空，曲曲闌干面面風。猶記月明消暑坐，笑談容易五更鐘。

更鐘漏箭日相催，已是三秋滿月來。遍繞東籬偎瘦影，月中幾見此花開。

花開既晚不成妍，寒月幽香共黯然。二十七年茶水客，秋風無奈又今年。

王子贐移居

移居非卜宅，陋巷若千金。以我避囂意，知君此日心。斷如遠城市，近好數招尋。惟有令原念，時煩過舊林。

無　題

皇極行天第一春，萬方翹首共今辰。群游復旦光華裏，競説咸豐歲月新。早遍遐陬征秀孝，盡除逋税予農民。幾回清問還窮獨，會見湛恩疊紫綸。

弱齡御宇如顓頊，言路開通古未聞。奏牘不嫌中夜乙，宫夜時策諫臣勳。生知共仰神靈出，至教常昭日月文。聖祖高宗常享國，定傳名壽到曾雲。咸豐元年。

養雲簃歌，爲張子佩副貢琚作

前峰雲已行，後峰雲自住。行住兩無心，養我雲中趣。自君湘川來，逢逢説雲牖。不識簃邊雲，時還憶君否〔二〕。

（以上録自中國社會科學院文學研究所藏《郘亭外集》）

無　題

蒲徑疏柯帶碧煙，半林斜日印晴川。野鳥無覓秋光處，欲在籬門竹栅邊。

（録自葛明義《莫友芝書法集》）

牟珠洞

□□□□□，殷耳如驚雷。危徑踏雷上，石門呀天開。白瑶散光瑩，净滑不受苔。□□□□□，□□□□□。在昔負壯盛，躭幽無等儕。□□□□□，□□□□□。老懶無勇心，淺涉返自崖。從兒數乳滴，形似分惡佳。一笑出山去，萬事同悠哉！

（録自南京圖書館藏《郘亭詩文稿》）

卞龍溪上夜行

西去踏東月，人影先我行。野田□星斗，蛙蛤天上鳴。□□□□□，□□千雷霆。□□□□□，東南未休兵。□□□□□，表葛忽已更。

（録自南京圖書館所藏《郘亭詩文稿》）

貴陽别子何

胡生肥縣不肯作，欲换瘦官遭衆唾。一朝入手喜不支，一笑相看邀我賀。胡生胡生怪汝癡絶倫，區區闌干苜蓿豈醫貧。宦海風波亦偶爾，爾去那即愁慈親。朝補《南陔》篇，暮學萊衣舞。得暇能觀有用書，少年曠廢期填補。顧我髭鬚半已斑，身材進士兩等閑。即今似爾亦安用，尚逐公車山上山。湖湘材官甲未褫，草木風聲恐行李。憶昔相隨午未間，已似□□望□□。明朝揮手度南明，遠道寒天定屢驚。胡生胡生汝真福，擁書高卧貴陽城。

（此詩與下一首詩均録自北京大學圖書館藏《郘亭詩鈔》）

發辰陽驛，泝楠溪岸行廿餘里，村景可人

楠溪西流三十里，欲絶沅流上辰水。夕宿辰陽曉更東，直誤楠頭作楠尾。楠溪百曲成百村，村里家家水到門。欲下小船呼放閘。（下闕）

平茶上水舟〔三〕

稻碾魚梁接磨舂，輕舠欲上老無蹤。船家盡日倮民國，水底能尋之字容。石齒乍辭前瀨惡，風聲驚入後灘重。先生飽食難爲力，愁倚中流望碧峰。

（録自貴州省圖書館藏《莫友芝詩文雜稿》稿本）

新店雨，至鄭家

寒雨連三日，荒蹊亂百泉。路愁村近滑，□訝□□穿。林隙天疑雪，塍間屋似船。洋溪溪上路，如夢復如煙。

（録自北京大學圖書館所藏《郘亭詩鈔》鈔本）

外舅家晨卧，爲諸子侄竊剪去頤下鬚，起而嘆之

戀衾忘作縮頸眠，鬚龍舉族飛上天。曉來對鏡不自識，千搜萬索空潸然。世人無賢愚，貴少賤老拙。幾多耆艾徒，不放頤端一豪茁。伊余壯歲已自雄，長哦謖謖生松風。常恐衰遲不更黑，四顧頗覺輕王公。豈知相從十七載，一朝忽逐并刀空。諸郎作劇真太頑，可咍此物何必身材關。平生萬事只隨命，對此使我生慚顔。鬚兮鬚兮，安知爾不能作民部，宰相房喬免譏妒。替滋浪説比濮州，效嚬大恐成忠恕。鬚兮鬚兮，得亦不必喜，失亦不必悲。但有根荄在，長養自有期。君看籍注東萊日，是爾鬑鬑返轡時。

（録自貴州省圖書館所藏稿本《莫友芝詩文雜稿》整理）

無　題

令弟持衡滇海還，使君督學更蒲關。方知軾轍文章貴，稱得郊祁寵命頒。車笠未忘勞握手，庭闈方健羨開顔。慚予中路成孤寄，尚逐公車□□山。

（録自北京大學圖書館藏《郘亭詩鈔》鈔本）

贈王介臣（四）

寺脚橫洲開午陰，風泉水竹澹人心。今年此樂幾曾有，吾輩入山何處深。同港機輪乍遲速，狎人漚鳥故浮沉。安能歲歲重陽近，共爾初英泛酒斟。

（録自中國社會科學院文學研究所藏《影山草堂雜稿》中王介臣手書記録莫友芝詩，王介臣有跋記。）

雨　過

天釁冬藤裊上屋，玉蜀黍稈高於人。（以下殘缺。）

（録自南京圖書館藏稿本《郘亭詩文稿》）

拜陽明祠畫像七古詩

賢豪出處非殊軌，濟世傳心一事爾。勳名道德兩肩之，何用求全生訾毀。文成功業久在人，先時已入肝脾裏。胡爲翻指良知學，詬病紛紛争集矢。昌黎大氣吞老佛，上揖鄒魯相諾唯。

區區利禄豈攖心，光包三書或譏詆。山斗聲名何損加，光焰煌煌照千祀。固知尚論貴寬平，後人止有師其是。先生講學況餘事，只手回天古能式。龍場舊謫開榛荒，性道於今有宗旨。兩家畫像弆屋祠，道貌英姿并相似。喬松亞石凍雨寒，静肅冠裾一瞻跂。祠嘉慶中建，道光中貴陽王孟湘觀察購得先生大像弆祠中，嗣賀耦耕中丞又以獲之唐鏡、海廉訪所藏此像册來弆。

（録自國家圖書館藏《郘亭詩文稿書跋》手稿第三册。此詩涂抹改動多。貴州省博物館又藏有莫友芝拜陽明祠五言詩兩首，收入《郘亭遺詩》卷二，詩題爲《過扶風山拜陽明畫像》。國圖藏莫氏手稿無詩題，點校者據詩意加。據貴博藏莫氏手書題署：「咸豐乙卯冬至敬謁陽明先生畫像，於扶風山祠下率賦二律。後學莫友芝。」國圖所藏莫友芝此詩，亦當作於此時。）

寄舍弟祥芝及黎椒園庶蕃桐梓軍中

南道頭蘭未凱歌，北鄰餘孽縱尋柯。重冰鰼部仍堅壘，急雪狼山更負戈。亂後詩書半零落，眼前親書各奔波。翠微有待同中隱，早晚捴渠就薜蘿。

（録自南京圖書館藏《郘亭詩文稿》）

答温生瑶光

温生十日影山裏，詫我新詩逾百紙。向來翻水作文章，亂定餘閑今尚爾。喜君壯盛敏莫雙，看君馳驟氣雄降。不持泰岱爲船杙，便指崑崙作馬樁。笑余老懶復何有，曩昔詞場怯抽手。怪君吐款不作難，斬枅拔椿教擊掊。深知摩窣謝榆枌，可惜雷霆求瓦缶。請君俎豆昌黎公，戛戛自掃陳言空。上追甫白下郊籍，天漿霞佩神交通。何用蛟螭螻蚓不自揀，斗取頃刻聞青紅。

（録自南京圖書館藏《郘亭詩文稿》）

擬左太沖招隱二首

抗志友造化，頤光無古今。清風動巖谷，天籟鳴笙琴。悠悠云水蹤，閑閑松桂林。杳與純白會，寧知執迹沈。松子久來歸，林類和歌音。振衣忽長嘯，逌若鸞鳳吟。豈乏小山賦，徒令殫我襟。羲軒入俛仰，一笑謝華簪。

山樊可以休，無勞剪荆榛。日月轉甕牖，徜徉怡我神。寒泉出澗谷，回首溷其真。所以山澤士，遺榮避通津。斯世還污隆，大道與屈伸。小草托遠志，肥遯激芳塵。砭俗豈不貴，爲我焉能仁。蓬累順時耳，夙駕遲清辰。

（録自南京圖書館藏《郘亭詩文稿》）

中秋步月至紅花岡

清秋月兔老不死，還照紅花岡上地。岡頭故壘長蓬蒿，岡下新燐滿荆杞。新燐故壘不須愁，月路雲階負好秋。那堪南望牽鄉思，悵倚星河拂劍鈎。

（録自南京圖書館藏《郘亭詩文稿》）

擬古用明遠韻

天狗墮若雷，威弧不能逐。井狼摇未已，螽爾何時服。傷心傍溝旁，高城化虚陸。千山流血水，一炬經幾宿。孑遺渺難問，黯黯費秋目。時危杖廉藺，拔幟起顛覆。安得生眼中，鼓行如破竹。

（録自南京圖書館藏稿本《郘亭詩文稿》。此題原爲三首詩，有兩首收入《郘亭遺詩》卷三。此爲莫繩孫删餘詩。）

九日攜彝兒過禹門山，黎雪樓丈、鄭子尹有約不至〔五〕

旱意烘烘非晚秋，寅年舊病未全瘳。故人此日城西路，應倚碧雲相對愁。儀軒、吉堂諸君舊約碧雲峰作重九。

（録自南京圖書館藏《郘亭詩文稿》，此詩原共三首，其上二首已收入《郘亭遺詩》卷三。）

君子不行用陸士衡韻

先覺不易遘，稱情良已難。對面隔山岳，平地起波瀾。手頭未雲雨，開襟若無患。胸次一冰炭，短袖始知寒。審退足安步，守弱多好顏。飛鴻有遺羨，烹狗發長嘆。朝居白屋下，暮上青雲端。明微自持限，徇世豈足懽。薏謗忘下澤，松游決掛冠。淺夫取見在，君子防未然。

（録自南京圖書館藏《郘亭詩文稿》）

古　意

船水非一家，郎儂兩處生，兩生無兩住，似水載船行。郎去不乘船，馬嘶山外山。空持流水意，拋擲滄浪間。行時衾與枕，色色是儂作。殷勤寄儂意，伴郎千里路。千里復萬里，歲月忽已侵。區區手中迹，那得繫郎心。

（録自北京大學鈔本《郘亭詩鈔》）

上巳兩渡延江寄家

近别無端亦黯然，祇緣歸計動經年。那堪苦雨延江路，恰是嬉春上巳天。花事已空餘播谷，客愁無奈更啼鵑。休言百里殊鄉縣，尚有長安落日邊。

（録自南京圖書館藏稿本《郘亭詩文稿》）

遲雨

片影隔炎光，雲垂坐甑旁。卷簾迎雨氣，舒袂受風涼。小訝琴書暗，横生草樹香。急喧憑入夜，未礙客更長。

（録自南京圖書館藏稿本《郘亭詩文稿》）

綦市

古市喧闐舊，□程水陸兼。照山堆橘柚，連舸走稀鹽。低地常餘暖，鄰烽未解嚴。漫嗟磨礱久，差勝括荒黔。

（録自北京大學鈔本《邵亭詩鈔》）

代擬絶粒篇

貞松千歲心，不數金石堅。何論絶粒在，一瞬二十年。一瞬二十年，貞心益章宣。不緣絶粒在，千歲何由傳。龍唐王節母，系自珍山陳。入門舅姑賀，尤得王舅歡。良人外商箱，輟儒亟養親。陳也理其家，罔有絲發愆。釵鳳特欲分，慟絶屬纊□。水漿更不入，但欲從黄泉。下有黄口兒，上有翁姑存。鴛鴦誓雙死，痛莫能顧旃。女曹相勸慰，雛還來更番。黄口未長成，翁姑發皤然。一死了婦義，事欝誰當肩。遂令決絶懷，暫輟俯仰間。茗飲聽一進，肯信得久延。久久竟忘飢，且復耐辛勤。鍼業及井宅，事事如常人。鄰里競傳詫，母乃辟穀仙。經年復經歲，了不見臒孱。妙想嗣麻姑，其法豈可循。胡不學狡獪，少濟於艱難。舅姑既辭世，黄口亦冠昏。

喪祭必禮式，秀孝傳祖薪。終然同穴願，撒手一朝伸。故知節烈行，天意特所敦。一二示奇枘，最以激懦頑。屈曲雙梓枝，辮連千行痕。崩城但有哭，化石竟無還。其事并匙儷，貞風至今新。龍唐一茗椀，我欲持爲鄰。導引漫測議，猥妄那可言。

（録自國家圖書館藏莫友芝手稿《郘亭詩鈔》）

題畫四首

朔雲沙氣暗金台，健步何從問遠梅。苦憶江南深雪裏，水邊籬落一枝開。

紫莖丹穎兩三叢，綺石黄磁愛護同。都道芳香能竟體，安能長是不秋風。

一心咒筍休成竹，千畝胸中且自豪。玉立亭亭幾青士，誰憐孤直委蓬蒿？

客中無奈是秋心，比似黄花瘦不禁。花意亦憐人寂寞，耐寒開到雪深深。

（録自北京大學鈔本《郘亭詩鈔》）

夢中閲《花橋記》新院本，題數絶句，醒猶憶其一

子規叫斷夢如煙，回首風光十四年。一片花橋楊柳月，照人歌舞未曾圓。

（録自貴州省博物館藏莫友芝手稿《郘亭詩鈔》）

元夕和金重毅庵行君

年燈才記南陽道，火樹還看平棘城。客舍已忘佳節意，月輪偏似故鄉明。何堪鬧裏尋歌管，稍喜愁邊得友生。江北江南休悵望，慶□高處問虚清。

（録自國家圖書館所藏莫友芝手稿《郘亭詩鈔》）

杏軒圖爲馬

人道鑒湖好，長懷賀季真。況君湖上住，肯負故鄉春。圖畫牽歸計，風塵逼歲新。江南花雨裏，棹酒欲爲鄰。

（録自國家圖書館所藏莫友芝手稿《郘亭詩鈔》）

有柏者舟四章

陳州守鍾祥董太恭人守志撫之，濟於艱難，以成其名。吴蘭雪師宜人獎爲作《柏舟》，試操以美之，卷中題詠已滿，尚無有述圖意，故友芝補之。

有柏者舟，飄風不休。我操孔暇，屹然中流。有柏者舟，漱石澼澼。我操孔堅，其行如砥。柏之舟兮，載我憂兮。舟之濟兮，庶幾慰兮。舟之杙兮，依□柏林。匪伊歲寒，昌寫我心。

（録自國家圖書館所藏莫友芝手稿《郘亭詩鈔》）

正定旅夢見馴鷹胎生，以爲雛鳳也

鞲鷹能胎生，生雛竟成鳳。弱羽尚未幹，清聲已驚衆。芝醴何根源，造化自搏弄。

（録自國家圖書館所藏莫友芝手稿《郘亭詩鈔》）

送郭筠仙嵩燾供奉請急還湘陰

餘寒侵嫩夏，天際復輕陰。暫就還鄉計，能無戀闕心。摇情燕月曉，牽夢嶽雲深。客況飄蕭甚，離傷倍不禁。

副樞成小隱，給諫恣名山。謂王子懷、尹杏農。又子瀟湘去，難言歲月還。大波軒海嶠，驚墜照河關。楚塞差無事，林栖詎解顔？

（録自貴州省博物館藏莫友芝手稿《郘亭詩鈔》）

游冷泉歸曹葛民籀明經示石屋著書圖漫題二絶句

三年契闊西湖夢，百首詩成竟有靈。君避亂，有《西湖詞》一百首。石屋洞天無恙在，幾回開口對巖扃。

君言石屋是君屋，我指冷泉爲我泉。住屋飲泉且適意，著書辛苦向誰傳。

（録自莫友芝《郘亭日記》同治六年九月初六日日記）

送景鑑泉其濬中允提學河南

儲才本計專提學，重以成均拔萃科。使者非時隆簡授，非學政例替時，乃以召還前任者，特簡君往。中州從古擅英多。懸知柱石搜名嶽，待挽濤瀾砥濁河。胸次人倫真鑒在，瑰琦從此謝巖阿。

（録自貴州省博物館藏莫友芝手稿《郘亭詩鈔》）

邯鄲中秋

邯鄲今夜月，一任有無間。宿雨連洺水，愁心懸故山。去家何處好，作客幾時還。稺子猶秋節，糕餦不可删。

（録自南京圖書館藏莫友芝手稿《郘亭詩文稿》）

梁園店步月

平沙如雪野漫漫，獨向梁園客裏看。料得素娥孤迥甚，瓊樓高處不勝寒。

（録自貴州省博物館所藏國家珍貴古籍莫友芝手稿《郘亭詩鈔》）

彰德晤景劍泉提學使，試畢留飲〔六〕

星使持衡鎖院開，計車歸馬正虺隤。秋風有約聊相訪，舊雨仍逢定幾回。笑指群鷗能狎客，促添雙鯽佐銜杯。狎鷗亭是韓魏公舊迹，洹淇之間金鯽絶肥美。鄴中名碩曹劉邈，摸索應無失此才。

（録自上海有正書局一九〇九年影印本《莫友芝正草隸篆墨迹》莫氏手書）

出鄭州

車行沙溝中，削壁盤永巷。時聞雞犬聲，遥遥在天上。林錦喧村劇，家家賽社神。有年民氣樂，行路亦相親。

（録自南京圖書館藏《郘亭詩文稿》）

葉縣道中

斷斷續續輪底陌，磊磊塊塊轍中石。黄城以南方城北，破澗欹岡愁不極。況經積雨壞道多，枉尋直尺費奔波。當家且幸十日霽，已免寸步生江河。前十日來將奈何。

（録自南京圖書館藏《郘亭詩文稿》）

九日至襄陽憶諸弟〔七〕

烏櫳叢箐里，望斷碧雲西。黄海松聲外，愁看白日低。萬山尋舊蹟，四處隔新題。知否怡軒下，秋花尚作畦。

（録自南京圖書館藏《郘亭詩文稿》）

我登

我登漢上舟，穩如牛背馱。怪得漢濱人，騎牛比馬多。

五日夜風雨

五日夜風雨，何曾有少停。長年愁祇睡，稺子叫還聽。帆葉不受展，櫓樞空自靈。滔滔足南紀，何苦效滄溟。

自反一首示舍弟

自厚薄責人，唯聖有明教。安得人盡非，我乃百不擾〔八〕。紛紛雲雨作，無理誠取鬧。多尤豈無因，彊項已足召。君子謝周防，纖兒習欺誚。柳下得其工，入世亦稍稍。但勿決吾閑，徇俗趨媚竈。

（以上三首録自貴州省博物館所藏國家珍貴古籍莫友芝手稿《郘亭詩鈔》，以下《五日夜風雨》《自返一首示舍弟》同此。）

皖中雜感〔九〕

十萬貔貅繞郭驍，三時供億匱耕樵。阿蒙不信無長策，公瑾何堪失小橋。□□□□□□□，□□□□□馬蕭蕭。□□□□□□□，□□□□□□□。大雷東道限長風，滾滾江波竟未通。

（録自南京圖書館藏《郘亭詩文稿》）

長林鋪逢故人留宿〔一〇〕

亂山横野藹，落日淡湖陰。壞道縈沙雪，孤村傍月林。

（録自貴州省博物館藏莫友芝手稿《郘亭詩鈔》）

楚軍收安慶凱歌獻曾滌生制軍兼呈介弟沅圃、事恒十首之八、十〔一一〕

萬福舒州與蕩平，江淮草木盡知名。即看劉展須膏斧，何物陳莊敢弄兵。

樓船風利不能休，旋定江東十二州。圖像早應開閣待，揚旗直到海西頭。

（録自北京圖書館藏《郘亭日記》莫友芝手稿咸豐十一年廿一日日記）

九日送善徵弟之祁門，方仲舫瀛孝廉置酒爲别

今年不見親朋字，兩寄鄉書到得無。（以下殘缺。）

（録自北京大學鈔本《郘亭詩鈔》）

胡咏之宫保挽詩之五〔一二〕

啟事山公重，談兵景武深。宫保纂《讀史兵略》已刊成，今夏曾爲覆校一過。初秋來冬，期還鄂度中秋，更編録《撫鄂疏草》。中秋期就帙，爽約倍沾襟。寶善無窮意，箴心未了心。退之金石藥，悔乏諫諍忱。

（録自貴州省博物館所藏國家珍貴古籍莫友芝手稿《郘亭詩鈔》）

戲柬眉生〔一三〕

眉君好書如好色，異槧名鈔盡傾國。琉璃都肆百花叢，冶態事妍渾不識。一朝鹵莽任割棄，浪走鰥鰥大江側。放犴嬉洲出媚嫵，跫足似人能勿惑。郘亭所至書四壁，醬醋油鹽伴棲息。幾遭冷語誚登徒，即事相稽口應塞。我身已寄況身外，虚牝黄金念精力。魯論半部足補衮，萬卷待穿嗟老傴。君今竟悟平等觀，嫫母夷光見同德。試歌薄酒和涪翁，醜婦白頭良可式。

（録自貴州省博物館所藏國家珍貴古籍莫友芝手稿《郘亭詩鈔》）

江南獨酌

遲暮姗姗客異鄉，家書每讀淚盈匡。奎文童趣草堂裏，入夢影山剛水長。

（録自獨山徐惠文所贈《莫友芝未刊詩稿》稿本）

海龍囤歌

江山不合强藩據，梵宫今日淩高處。當年恃險説横家，行人頭上神先沮。撑空萬仞摩青雲，古木蒼藤漏夕曛。一呼衆響破石壁，萬竅悲號誰忍聞。似説當年恣雄大，不知六合無中外。鞭山欲變海爲田，蔭門竟説桑如蓋。可憐一炬土全焦，未隨風去祇銅標。遺燼已燒巖盡赭，山靈怒聳青岧嶢。夜郎自古蠻荒地，何似桃源争作記。一樣蒼山字獨香，謫仙樓閣揺空翠！

（録自貴州省博物館所藏《鄭珍莫友芝詩詞未刊稿》，以下《山蠶詞》至《播州竹枝詞》諸詩均同此。）

山蠶詞

橡林三月雨紛紛，何日新詩織錦紋。寄語吴娘莫相妒，子規聲裏共辛勤。

一山陰雨一山晴，山自陰晴儂自行。爲禱山靈勞護守，仗他衣被遍蒼生。

比屋風吹細細香，今年繭較去年强。宵深還聽機聲急，大婦先成小婦忙。

釀金先賽濟南陳，惠我衣裳一路新。最是山中忙不了，插秧時節少閑人。

筆花峰

仙雲如蓋淩雲結，瑞光萬丈争峨雪。□□遥遥插芙蓉，挺然秀出誇奇絶。湘流七曲蕩晴嵐，畫景詩情好共探。振衣不覺長空迥，過眼尤須話相參。初歎柳州遷播日，攀巖踏巘意深密。愛之作記初不辭，峭倚諸峰誰與匹？又歎當年李謫仙，桃源洞口揮雲煙。一枝擲地今未秃，撑空直欲摩星躔。福地琅嬛今古重，牙籤萬軸成何用？一紙青天不可書，似此孤撑原放縱。有時秋露浥峰頭，雲外清光豁兩眸。霧髻風鬟争取媚，森如碧玉轉清遒。揩取湘江供硯滴，濡毫更挽銀河滌。一洗煙蠻瘴霧清，笑拍洪崖共登壁！

播州竹枝詞

幾家臨水畫橋西，一帶垂楊緑已齊。比似江南三月裏，交交黄鳥盡情啼。
湘山樓閣近桃源，接武遊人笑語喧。小憩最宜清響答，鶴池春水正潺湲。
不狼山外草如煙，折柳剛逢日暮天。縱使輪舟無處著，山花紅遍亦堪憐。
山城靄靄半陰晴，盡日春光不可尋。聊把玉壺沽酒去，謫仙樓畔聽山禽。

無　題

九江雖殊源，同匯洞庭滸。平生四海交，磊落半强楚。貞默三十年，霸氣塞寰宇。有如無道秦，縱衡恣凌侮〔一四〕。邇來忽已厭，迴亦講復古。依然瀟湘上，清風灑蘭杜。王翰年最少，乃作槃敲主。鹽醬八代制，充腹快一吐。

（録自國家圖書館藏莫友芝《郘亭詩文稿書跋》第一册）

滹南和子利韻三首之一

去住非人意，飄摇作客情。歲華催老至，春草傍愁生。大陸浮東極，常山護北平。眼中横海將，昨日定先聲。

（録自葛明義《莫友芝書法集》）

無題二首

我昔摳衣乃祖庭，喜君眉宇氣英英。果然詩句傳人口，誰似劉郎白雪清。

取法新從子美尊，胸無萬卷亦徒言。鯨魚翡翠休分别，轉益多師是好根〔一五〕。

（録自國家圖書館所藏莫友芝《郘亭詩文稿書跋》第一册）

壬子十月望夕同鄭子尹楊子春集鉏經堂用東坡岐亭詩韻呈雪樓一丈

十月渡牢溪，溪風收汗汁。徘徊非舊路，□□□履濕。履濕不足惜，周道豈自得。羽書催日□，□□□方急。安能深雪裏，軍氣振鵝鴨。主人□□□，藤釭發新羃。慰我行路難，頳顔映燈赤。□□拂衣早，卧聽須髩白。童烏能短命，可免負□幘。死者乃真福，生者不須泣。今夕是何年，皓□□無缺。承平猶在眼，萬里不知客。前途且莫□，□此寒消集。

（録自遵義市政協文史委、遵義市博物館所編《莫友芝書法集》二〇一一年版，下首同此）

與柏容夜話叠前韻友芝奉稿

□馳貴陽書，戒我忍淚汁。此來樂溪上，爾□□□濕。相看强慰藉，一笑那可得。傷哉令原音，□□□自急。雪翁喜康强，食籍尚千鴨。仲□□□禄，觀空持煙羃。温顔好承侍，慰汝雙眼赤。□余既中路，兄弟倚頭白。終朝各貧馳，蓬髮□□幘。天地豈不寬，歡場每成泣。去年一弟喪，今年長兄缺。萬里復在始，春明待游客。短歌不伸□，□□百憂集。

湘山之二〔一六〕

古柳石泉響，空山雲竇秋。擘窠懷潁谷，一鶴對清流。

李家口〔一七〕

偶值孱陵叟，猶談舊酒徒。蕭然李家口，安問黄公壚。荒驛同僑寄，殘生重感吁。今年當五月，江水更平爐。

（以上二首録自臺灣地區「國立中央圖書館」藏《郘亭詩集》稿本）

贈金眉生安清都轉〔一八〕

大河患徙洪湖通，長淮奪還毛盜叢。非常之原在屯轉，天以此幸開人蒙。稱心得子五便議，坐想歲月觀成功。機艘狎波疾于風，中原大利江流東。授人以柄豈不足，苦用文法增鬖茸。庚申舊事只長慟，肯信訏謨成數窮。病猶未瘆作本計，子言得暨能中充。眼前擾擾支節耳，一砭一炙皆良工。旱蝗薦天攪客悰，責山檄水陶憂忡。山如有語龍匪聾，但習雌守忘其雄。頓令磊塊插天柱，酒澆不下崔嵬胸。看君經畫琦晏同，豈直老景廬安豐？天生長才待盤錯，一蹶一起資靡礱。中朝老事亦偶爾，會有推轂來大農。何妨志業扶堯手，暫擬滄浪學釣翁。

（録自臺灣地區「國立中央圖書館」藏莫友芝《郘亭日記》同治元年閏八月廿一日日記手稿）

和答眉生

峽山千叠夢猿啼，江水年年不向西。下里欲歌慚白雪，小爐無恙且紅泥。秋華黯黯懷人遠，故壘蕭蕭落日低。稍喜眼中安節老，肯持尊酒慰羈棲。

（録自貴州省博物館藏莫友芝手稿《郘亭詩鈔》）

周子愉觀察自泰州來安慶，匆匆言别，不能爲懷，送之二首〔一九〕

平生慷慨安邊策，寥落江湖二十秋。射虎幾人曾没石〔二〇〕，爛羊從古盡封侯。故園消息稀難問，滿目兵戈老未休。君試據鞍能矍鑠，豈應天地尚扁舟。

（録自甘肅省圖書館所藏《莫友芝手札》稿本）

乘卯潮落渡江至福山鎮，示彝兒

發棹軍山指福山，趁潮百里一時間。遂教渤海乘風去，亦要長鯨作艙還。平地波濤愁世路，半生哀樂感朱顔。眼中懷抱少年事，濟巨看人只等閑。

（録自臺灣地區「國立中央圖書館」藏莫友芝《郘亭日記》稿本同治四年四月廿三日日記）

王葉唐錫同《琴書消憂圖》

書以資仕優學，琴足寄愛人風〔二一〕。良宰何知治法，割雞笑與牛同。書或不求甚解，琴亦豈在安弦。會得此中妙諦，即通彭澤真傳。

（録自國家圖書館藏莫友芝《郘亭詩文稿書跋》第一册）

爲王葉唐題趙韞《香生夢緣圖》〔二二〕

掌上輕盈夢裡緣，客舟星月雉皋煙。枝頭紅線寧非數，棼尾春光絶可憐。種玉教看成幾縠〔二三〕，留花曾記待三年〔二四〕。當時一片梨雲影，付與王昌已惘然。

（録自國家圖書館所藏莫友芝手稿《郘亭詩文稿書跋》第一册）

無題五古詩二首

田法□司馬，禮教定司徒。因仍吏兵選，資格何區區。豈乏治平略，天篤非意圖。長才恣一騁，力盡氣不舒。安危中興運，遠猷定訏謨。旌麾所陶鑄，勳名爛相扶。盜弄尚中原，秋防急西隅。歷憂在宵旰，弭節自馳驅。勇略右朔方，通侯□淮徐。郭李久不作，良平竟安如。願招不羈才，盡入大匠爐。豈直濟時計，百年長有餘。

毛盜半天下，十載風塵昏。公持大江水，節節蕩其氛。成功未暖席，北伐遽相敦。開幕□徐土，選鋒逾淮濆。群捻漫兗豫，劫奪劇風奔。凶聲動畿輔，延蔓茫株根。急誠在治標，貴悉絡與筋。指痛趣針石，不中徒紛紛。看公此部署，成竹森可捫。扼要待其變，未接氣已吞。東犯苦積痟，此來竟無門。大臣有全算，一勝安足論。

（録自臺北「中央圖書館」藏莫友芝《郘亭雜記》稿本）

朱久香蘭閣學花間補讀圖二首

手栽桃李人間滿，著述勳名爛一時。更博群書資反約，個中真意幾人知。

姚江一代良知學，流弊盡從清獻明。向我殷勤問遺著，松陽卷裏見平生。

（録自國家圖書館藏莫友芝《郘亭日記》同治六年七月十九日日記所記詩稿）

從湘鄉相公出木瀆胥口，因爲靈巖、天平之游，次相公贈吴南屏敏樹韻，兼呈南屏及諸同游

寰中九澤天所篵，縱有浩劫無能摧。具區之澤擅吴越，赤岸遠透銀河來。靈峰怪石割天秀，餘精亦散松柏槐。自從粤髪漏湖漢，江國厭聞鼙鼓豗。費財老師幾歲月，棄置勝迹從時乖。湘鄉相公起衡麓，手挽岷江洗劫灰。東南半壁數行省，未許尺地遺纖災。大營舟師彰湖泖，痛減壤賦紓汙萊。使旝所到聽歡沸，隘谷空村走白孩。總言此邦匪聖相，殘喘早付虎與豺。天人應運我得會，竟有耕作還初哉。明湖疊巘正無恙，閑蝯野鶴忘驚猜。相公此興豈易得，得興莫教西日隤。幕中諸君豪健才，大句迅掃闕山哀。九江亭長更奇逸，操縱風綱風綱，船名，南屏自巴陵乘來穿雲霾。莫鼇峰畔一回首，笑擁君山雪浪皚。獨慚賤子太無似，濟勝已笑金谷杯。强將飣餖塞篇幅，緜力那任黄肩開。且須哀集附四部，近續千頃從俞郘。

（録自甘肅省圖書館藏《莫友芝手札》稿本）

無題

石城二月尾，飛霰風凄凄。關心百株梅，冒冷赴招提。故人湊我輿，且介黍與雞。入門唤冷香，花花盡含睇。一樹獨横出，逸氣不可羈。邈然蒼崖端，顧影自天倪。滿地惜落蕊，榮瘁難强齊。六朝繁盛地，積燹草不萋。乾坤此清氣，天閟理則異。安得調燮方，問于國手醫。胡爲灼灼華，不言自成蹊。

（此詩與下首詩，録自臺北「國家圖書館」藏莫友芝《書目雜鈔》和《郘亭書目》手稿）

代和喬中丞蜜蜂元韻

花蜂晨午朝，日日闚窗紙。古云排兩衙，取譬義何邇。栗臺但尊拱，將相鎮腹裡。回環聚群族，儼有邦邑美。生繁易氣涣，勢雜難禁止。保無恃尾鋒，可盡責首蕊。詎知出納際，萬口肅嚴旨。更休均逸勞，通力收臂指。稽勳罔佚罰，攻訐絶他宄。遂令尋丈地，隱隱屹城壘。微蜂曷能然，物理細研揣。其王不含毒，生意冒閭里。從王無螫刺，律令見常軌。育仁將正義，美化自郵駛。蜂乎誠吏師，素餐愧相擬。

送周伯淵上舍繼善親迎都昌

屏雀成弓冶，西江嗣好姻。綵舟三峽曉，繡縟九華春。妙及觀梅興，將還咏絮人。鷄鳴增警戒，舊德日光新。

（録自臺北「國家圖書館」藏莫友芝《郘亭詩集》）

無　題

亂之初哇本微懦，群公衎衎養以大。自從不救合江州，血流千里無人荷。思君欲渡勞村南，豺虎塞途不得過。微官易棄秋汝歸，何術跳身竟無挫。檬樹東滯西漁棠，多難音書無一個。亦拚生别等二子，豈計寒冬涕同破。相携且盡千日歡，何處青山許高卧。

（録自國家圖書館藏莫友芝手稿《郘亭詩文稿書跋》第一册。標題爲點校者所加。）

同柏容、子尹、丁吉哉元勛游禹門寺，歸就柏容宿，子尹復有寱韻詩，次日曉起，索鄭二茗珏理髮，聽鄭子行珥、黎壽農兆熙商消寒會法，三疊前韻

禹門一山檬獨寱，卷裏詩篇堪百討。柏容集中於禹門詩最多。經巢挾作今日游，歸復挑燈出新草。丁生更欲畫作圖，吉哉新學畫，吾事自知猶未了。東來此日殊敗意，俗鬧喳喳溷殘稿。古苔蒼竹定相笑，笑不款門歸去早。饑腸差覺香飯便，積悶難憑村酒掃。那知詩句墮何處，縮頸一眠生白曉。起來巾帽尚餘囂，笑覓阿茗理蓬葆。耳邊娓娓説消寒，九集便完嫌太少。安得九家皆有田，春功未及閑冬杪。子弟隨身解吟咏，鄰比開門共魚鳥。但知游屐逐歡娛，更無人事生煩惱。酒規闊落憑淺深，詩令森嚴重約保。小隊還憑鼓自建，正軍不許旗偷倒。九夫歷碌樹中權，八陣聯翩争捷巧。家周九會環無端，人日一詩斑可考。九九通乘八十一，未計餘夫更閑老。已都七百廿九篇，大帙裦然輝百寶。我聞此語大欣快，乍似饑牛飫茭稿。自從有集二千年，總集斷無如此好。豈真古人不解事，怕以愁吟自縈繞。問君此願待何償，休竟求仙望蓬島。不如還作禹門游，今日應容臂雙掉。

（道光二十七年十二月，莫友芝、鄭珍、黎兆勛、丁元勛等人同游遵義禹門寺，共作三首詩，前兩首詩名爲：

《自青田沿谿過垚灣、檬村，呈柏容、子尹，兼似丁吉哉元勛》、《子尹、柏容并見和宼韻，叠韻奉答》，收入《郘亭詩鈔》卷一。此録自中國社會科學院文學研究所藏莫友芝《郘亭外集》手稿）

七古闕題二首

白日炎蒸宵快雨，曉氣清凉入肝腑。泝流早約秦淮舟，一帆已通湖熟浦。兩孫輟課催我游，指麾野趣何所求。爾曹興味乃不淺，使我逸氣横滄洲。

（録自貴州省圖書館藏《莫友芝先生雜鈔手迹》，標題爲點校者所加。）

題曾孫公和鐵琴拓本

營窟幽人鍊作琴，高山流水寄遐心。摩挲天籟縈迴意，仿像蘇門鸞鳳音。

池上篆文：天籟、孫登。又「公和」方印。池下篆文：明項元汴珍藏。又「墨林」印，又「子京父印」。明時項氏得之，天籟閣所由名也。嘉慶七年，鍊冶亭制府以贈吴菘圃相國，相國方爲漕帥。今猶存錢塘吴氏。王逢卿銘吉得其拓本，屬題。

（據遵義市政協文史委提供遵義市博物館藏《莫友芝先生雜鈔手蹟》（粘貼本）點校。標題爲點校者所加。）

元日聞官軍收鎮江瓜洲

瓜步蘭陵一昔收，金焦雙峙遏狂流。即馳露布來江表，會見降旗舉石頭。北極魚鹽終自入，南明花鳥莫深愁。好音送喜逢元日，穩兆黔兵早晚休。

（録自貴州省博物館所藏莫友芝手稿。莫友芝將自己所作之二詩書贈虚谷先生。其《鐵柱》一詩見《郘亭遺詩》卷四，而此詩未收。今將虚谷先生之孫張俠圃識語録於後：「丁丑歲抗日戰起，自申挈眷旋黔，撿拾舊存書笥，偶獲郘亭先生行楷兩幀。蓋與先王父唱和簡也。自念離鄉十五載，貿然歸來，困乏如故，惟此莫書伴我傲骨，不亦大可自豪乎！爰裝而懸諸座右。後世子孫其永寶之。俠圃識。」）

金眉生示歲暮懷人詩，用其見懷一首韻書其後

五湖煙水好，未合老斯人。彊項偏依佛，低心更學貧。名場元作劇，詩筆總如神。晨起占眉氣，匡時重此身。

（國家圖書館所藏莫友芝《郘亭日記》同治七年二月廿三日手稿記曰：「廿三日辛丑，半陰晴，大風。金梅生相過，以其歲暮懷人詩册屬題，用其見懷韻作一首。」《郘亭日記》手稿此頁未寫有莫氏所作之詩，然而此頁夾

有一張浮簽，浮簽上寫有此詩。今據以點校。）

送周伯淵上舍繼善親迎都昌

屏雀成弓冶，西江嗣好姻。綵舟三峽曉，繡縟九華春。妙及觀梅興，將還咏絮人。鷄鳴增警戒，舊德日光新。

（此詩未見收入莫友芝任何詩集。今據臺北「國家圖書館」所藏《郘亭詩集》稿本點校。）

詞

采桑子三首

個人尚説今朝早，才趨殘釭，抹了鉛黄。女伴提筐過短牆。　玉釵不插輕靴快，笑隔紅窗，更别檀郎。嫩日娟□□薄妝。

出門步步春光軟，林抹煙蒼，田散金黄。忘却湘隄□裏長。　攀條舉腕期雙玉，佩動風颸，乍怯肌涼。不應朝來换薄裳。

朝朝結伴城南陌，花隱垂楊，風度鶯簧。破悶閑歌陌上桑。　無煩見問誰家子，色自花光，性是幽篁。高駕躑躅□斷腸。

鵲橋仙 本意

不知天上，是誰親見，今夜定雙星聚。銀河清淺可填無？恰昏定、一天秋雨。　者邊瓜果，那邊蛛喜，總望天孫憐取。天孫有巧乞人間，料此際、別情難訴。

水調歌頭 次日未行，同飲梅圯，乘月上琴洲，再歌此闋

梅圯一樽酒，攜手上琴洲。不知洲上煙月，當過幾人頭？太白長吟天姥，想像謝公宿處，還是夢中遊。試問此江水，何似鏡湖秋？　昨宵説、今日去，又句留。新篇再送，將過殘歲不須愁。打點裴王詩骨，分付輞川花木。燈火上元舟，説與紅塵侶，還道幾生修。

孤鸞 書鄭琎悼亡詩後

欺花風烈，正葬紫埋紅，春歸時節。悵恍潘郎，暗淚向人愁説。剛剛昨宵夢見，道尋常夢中驚別。一陣啼鶯喚醒，勝半床殘月。　倚鏡臺、殘繡亂香屑。更玉杼流黄，朝暮聲歇。欲把詩排悶，轉寸腸千結。自來彩雲易散，費多少、有情嗚咽。恁是地老天荒，恨緜緜難絶。

卜算子

芳草映沙汀，軟襯遲遲步。杏子單衫斂更開，一陣桃花雨。　寫影入清溪，笑共波光語。貪捉飛花喚不應，翻過平橋去。

浪淘沙

算計是平安，無奈心牽，等閒難熨翠眉攢。盼到南來書一紙，開了愁關。　書裏没多般，疊去重看，個中滋味美難言。春半刀頭頻屈指，屈到更殘。

天仙子

稱意風光相并倚，朱樓恰映邪溪水。無情最是可憐宵，歡未已，窗霞綺。阿母喚來慵不起。

賣花聲

金屋小垣遮，柳色窗紗。櫻桃才放兩三花。叩叩香囊親系了，暗□□□。□□□□□，催到蘭舣。背人私語泥秦嘉。伴我明朝歸槳去，伴你回家。

浣溪沙

一簇桃花寫豔姿，一渠春水照修眉。小欄低語怕人知。　春水碧於前渡日，桃花紅似去年時。那人何處隔天涯。

意難忘

竹舉初停，記燈前飯罷，檻外風清。穿花深避影，點屐悄藏聲。攜手處，似前生，把幽恨全傾。怕人知，嬌纏被角，低□□□。重來舊事如冰，更關山難越，音信無憑。繩床寬屋，斗帳静於僧。瞠著眼，幾天明。枉賢主多情，那要他、殷勤假意，不放人行。

虞美人影

雨聲熬遍遲遲晝，又是掌燈時候。明日不知晴否，望斷延江口。割衾判枕禁長漏，況不是當年舊。當年尚難將就，今日如何受。

（以上十三首詞據貴州省博物館所藏莫友芝手稿整理。）

菩薩蠻

玉梅花下成歡聚，春光正好拋人去。夢逐海東頭，雪殘明海樓。歸期知不遠，争奈勞心眼。

棄了上元燈，和者卧月明。

（據中國社會科學院文學研究所藏《影山草堂雜稿》莫友芝手稿點校。）

念奴嬌 車上作

仰車長卧，笑弄人天地，無休無歇。北走南馳，誰信道、此外定非生活。兩戒河山，十州人海，自古誰飛出。塵沙莽莽，消沉多少豪傑。　可笑杜宇催人，定干卿何事，只聲聲啼血。勸飲提壺，差解事、醉倒萬情俱徹。蓋世成功，求仙學道，一例飛煙滅。浮生寄耳，那須惆悵華髮。

消息 寄胡長新

寄語阿荷，三年不見，新知奚似？昨日書來，開筒草草，總然堪喜。滔滔天下，蟻樓蜂閣，遠視而今有幾？漫因他、習俗移人，但時世花妝倚。　老夫今又舊業，蓬蒿雜厠，算只爲、消閑來青，一絆欲脱愁無計。可堪回首，小棠蔭下，斗室商歌并起。更何時載酒，敲門商量奇字。

四和香

偷向鴛鴦池上歇，悄把春情洩。暗里相思無處説，都閣在，眉梢月。　倉卒避人行更怯，暈滿雙紅頰。簾子一重山萬叠，又打個，相思結。

天仙子

移近畫樓西畔住，遠春都上新眉嫵。紫蘭偏是并頭開，朝又暮，愁閑度，休放杜鵑催却去。

（以上四首詞據民國貴陽文通書局刻本《黔南叢書·影山詞》點校。）

水調歌頭 鎮遠旅夜

九驛陸程盡，明日上瀧船。悠悠無水東去，爲問幾時還？你是揚都弄斧，我是惠施種瓠，一樣不成妍。何事逐同歲，朝海濫殊川。　撥殘灰，挑短燼，共無眠。料應有夢，怎得能到醒人邊？一壁冰衾水枕，一壁温雲暖雨，隔屋幾悲歡。還□文章助，萬里□江山。

（此詞據《同聲月刊》卷一補。）

沁園春同歲有留京忘歸者，爲致家信，更歌此闋

拚了香肌，爲伊銷盡，自量自嗤。待心腸硬着，從今休了，未曾一刻，越地相思。燕趙繁華，蛾眉如海，别後知他還記誰。雖則是，個檀如薄幸，我自情癡。　那番已自難支，怎此際、難支勝昔時。悔夢中昨夜，輕教撒手；今宵何計，更得逢伊。可恨燈前，撩人姊妹，苦説花封端待回。還則怕、杏花兒插了，轉得歸遲。

（此詞據《同聲月刊》卷一補。）

浣溪沙

碧玉千金感意時，爲情顛倒破瓜期，背人歡笑見人癡。　簾押卷花嗔起早，簷牙鈎月惱眠遲，此中心事只郎知。

（此詞據《同聲月刊》外集補。）

蒼梧謡

佯，隔水抛蓮引玉郎。尋着去，知在那邊藏？

（此詞據《同聲月刊》外集補。）

百字令 答柏容示詞草

新編詫我，道秦周姜史，近添生活。噍徵含宫南北宋，脱口一爐冰雪。酒畔三中，花邊四遠，老矣憑誰説？紅牙閑按，笑來多少嗚咽。　便做别子南荒，樂章琴趣，磊硌三千闋。傳與麗謀那解聽，夜夜可憐風月。折柳成冠，歌樵信口，引我閑情熱。將渠底用，三餐差免虚設。

唐多令 贈芙衣

深柳板橋斜，晴溪一段紗。苧蘿村合住西家。三板小船乘水到，迎笑著，倚梅花。　香徑短籬遮，涼旋閣似蝸。妙清於展遍丫叉。殺粉調鉛倉猝就，持比較，没争差。

木蘭花九月十五夜呈鄂生

天街十二清凉絶，起舞中庭弄踈樾。劇憐露影護黄花，未覺風痕欺白髮。　延江明日歸鞍發，定是經年成判别。三秋好處賸今宵，忍使芳樽空對月。

鄂生仁兄索余小詞，憶寫數闋奉教。年小弟友芝。

探芳信

紅牆角，正晴雪梅花，曉烟簾幙。漾一泓妝鏡，蟬雲翠初約。閑怨閑思難計算，悄被東風覺。惹花邊幾陣，嬌癡臉霞灼。前翻却。　平白要分索。恨溪水無情，片帆輕落。但石尤風回把南舟閣，却來見了頻相觸。也勝相思各，最生憎、繡被并鴛如昨。

（録目貴州省博物館藏莫友芝《影山詞》稿本。莫氏於天頭上用硃筆批曰：「尚待改易。」又以墨筆圈去此詞，所以各本《影山詞》均脱此詞。）

【校勘記】

〔一〕此詩其一見《郘亭詩鈔》卷一，名爲《高梘歸期不果，寄家》。

〔二〕此二詩之上有鄭珍眉批：「取一、三兩首入正。」《郘亭詩鈔》卷六收入的正是一、三兩首，詩題作《養雲簃歌，爲子佩作》。

〔三〕北京大學圖書館藏《郘亭詩鈔》三、四句作「倮民定是船家國，之字能尋水底容」。

〔四〕詩後有王介臣跋曰：「右咸豐癸丑九月，與郘亭偕遊播州桃溪見贈詩，後因播亂，稿毁于兵，囑爲録字爾。昔黔疆肅静，詩中乃有『吾輩入山何處深』之句，郘亭豈有先見乎？戊午八月二十八日王介臣録。」

〔五〕詩共三首，《郘亭遺詩》卷三收入前兩首，此爲第三首。

〔六〕「提」，貴州省博物館藏莫友芝手稿《郘亭詩鈔》脱此字。又「秋風有約聊相訪」，貴博本莫友芝手稿是，而上海有正書局《莫友芝正草隸篆墨迹》「聊」字之上多「能」字，誤，故删。

〔七〕原爲兩首，第一首已收入《郘亭遺詩》卷六，題作「九日至襄陽」。

〔八〕「擾」，北京大學鈔本《郘亭詩鈔》作「撓」。

〔九〕此詩共四首，《郘亭遺詩》收入前二首，題爲《雜感》。此鈔本最後一首殘缺尾二句。

〔一〇〕《郘亭遺詩》卷七收入者爲五言律詩，未收此首。北京大學圖書館藏鈔本《郘亭詩鈔》亦有此詩。

〔一一〕《郘亭遺詩》卷七收録八首，易名爲《收安慶凱歌獻湘鄉節帥兼致沅浦觀察國荃、士恒博士貞幹兩介弟》；此爲未收録之其八、十兩首。

〔一二〕此詩共五首，《郘亭遺詩》卷七收録前四首，此首未收。本詩上有二眉批，一云：「去末章尤壯闊。申甫。」按，申甫爲李榕之字。另一云：「末首宜存，後四句當改。伯足。」伯足爲高心夔之字。或因受李、高二氏意見影響，故莫繩孫編《郘亭遺詩》未收此第五首詩。

〔一三〕《郘亭日記》咸豐十一年十二月廿九日日記録此詩，末二句作：「東州薄酒取消寒，丑婦白頭從所直。」

〔一四〕「凌侮」，莫氏手稿又作「傾吐」。

〔一五〕末三句莫氏手稿又改作：「胸中萬卷是真緣。勤持轉益多師語，碧海蘭苕豈異門。」

〔一六〕此詩共二首，一首已收入《郘亭詩鈔》卷三。

〔一七〕《郘亭詩鈔》卷四收有一首同題詩，此首未收。

〔一八〕《郘亭日記》同治元年閏八月廿一日日記云：「作詩贈眉生，書其《臨淮詩文》後。」

〔一九〕此詩第一首已收入《郘亭遺詩》卷八。

〔二〇〕「射虎」句，北京大學圖書館所藏《郘亭詩鈔》作：「射虎幾人能飲羽」。

〔二一〕首二句，《郘亭日記》同治四年九月初二日所録作「把書資仕優學，援琴寫愛人風」。又，莫氏《郘亭日記》此詩題爲「《王葉唐錫桐州守〈琴書消憂圖〉》」。

〔二二〕《郘亭日記》同治四年九月初二日録此詩，題爲《王葉唐趙姬韞香生小影》。

〔二三〕「教看」，莫氏手稿又作「即今」。

〔二四〕「曾記」，莫氏手稿又作「曾與」。

郘亭散見著述彙編卷三　文

奢香傳

奢香，貴州宣慰使靄翠妻。翠死，香代襲，總其衆。都司馬煜（按：當作「曄」，下同）欲郡縣香管地，裸撻香，冀激諸羅啟兵端，乃因平之。宣慰同知宋欽妻劉淑貞止諸羅無動，馳見太祖，爲香訟冤。香亦尋入朝自陳。太祖爲誅煜以謝，諭香曰：「何以報朕？」香請開四鄙，世世保境。帝大悦，封香順德夫人，厚賚遣還。香遂開偏橋、水東以達烏蒙、烏撒，立龍場等九驛，貴州入蜀之間道以通。九驛者，威清在龍場，陸廣在貴陽境，谷里、水西、西溪、金鷄、閣鴉、歸化在大定境，遂達畢節。

《方輿紀要》：「奢香驛在貴陽府西北二百六十里。香開貴州東北道以通蜀、烏蒙，立龍場九驛，故驛因以名。」

（録自上海圖書館藏莫友芝稿本《黔詩紀略》卷二十二。）

黄母左淑人家傳

淑人長沙左氏，山西候補道、貴筑琴隖黄公輔辰之妻，翰林院編修彭年之母也。祖諱本有，舉人，官衡陽教諭；父諱光南，以諸生教授鄉里，稱望亭先生。淑人幼有賢質，望亭尤慎相攸，奇琴隖數歲，時於逆旅中，不以貧且遠，許字焉。歸，及事姑匡太淑人，侍疾常兼旬不交睫，中裙必躬澣擱。故太淑人愛憐特異。臨没，執手不釋，殷殷屬諸婦善護惜新婦，蓋入門才歲餘耳。

自是琴隖方不遇，家益困。淑人嫁衣僅數稱，先已悉分諸姒，隆冬披破絮，夜則藉草卧。粥糠餅麩以爲食，或食而吐，飢乃更啖。而琴隖閉門讀不輟，淑人女紅佐之，一燈熒熒率夜分。比鄰生孔餘三者，亦貧而好學，書聲與琴隖相聞，疑則隔短牆呼共析賞。兩家再日不舉火，孔生庭桃熟，擷食琴隖，其妻亦呼淑人共食。食已而天曙矣。尋琴隖遠館，有寄金，淑人即分詒孔生家，且爲衣衣其子。其耐貧習勞，而能隨宜廣夫子之惠已如此。

比琴隖中甲科，官部曹，擢府道，佐内政，數十年未嘗自治一衣一食之奉。而歲積所餘，輒分寄親黨、賓客、過從。及供膳課子師，必手自烹飪，必精腆。迨彭年入翰林，與同志會文講學，猶親治具。彭年以節勞請，淑人曰：「爾不聞陶母事乎？顧汝擇交賢者否耳！」晚病傷足，需扶掖，猶時時省廚爨，曰：「婦人職不可廢也。」

咸豐甲寅三月，貴陽譌言有變，紳富亟議遷避。琴隖方在蜀，淑人戒彭年無輕動，已而果無事。乙卯春，桐梓賊楊濎跳梁，未即獲，省城復戒嚴。琴隖攜彭年馳四廂治鄉守，淑人則質衣飾，易錢粟，分親故之貧，使無恐。其處貴盡禮，倉猝有定識又如此。嗚虖！可不謂賢明女師哉！十年三月卒，年六十有五。

淑人性寬惠，家人侍側，語言儀節乖誤，未嘗呵責，輒閉目不語，待其自悟。獨嚴于課，彭年必講受進益乃喜，否則恚憤廢寢食。蓋淑人生五子，殤其四，惟彭年在，故督之切，冀其即爲通人魁士，以樂晨昏，而華資膴宦，則殊不以屬望。彭年善體其意，乞假扶侍，多方以爲之娱。故淑人雖早衰，而無不適之意。

淑人既卒，彭年悲毁中屢以書抵京師，促友芝爲家傳。屬春官方罷，津沽多虞，幽憂不能執筆。迨南還，及趙州小住，乃摭事狀之略而却寄之。

論曰：友芝每主彭年家，羨其肫然慈孝之意常充溢於門内也。彭年常曰：「吾曾出舉場，留小寓，吾母至輟眠食以待。自是凡有所適，期信宿，無敢或踰。故在翰林逾十年，請假侍親之日乃居七八。承顔著書，極人生之樂事，今乃出處難自主矣。」世路荆榛，顧我同志，安得悉此賢母以奉之終身哉！

（録自國家圖書館藏莫友芝《黄母左淑人家傳》手稿）

錢敬石先生像贊

躭悟易殆，侈博易支。先生有憂，述信不移。漢唐宋來，學行文章。揭其精華，軀爲饔餔。卅年校官，講席以繼。身在海隅，氣鑄一世。兵戈漂泊，歸此靈光。道山往矣，緬邈長望。同治三年歲次甲子秋七月，獨山後學莫友芝述贊。

（録自《續修四庫全書》一五一九册錢泰吉撰《甘泉鄉人稿》所附莫友芝《贊》文）

莫南金傳

莫南金，字品三，號燦東，都勻府人，應升公第三子。少授經，性絶鈍，日不能記百字。年十五，時父應升公令輟業牧馬，一歲，不勝其苦，自請復就學。應升公猶不許。倩外兄蕭良弼試之，而舊所業百未失一，乃復聽讀。時膏價貴，夜必與同學共燈。至二更燈已盡，而南金公所業未能半熟，乃別買炷香，於燈前後然以照字，嘗雞鳴不得寢。母楊太孺人懼孱其體，趣早卧，乃以被覆身，藏書枕下，然香被中照讀之，不使太孺人知。如是者三年，遂入府學。又五年，遂中乾隆辛卯科舉人。大挑二等，署永從教諭，鎮遠府訓導，修文教諭，遵義府訓導，授綏陽縣教諭。

嘉慶七年，截取知縣至京，未引見而卒。生乾隆戊辰六月十七日甲時，卒於嘉慶壬戌七月十七子時，葬於都匀城南三十里毛灘楊梅山巽山乾向。娶王氏，子世才，府學增生，孫象儀，府學廪生。

（録自臺北「國家圖書館」所藏莫友芝《遵義三異記》稿本）

姜丹輪木主贊

孝友以植根，嚴正以律身。去家數千里，子姓兄弟猶資大被之温；佐治四十年，簡刑慎獄從無一字之冤。居常恂恂，欿若不足。飲酣抵掌，奇氣横出。世路曲鈎，人情秋雲。如吾丹老者，當求之於古之人。我署爾主，以付爾子孫。其繩繩振振，以祐啟於千萬年。

（録自國家圖書館藏莫友芝手稿《郘亭詩文稿書跋》第一册）

《慕耕草堂詩鈔》題語

此册戊午臘月攜出門，至庚申九月，始得妥寄還篠庭弟。蓋相隨往返萬里，更再歲矣。加墨雖未盡所長，然大致亦不誤，惜歸足亟行，不能更一細勘耳。就全體而論，當以洗練堅絜見長，揮霍馳騁之才，皆所弗尚。一切長篇，概從删棄，就所標記更加磨簡一番，以成全璧。遵中後來之秀，即已無出吾弟右者。家居無事，舍農田桑柘，固無可言，然而此類太多而無真味，最是易厭。當留意元亮、太祝及明之歸子慕三家，能用其短以精悍勝，則壁壘自堅，他人亦不敢輕犯。二十八日友芝鄂中書。

（録自黎庶燾《慕耕草堂詩鈔》刻本）

《雪鴻堂蒐逸》批記

同治癸亥冬，寓皖，借李芋仙所藏陳伯璣《詩慰》以校此刻，約可增四十餘首。亟命彝兒録出，并李本寧一序裝入卷中，以待重編。小寒節。郘亭眲叟記。

（録自臺北「國家圖書館」所藏《雪鴻堂詩蒐逸》刊本莫友芝批記）

莫猶人稟稿跋

右稟稿三篇，先猶人府君嘉慶八年令鹽源時手迹。一以縣屬月花樓、捷興洞二鉛廠空廢，甲子夸、豹子溝二銅廠衰敗，稟請咨銷豁減，以紓官民之困。二、三并以縣民解文建等私墾左所千户喇國玉管下夷地一千餘畝，前令誤報升科，而土司執其先世康熙中歸誠之約，謂其所帶土地尺寸不能讓人，將與貍民構釁。繼令因請開除，而遽礙咨改，且文建等折本失業，豈有肯釋怨於土司？府君至，乃令土司措還貍價贖新田，而别指縣境官荒，聽文建等貍辟，官墊前升額賦，以竢成熟，然後除補舊科，事得兩解。此其覆議也。

友芝之生，後此紙八年。比稍稍解事，求府君在蜀日記手稿，盡爲族兄胠去，散佚無存。洎道光辛丑府君見背，友芝撰次《行狀》，僅據希、秀兩兄口述，都未及此兩事。逾十三年，乃於舊書夾中檢獲，遂有豐寧九垻二楊之亂，謹襲貯行篋以備奔走。

計屬此稿時，府君年四十一，方勵精講經世，其於民生利病，較身受尤急切。在鹽源才帀二歲，其所興除鉅重於兩事，爲昔狀所遺不知凡幾。兩事即非其鉅而軼而幸存，又重手迹，在我兄弟子孫，更宜何如擎寶耶？

咸豐丁巳，劉仙石太守招館貴陽，暇出此稿裝潢，册子以七月廿有二日成，適爲府君諱辰。府君没十七年，友芝獨今歲今日不得躬致哀奠，摩挲手澤，北望唯益涕淚。第五男友芝恭記。

（録自臺北「國家圖書館」藏莫友芝跋莫與儔《稟稿》之手稿）

李母劉太恭人八十壽序

鎮遠李樹階太守之官盛京也，迎養其封翁益菴先生暨母劉太恭人，皆以道遠不肯往。咸豐五年秋，封翁考終，比冬而石阡紅巾賊起陷城，苗賊相繼竊發，太恭人督樹階伯兄蓉皆太學亟畢葬事，避地施秉之馬谿，又徙湖南沅陵。已而樹階再之盛京，其仲兄禹皆補縣訓導，乃迎太恭人還黔。苗賊仍出没肆擾，岌岌不可居。蓉皆領團練，勵鄉守，至爲苗害。同治元年五月，禹皆遂引疾棄官，奉太恭人再避沅陵。七八年間，既遭大喪，又奔波逃亂，朝黔暮楚，險阻驚畏，迄無寧宇。而太恭人年届八十，耳目聰明，飲食起居康健不衰，此其壽骨貞堅，不煩頤養致福，誠末世所希有。然非德性恬淡，通識義理，亦安能集勞勩益强，歷憂虞不擾如此耶？此以徵太恭人得之厚尤不可及也。

樹階於舍弟庭芝以鄉解拔萃聯同歲生，友芝年家子行，未及拜太恭人，而習聞樹階述慈訓與其里閈稱説，皆曰：樹階取甲科，太恭人不爲甚喜；蓉皆爲國殤，太恭人不爲甚悲；唯樹階作官有賢聲，即其俸餘不常給養，太恭人未嘗不樂。故樹階歷新民、岫巖、海城、義州，所至鉏豪直枉，苟有利於民，補於國家，奮不顧身爲之，屢得陪京計吏最，其計禽山海關徵課馬賊渠從若干人，又擊走攻義州賊獲其魁，尤嘖嘖在人口。固樹階精敏裕幹才，亦太恭人責望有道以淬成之也。

二年春，兩江督相曾公以樹階堪師旅，奏調來皖營，甫至淮上，即委署亳州事。州境邊皖連豫，當群捻之交，籌防策勦，供頓猥煩，騷騷蹙蹙，自樹階治之，綽然有條理，未及一歲，以勤能升知潁州府。計明年二月廿有九日，爲太恭人八十壽辰，系官守，不得馳歸奉觴，歲前先屬其友趙寅臣太學將少廉俸泝江湖以達辰州，備太恭人一日之奉賓客筵會之需。聞友芝寓安慶，走書索壽言偕往。憶鄉里平時凡老親年六十，必有戚好詩文之慶，越十年而加隆。軍興以來，此禮多率略。今太恭人當益加隆介慶之年，方避寓不得驟還里居，親戚故舊亦各奔走散處，意慶會之盛必不能若平昔時，而吾有以知太恭人之意。但樹階在皖作好官有聲名亦如陪京，其樂必有加無已，養天和，至百歲未艾，有非鄉里平昔時加隆虛文所及者。故書此意付寅臣持侑觴，且寄潁益勉樹階云。

（録自南京圖書館藏鈔本《郘亭遺文》）

唐見龍傳

唐見龍，字福田，遵義人，好馳馬試劍而屢試未售。穆繼賢之叛，協守往剿，荷戈請從。身擒逆首穆成書。道光三十年，由遵義協左營經制外委考拔仁懷營分駐猿猴汛把總，抵任後剪滅凶頑，撫循善類，地方被其澤焉。咸豐三年，汛塲火，延燒五百餘家，親往救護，身被重傷，火之尋滅，給被災皆錢家五百餘，民無不悦。是年八月，桐邑楊逆倡亂，滋擾仁懷，捐廉俸募練勇，設險堵禦，籌畫多方，故仁懷屬汛三，温水、仁懷均遭蹂躪，猿猴獨安堵如故。屬下游多事，上臺偵知其才，調往剿辦，於五年十月帶仁懷兵五名前往，尋奉札委防堵青巖。時賊勢猖狂，所至瓦解，賴爲佈置，賊不敢窺。臘月令率原帶兵會銅仁府王敬烈往剿銅仁。六年正月，至走馬坪，與賊遇，以王練佯與之戰，而自帶悍兵八十名由僻路至賊巢，擊以火蛋，賊疑天火飛來，四面潰散。追殺二十餘名，奪獲器械無算。十四日至關口坪，殺賊三十餘名，捉獲賊首蒲成貴等二十名。午後乘賊造飯時，督率兵練挑戰，擒賊首蒲成龍等五十餘名。十五日至石阡，賊方據城固守，兵至，會合鄉團出奇攻擊，收復阡城，人心始定。二十一日，敗賊於金竹塘。二十五日，賊據浮橋口，我兵分爲三隊，見前隊被賊追回，急由後繞出踏賊營三座，殺賊二百餘。賊始潰，前隊轉殺，兩下夾攻，死者無算。二十七日，敗賊於毛家寨，擒賊首白鶴仙、乩仙二名。二十八日，兵屯陳家寨。二十九日，移營一碗水。二月初一日，賊乘霧撲營，銅仁之練半皆往鄉搜劫，居人存營者無幾，賊至，惟仁懷兵與數十練與接，寡不敵衆，故致失機。然雖身嬰數創，猶力戰不息，冀銅仁援至，猶可轉敗爲功。迨勢窮力竭，乃手刃數賊而斃。

（録自臺北「國家圖書館」所藏《莫友芝書札稿》手稿）

獨山莫氏家族人物小傳

君顯公，木主中題「皇清敕封金闕大夫奉國將軍莫大老爺諱君顯神主」，旁書云：「陽命生於［萬曆］丁未年九月初五日申時，享年九十一歲，卒於［康熙］丁丑年正月二十六日亥時，庚辛入首，阡作酉山卯向，兼庚二分丁酉丁卯分金。孝男莫天寵承重守□加職永祀。」

汝公公，崇禎戊辰年十□月□日□時生，享年八十八歲，康熙乙未年十二月初六日巳時卒，丙申年正月二十三日□時安厝於吴家司丙午寨，卯龍入首，阡乙山辛向。男嘉品、踰矩、嘉能、嘉陞。

黄太孺人。

崇級公，生於康熙十年壬子十月二十八日巳時，享年八十歲，卒於乾隆十六年辛未五月二十八日巳時，閏五月初六日申時葬於翁奇本莊老應山，庚龍入首，阡作申山寅向、丙申丙寅分金。男：元、剛、燦、强。孫：與……

吴太孺人。

周太孺人，生康熙乙丑年正月十六日亥時，卒乾隆壬午年正月二十七日辰時，葬於翁奇莊茂樓山，午龍入首，阡作艮山坤向、辛丑辛未分金。男：元、剛、强。孫：與……

健行公，生雍正癸卯年二月初六日午時，卒嘉慶甲子年八月初九日戌時，壽八十二歲，丙寅年三月初七日未時，安厝康朗西北之陽，亥龍入首，乾山巽向、庚辰庚戌分金。

邱太孺人。

蕭太孺人。

張太孺人，生雍正甲寅年三月初八日□時，卒嘉慶戊寅年三月初三日子時。十二月初九日辰時，葬保畝呰東山，辛向兼卯酉。

唐太孺人，生於乾隆甲申年正月初一日辰時，卒於道光己丑年四月二十九日□時，享年六十六歲，十月二十二日葬櫟木寨金榜山。

希芝，字伯莖，行一，生乾隆癸卯年八月十七日寅時，卒咸豐壬子年八月二十六日辰時，年七十歲，十月初二日未時祔葬健行公墓右二百步，坤龍入首，乾山巽向，兼亥巳三分。

配陳孺人，都匀縣處士聖訓女，乾隆壬寅年正月二十五日辰時生。

大猷，子光曾，戊戌年二月初九日卯時生；昌曾，乙巳年七月十七日子時生；女一。

陳氏，丁丑年九月初九日□時生，甲午年年歸，乙未年六月□日卒，葬都匀府王家司新路。

蒙氏，戊寅年四月二十七日亥時生。

側室黄氏。

方芝，字仲莖，行三，州增生，生乾隆乙卯年二月十五日申時，卒於道光元年三月初三日酉時，年二十七歲，初五日殯康朗洪海山，山□向，次年二月二十五日辰時葬。

池孺人，都匀縣庠生光祖女，乾隆甲寅年八月初十日亥時生。子遠猷，道光辛巳年二月十七日卯時生，州廪膳生。女嫁同里瑶梭艾廷芳。

遠猷娶貴定縣處士何士□女。生子：象曾，癸卯年閏七月二十二日子時生；式曾，己酉年十月二十一日子時生。女二，長聘艾□□，次未聘。

秀芝，字叔莖，行四，嘉慶丁巳年六月十二日戌時生。柏孺人，處士如桂女，生嘉慶己未年十月初三日丑時，年四十九，卒於道光丁未年十二月初五日酉時，初九日未時葬櫟木寨樟木樹，乾龍入首，戌山辰向，兼巽乾三分。生女四，一嫁都匀縣黄梁堡池璧輝；次嫁本州增生蘇金林；次嫁本州蒙開貴；次嫁本州劉鎮衛。側室阮氏生四子：壯猷，壬寅年十一月初六日申時生；次克猷，丁未年六月十九日亥時生；次宣猷，己酉年七月十二日戌時生；次聖猷，癸丑年三月二十六日卯時生；二女，長未聘，次聘唐。

（録自南京圖書館所藏莫友芝手稿原無題，標題《獨山莫氏家族人物小傳》爲點校者所加。）

清故授文林郎翰林院庶吉士四川鹽源縣知縣貴州遵義府教授顯考莫公行狀

公諱與儔，字猶人，一字傑夫，晚號壽民，貴州都匀府獨山州人。上世世居江南江寧府上元縣之珠市巷，有某官先公者，明弘治時從征都匀苗，下數十砦，因留守，家府城西二里。三傳至如爵公，累官遊擊將軍，即公之高祖。曾祖雲衢公，直國家初定，兵燹未息，以賈避廣西慶遠府之得勝鎮，曾祖妣氏黄。祖諱嘉能，始卜居獨山州北卅五里一甲上街，貤贈文林郎翰林院庶吉士；祖妣氏吴、氏周，并貤贈孺人。考諱强，字健行，州附學生，敕封文林郎翰林院庶吉士，妣氏邱、氏蕭，并敕贈孺人，氏張，敕封孺人；邱、蕭兩太孺人俱無出，早卒；至張太孺人始得二子，長與班，公其次也。

先世以來，代以孝友稱鄉里。公七八歲時，族人盜賣高祖墓田，買者欲得，考健行公往，乃予直。公聞，白曰：「是亦人所爲耶？」即命公試爲詞責族人，詞意侃懇，事得已。考喜曰：「吾祖宗得孝弟子孫矣！」讀書警敏，善解悟，年十三四試州府，兄弟輒冠曹。已而兄卒，考趣試，白曰：「兒聞古期功有去官者，今忍試耶？」考益慟，從其意。年二十補州附生，旋食廩，聲名藉遠近，争延授經。始家藏書少，已悉闇誦，至是令學者分購大經及《文選》之屬，先自課，隨與講授，積數年盡通。知州蕭公旃年，山東名進士，邃經術，拔公童試，因師焉。學益進，科歲屢冠軍。嘗試院，與洪公亮吉侃侃辨論。洪公曰：「子理足氣壯，必以名節著。」八應鄉試，中嘉慶戊午科舉人，明年成進士。引見，改翰林院庶吉士。

六年四月散館，外用四川洪雅知縣，上游奏易鹽源，先假知直隸茂州，七年三月至任。時教匪初定，勞徠撫輯，民漸以帖。六月去，九月抵鹽源任。不十日，劉乙控道殺兄，訊數語，即疑乙殺。收之，走驗，知甲單家也。微服往，乞漿甲耕傭，備得控前夕殺甲狀，則乙以小販留甲家，私其妻，謀吏據甲業，紿甲飲，故遣以事，道殺之也。歸抵乙罪，縣人驚爲神。數月，訟獄一清。縣人好買無徵田，急賣者率留少田，存全糧，官按册徵，大户者率人逃，故糧多無著，乃限富人首買攤無著於籍，而免其匿田罪，富人皆相謂：「官以全吾田也。」木裏喇嗎安撫左所山礦銀銅，奸民請布政使行府縣置冶廠，府已許之，將往視，公持不可。上狀大吏曰：「木裏喇嗎地緜亘二千里，去鹽源十五日程，朝廷特羈縻，非真利其地也。計取礦荒山，無損於彼，土官把目焉不樂從？竊思朝定開廠，即暮聚萬人游手之徒，蟻萃蠭集，彼境莜糧，必不足養，千里運糧，人又倍之。幸而爐礦大增，衆人尚有所賴，一但山澤閟靈，是數萬衆若散之彼境，則土司受其殃，變且不測，若散而四出，既非一二縣所能容，必羣聚以爲盜。向者募鄉兵禦教匪，教匪既息，安插鄉兵，屢有亂患，積一二年，始能盡除。今開廠之患，從後熟計，不唯鄉兵，恐尚有甚於教匪者。且閱廠民所呈地圖，云請開處距左所經堂甚遠，今得左所人訊之，云出銅礦得十分二銀，唯左所經堂所據山爲然，他山即否。果爾，則今日開廠，即明日激土司稱兵。爲朝廷計，烏容以小利賈此大釁，左所之廠斷不可開。」上游謂深達治體，且令往勘，爲申將來之禁。將行，聞土官盛兵待，同寅戒無必深入，至境，安撫項克珠已出迎，蓋土司聞府官欲往，思甘心焉；聞公往，乃解甲。其地常數日無人烟，崇山春暮，積雪七八尺，鉏雪爲道，如行隧中，張幕野宿，羆虎四驚，烽礮弛警，旋喪其馬。至打沖河，土官從人悉騎渾脱以渡。渾脱者，刲盡羊骨肉，疊置渾皮，腰間貫以氣，束其孔，仰浮水中騎之，無舟楫也。乃選流狹處，伐大木衺植，令顛臨水中，兩顛架大木爲經緯，以索布板而渡。幾二十日，始至。左所礦山者，果在其經堂下。諭克珠以開廠非朝廷意，克珠泥首謝，請之經堂參佛。經堂，其祖廟，視中滿銅佛丈六者，坐銅蓮瓣，燈一常不滅，周容一人，參者行繞三匝畢，請登坐旁室高龕，安撫以下畢膜拜合掌趺地侍，蓋其尊禮也。

公宿署，偶旁經，雞豚魚蔬山積。訊故，則縣官入土司境，所管户率出二百錢，以十五餽縣官，名「過山禮」，十五爲供給費。山積者，仍户派之。召克珠，切責：「是何爲者？悉還主，即爾恕！」克珠唯唯，稱死罪，徐白曰：「公誠愛遠人，但舊例，仍慮來者。」公曰：「可村堡遍立碑。自是縣官入境，土官派百姓錢物者，罪。則爾有詞矣。」比還，持雞酒果菜者，絡繹數日，蓋向山積物也。皆曰：「公返我錢，又立之禁，是小小亦莫我取，我何答？」慰却之，謂「以養若老，哺若幼，諸勿爲非，即所以答我。」拜固不起，輿不前，乃取雞子、梨、栗之屬，人一枚，已積數擔，猶不舍從行，待輿夫息肩，羅拜摩足乃去。克珠於境上奉尺許銅佛，跪道左曰：「公福邊徼厚，然公榮極矣。但願公壽考，請書生年月日，祠經堂，歲爲誦長壽經。」是活佛處來長壽佛也。今藏於家。鹽源管十二土司，職三品至六品，於漢官要束，目未有尊於縣官者，故云然。自是上游愈奇公，特奏舉治行卓異。縣河西有寧遠府子税所，非通道過所，率布畜小物，苦府隸横征久。公上《河西税所無益病民狀》，得裁汰。縣常平倉一在河西，詢守吏，皆貸民矣。私計川中倉例，平歲出三存七，今盡二萬石十分貸，將難責償，且非歉歲，何貸者多？徐知貸者石穀，歲納官錢百二十，曰「斗面錢」，又納十二穀息，曰「斗面穀」，還復强之貸，非民願也。乃雜進責償，皆以歲末短息對。公曰：「已知之。今蠲若斗面錢、穀，即來除，若欠稍遲償，如之；果緩急復貸償，亦如之。」不二月，倉實如故。猓玀根兒嘯聚行刼，道鎮官兵皆至，公先禽之矣。謂同城遊擊舒卓曰：「是一彊盜首耳。諸公洶洶藉徼大功，吾不爲也。以付若，聊免議乎！」歲餘政化大成，議與多士新縣文廟，未肇功，調省局會讞。布政使董公教增勞曰：「吾自貴州入四川，間道數百里，已耳滿君循聲。今觀省局設施，益信。」應曰：「某來自田間，疾苦身受，特不敢以所苦苦人耳。」

充甲子科鄉試同考官，得梁起祥、潘時彤等八人，悉知名士。委假知直隸邛州，將俶莊，考健行公訃至。時西川教匪尚竊發，董公教增與按察使劉公清欲請奏留辦軍務。公曰：「卿相以國家大務奪情，且得罪名教。餘匪小事，二公奈何欲納人罪？」乃相謂曰：「吾兩人果忘其非禮，唯根兒事奏不成，兵攤項三百六十金，彼清苦極，吾兩人可代償以補過，亦爲儒吏勸。」猶不能歸。適四川學政周公廷棟將試敘、瀘，於貴州爲便道，招入幕。李孺人尚在鹽源，遣往取。出城時，士民猶祖筵盡縣境，爭跪進糕果。周公試至瀘，厚賻公，歸葬畢，即其餘置曾祖考妣、祖考妣墓田。終喪，妣張太孺人年七十餘矣，胃氣時作，遂以終養請，戚好皆沮焉。公曰：「吾不得視先君終，已蹈生人第一不孝，得多奉太孺人數十年，罪或差減，猶肯以彼易此耶！」劉公清時亦家居，聞之，書來贊勉。公曰：「是真知我者也。」乃歲授徒，奉甘旨，凡十四年，太孺人始終。始館八寨廳王氏。八寨舊尚武，自是爭知讀書，今增設廳學，實公開之。一年，以去太孺人遠，應本州聘，主講紫泉書院，或即館於家。終太孺人服之二年，部趣仕急，公行至襄陽，熟計曰：「吾壯也，猶不能詭隨；今將老，知愈鑿枘。吾歷京外官，養親仍不出束脩。今將求仁者粟以祀，又免選耎之羞，其校官乎！」刻日歸，以改職請，得教授遵義府。道光三年十月至任。遵士以籩聚持長官短長爲能。公至，每召謂曰：「事當問理是否，而不在多寡。人是，寡也公；否，多亦私也。彼我皆是五，可已矣。我八，彼是者二，亦未遽爲得；即我十是，猶當與可轉路，太急則横應，我且傷。今某事我僅是八耳，某事十是矣，而彼已承不是五，不及罷，激於不可轉，一横決，不敢知矣！」皆悻悻，已而事果僨，乃争服先見。公有言，翕然遵，舊習一變。

遵之州縣隸，往往魚肉士類以立威，捉人，賄以釋，則詭曰「庇之某生」。而某生者尚學他所不及知，州縣貿然素之校官，校官亦貿然以生員往，隸飽輒無事。公曰：「果士故也，具案來，吾能黜之。不得案，徒辱吾士，以阿州縣、飽隸胥，吾闒茸不至是！」每堂争焉，然所以約士者益嚴，而士益親。五城秀異，來請業者，學舍如籩房，十九賃屋以處。乃增購經籍，補官庫之未備。嘗謂遵士與他僻府異，他患不能文，遵之患徒能文。故招諸生訓曰：「爲學不正趨向，雖胸貫古今，望絶當世，亦小人耳！今學者自授章句，則曰將以舉人、進士，致爵禄，肥身家。父兄之望子弟，子弟之慰父兄，率止於此。雖有一二高明，或知其非，而莫敢言。或言之而止取怒，人心壞極矣。明義利以正趨向，豈不在吾徒哉？」又示讀書法曰：「讀書當求實用，程子謂學須就事上學；朱子謂須就自己分上體驗。蓋凡人之所爲，六經子史皆有一定之則以處之，苟徒從事章句，雖讀書，仍與未學等也。」於是敦實者衆，乃復與講爲文，曰：「自帖括取士，名儒碩彦胥出其中。今後生小子束書高閣，日習陳言，是非不問，惟得失是計，豈經義取士之意哉？蓋八股之美，不自八股來也。前輩能者皆根柢磅礴，以其餘發爲詞章，故若是，諸生誠求所以能若是者，則決科又不足言矣。」又憫貧士多不能彊自潔，時周焉。復教曰：「此豈皆初心所願？彼家人寡婦始自約束時，意乃慕宋伯姬、陳孝婦，不幸一爲盜賊所污，遂行淫佚。知其非禮，然不能自還，即是之謂，甚可憐也。夫負擔之子能養家，𦺇春之婦且活子，既號爲士，授徒爲業，夫豈不能？假無其所，佃田圃，歲取半，亦非可恥。余鄉舉前備嘗貧苦，所以自謀不出二途，願與諸生共之。若心力皆憊，必奉身法綱，以爲便安，則吾末如之何矣？」歲試例舉士於學政，公必合庠中文行優者拔之，同事謂：「是素未周旋，且乞我，何舉爲？」公曰：「乃所以舉之也。」暇日萃國老、庶老敦古處者於庠，以齒序講孝弟仁讓，與諸生觀聽，温默之間，彬彬如也。與人語從容和易，有不可，詞色凛然。每面責人過，而過即忘之。門生弟子始受責，惴惴再往，比往，乃若平時。後過舉，私與語：「見當受責，又不可以受責不見。」或自請罪，則且獎曰：「若進矣。」見人小善行，詩文一二語佳，誦不去口。曰：「我不及也。」故從遊者争樂於改過遷善。平生教人以切近篤實爲主，言治經則歸於訓詁文字。嘗曰：「論學必極窮神知化，令學者何處著手。吾輩只就日用常行擴去，上半截境地，聽其自然，高談聖神何益？」又謂：「三代教人，不出六藝，本朝專門經生，書、數、禮、樂得聖人意者多，雖頗繁碎，而無過高之病、無徵之談，猶存聖人述信遺軌。」首縣舊弟子鄭珍，能治斯學，尤愛重之。每與道乾、嘉之際親炙經師學問、宗旨、高節、軼事，以相勸勉，或中夜不休。蓋公少時所治，唯取士五經，及成進士，座主則相國朱公珪、劉公權之、阮公元；又師事相國紀公昀、編修洪公亮吉。而同年友如編修張公惠言、主事郝公懿行、尚書姚公文田、王公引之，講六書、明漢學者數十計，故熟於國朝大師家法淵源。尋以作吏，未暇從事。逮授子友芝經，乃令以雅故爲本。至遵義，悉購集漢、宋經説，及本朝專門名家者置座右，手日披覽。謂友芝曰：「學者立身行己，當法程、朱，輔以新吾、蘇門、潛菴、稼書之篤近。若言著述，我朝大師相承，超軼前代矣。」每舉惠氏《易》、閻氏《書》、胡氏《禹貢》、陳氏《詩》及諸言《禮》家説精核絶者，爲友芝指講。即歎曰：「吾少也，不及知，知之矣，又無所得書，今書十九備，而吾已老。若輩不及今爲之，亦何及矣。」

二十一年三月，祠漢三賢於學宫左。三賢，一注《爾雅》之犍爲文學，一長卿弟子盛公覽，一受經南閣之尹公珍。命鄭珍記之曰：「吾不能專精文字故訓，成一家之書以報師友，愧十九年多士師。惟三賢漢儒專門，又皆國故，以此倡士，蔚有興者，吾志畢矣。」祠成再踰月，而公疾，尋差矣。五月日廿二，雨壞學宫門牆，占者謂庠中當有大故。公聞頗心動，已而疾復作，曰：「是豈其應於我乎？」果再期月，遂不起。嗚呼，痛哉！公在遵義十九年，於學者悉子視之，學者亦莫不父視公。聞公喪震悼，城里會歛殯，盈千人，追念教思，僉謀易名，乃私謚公貞定先生。市耆村老，舁徒販夫，亦復自致喪庭，盡哀垂涕，則尤莫知其所以然者。

公疾時，聞家人輩欲祈福，即戒曰：「儒者之道，無俟禱祈也。」疾革時，睡去作寱語，猶與諸生講學，醒則再三訓諸子以所以立身持家接物之道，要於事事守禮，復歷舉祖宗世德，證以目及見鄉里親戚所以興亡以爲法。戒謂友芝：「我死，若及諸弟勢不能歸矣，即於遵義擇不食之地葬我。惟祖宗墳墓，永無見期，良久乃曰：「固有爾諸兄在，爾輩復時一往省。他日稍贏餘，即贖歸舊質張氏田，掌諸兄，祀爾祖考妣，吾不歸亦瞑目矣。」遂不復言。蓋公純孝出於天性，而復能造其極。考健行公好恤手足，周貧乏，喜賓客，又念家計，每自靳。公弱冠後，授徒遠方以養，將出，必私戒屠沽，日致酒肉，有客必倍之，歸必呈贏餘，以待不時之用。至通籍，如一日，故健行公晚年無不暢之志。逮爲縣，以憂歸，每語人曰：「作官一場，不如作窮秀才之能養也。」至老言及，即哀咽不可止。告養妣張太孺人，每有適歸，必懷果餌以獻。太孺人飲族黨歸，輒迎門索棗栗。太孺人每斥曰：「汝尚小耶？」不信佛道，亦不詞闢之，曰：「今爲其徒者，特苟求衣食而已。若以三代聖王視之，當在哀此惸獨之列。」三十年來，大僚多故人、知好，若書來，則答，從不先一字。曰：「若先，爲念故人；我先，且謂我干之也。」生平篤族屬，重友誼，至里門必步，於鄉黨也以齒，田夫牧子争親之。歲得餘錢粟，即以紓族里之急者，贖歸族人及他賣出子女十數。同年友夏公鴻時同舟北上，病喉，委頓三日夜，公調候亦未嘗暫合眼。乾隆壬子，都匀蕭公亦茹同館三腳埕，約同秋試。至期，蕭辭無所得費，公曰：「吾肩之。」拉與俱，而蕭公以是年舉里中。蕭氏婦移居來辭，妣張太孺人族兄某以新産不祥，索祓除費，至賣子入私橐。公自外歸，值婦道哭，知之，曰：「逼賣人子，斯祥乎？」立贖還之。行事若此絶夥。二事在秀才貧嗇時，人以爲尤難。

著有《二南近説》四卷，《仁本事韻》二卷，《喇嗎紀聞》二卷，《詩文》六十以前有雜稿數大裹，族姪可及并《紀聞》稿胠去，客死廣西，不可復得。今掇百一之存，編爲四卷。公論詩文，於漢唐宋無所偏主。嘗曰：「學者貴能自道所得，華實工鈍，才分也，佳惡不在是。」又曰：「人論詩，皆以王孟韋柳似淵明，吾觀韓昌黎，真得淵明氣象，學者知此，可與言詩。」《過庭碎録》，則子友芝輩記公言語行事，凡爲十二卷。

公以乾隆二十八年十一月十五日午時生獨山州北一甲上街，道光二十一年七月二十二日未時壽終遵義府學署，享年七十有九。原配唐孺人生四子一女，先卒；繼配李孺人生五子六女，凡子九：長希芝，取陳處士聖訓公女；次未名卒；次方芝，州增廣生，早卒，取池庠生光祖公女，守志；次秀芝，取柏處士如桂公女；次友芝，道光辛卯舉人，揀選知縣，取夏戊午舉人、陝西洛川知縣鴻時公女；次庭芝，州附學生，取何庠生登榜公女；次瑶芝、生芝、祥芝，俱業儒。生芝聘戊辰舉人印江教諭宦公廷銓女，餘未聘。女七：長適處士張公衡子庠生心極；次適歲貢生周公霖子際賢；次適處士蘇公席豐子瀅；次適歲貢生都公鎬子增廣生宗洛，先卒；次適歲貢生王公廷槐子至性，餘未字。孫男五：大猷，取陳；蒙；遠猷，州增廣生，取何；哀孫、桐孫、聖猷俱幼。孫女九：長適庠生陳熙哲；次適庠生吴峙南；次適艾廷芳；次適池璧輝；次許聘蘇金林，餘未字。曾孫男三：長春、回春、熙春。女一，并幼。筮以二十二年十二月初二日，安厝遵義縣東八十里青田山。伏惟先君事親、修身、治民、立教，事實卓皆可傳，希芝等既愚闇不能備識，願因大雅宏筆，垂之銘誄，以信天下而傳無窮，幸哀而許之，是成希芝等之終事，而賜以不朽也。敢頓顙泣血以請。孤子希芝等謹狀。

誥授朝議大夫貴州遵義府知府愚弟黄樂之頓首再拜填諱。

（録自遵義市圖書館所藏莫氏清刻本《皇清勅授文林郎莫公猶人府君行狀》。按因希芝爲長兄，故末尾署他的名字，然實爲莫友芝執筆撰寫。臺北「國家圖書館」所藏莫友芝《莫貞定先生稟稿跋》曰：「洎道光辛丑，府君見背，友芝撰次《行狀》，僅據希、秀兩兄口述，都未及此事。」刻印時，莫氏子孫又將此後之事，如同治年間友芝「揀選知縣」等事增補入《莫公猶人府君行狀》之中。）

清故例授孺人顯妣莫母李孺人行狀

嗚呼痛哉！天何使我至於此極也。自往歲七月，吾父見背，十有一月既生霸，出殯遵義縣東八十里青田山，而吾母李孺人復以是日病。友芝輩畢殯歸省，戚然曰：「吾尚及若見耶？」友芝輩多方解慰，尋小愈，唯方藥食飲，審侍益謹，不敢有他虞。私念不孝之罪既延於父，而吾家自曾大母周太孺人、大母張太孺人，内則相繼式閭里，皆壽過八十歲。母嗣徽音，年未六十，視兩世來日方長，病必罔害。豈知天禍我家，降罰未已。越七十有五日，吾母又棄諸孤，距吾父之没才半歲。嗚呼，痛哉！苫塊餘生，靦活人世，哀溯慈媺，方古賢仁，不及追記，負疚滋多，益萬死莫贖矣！謹撮大略，以諗當代宗工垂銘傳焉。

孺人姓李氏，四川成都縣人。曾祖考□□，妣氏□；祖考諱□□，妣氏□；考諱□□，妣氏□。年十七歸先君爲側室，前妣唐孺人没，遂以爲繼。兩值覃恩，例授孺人。先君諱與儔，姓莫氏，貴州獨山州人，嘉慶己未進士，官翰林院庶吉士，改知四川鹽源縣，教授貴州遵義府，敕授文林郎。先君之考諱强，敕封文林郎翰林院庶吉士，妣氏張，敕封太孺人。張太孺人之治家也，直極啬躬，紡織紉浣，舂爨釀圃，餘閑整堂室几案，要無點塵。先君之官四川，歎而言：「吾且老，家日劇，顧安得繼者？」逮以孺人歸，善承太孺人教。即素不習，一二過，即了且精。太孺人對姻黨輒喜言得替人。太孺人七十後，病胃氣，作止不常，十有餘年。孺人恒經旬不睡以侍，至末年尤劬瘁。太孺人每戒休，夜十餘呻醒，而孺人未嘗不在側。即執手曰：「吾無報汝，吾死佑汝子，佑汝得婦孝如汝耳。」先君之子八人：希芝、方芝、秀芝，唐孺人出；孺人出者：友芝、庭芝、瑶芝、生芝、祥芝，無厚薄視。孺人始歸時，方芝、秀芝尚小，衣履悉仰孺人，又侍張太孺人病無暑暇，則伺太孺人得少寢，急爲之。太孺人見輒止曰：「是暇爲者豈少哉？」爲自若，更不令太孺人知。方芝死時，指其子遠猷顧拜曰：「他不勝言，是半月孤，唯母也孫之耳。」先君教授遵義，田宅悉付諸長，尚未諸少子生計，每束脩俸餘給賜，孺人必贊成請益於諸長，二十年如一日。識字，曉大誼，教友芝輩如嚴師。獨寬於婢僕過失。聞子婦抶者，誡曰：「若試省，亦有此否？彼能無此，亦不婢僕矣。」終年布素，整潔自奉，常肉食不御，子婦以請，曰：「歲戊寅己卯，斗米千錢，采山蔬雜以食，腹常不飽，今精飯飽食而外求多，人何厭之有？縱之則朝珍暮錯，無下箸處；淡泊焉，寸虀半薤，其味無窮矣。」先君三日無客不歡。孺人出己意治具，皆嘖嘖法新妙，求歸授者相屬。於祖宗壽辰忌日，聞張太孺人語及，識無一遺爽。太孺人没垂三十年，先期具祀品一如太孺人時。

今年開歲，孺人病兩月矣，十有二日，即戒婦夏早儲周太孺人十六誕節常祀物；廿有五日，即又戒曰二月六日太翁誕節，記未也，即臚舉祖宗來生卒日以示勿忘。徐曰：「吾月盡當愈，比六日可以叩頭太翁矣。」言語神氣朗朗如平時，皆失喜，而惡知所謂愈者，乃不起。叩頭太翁者，乃見於地下耶！嗚呼，痛哉！

子男五：友芝，辛卯舉人；庭芝，庠生，餘業儒。女六：長嫁周；次嫁蘇；次嫁都，先卒；次嫁王，餘未字。孫男二：哀孫、桐孫。孫女一。孺人秉心篤實，形於言語氣貌，爲人卑極於順，爲人尊極於慈，推於疏宗遠屬之間，無不得其道。内寬外嚴，和氣滿堂。而閨門整肅，厚責己，不輕尤人，悍妻戾婦，習孺人者多改行。喜周人急，閭巷匹婦貧蹙來見者，歲時鹽米衣物恤予無算。至於大故，來弔莫不盡哀云。孺人生四川省城東門外舊宅，以乾隆五十一年六月七日辰時；卒遵義府城内東黨宣威坊寓宅，以道光二十二年正月三十日丑時，享年五十有七。筮以二十三年夏六月十有九日，安厝遵義縣東七里卓家砦之五英岡。哀子友芝等泣血稽顙，謹狀。

舉人揀選知縣年愚姪傅天澤頓首再拜填諱。

（録自遵義市圖書館藏《皇清勑授文林郎莫公猶人府君行狀》附録）

夏輔堂大令八十壽序代

嘉慶戊午同鄉薦五十人，惟麻哈輔堂夏君交最厚。垂五十年來，所遇亦略相等。君教諭印江，某亦曾教授遵義、都勻。君令石泉、洛川，某先後令輝、興化。君退修初服，某亦尋踵其後。嘗記有句贈君云「漫云同譜盡同心，五十人情此獨深」，其結語云「縱有百年應共惜，嚚嚚塵路幾知音」。迄今同歲生凋零幾盡，而吾兩人皤然健存。天耶？人耶？顧可謂非厚幸耶？雖某謬叨甲科，君公車屢薦數困，然而白首齊眉、衣冠酧酢，以視某炊臼早賤、頹唐吊影者，則輸君福勝也。

憶己未同京寓，歸同舟車，庚申又就君家攜手北上，殆㷄㷄駏驢之相倚。然嘗竊以觀君容貌，粥粥若無能，而應事精敏，乃如夙習。往往人所疑畏莫決，得君劃然以解。至於瑣碎蛸劇，他人每苦其繁難，而君處之無不周且中。始嘗怪君所以致此者，殆天授不可及，已乃知。君自游庠來，而文林贈翁老矣。家素貧，所以仰事俯畜，惟筆耕是賴。而君砥廉隅，潔圭璧，聞有妄干一人、妄受一錢者，且引爲大恥。雖十二年諸生，歲科試輒冠軍，而鄉會屢躓，備歷盤錯。因以日察於人倫庶物之際，萬有不齊之數，考之古人之成，則印之以閱世之變態，以故行益室而學益通，遇益奇而才益裕。《語》所謂「不試故藝者」，君其似之矣。

某爾日年少盛氣，於人事粗略多齟齬，常常賴君箴規，以適於道。於是相隔者十餘年，洎壬申某來都匀，去君家才四十許里，適家君亦校官麻哈，省覲所必經。君拜吾翁，我壽君母，萊衣還往，選勝招尋，殆無虚日。雖某粗疏猶昔，幸相處久，所得切磋之益，又浮於公車時也。某去都匀，相隔又七八年，君以丙戌禮部就大挑，而某謁選吏部。老稍更事，念良友益切，匆匆束裝邀歸道於輝，又不得盡所懷而去。越七年癸巳，君乃復以截取過輝。相與坐百原上，浥泉煮茗，對蘇門山，溯兩人宿昔氣誼，忽忽若前日事。而後生捷足，雲路超驤，白首卑官，天涯相望，未嘗不笑造化弄人。又以慨同心之不常聚爲可惜也。今又相隔十四年，君歸休且十年矣。

夫以君之學之才，使早遇而大用，其所以飽副蒼生之望，追配古人不難。何至牛刀一割，遽爲寥廓之翔耶？然使君而早遇，必不能厚其所積，以洊致於聖賢之域無難。且吾亦見夫所謂大用者，莫不森高牙、擁厚糈，便辟側媚，承頣而趨風，粉白黛緑，争妍而取憐。獨問以民之生治之具，茫茫如墮雲霧中。若以君廁其間，必將鑿枘不相入。以彼易此，孰得孰失，夫豈待智者而決也。況乎福一邑與福天下，所福不同，而所以福無不同。式邦國與式鄉里，所式不同，而所以式無不同。今者教思之布與邛水争流，治譜之垂與秦關俱永。儒者存心利物，但求于人有濟，而顧彊生分别，豈不陋耶？

自某之歸，老境日益增，親故日益少，愈思與君聚散之數，此生不省尚有顔面緣否？惟文武鄉科，值都匀故舊子弟，得起居于君。計今且八十矣，視聽步履猶如四五十許人，舉榮之餘，孫、曾繞膝，幅巾笻杖，歌咏徜徉。後進樹之儀型，野老争其蕭散。山水之味，盎然胸中，養生盡年，樂可知也。

來歲二月之朔，爲覽揆開秩之辰，戚好謀所以介觴者，必得某一言。某故不長祝釐腴詞，而念君所自樹立與余兩人交誼，獨有不可不紀者，故不敢固以不文謝。遥想春和景明，花光鳥歡，鳩杖雙扶，長松對倚，鄭蘭燕桂之競秀，清冰潤玉之交輝，授几肆筵，躋堂酌斗，賓從雜遝，觥籌錯興，盛事争夸于里閭，景福群歌其醉飽。惜南明逸叟不得列坐其次，未當不東向浮白，神往于師山葱鬱間也。

（録自中國社會科學院文學研究所善本室藏《郘亭文集》稿本）

曾氏撰《莫公墓表》識語

右先君子《表墓文》一卷，咸豐己未，使相湘鄉公開幕建昌，友芝自京師奏記乞撰者。明年出都門，即擬還故山鑱碣墓道，乃流轉皖、鄂間。辛酉秋，謁東流幕府，謝湘鄉公。楚軍遂收安慶，相從而東。大兒彝孫輩遽將家累避白號亂，踉蹌來依。同治甲子，江南平，又從客秣陵。湘鄉公憫其驟不得歸上石，乙丑冬於彭城幕府手書此卷，使先刊木以傳。越丁卯夏，第九弟祥芝調令江寧，始督小兒繩孫雙鈎刊成。當湘鄉公撰文時，距先君子没已十有九年；又六年，爲之書；又二年，乃刊此卷。南中道猶通塞靡定，它日擎奉以入青田之石，以慰先靈，又不知更幾年。西望泫然，驚心何極！秋七月癸酉，第五男友芝謹識。

（録自臺北「國家圖書館」所藏《獨山莫氏遺書》中《貞定先生遺集》。原無標題，點校者據莫氏文意加。）

送傅四天澤赴甲辰春官序

辛卯同貴州鄉舉者，年最長雨亭傅君而少余；推制舉藝，亦莫長於君而少余。君主講湘川，適余客久其間，所以砥廉厲德，賞奇而析疑，晨夕十年，顧未嘗少余以其長。蓋君植行高狷，不一豪肯苟逐於世，故藝如之。而余亦頗以樸拙不爲時俗所許，故同年中，兩人者，年藝自相絶，而交獨深，其道同也。而君罷壬辰，不踏禮闈，以益精其藝；余方三戰三北，藝益荒不可整理。君乃將以甲辰春官，決勝負於有司。噫！應進士舉得如君者，乃無愧哉！而君且欿然若有不自決者。

叩之，曰：「眼中數十年場屋具幾變矣。始也，懲枵腹之失，變以華贍，極之儷走鬥飛而不依於理。又變以醇實，極爲塵羹土飯之不可邇。又變以新穎，極爲晦澀險怪之不可知。於是握衡鑑者，非平易不登，三數年間，又空疏極矣。而所稱時彦者，一墨卷出，謹而奉之枕中，量采色，比聲音，章摹句繪，遏抑靈性，唯恐小踰偭以致擯棄。而有司者方以此進，莫不膠投漆中，各得其意以去。矧乎取予之方，猶有不僅此者。其或席權要，杖貴游，插羽翮而生風濤。否則馳良厭肥，以歡於朋徒，賈爲資而易爲名。否則多筋力，善造請，卑陬姁媮，遇人而稱師，選事以售容。婁圖南科名三等之謂，非虛語也。子試度吾藝於時彦何如，而所謂科名三等者，吾亦能勉事否？則庶乎其不負此行耳。」

余笑曰：「嘻！子何自視重，而輕天下人如此也？有司承命大比鄉貢，必將求經明行修之士，儲偉器以報上。其無以見焉，則亦已矣。吾無以見焉，則亦已矣。夫盈尺之璞，不終於深山，百圍之材，不匿於絶壑。蓋有無實濫名，未有實至而名不隨者。吾固知子之藝不與時彦相俛仰，圖南三等之有激而言，然使子爲有司，得藝磊落英多，不俛仰時俗如吾子者，抑將擯之，而所謂三等者，乃在遴選乎？將必不然，而爲此云云，抑何其不恕也？」

語有間，君乃听然掀髯曰：「嘻！微子言，吾幾失我矣！」爲浮一大白而行。

（録自中國社會科學院文學研究所善本室所藏《郘亭文集》稿本）

禹門山摩崖

道光己亥季秋廿五，黎兆勛招同鄭珍泛舟過禹門山。積雨初霽，朝暾媚客，青山紅樹，眩耀目精。想老醉當年於此，興復不淺。僧房小坐，飯水，引閲《四部》。猶憶朱□登酒樓時也。紫泉莫友芝。

（録自貴州人民出版社一九九二年版黄萬機《莫友芝評傳》）

癸丑三月遵義三異記

雹　異

咸豐三年三月朔之夜，烈風、迅雷、大雨雹起仁懷縣界之半坎，入遵義縣界，經松林場、牛青山巷口場、霸竹水，八瓜井、二道河、忠莊舖，至空洞山，轉三木凹、鰲水、謝家垻、龍平場、喇吧場、苦竹垻、大陂場、西坪、九黄洞，入湄潭界。自西而南、而東，曲折將三百里。聞又過龍泉、石阡、思南而東，不知何止。雹所經，横廣三二里，當其衝者，屋無片瓦存，林木半成枯椿，田地中二麥、蠶荳、豌豆，耕人所恃爲半歲糧者，皆成荒土，亦大災也。雹傷凡數十人，一乳子被風吹過樹杪，尋于六七里外荆棘間得之，猶活。一婦攜二子一歲及三歲者，以一歲者藏髁下，以三歲者藏胸間，匍伏蔽之，婦頭背被雹擊死，而二子亦活，人争異之。被災之鄉，群請縣官往勘，官亦近出略省視。災民乞借義倉穀，皆不允。至初十、十一兩日，城中鬧考、鬧糧，而福緣寺、天池寺、長嶺岡等四五處義倉爲災民取之一空，十二日遂刼忠莊一帶民倉，而盗賊四起矣。

考　異

初十日，府試遵義縣文童，寅正扃門，未發題，諸童有戲書二題帖壁間者，倡言曰：「今日必此二題也。」尋題牌出，悉合，滿場喧然。謂本府賣題，官無如何，爲别發一題，又群喧：「此亦所賣二場題也。」且連書三、四、五場題爲一紙，指所賣主名。官又别發題，曰不考文。諸童又喧言曰：「今日不考，我輩可出矣。」卯正，府乃令開門，邀署令某入場開諭，衆喧如故。縣方試武童，適以秋糧增耗太多，西南二鄉民齊甲者數萬人，要其如舊額彈收，據集轅門。憂悶無以爲計，諸童以此往復揶揄之，遂且開門散諸童，令俟改試日。于是武童及完糧之民，相率乘門未扃，紛紛攙入，試棚中、廚竈間飲食器具，搜括一空，且裂壞文童卷百數。巳初鬨然同出，而試官亦狼狽返署。自設棚以來，二百年所未有也。

蓋某守莅遵今五年，于事一無所知，于士民皆若邈不相屬。唯日持籌握算，與吏胥争税課，錙銖較量，甚于市儈。其吏胥乘勢滋擾，有因只猪匹布不經税所而破家者，有實無絲貨不經税所而斃命者，商賈皆視遵義爲畏途。自去年來，上游即欲撤易之，以軍需孔亟，令其捐助，遂得不移。而某又恐捐助損橐，于一切税所，概令胥役議價，按月包納，包定又令他胥役增價奪包。有一所而增奪至四、五者，將來又知若何爲暴也。其未能包税之胥役，不舉火者已數十家，府署至無人呼應。不然，諸童場中偶爾喧囂，本非不欲試者，但得幹役能言者一二人，即可以解。今其隨從諸人，聞有事，既走匿且稱快，守令又無以服人，甚恐釀成鉅端，不可收拾也。又自前歲科府試即有賣題賣按首之風，爲試人所指目，故此番易動。當闈極時，有就堂上取朱筆書堂柱云：「本府某出賣各場題目，各屬案首，不誤主顧。」

征異

十二日巳正，署遵義縣令某，教其總役王相率徒數百人，持兵杖，自二堂出，以擊忠莊、清潭、平水三里來納糧者，傷若干人。復逐出縣署，分三道遍搜各店，擒數人，置之獄，城內外幾閉市。

自嘉慶至道光初，遵義完糧較貴州通省爲踴，其丁條每兩平頭加二錢，其改征米，雖尖斗，而地盤樣米歸倉役，每户所取不過升合，其征米已足支。乃以餘米照市斗價折色每市斗一斗當官斗二斗零三合。官取贏餘，足以贍其私，民增十二，亦無大損。故數十年來，官不勞而民不擾。至道光戊戌，其改征之米，照上年分爲本色、折色二簿，而征法一變。至甲辰，官于地盤樣米畫取之，而征法再變。至己酉，于丁條平頭每兩二錢外，又陰增五分，其地盤樣米亦倍于昔，而征法三變。是時遵民已怒目相視矣。

至咸豐壬子，于丁條平頭每兩二錢五分之外，又陰加五分，其改米每斗取樣米一盤，其盤可容三市升，其地盤撒米數倍于昔。先是，粵西有事，奉旨令各省府州縣因假甲自爲團練，布政使吕公佺孫因刊《鄉守輯要》遍頒之，飭各以教民爲弭盜禦寇之計。遵義縣官既不出示，士民來請者，胥役皆惡其不利于己，陰言于官，力阻之。至是，平水里某某甲、清潭里某某甲、忠莊里某某某甲，凡七甲之人，皆自爲團練，盜賊獄訟，皆不經官，于團中自爲治。又苦此次秋征平頭、様米之加。而縣之天旺里三甲，歷年以來皆會齊本甲人，以一日納，獨能平斗上米，平頭亦略如常，無大苦。因各會其甲内人，當秋征時，以一日來，倣天三甲故事，縣官以其非舊章也，不肯收。且欲緩而散之，使其急而求我，遍諭各店户不許住此三里七甲上糧人。于是七甲人各持其銀米紛紛歸去，延至今春，里差多方恐誘，皆不肯來。然七甲人實無抗糧意，但欲比于天旺齊甲章程，希圖省費而已。至三月初，縣乃許之。初八、九兩日，七甲之人至者數千。初十日皆赴縣納米，但捐其地様，聽自概盡，兩日皆納。訖十二日，以次赴縣納銀。納銀鼏必經官銀匠手，每于平頭之外，尚有溢估。其不經官銀匠，而他投櫃者，雖其銀足色，其所加平頭有餘，掌平者皆謂其色低平短，不予之收。七甲以自鑄庫色銀往，尚未有兑訖者。是日縣官校試武童于堂，納銀人有乘便觀射者，胥役故大聲呵逐，諸人方奔避，而大門已閉，王相伏甲已自二堂出矣。王相爲縣役有年，官有倉率不易辦者，付之罔不如意。茸闒之流，皆倚爲左右手。其黨羽既衆，横行城鄉，莫敢誰何。紳士中最表表者，亦與之結，受其呵教指使。今署縣某始至，聞相所爲，極不然之。閲三月後，則事事非相不敢決。今年春，又特升相爲四鄉總上總，役其他役，班次于相者數十人，皆爲相趨走以迎縣意。而縣令署遵將帀歲，日吸鴉片六頓，非朔望祭祀、考試必正午方起，聽讞、接客，奄奄如泉下人。故得一王相，信之如神明，奉之如父母，其于諸役，亦不敢稍慢。自去夏及今春，課士勸農，未聞有所奬與，而賞其差役，則袍掛料狐裘等以數十計，酒食之勞，動輒數十卓。遵義差役本豪橫，而官又奉之如此，愈虎而加翼矣。三里七甲之民之不得納糧而歸也，管忠莊里總差王治者走里中，百端恐之。且曰：「若等欲依天三甲平斗上糧，而官肯許，吾當爲里中諸人稱乾兒。」里中人以米寄治家者，又爲治所没。至是納米訖，其里人皆走王治家呼乾兒，促還所寄米，屢索治不得，散去。而去歲不許各店住三里七甲上糧人之謀，又出于王相。七甲人曾聲言將抄相家，相恐其恃衆真將甘心于己，既密伏兵器壯勇衛其家，又誣白于縣，謂諸人傳言將刦縣署，乞于縣中伏甲爲備。縣令方惜此斗面，無如何，屬相亟爲料理。相即招其徒數百人，軍器數百事，皆由縣後牆入。相又欲并坐上糧人以阻考罪先白縣，謂當此時于較場試武童，恐不測，不如縣堂便。縣令亦從之。伏勇既集，然後縣官升堂設把，又命招相所好李教諭某入議事。方命射，而上糧人已被相黨呵斥、擊傷數人，武童皆不能射，越牆逃去。李教諭亦踉蹡踰府牆遁，而相之徒猶欲藉此立威，持兵搜各店捕，繫十餘人于獄。某令駭然不敢呵止一語，異矣！上糧人既又被逐無住處，皆于近郊屯聚，諸文、武童皆不願試而歸。十三日，相又率其徒持兵于城内外街道巡搜一過，又擒數人。且言七甲人將以三更刦城，請官以名片分致當道，各户令其各備瓦石、稀粥、滚水待之，通城騷然。至夜半，又令遍呼城中，云賊已至城下，當各爲備。城中有舉人而差者，亦授相指，夜半持雙刀走副戎署，促發兵禦之。鬨至曉，城下絶無一人。十四日，縣又以牌遍呼街市，云賊即至矣，格殺勿論。市人群以爲笑。然自是至十八凡五日，塞水門、備灰石、嚴出城入城之稽，而相所招集保家衛縣人各持軍器陸續至將一千，其十九皆亡命不法者，縣令乃使分屯城上以守城。而七甲之團曾治死一盜，盜父又在南鄉集其黨千餘人，將以攻團。相所招集諸人，即與此黨聲息相通，且爲語曰：「你齊團，我齊盜，若有一家偷不到，就算老子不公道。」城中人心皇皇，勢且朝不保暮。相又多方誘激上糧人，欲其聚而來，因擊之。幸副將常勝逐日遣其弁兵遍行南鄉，誡上糧人不得聚。皆聽而散去。相又謀以十九夜竊挾守城群盜縋西城而出，繞南大道來，聲言南鄉糧户劫城，其在城諸盜即先攻副將署，開城出與縋盜合，長驅入南鄉三里戮其民，詎意十八日之夕，城中大雨雹，擊守城群盜獨厲，號呼遍城堞，相乃畏不敢動。上糧人紛紛省控，巡撫蔣公霨遠委糧道承公志來勘，且易其令，群盜乃以廿一、廿二等日漸解散。四月，解王相入省，聞撫軍不欲重律，且令長系，欲待三里人糧納訖，乃酌處之。

（録自臺北「國家圖書館」藏莫友芝《郘亭雜記》手稿。）

評曾國藩殘文

皖城收復雖逾兩春，而地方百孔千瘡，長毛捻子時來時去，我軍南北分戍，雖有數萬，仍是單弱，奔命不暇。此間三知守皆窮乏可憐，又繁瑣難應付，所以我不願做。漂泊依人，將來不知何底，真不敢設想也。然今世人物究竟以滌老爲第一，其行軍縱不能風行雷厲，而能造就人才，謀定後戰，楚軍壁壘終勝他軍。唯不能用不羈之才，又徇乃弟沅圃驕恣，沅圃狃於安慶之役，趾高氣揚，已失乘勝之機。壬夏乃漫以一軍抵金陵雨花臺下，進退唯艱，致水、陸諸軍皆爲保護此軍牽制，調度俱形掣肘，而諸軍猶不致體解者，則以此老平日能得其心，不虚餉，不隱勞……

（録自上海圖書館所藏《影寫莫友芝手迹》，標題爲點校者所加。）

《河圖》、《洛書》俱不可考説

《易·繫辭》曰：「河出圖，洛出書，聖人則之。」《河圖》之别見於經者三：《尚書·顧命》之「天球河圖在東序」，《論語》之「河不出圖」，《記·禮運》之「河出馬圖」。《洛書》則《繫辭》外經不復見，爲之説者，《易正義》謂孔安國以爲《河圖》則八卦是也，《洛書》則九疇是也。《書·顧命》僞孔傳云：「《河圖》，八卦，伏羲氏王天下，龍馬出河……遂則其文以畫八卦，謂之河圖，歷代傳寶之。」《正義》引王肅亦曰：「《河圖》，八卦也。」《論語集解》引孔曰：「河圖，八卦是也。」《洪範》僞孔傳：「天與禹洛出書，神龜負文而出，列於背，有數至於九，禹因而第之以成九類。」又於初一至六極曰：「已上禹所第叙。」《經典釋文》引馬融曰：「從五行以下至六極，洛書文也。」《漢書·五行志》曰：「劉歆以爲虙羲氏繼天而王，受《河圖》則而畫之，八卦是也。禹治洪水，賜《雒書》，法而陳之，《洪範》是也。」經曰：「惟十有三祀」至「彝倫攸斁」，「此武王問《雒書》於箕子，箕子對禹得《雒書》之意也。」「初一」至「六極」，「凡此六十五字，皆《雒書》本文，所謂天乃錫禹大法九章常事所次者也。……以爲《河圖》、《雒書》相爲經緯，八卦、九章相爲表裏。」《書正義》并引《漢·志》爲證，於《顧命》云：「劉歆亦如孔説，是必有書明矣。」於《洪範》云：「《易·繫辭》云『雒出書』，九類各有文字，即是書也。而云天乃錫禹，知此天與禹者，即是《洛書》也。」劉歆云「先達共爲此説」。又云《五行志》云：「六十五字，皆《洛書》本文。計天言簡要，必無次第之數。《傳》云『禹因而第之』，則孔以第是禹之所爲，『初一曰』等二十七字，必是禹加之也。其『敬用農用』等一十八字，大劉及顧氏以爲龜背先有，總三十八字。小劉以爲『敬用』等亦禹所第叙，其龜文惟有二十字。并無明據，未知孰是，故兩存焉。五福、六極所以共爲一者，蓋以龜文福、極相近。一處，故禹第之總爲一疇也。」《禮記正義》引《中候握河記》云：「伏羲氏有天下，龍馬負圖出於河，遂法之畫八卦，又龜背洛出之也。」《論衡·正説篇》云：「説《易》者皆謂伏羲作八卦，文王演爲六十四。夫聖王起，河出圖，洛出書。伏羲王，《河圖》從河水中出，《易卦》是也。禹之時得《洛書》，書從洛水中出，《洪範》九章是也。故伏羲以卦治天下，禹按洪範以治洪水。古者黄帝氏之王得《河圖》，夏后氏因之曰《連山》。烈山氏之王得《河圖》，殷人因之曰《歸藏》。伏羲氏之王得《河圖》，周人曰《周易》，其經卦皆六十四。文王、周公因彖十八章究六爻，世之傳説《易》者，言伏羲作八卦，不實其本，則謂伏羲真作八卦也。伏羲得八卦，非作之；文王得成六十四，非演之也。演作之言，生於俗傳。苟信一文，使夫真是幾滅不存，既不知《易》之爲《河圖》，又不知存於俗何家《易》也。」《玉海》引《漢・五行志叙》：「《河圖》命庖，《雒書》賜禹。八卦成列，九疇逌叙。世代實寶，光演文武。」張平子《東京賦》：「龍圖授羲，龜書畀姒。」《太平御覽》引譙周《古史考》曰：「伏羲時靈龜負《河圖》，八卦是也。」九百三十一，又《玉海》百九十六。又引《洛陽記》曰：「禹時有神龜於洛水負文列於背以授禹，文即治水文也。」《水經・河水注》曰：「粵在伏羲，受龍馬圖於河，八卦是也。」《四書纂箋》引顧野王《符瑞圖》曰：「昔伏羲氏之王天下也，龍馬出河，遂則其文以畫八卦，謂之《河圖》。」《宋書・志》亦謂：「禹即位，洛出龜書六十五字，是爲洪範。」

據此諸説，則自漢孔氏、劉歆而下以迄唐人，大概主《河圖》即八卦，《洛書》即九疇爲訓，譙周之《河圖》龜負，差小異耳。

唯鄭康成皆不以爲然。其注《易》引《春秋緯》云：「河以通乾出天苞，洛以流坤吐地符。河龍圖發，洛龜書感。《集解》作成。《河圖》有九篇，《洛書》有六篇。」見《易正義》及李氏《集解》引。《春秋緯》者，以《詩・文王》正義引天苞二語，知爲説題辭之文，《水經・河水注》亦引此二語，「通乾」作「導坤」，「流坤」作「流川」，皆字誤，不足據。注《書・顧命》云：「《河圖》圖出於河水，帝王聖者所受。」《周禮・春官・天府》疏引。《洪範》注云：「帝，天也。天以鯀如是，乃震動其威怒，不與天道大法九類。」又引《春秋傳》曰：「舜之誅也殛鯀，其舉也興禹。」《史記・宋世家》集解引。其説《論語》，以爲《河圖》、《洛書》，龜、龍銜負而出。如《中候》所説，龍、馬銜甲，赤文緑色，甲似龜背，袤廣九尺，上有列宿斗正之度，帝王録紀興亡之數是也。《論語》疏引。其注《禮記》曰：「馬圖，龍馬負圖而出也。」皆不指《河圖》爲八卦，九疇爲

《洛書》。侯果說《易》，謂「聖人法《河圖》、《洛書》，制曆象以示天下」，其意大率與鄭同。唯鄭注《洪範·五行傳》云：「初禹治水，得神龜負文於洛，於以盡得天人陰陽之用，至是奉帝命而陳之。」似亦以九疇爲《洛書》，然其《書》注但以大法九類解《洪範》九疇，知此非其定說也。

以八卦爲《河圖》，即於《繫辭》所謂「古者庖羲氏之王天下也，仰則觀象於天，俯則觀法於地，觀鳥獸之文與地之宜，近取諸身，遠取諸物，於是始作八卦」者相戾。故孔沖遠《顧命》正義即引此文送疑，云：「都不言法《河圖》也，而《傳》言《河圖》者，蓋《易》理寬宏，無所不法。直如《繫辭》之言，所法自已多矣，亦何妨更法《河圖》也。且《繫辭》又云『河出圖，洛出書，聖人則之』，若八卦不則《河圖》，餘復何所則也？」雖復曲爲傳解，而殊不得其安。以《洛書》爲九疇，則愈與《易》無涉，難以彊傳，不待言說。然自沖遠《易》《書》正義既行，言《圖》、《書》者不敢畔於八卦、九疇之外。故毛西河《仲氏易》曰：「漢世緯書妄倚《河圖》立說，……皆無所稽驗。而孔安國曰『河圖即八卦』，此亦厭世之紛紛，故直捷指之，而不知其說之又有礙也。」元注：「據聖人則之，以非八卦可知也。」又曰：「孔安國、劉歆、班固、王充諸儒，皆以《洛書》爲禹治河時所出，則夫子引以爲作《易》所則，反無理矣。考禹治河所得名爲《洪範》九疇，不名《洛書》。觀《書》云『天乃錫禹《洪範》九疇』，并不及《洛書》，可驗也。若云天所錫者《洛書》，禹因而衍之，始名《洪範》九疇，則《書》又云『天不畀鯀《洪範》九疇』，是以禹所更定之名，而天反豫竊之也，可乎？」

鄭氏之書，學者不復見省，漸以逸亡。逮五季之末，陳摶之徒，遂乘其隙，見《易乾鑿度》太乙行九宮法，及《太玄·玄圖篇》所說一與六共宗、二與七共朋、三與八成友、四與九同道、五與五相守之玄數，各虛其五，即與八卦相麗，遂取以造四十五點之《河圖》。又見《繫辭》天地生成之數，與《洪範》五行至六極適得五十五數合，以皇極爲一。取以造五十五點之《洛書》。神爲經師亡失，方外獨傳之秘，儒者遞相祖述，莫不以爲真庖犧畫卦之本。至邵康節所傳，獨兩易其名。朱子令蔡季通撰《易學啟蒙》，謂以九數爲《洛書》，與孔安國、劉歆、班固及僞關子明《易傳》合，斷從康節。又以範數四十有五，而子目乃五十有五，爲即劉歆「經緯表裏」之説。又疑洛既名書，當有文字，而非奇偶黑白之點，遂改九宮圖爲一、二、三、四、五、六、七、八、九字以應書之名義。其實兩數自兩數，《圖》、《書》自《圖》、《書》，彊而合之，自生障蔽。加以異同之辨，紛紛推衍，轉益支離，徒以害經誣聖，皆沖遠曲從《河圖》即八卦、《洛書》即九疇之謬説有以啟之也。

蓋《圖》之於《易》卦，特所觀鳥獸之文與遠取諸物之一端。故康成舉《春秋緯》爲説，泛言天苞地符，龍發龜感，而不指何物，其説最善。且《繫辭》以《圖》、《書》與天生神物、天地變化、天垂象見吉凶，并言爲聖人之所則、象、效。神物，沖遠謂蓍龜以卜筮，與夫天地變化、垂象吉凶，似并指《繫辭》爻篆之聖人言。故繼之曰：「《易》有四象所以示也，《繫辭》焉所以告也，定之以吉凶所以斷也。」然則則、象、效之聖人，可不必定指伏羲；《圖》、《書》之出，即亦不必定屬伏羲。康成早見及此，故但云爾也。

《洪範》正義云：「《中候》及諸緯多説黄帝、堯、舜、禹、湯、文、武受《圖》、《書》之事，皆云龍負圖、龜負書。《緯》、《候》之書，不知誰作，通人考覆，謂僞起哀平，雖復前漢之末，始有此書，以前學者必相傳此說。」《水經·河水注》云：「伏羲受龍馬圖於河。故《命歷序》曰：《河圖》帝王之階，圖載江河山川州界之分野，後堯壇於河受龍圖，作《握河記》，逮虞、舜、夏、商，亦咸受焉。」朱子發《漢上易傳》引《山海經》云：「伏羲氏得《河圖》，夏后氏因之曰《連山》；黄帝氏得《河圖》，商人因之曰《歸藏》；列山氏得《河圖》，周人因之曰《周易》。」《漢書·五行志》曰：「昔三代居三河，而河洛出《圖》《書》。」然則《圖》、《書》三代以前聖王皆有，其非羲卦禹範明矣！

《禮緯含文嘉》曰：「伏犧德洽上下，天應以鳥獸文章，地應以《河圖》《洛書》，則而象之，乃作八卦。」《玉海》百九十六引。《漢·百官表》注：「庖犧將興，神龜負圖而至，因以名師與官。」是伏羲之《圖》、《書》。王充謂烈山氏得《河圖》，是神農亦有《圖》，唯《書》未聞。《河圖挺佐輔》曰：「黄帝修德立義，天下大治，乃召天老而問焉：余夢見兩龍挺白圖，即帝以授余於河之都。覺昧素喜，不知其理，敢問於子。天老曰：河出龍圖，洛出龜書。紀帝録州，聖人所紀姓號，興謀治平，然後鳳皇處之。今鳳皇以下三百六十日矣。古之圖紀，天其授帝圖乎？黄帝乃祓齋七日，衣冠黄冕，駕黄龍之乘，載交龍之旗，天老五聖皆從以游河洛之間，求所夢見者之處弗得。至於翠嬀之淵，大盧魚泝流而至，乃問天老曰：子見夫中河流者乎？曰：見之。顧問五聖，皆曰莫見。乃辭左右，獨與天老跪而迎之，五色畢具，天老以授黄帝，帝舒視之，名曰《録圖》。」《御覽》七十九引，《玉海》引云：「大魚折溜而至，汎白圖蘭葉朱文以授黄帝。」《龍魚河圖》曰：「天授元始建帝號，黄龍負圖從河中出，付黄帝。帝令侍臣寫以示天下。」《藝文類聚》九十八引，《御覽》引「負圖」下有「鱗甲成文」四字。魏文帝《雜占》曰：「黄帝《録圖》，五龍舞河。」《玉海》九十八引。《尚書中候》曰：「帝軒提像，配永循機。天地休通，五行期化。河龍圖出，洛龜書威。赤文像字以授軒轅。」注：「威，則也。」《御覽》七十九引，又《類聚》九十八。《水經・洛水注》云：「昔黄帝時，天大霧三日，帝游洛水之上，見大魚，煞五牲以醮之，天乃甚雨七日七夜，魚流始得圖、書，今《河圖・視萌篇》是也。」《玉海》引《帝王世紀》略同，唯云「魚流於海」，又云「帝視萌」之篇。又云：「黄帝東巡過洛，修壇沈璧，受龍圖於河、龜書於洛，赤文緑字。」一作篆字。《山海經》注引《河圖》曰：「蒼頡爲帝巡狩，登陽虚之山，臨於玄扈，洛汭靈龜負書，丹甲青文，以授之。」《水經・洛水注》引《河圖・玉版》同。是黄帝得《圖》、《書》之証。《御覽》引《尚書中候》曰：「帝堯即政七十載，景星出翼，鳳皇止庭。朱草生郊，嘉禾孳連。甘露潤液，醴泉出山。修壇河洛，榮光起河，休氣四塞。白雲起，回風搖。龍馬銜甲，赤文緑地，臨壇止霽，吐甲圖而䨮。」鄭注：龍形像馬，赤熛怒之使也，甲所以藏圖，赤文色而緑地也，霽齊亦止也。䨮音帶，去也。又曰：「堯沈璧於洛，玄龜負書出於背甲，赤文生字，止壇場。沈璧於河，黑龜出，赤文題。」九百三十一，又《類聚》九十九。又引《春秋合誠圖》曰：「堯母慶都，出觀三河之首。」

（録自中國社會科學院文學研究所藏莫友芝《金石影目録》手稿）

與丁果臣論學記二則

果臣言申包胥乞師秦庭，秦人爲之賦《無衣》。以左氏載莊姜美而無子，衛人爲之賦《碩人》；高克不召師潰，鄭人爲之賦《清人》例之，則《無衣》之詩，即爲包胥作也。詩中詞旨亦合事實，舊説以與七子賦詩爲例，殊未安也。○《漢石例》六卷，寶應劉寶楠字楚楨所述，靈石楊墨林刻之《連筠簃叢書》中者，較梁曜北《誌銘廣例》、郭頻伽《金石例補》、馮登府《金石綜例》尤精善。○陶文毅澍《靖節先生集校本》十卷，略有考注，附《序録》一卷、《年譜考異》二卷、《評陶》一卷，爲見行陶集善本。

閲開元二年《周公祠碑》云：「公字朝明。」「公」字古籍無可見，獨載此碑，殆附會也。果臣又持示《敬善寺石像銘》，文甚藻麗，字是初唐法，乃紀國太妃韋氏造像所立，今在洛陽。《唐書》太宗諸子列傳，韋妃生慎，慎始王申，後徙紀。碑無年月，《紀王妃陸氏碑》載：陸妃薨於麟德□年。太妃時在洛下，則此《像銘》當在麟德時也。

（録自《郘亭日記》咸豐十一年四月初六和十八日日記）

請進營桃源左右諸山以壁雷臺議

我以五道八道攻雷臺山，每每練勇已馳入賊營，而官兵遽退，莫肯用命，至逾三月不能下。固兵怯使然，亦主客之勢異，勞逸之形殊，分合之數懸也。羅制軍既至，議進營桃源、鳳凰左右諸山以逼之，議仍分多道進。連日攻之，軍令一伸，風行雷厲，從行選鋒，銛鋭少匹。視雷臺賊，直釜中魚耳！乃議甫定，而制軍溘逝。兵民皇皇，鋭氣頓減。爲今之計，若非斟酌慎重，使我兵得易客爲主，易勞爲逸，易分爲合，未易以言有濟也。

賊據雷臺久，其陰爲我備，常出我所料所偵之外。賊中多土人，我兵勇皆調集遠至，其間崖經隈曲，我所疑畏莫敢前，彼乃駕輕就熟，無之不可，是主客異也。自城自紅花岡、點燈山等營至雷臺，可五、六里；自藍家堡、海風井等營至雷臺可七、八里；自忠莊舖營至雷臺且十三、四里。往攻又防民舍伏奸，不得經由平道；登降阪峻取間，常迂益二、三里。比近賊壘，氣力已疲，日短腹枵，誰肯鏖戰？而賊乃飽食，從容以伺我懈，則勞逸殊也。我往雖五道、八道，其力不齊。一道之中，時不相屬。先進者摩壘而待取，後出者畏鋒而遽止，轉使賊蓄全力當我單軍，則分合懸也。

然則易之奈何？曰：疲兵不如進營，弱圍不如偏師，急取不如暫舍，争崎不如競夷。雷臺根蒂已深，拔之不易，肉薄而傅，徒損士卒。計唯姑棄不攻，而移營壁之，以待其潰。然後乘勢邀擊，乃可以大得志。壁雷臺之道，遠者自北門遶較場，近者桃源、鳳凰兩面諸山。北道不必由，亦宜於倚城大龍山，及山西養口田，各增小營，以防不虞，通城南諸營道。桃源一面，右自湘山，左至東瓜坡。鳳凰一面，左自小龍山，右至沙鹽坡，各横亘數里，皆非三營、五營相連不能下帳。而鳳凰一面，雖高嶺聳觀賊，賊據以窺城，我乘以臨賊，并無當於俯攻。桃源一面，平岡小巒，而右挹點燈、紅花諸營，左壓賊壘，較鳳凰爲扼要。今宜并舍鳳凰不營，而專力於桃源左近之湘山、癩壳山、東壇坳，以次爲連營，即進結大營于東壇、花台一帶，而置前營於東瓜坡，宿重兵壓雷臺而峙。我屯既定，氣自十倍，堅壁而俟，觀釁而動，不出五日，而賊不遁者，未之有也。所謂易客爲主，易勞爲逸，易分爲合之道也。

曰：我兵素懦，桃源左近，又賊往來之衝，營未就而賊擾，奈何？曰：令各營先爲拒馬、鹿角若干枚，各兵爲竹濠籤若干個，擇營日整隊而往，別遣一軍整隊護之。及當營所，以鹿角、竹籤周置，如法爲衛，令護營兵以火器環守之，俟牆濠一就，即下帳、徹角、布籤，而一營成矣。連營既成，我兵但守牆不出，賊來則禦，賊不出時，以機礮驚之，賊豈尚能支乎？

曰：如是，而猶負固，奈何？曰：如是，則將軍礮不可以已矣。當賊之始據雷臺也，即有「火燒空谷寺，礮打雷臺山」之謡。今空谷已燒，而打雷臺之將軍礮，必待東瓜、花台有營始能移往，將軍至東瓜、花台，而雷臺有不齏粉者乎？雷臺齏粉，而餘賊不足平矣。

（録自臺北「國家圖書館」藏莫友芝《郘亭雜記》手稿）

條陳剿遵事宜上羅制軍狀

部民舉人莫友芝謹上書制軍大人閣下：竊以桐匪爲亂，殘破縣邑，攻圍郡城，四民奔波，罔有安宇。友芝久寓斯土，雖無職事，義切同仇。欣瞻節鉞按臨，爲民除害，謹條防剿事宜，畫一如左。

一、下雷臺以樹軍聲。九垻賊楊漗，又名龍喜，板橋賊陳受，又名□□，糾黨陷桐梓；漗賊、磨盤山賊李七，又名時榮，又糾仁懷陳賊陷仁懷。九垻在桐梓縣西四十里，板橋在遵義縣北八十里，磨盤山在遵義縣西北九十里，有間道通仁懷。八月廿前後相次入遵義，據雷臺山城東微北四里、岳家坳城東北五里、大營堡城北四里，以窺郡城。岳家坳一攻而亡，知縣、參將遂不復攻。大營堡再攻再焚其營，旋聽其復。獨以雷臺爲逆首漗大營，進攻非一，其營始因山寺爲牆，容千人止矣，其前後兩小營各容五百人止矣，聞其空虛時，合大小營尚不及千人，由攻之作輟，賊得增牆、伏砲、益阬、埋棘，多方設備，至逾三月不能下。官兵、村民皆以天險視之，賊亦公然負固拒守，於是裹脅日多，村團半爲賊破，猖狂極矣。然雷臺一帶，平岡參錯，非有深峻阻阨也，登城南紅花岡，即可望見，賊雖日益，特出於勢迫，非皆甘心助逆也。故我兵攻賊一次，賊黨逃散者必數百人，鄉團雖不振，亦非不可整理也。故九月廿八之捷，三十里內無不殺逃賊自效，特昔者未能連日亟攻，使賊猶游釜自驕耳。

今聞節鉞軍威，先聲已讋，一鼓下之，有如振槁。雷臺一破，則賊黨膽落，我之士氣不作自奮，懦卒皆成勁旅。賊之脅從，立自解散，鄉團之被賊殘破者，立可鼓舞聯絡，以助官兵。則正賊窮蹙，殲渠不難，復兩縣亦如破竹矣。其攻之法，向以四路五路抄入，聞賊於雷臺右之花臺坡距雷臺二百步、上沙垻雷臺東二里、涼水井雷臺東南二里、黃泥堡涼水井東二里，左之松子坎雷臺北二里、乾溪河松子坎北一里、新橋雷臺西北四里、城北五里，與岳家坳雷臺西三里、大營堡新橋南二里、城北三里，皆連營相接應，當進攻撤隊，每苦旁營賊從小路潛出截我兵後，故不得利。今擬南路先以一軍由木籠溪城東南五里取閂村□□□、犀牛灣□□□小路攻涼水井、黃泥堡；以一軍由蝦子河城東三里取向家坎□□□小路攻沙垻；又於北路先以一軍攻大營堡、新橋，以一軍攻岳家坳，牽其兩頭旁救；然後於賴殼山城東二里、桃源山賴殼山前、沙鹽坡城東一里、雙薦山城東微北二里、鳳凰山城東北三里數道趨雷臺，併力急攻，賊必應接不暇而自潰矣。一日不下，明日復攻，賊豈能支三日乎？否則姑舍雷臺不攻，先遣兵南攻黃泥堡、涼水井、沙垻、花臺坡；北攻大營堡、新橋、岳家坳、松子坎，即以次屯兵據之，以夾雷臺，其旁營既破，雷臺豈能孤存？亦一策也。

一、勵鄉團以防脅竄。鄉團可清内匪、禦外侮，行之得法，賊何能爲？遵義縣舊唯東、南、西三鄉團粗有規模，而北鄉獨無。楊、陳、李三賊，皆自北來，遂如入無人之境。賊據雷臺，於官兵歇隊日，即以解散鄉團爲事，左攻右突，東隅一二三十里漸不能支，然而清北堰城東十五里團長蹇□屢次殺賊，毫不挫餒，賊亦不能侵越其界。北鄉自事起後，舉人蕭光遠等始料理團事，於茅石坎在城北□西四十里以次聯絡，左而大力壩城西北一百里，西至仁懷八十里，右而寬長壩城北微西五十五里、板水城北一百里交桐梓小水田界、四渡站城北六十里，橫亘百里，三賊巢聲息皆爲所斷，又連殺賊百餘人，賊乃以五道、七道併力於茅石坎。茅石坎破，而百里間皆無敢言團，他勁團亦聞風畏縮，陰助賊糧，以救目前。然而同仇之志，則未嘗忘也。今宜選曉事紳耆十數輩，私出與諸團長激厲大義，陰爲整理。但俟雷臺一破，乘民氣踴躍時，奮臂而呼，團存者策以益堅，團壞者亦招而即復，使賊脅裹無從，逃竄無路，罔不授首矣。至其行團之法，已有總制章程、撫軍教令在。

一、增東防以固鄰圉。遵義西南兩路之邊，已有重兵防守。又得底水城西百十里、烏江爲限，其南通省城之道，亦營壘相望，自可無虞。唯向東路自雷臺而沙壩、黃泥堡，已有賊營，進而米泥壩，而老蒲場，而中坪，而清乘橋，猶聞隨處有賊募糧。甚至距城七十里之蝦子場，亦惑賊謠言，奔走無安處。現在馬家河、一營合附近鄉團，與城南點燈山、藍家堡、海風井、忠莊鋪諸大營，亦既指臂聯絡，尚嫌營處未當要隘。若能別增一營于米泥、老蒲間之石盤頭在馬家河北七里、城東二十里，以阻賊東竄之路；又于火石坳添小營以通大營，則東壁可以無事。募糧之賊，不擊自遁。若石盤不守，賊取蝦子場大路，出三渡關，或取馬腦囤清乘橋東岔左五里小路出五里坎，并與湄潭縣界接，且爲走石阡、思南要路，則黔東北諸州府動摇矣！即賊不出境，而東鄉一遭蹂躪，其毗連之南鄉詎能免乎？故屯石盤爲保遵東南、安黔東北要著也。又有河溪壩城東微北□里、高巖山、唐家壩等，可東出間路，亦宜飭此路鄉團嚴爲防堵。

一、營北路以備進攻。雷臺未下，欲兩路夾擊，宜漸營北路，繞而逼之。雷臺既下，則遠復桐梓、搗板橋、九壩、磨盤諸賊巢，近取新橋城北五里，賊糧屯觀音寺、高坪城北四十里，賊糧屯西五里天宮殿、海龍壩城北微西二十餘里，賊糧屯東山寺、九龍山城北微西四十里諸賊糧屯，亦宜漸營北路進而攻之。擬于新至未下營之兵，令其屯城北大龍山。即分南路諸營兵攻逐大營堡、岳家坳兩賊營，而營其地。由岳家坳可進營較場壩城東北五里，以逼雷臺。由大營堡可進營新橋、九節灘城北八里，以取高坪。亦可由紅邊橋城北微西七里、倒坐崖城北又西二十里兩路以取海龍、九龍。進戰退守，皆以營北路爲要著也。當城西二里許、仰口田二里帶亦宜增一營，使南北聲息相應，城西北十餘里之大營坎及坎北新舟壩去城五里，爲北鄉西出鴨溪要路，亦不可無兵防守。

一、通綏陽以防賊遁。賊久頓堅城之下，已犯兵忌，郡東北趨綏陽大道，自賊起不通者已六、七十日。而曾攻圍綏陽之郭大海等賊，聞尚據中道之四面山一帶。又遵義緑塘河城東微北八十里賊汪正龍擾亂遵綏之界，雖擊散，尚未授首。又聞有有桐之令狐賊，募糧于自綏入正安界上，揚言刻日攻正安城。若雷臺一下，賊必綏正爲出路。計唯預遣一軍，由清乘橋分北路出緑塘河鄭場城東微北一百里，交綏陽縣界，縣在場東北十里，以達綏陽，會守綏陽兵攻而出，而我以勝兵攻而入，則綏賊可清。而由綏入桐之黄泥江、中岡大寨等路亦可漸通，其往正募糧之賊自援絶無能爲，現在往正防勦之兵，擒之有餘矣！

一、防間道以斷賊歸。雷臺下而楊賊不能東竄，必不肯直趨婁山正道，當由高坪、海龍壩、九龍山取間道歸巢。賊屯糧東山寺最多，而以天弓殿、九龍寺左右之。及其力破茅石坎諸團，即早爲備也。蓋自郡城取北大道出婁山關，經桐梓城以突九埧，凡百六十里。自郡城取高坪分正北微西道以達九埧，自郡城又分微西道取海龍埧、九龍山、茅石坎以突九埧，并止百二十許里，其迂直已不同。且李賊之磨盤山即在茅石坎北二三十里間，又爲賊往仁懷之一道。故此兩間道，賊所必争，我所必防者也。特自天弓殿、茅石坎以前，皆斗澗深林，重崖叠峽，猿攀鳥墮，騎轎不通，若待賊已漏歸，而我始攻之，即難進矣！須飭茅石坎團長蕭光遠等陰聯北邊横百里已壞舊團，乘雷臺告捷時，整而復之。即分官兵助其防守蹙賊，使趨大道，而我先以奇兵破其兩巢，即斡腹，收桐梓，繞婁山而出，奪其天險，賊必退守海龍。我復官兵、團勇四面兜攻，如甕中捉鱉耳。

一、行反間以孤賊勢。楊瀃、李七舊同反謀，意在遲發，陳受最後入夥，遂迫不及待。陷桐梓者，瀃、受之黨；陷仁懷及戰遵義、岳家崖、傷官則李七黨爲多。瀃務爲假仁，而受、七貪利好殺，故頗不爲瀃下。若能陰購三賊黨中人，使之交搆其間，俟彼自相疑貳吞併，而我乘之，亦滅賊一機也。

一、乘空虚以復兩縣。楊瀃精卒不過四百人，陳受精卒不過三百人，李七精卒不過二百人，其隨身護以作逆者，如是而已。外此雖盈千近萬，皆脅裹也。我攻之急，而脅裹者不親，彼必空巢來應，我乘之出奇兵取間道，復兩縣必唾手可得。賊若撤衆還救，我乘而擊之，亦可制其死命也。

一、誅退縮以作士氣。信賞必罰，老生常談，而勵士之權，寔不外此。九月廿八日進攻雷臺下游，兵勇急攻將下，而大營所遣諸隊拔旆遽退，遂不能盡攻。十月六日復攻，亦大營兵退縮失利，乃并聞賞不聞罰。十七日復攻，至委棄軍械，失利尤甚，始聞耳箭數人。夫濫賞，雖賞不勸；輕罰，雖罰不懲。兵懦賊張，職是故耳。兹當憲節初臨，伏望嚴先退之誅，不存姑息。惜無名之賞，不以示恩，則懦率可成勁旅，賊不足平矣！

一、戒貪功以全悍棄。當士氣葸靡時，有能隻身撓賊，如入無人之境，如雲率、何有保輩，其驍健豈可多得？但此等精鋭，負絶藝急思一見，往往驕不易制，若能約教歛抑，使之伺釁而動，以取渠魁，則萬人敵矣！任其欲速見，小貪零級以爲功，既刺賊眼，難免暗圖，猝不及防，則負此美材，豈不可惜？

以上十條，或採之輿論，或出自管見，不識有當與否？謹繕録成卷，齎詣行臺，上乞垂覽。聞有招脅從、寬助糧諸議，乃善後事，非此時急務，猶不敢瀆陳也。

（出處同上）

讀書堂箴附説四條

以身考經，以彊立恕。虚中爲受，大志道古。囿俗橈趾，鋭進易餒。切問近思，息深達亹。

今人讀書，只借作箇梯榮之具。書自書，我自我，一若四書五經，除却考試出題，更無用處。考試若不出題，必將無有過而問者，可嘆也。頗見有資性高人，記誦萬卷，仍是一事不解者。此由先王之教不明，父兄、子弟、師友，莫非同此一付見識。全不思聖賢千言萬語，都是從自己閲歷體驗出來，留與後作牓樣。大而治平之規，細而食息之依，無纖微之不具，無瞬息之可離。便使言言引之於身，事事求之於己，平心自考，必然常是十件九差。而置身於外者，反有自覺十件十是，然乎否乎？吕新吾先生有《讀書緣由》一説，最爲明白剴切，又可見當時即有此風。舉世夢夢，已非一日，不可不猛省也。唯有井田、封建之必欲復于今，繹碑、岐鼓之必欲施于俗，泥古鮮通若此類，勿貽腐儒笑柄耳。

聖賢教人，莫切于恕。恕者，比方以取則之，謂以己度人曰恕，以古言度我身，以我身印古言，莫非恕也。古今萬事萬理，先聖以恕而出之，後聖以恕而合之，故學舍恕末由也。恕由忠而行，故違道不遠者忠恕，一以貫之者，亦止忠恕，單言之則曰恕。故終身可行者，唯恕然。自孔、曾言之，語意渾淪，學者驟無從下手。至孟子加一「彊」字，指點親切，便覺無人不可學。但須有人一己百，人十己千功夫，弗能弗措，日積月累，有能漸推漸滿耳。故人有四端，擴而充之，恕也。待我橫逆自反三焉，亦恕也。能自反，尚安有不行之恕哉？故自反尤爲行恕之要。

虚心大志，兩相爲用。心不虚則自是，安肯自反？雖有嘉肴，弗食不知其旨也。雖有至道，弗學不知其善也。堯之疇咨，舜之好問好察，禹之拜善言、不滿假，湯之檢身不及，改過不吝；武之訪範；成之受書；周公之遜碩膚；孔子之好古敏求；顔淵之以能問不能、以多問寡；子路之告過則喜，未行恐聞，其所以能聖能賢，蓋未有不虚受人者。而非有大志，心亦不能虚也。聖賢學問，祇是行遠自邇，登高自卑，别無奇難。堯舜與人同耳，祇要人肯做顔淵，曰「舜何人也，予何人也」。有爲者誰不當如是邪？唯大其志，則愚必期于明，柔必期于强。志至氣亦至，雖高山景行驟不能及，向往既殷，未有不益見親切者。精誠之至，經石爲開，思之思之，鬼神來告。承蜩累丸，尚近乎道，況古聖先賢之餉我無窮，而一無所得也。若志不定，則爲外物所移，而有去心；爲速效所迫，而有謝心；爲小成所囿，而有滿心；皆自暴自棄，未如之何者也。囿俗者，如今人於釋迦、老子十分頂禮，而於孔、孟、程、朱反無嚴憚；於佛經道籙恭敬捧持，於四子五經反任意浪擲之類。道光甲辰七月，書此箴於啓秀講舍，諸生來索解請益，爲附説於後。

（録自中國社會科學院文學研究所藏莫友芝《郘亭文集》稿本）

雲波硯銘爲黄子壽

白茅漲落秋芷芬，君家雲波還贈君，粹温不琢昌子文。庚申正月清苑客舍作。

瓷盂銘

市有瓷盂，兢骰其中。化而筆洗，爲桂園之供。黏牡養老，其飴則同。洴澼絖之藥，而胡不可裂地以封。辛酉天中鄂城多桂園作。

（以上三則録自南京圖書館藏《邵亭文鈔》抄本）

徐祉堂《易廣傳》跋記

道光癸卯秋，爲徐祉堂勘其《易廣傳》，作此書告之。欲其研索去瑕，勿亟自見。越六年戊申，其書已刊成，意整理慎密矣。逮以本末，則但易其名曰《周易理揆》。於所條論間取竄其舊編，而所不從者，又必爲之辭，不曰斷之以理，則曰不必拘泥，而《自序》且夸爲邵、朱不可無之書；《凡例》又謂某已得全《易》綱領。一切《易》説，亦無確論，裨點竄不覺，有觀止之嘆。昔祉堂曾以《廣傳》謁賀中丞博青衿，向學若甚勇，既辱相往復，亦殷殷若不及者。豈意其猶自信如此哉？己酉仲秋，胡子何弟爲檢録此書稿，因論及之，余甚愧忠告之未盡也。邵亭記。

（録自南京圖書館所藏《邵亭詩文稿》，標題爲點校者所加。）

《易·雜卦傳圖解》序

《雜卦》不用《序卦》之次，以兩卦變覆對釋。篇末八卦，獨不相對，注家多闕而不說，說者又不盡得其安，所謂書不盡言，言不盡意，殆未有甚於此篇者也。虞仲翔謂：雜六十四卦以爲義，於《序卦》之外別有言也，聖人因時隨宜，當有損益。干令升謂：「以兩卦反覆相酬」，韓注謂「雜糅衆卦，錯綜其義，或以同相類，或以異相明」。是後，朱子之「衹是反覆則其吉凶、禍福、動静、剛柔皆相反」，則相酬之說，而又疑《大畜》、《無妄》、《噬嗑》、《賁》義不相反，及末稍之不對。鄭少梅、項平菴、馮去非之《乾》、《坤》至《困》同上經三十卦數，《咸》、《恒》至《夬》同下經三十四卦數，胡雙湖仲以三十卦雜下經十二卦，三十四卦雜上經十二卦，則雜糅損益之說，而又謂《易》師失傳，又謂姑見其粗，又皆未暢其說。朱子發則以爲《連山》、《歸藏》皆在其中，鄭夬、吴斗南有文王、伏羲之辨，吴草廬謂其義明各卦所主之爻，就卦變世爻以立言。龍仁夫謂古筮書一字之斷，舉「屯固比入」爲證。五家各自爲說，然大要從《序卦》外別言擬議出之，不必真有確據，而雜糅反對固皆無異焉者也。《說篇》末八卦者，鄭康成謂：自此以下，卦旨不協，以錯亂失正，弗敢改耳。《古易音訓》引晁氏，見《周易會通》。虞仲翔謂：《大過》死象，兩體遘決，遘即姤，決乃夬誤。次遘終夬。干令升謂：明道非常道，事非常事，化而裁之存乎變，故終以決。至宋從鄭者多謂錯簡。朱子又言以韻協之似非誤。而前之蘇東坡、朱子發，後之蔡節齋、俞玉吾，皆有改正，三家不盡協韻不可從，節齋以《大過》、《頤》、《既》、《未濟》、《歸妹》、《漸》、《姤》、《夬》爲次，顛上韻進就，正定韻，窮終韻，行剛韻，甚協於古，吴草廬、蔡虚齋以下多用之，然究無解元本之自協也。毛西河又謂：故亂使雜，非次非反。按其韻正錯俱協，有意爲此者，聖人之文，夫聖人明《易》作傳，何爲故隱其指，又爲正錯俱協之狡獪如此紛紛，益不然矣。項平庵説本虞、干，及李安溪之不反對而義相次，金初允之始反對終合對，焦里堂之雖不反對必散别以旁通他卦，四家就文生訓，差較少弊而已。唯元胡仲虎《易本義通釋》，既伸其父雙湖説，又因朱子協韻非誤求之，以爲指中四爻互體言，先天圖，左互《復》、《頤》、《既濟》、《家人》、《歸妹》、《睽》、《夬》、《乾》八卦，右互《姤》、《大過》、《未濟》、《解》、《漸》、《蹇》、《剥》、《坤》八卦，此則左右各取四卦，舉半可以兼其餘，蓋以謂《雜卦》，而互體又其最雜者也。雖孔子不能豫見先天圖而取之，而八卦則實爲互體十六卦之半，可謂於諸家外别有發明者。且《繫辭》曰：「雜物撰德，雜是與非，則非其中爻不備。」「二與四同功而異位……二多譽四多懼近也。」「三與五同功而異位……三多凶五多功貴賤之等也。」崔憬以下多以爲上文既言初上，故此言中四爻，考經文《繫辭》，左國命筮，即非此不備，其説古矣。雜物，即上文六爻相雜唯其時物，下文爻有等故曰物物相雜，故曰文文不當故吉凶生之雜物，德者辭所出，撰德猶言屬辭耳。故以雜物解《雜卦》，較諸家爲極精確。特未竟其説，故折中因以爲《雜卦明義》一卷，謂自《乾》至《明夷》二十八卦，爲陽卦，皆互《剥》、《復》、《漸》、《歸妹》、

《解》、《蹇》，凡上經卦十八，而雜下經十卦；《井》至《訟》二十八卦，爲陰卦，皆互《姤》、《夬》、《大過》、《頤》、《睽》、《家人》，凡下經卦十八，而雜上經十卦。《大過》以下，見六爻循環皆可互。《大過》初至四爲《姤》，上至三爲《漸》，至二爲《頤》，四至初爲《歸妹》，三至上爲《夬》，二至五爲《乾》，則復始。故次《姤》、《漸》、《頤》、《歸妹》、《夬》，而《乾》、《坤》體，《既》、《未濟》用，四卦終始諸卦，不在互卦內，《既》、《未濟》次《漸》、《頤》、《歸妹》後者，以義次耳。於是《雜卦》之爲互體，益有定案矣。

癸卯八月，勘徐祉堂《易廣傳》，引其仲兄厚山《雜卦圖解》一篇，亦以《雜卦》爲專明互體，意殆闡仲虎之論翼折中者，而殊不爾。其說謂來矣鮮之中爻，孔子謂之《雜卦》，不用錯簡，依次圖爲三十九卦。《乾》至《觀》四卦，總明《雜卦》錯綜。《乾》《坤》錯比臨綜。《屯》至《無妄》四卦總明三五、二四之相雜。《萃》至《復》六卦明三五錯，終以《艮》、《巽》大象。謂《剥》體，象《艮》、《巽》。《晉》至《困》二卦，明三五有錯，二四亦然。《咸》至《遯》六卦，明二四錯，終以《震》《兑》大象。謂《大壯》，象《震》、《兑》。《大有》至《坎》七卦，明《雜卦》之綜。《小畜》至《姤》四卦，明《雜卦》之同。《小畜》、《需》同，《大過》、《姤》同。《漸》至《歸妹》四卦，明《雜卦》之合。謂《漸》、《既濟》、《歸妹》皆互《坎》、《離》，而《頤》象《離》錯《坎》。《未濟》、《夬》明雜卦之變。謂《未濟》同《歸妹》而陰陽失位則當變，陽變陰與《夬》錯，陰變陽與《夬》同，《夬》則《雜卦》皆《乾》矣。蓋以來《易》僅言明錯綜，又必更《易》末簡，不安其說，就其中爻例推闡而成，故不能舍錯綜以言互體，不可推處，又必用其卦體大象之象以通之，由來《易》外即不復見他說，自立論亦來氏學也。唯所分節次，必依其三十九卦方可通，若全畫六十四卦即有礙。所言《未濟》失位，乃本體非互體，與參卦體大象同一爲例不純。又爲説甚繁，乃不引雜物撰德以明義，尤不可解。雖然，互體外之雜八卦象者，唯卦體大象，即朱子《中孚》、《小過》雙夾《離》《坎》，《大過》、《頤》厚畫《坎》《離》之義，《雜卦》既明互體，抑當兼明此，即可補前人所未及。雜物之証，安知非引者遺也。

南中真讀書人，希以邁矣。厚山聞見不多，所闡發已如此，亦可謂好學深思，錯薪翹翹者。使得名師友廣之群籍以盡其量，其造就必大有足觀，天不假年，才二十□以死，爲可惜也。祉堂方壯盛力學，異日深詣未易以量，故未應序其書，而序其兄遺書以歸之。嗚呼，吉光片羽，罕而益珍，陳子兼《捫虱新話》謂：《漢上易傳》妄引説卦分伏羲、文王之《易》，必有據雜卦反對，造孔子易圖者。覽者固不必援以相訾也。厚山名元任，遵義縣處士。道光廿有三年九月九日。

（録自據南京圖書館藏《郘亭詩文稿》。）

論韻考識

顧亭林氏著《唐韻正》悉本宋修《廣韻》爲説，其門人潘次耕氏叙《廣韻》云：「自陸法言等數人斟酌古今南北，勒成一書，歷代增修，雖有《切韻》、《唐韻》、《廣韻》之異名，而部分無改。」朱竹垞氏叙亦曰：「《廣韻》源於陸法言《切韻》，而長孫訥言爲之箋注，其後諸家各有增加，已非《廣韻》之舊。然韻分二百有六部，未之紊焉。」自後論者皆謂《切韻》、《唐韻》、《廣韻》，但遞有增加，別無移併，不復深考。

道光壬寅，寫《干禄字書》於遵義東里之青田山廬。其書既次以四聲，叙注又自云「每轉韻處朱點其上」，則是四聲之中又各以部分爲次。因碑本悉是聯書，朱點未具，乃依次尋繹，界其韻部。至麻韻之後，即覃、談韻字，方及陽、唐；尤、侯之前，無蒸、登韻字，而在鹽、添之後，猶以前輩《切韻》、《唐韻》、《廣韻》部分不異之説，疑顔氏書非論韻，其轉韻次第，因便書之，顛倒異同，亦所時有。及檢上聲，則感、敢韻字在馬韻後，拯、等韻字在琰韻前；去聲泰韻字在霽前，勘、闞韻字在漾韻前，證、嶝韻字在艷韻後；入聲錫、昔、陌、麥韻字在屑、薛後，即繼以合、盍、洽、狎、葉、帖、緝韻字，始及藥、鐸，繼職、德，凡有移錯，四聲大同。乃思陸氏定韻，同採集者八人，蕭、顔多所決定，黄門于濠州爲高祖，著書必所據依，即疑陸韻次第本爾。苦無他證，未敢決然。

繼檢夏英公《古文四聲韻》，其編韻次叙，悉與《干禄》書合，且較《廣韻》增多四部，凡二百十部。英公自叙云「準唐《切韻》，分爲四聲」，以較唐人書，既若符節然。則四聲韻之部分次第，乃真《唐韻》無疑。至宋重修《廣韻》，即經移併。前輩執二百六部之韻，謂其無改未之紊者，非確論也。

《四聲韻》上平東第一、冬第二、鍾第三、江第四、支第五、脂第六、之第七、微第八、魚第九、虞第十、模第十一、齊第十二、移第十三，今行本作移，誤。本書本部支韻，已有移，有二古文，至本部本字注云闕古文，則非移可知。又本部目録切成蘻，考《廣韻》齊部移字正「成蘻切」。又佘氏以支二切，若移，則在支部，僅弋支一切也。殷第二十二，下平先第一、仙第二、宣第三、麻第十、覃第十一、談第十二、添第二十四、蒸第二十五、登第二十六。

《廣韻》上平無移部，併入齊韻，凡二十八部；下平無宣部，併入仙韻；覃、談二部，遂在侵韻後；蒸、登二部，遂在尤韻前，凡二十九部。上聲無選部，併入獮韻；感、敢二部，移在寑韻後；拯、等二部，移有韻前；广部作儼，移豏韻前，凡五十五部。去聲無併韻，同六十部。唯泰部，遂祭部後；勘、闞二部，移沁部後；證、嶝二部，移宥部前；釅部移陷部前。入聲無聿部，并入術部；物部遂櫛部後，薛部後遂，藥、鐸二部次之，次陌，次麥，次昔，次錫，次職、德，次緝，次合、盍，次葉、帖，次洽、狎，同以業、乏終，凡三十四部。邵亭識。

（録自臺北「國家圖書館」藏莫友芝稿本《獨山莫氏文稿》，標題爲點校者所加。）

《説文分韻解字凡例》審閲記

《説文》之字以韻編最古者，有南唐徐楚金損注之譜，次則宋李氏始東終甲之譜，并取便檢閲，於本書外無所增益。劼剛《説文分韻解字》，以見行官韻爲主，而編以《廣韻》二百六部，其字見《説文》者，即載一篆文；不見《説文》者，即但載楷書，而引《篇》、《韻》注之。其爲便檢，與徐、李同，用意各有所主成之，亦便蒙善本。李氏不分别大徐新附，概與許文同編，楚金書今行本亦羼入鼎臣附文甚夥，而劼剛于《新附字》皆别稱某附此，其用意致慎，大勝二書。惟今韻未收《説文》之字四之一概不載，則顯與題目不契。

按：此諸字《廣韻》、《集韻》皆有而官纂《韻府拾遺》并已增入，似宜以屬各韻之尾分别註明，使閱者知爲官韻外字較完善，□但欲宜今存與《廣韻》所增同廢也。編今韻用舊部分，開卷可見古人韻等，固善矣，然亦須于唐宋分併、同用、獨用原委一一指核爲有益，不知亦略注出否，此事憶《封氏見聞記》有一條，似可參也。不爾不如仍用今部也。《説文》引經多與今異，固啟初學之疑，然既欲其識字，此正是一大端，似不可少，但須指出今本耳。所引《篇》、《韻》概不著明亦得，然引《玉篇》、《廣韻》者添「篇」字、「韻」字，引宋人篇韻者添《類篇》、《集韻》字，計不過添數千字，未爲甚繁也。至官韻中字爲《説文》所無者，若大著題論之，即應略注出古人以何字通借，使初學易求，亦于義更備。例中未及，不知書中已曾及，抑當補入否？拘鄙之見，輒系紙尾，唯一一裁察。

不載《説文》引經，及引《篇》、《韻》不指所出，特此求簡，本于宏旨無傷，若謂恐引經異文迷惑幼稚，則不免語病。此事小學家一大端，幼稚能尋乎？此雖暫迷惑，何慮哉？引《篇》、《韻》更條增所出一字二字，計不過二三千字，未爲甚繁，二事宜更酌。

（録自臺北「國家圖書館」藏莫友芝手稿，標題爲點校者所加。）

胡林翼《讀史兵略》題識

卷一：咸豐辛酉三月既望，始校此卷，與李眉生、但幼湖對床於鄂撫署。梓人招未至。作輟逾五日乃畢。郘亭聑叟記。又，四月二十五日，丁果臣將移板之長沙補誤，覆勘首十二卷付之。即日畢此卷至第六卷。卷二：四月初二日，眉生、幼湖買舟西行，送之還。丁果臣以新印本來作校樣，是日即畢此卷。郘亭聑叟。卷五：四月初日，與莼齋妹倩同畢此。郘亭聑叟記。

（録自上海圖書館藏咸豐十一年武昌節署刻本《讀史兵略》莫友芝手書題識）

瞿昌文《粤行紀事》題記

瞿昌文《粤行紀事》自注：「督師何公騰蛟殉節湘潭，事聞，詔追封中湘文烈王，子文瑞先授編修。」順治七年正月，《粤行紀事》：永曆四年正月，户部尚書吴貞毓、禮部尚書郭之奇、兵部侍郎萬翱、吏科給事中張孝起、朱士鯤等合疏參右都御史袁彭年、詹事府參事劉湘客、吏科都給事中丁時賦、工科左給事中金堡、兵科右給事中蒙正，下詔獄雜問。

七月詔獄案定，爰書頒布中外。袁彭年功多負議，冠帶閒住。劉湘客、蒙正發擬徒，丁時魁戍靖州衛，金堡戍清浪衛。俟贜完日發遣。正人遭陷，士氣侵削。子偲。

（録自國家圖書館藏莫友芝手稿《郘亭詩文稿書跋》第三册，標題爲點校者所加。）

高青書丈《歷官信讞録》跋

親民之官，將以布德惠、安百姓。苟無才以運之，德惠亦不能下究，所謂徒善不足爲政也。有其才矣，而負恃意氣，遇事鹵莽滅裂，剽而不留，迨其蹉失，益以飾非遂過，其害有不僅惠不下究者。故又非才之難，才而沈幾遠見，倉猝無游移，精神貫終始，乃真難耳！

前史傳循吏，最多之代，不過二三十人。豈其靳哉？貴筑高青書丈，以名解元，起皖省倅丞，歷守粵西東劇郡，所至結疑積件千百計。公局會讞，平及數千事，輒奪活刀下人，弭患雪冤，翕然頌聲。庶乎沈幾遠見、精神周密、無倉猝、無終始者歟。昔吾先子每論知舊吏才，必以吾丈舉首，且數數道其檄察懷遠，釋誤指昏喪轎頭，爲會匪教頭數百人之係，讞靈壁盜，而雪鳳陽招盜十三人之誣，以爲真神明不可及。尤服其改過不吝。如六安開塘盜葬諸事，不肯執初斷，以遂非爲真儒者舉動。〇〇熟聞竊識儲他日「先友傳」事案久矣。

咸豐乙卯秋，客省會，獲交令子心泉、秀東兩兄，示《歷官信讞録》，得聞首委曲折。學治師法書，乞其副録，清端。鹿州□□案□□，以時檢閲。

己未冬，秀東將官蜀令，晤于春明。復持本命校勘，旋至蜀刊以行。因敬記數語于後。願秀東此行，時時無忘此治譜也。十二月幾望，世愚姪□□□。

（録自國家圖書館藏《郘亭詩文稿書跋》第四册）

《樗繭譜》注敘

德雲衢明府莅遵義，唯民之利病殷殷然。耳熟槲繭之法，昉舊守陳公百年以來惠澤滂溥，而邑無志乘，循迹就湮，日思所以表彰之而未發。適邑人以從祀名宦請，大愜所願，未浹旬，而詳牘抵上游矣。既又熟慮陳公法施遵義效如是，貴州州縣土地物宜亦遵義也，槲繭何以不遵義也？皆法未施也。乃詢友芝以種槲、伺蠶、繅絲、織紬之方，粗觕未能覼縷。審我友鄭君子尹草有《樗繭譜》，聊以塞責。而明府是時方延鄭君主講，時其來，亟索稿，將授梓以分遺寅好，期各行之所土。此其便民之意與陳公同，而其觀成也尤大，誠所謂不朽盛事之美也。

顧鄭君書文詞雅奥，伯仲乎有宋之陳秦《農》、《蠶》二著間，頗無意於規模《考工》，而筆墨時時與之律，有非過目可了了者。在鄭君不過偶焉落簡，藉以旌紀前賢，藏之名山，備異日地志掌故，使他人不嗤陋我邦已耳。明府而欲稱闡名迹，詡飾山縣，則是書誠卓矣。而不然者，此斑焉古色、眩於目而棘於口者，將覆瓿不暇，而尚欲以家喻户曉，不幾於秦人之入越，夏蟲之語冰也哉？因囑友芝加之音釋，辭不獲命，暇日逐事咨訪，舉鄭君書細校一過，當疏其難明而附以未備，征文據典，皆在所略，凡三日夜卒業，而叙之如此。

嗚呼！友芝居遵義十五年，不能濡翰傳記其大夫之賢者徽法，注鄭君書而益滋愧矣！道光十七年四月既望，獨山莫友芝。

（録自王鍈等點校《鄭珍集·文集·樗繭譜》，貴州人民出版社一九九四年版）

吴天發神讖碑鈎本

此册後半部校尉以下，借于胡魯尊生本，前半墨鈎借景鑑泉本，并舊拓不完，以丁巳八月在貴陽，己巳八月在京師摹出。庚申禮闈後，繩兒又借劉子重完本鈎補其闕，其本非元石，故朱别之。十月望日，舟行經武昌縣之七磯洪，彙貼成册，題其首。尚有宋人之跋，當别求本摹入。

（録自臺北「國家圖書館」藏莫友芝《郘亭所見書略》抄本之《經眼録附録卷三》）

吴國山碑字鈎本

國山舊拓，校新本尤漫而瘦，半是拓手不工致爾，亦新者不免開過耶。咸豐庚申長夏，假觀張松坪樞部所藏鈎摹，其筆意可見者數十字。五月晦日京寓中記。

（出處同上）

漢樊敏碑鈎本題識

此石在蜀中，今猶存，特筆意不能如此之可尋。此所據者，蓋元明間舊拓也。石有篆額，額有重暈，當更鈎補其文於首。

（出處同上）

《漢李昭碑》跋

上方山在府城南二十里，一名楞伽山；上方寺在山頂，一名楞伽寺。《李昭碑》世所罕見，孫淵如《訪碑録》有之，而云疑是僞作，不知其疑者何事。據字體論，固非超詣，然漢碑傳世不工者，亦正不少，不能直决也。唯第一行有「富波」字，第二行「忠孝立仁行道實體彌隆」，大似襲《繁陽令楊君碑》，碑云「富波君之少子」，又云「長履忠孝，立仁行道，實體彌隆」，則大似襲之耳。

一何十字相聯之悉同耶？同治戊辰夏借觀吴平齋藏本識。

（録自貴州省博物館藏《莫友芝題跋雜稿》）

《兩漢金石記》跋

乙未五月，子尹自京師歸，携有雙鈎《石經》殘字，云摹自吾宗所藏拓本。原跋謂與覃溪著録大異，疑是蓬萊閣洪刻，因乞友芝書此卷相寄。日來無他勞擾，却爲剌出，依其字樣，真寫一通。卷末二詩，亦是先生自記著録《石經》及刻石原稿之作，一併書附鄭君，附之摹本之後。道光十五年九月既望，寫畢記。紫泉莫友芝。

（録自凌惕安編《鄭子尹年譜》。莫友芝所録翁方綱《兩漢金石記》手稿今藏於貴州省博物館中。）

《蘭亭禊飲詩序》題識

《蘭亭禊飲詩序》二本，前一本是都下人家用定武舊石刻摹入木板者，頗得筆意，亦可玩也。一本以門下蘇侍郎所藏唐人墨迹刻之成都者，中有數字甚瘦勁不凡，東坡謂此本乃絶倫也，然此本瘦字時有筆弱、骨肉不相宜稱處，竟是常山石刻優爾。

虎臣仁兄大人雅屬，莫友芝書。

（録自莫友芝所書扇面，標題爲點校者所加）

《梁始興忠武王蕭憺碑》跋

右兩罍軒收□□樓□藏《梁始興忠武王蕭憺碑》，校以王蘭泉（昶）所録，其漫漶依稀處，輒互有數字出入，如第□葉「時年數歲，所生吴太妃」云云，蘭泉本闕「時、數、歲、所、妃」五字；「千里」下有「始登冠禮」四字，蘭泉本亦闕。然有蘭泉明載而此本模糊不辨者若干處，蓋兩拓相去不遠，其出入則拓本致然，皆雍乾舊物也。碑在上元□北黄城村，於棲霞爲近，聞亂後猶未亡，□向且欹，不易拓，故未有新本，不知更如何剥落矣。晉以來書家，北鍾（繇）南王（羲之、獻之），□足千世。王□有帖無碑，而子敬《桓山頌額》、《保母墓磚》，集帖摹收，尚存仿佛，假使二王書碑，決不仍用帖法，與元常以降魏齊舊拓不相徑庭。（貝）義淵書《忠武》此碑，□極一時之選，□有不師法二王者，因此與《蕭景神道》以上溯之，乃有以契二王真處，是在善悟者自得之耳。戊辰四月四日跋。

（録自貴州省博物館藏《莫友芝題跋雜稿》）

宗湘文所藏北齊《蘭陵王肅長恭碑》跋

同治丁卯秋來杭州，八月杪飲宗湘文太守，許獲觀舊跋北齊《蘭陵王肅長恭碑》。今昔金石家悉未著録，海内殆無第二本，信希世奇珍也。道光初，此卷在龔定弇家，其剪裱錯失處，夏玉父曾爲整比，釋文以入其《金石萃編補》，其謂每行三十二字，良然。然自三行半以下即羼越，不盡可理其釋文。信手成篇，無從□備，聊取具《金石萃編補》之一云爾。行間時有□錫曾旁註，補正夏釋十許字，甚允當。有未及者，條如左方：

第二葉龍首上蓋「機」字，下字作「焚」，蓋是「燓」字，從棥，從「燓」聲，一也。第三葉「稱雄」下一字□王□□。第四葉「泳」當是「派」。第六葉「惟寶」上疑「含」字，「返璧」疑是「進璧」。第十葉「棄」當是「表」。十四葉「窮」亦似□。十五葉「儀」、「同」二字不知從何錯入「三師」上。十八葉「將中領軍」，「將」乃「轉」字。二十葉「功成受遺」當是「動成受道」，「道」之「首」上作「小」也。廿一葉「虎落虜庭」，「虜庭」當是「旁通」。廿四葉「朝夕」上當是「逸」。廿七葉「動」疑是「勳」。○○劇□讀北朝碑，矧此卷洞心駭目者。明日遊（以下殘闕）

（録自貴州省博物館藏《莫友芝題跋雜稿》）

隋大業塔盤識語

右上方山隋大業塔盤，隸書廿四字，道光中張叔未得之李作舟聘，今歸吴平齋。因盤勢拓之，裝爲八紙，以存盤式，猶叔未手也。盤圍丈有八尺，字徑□寸許。

上方在蘇州府西南三十里。乾隆四十八年癸卯，塔毁於火，後雖重建，而此刻竟亡，惜哉！此盤金石家所未見，字雖不多，而能與石經峪、水牛山、小鐵山等佛經存漢魏遺法，是隋隸絶佳者，非唐人所能及。合吴越，唐以前石刻存者，自漢數之，此不落第十外，因宜縮臨，□無足數。《隋軒》雙鈎，亦乏神明。平齋幸喜傳稀有古石，曷不精刻一通，以詒海内同好？同治七年閏，吴門書局識。

（録自貴州省博物館所藏《莫友芝題跋雜稿》，標題爲點校者所加。）

《唐夔陶令李懷仁德政碑》跋

庚申七月過寧晉，訪此碑不得，有老叟言：碑本在治前，自嘉慶末、道光初此碑仆□，久之無料理者，其石亦散而無存。

此碑宋紹聖間縣令陳臻徙于縣治前，見《寧晉志·職官題名》注、《建置志·城池》，唐天寶元年始改今治。

縣治前無考，更爲寧晉縣自唐始。唐縣令李懷仁德政碑至今尚存。宋紹聖元年夏四月，知縣江西陳臻徙唐李懷仁德政碑于縣治前，是紹聖時即今治。

（録自臺北「國家圖書館」藏《寧晉縣志·藝文志》莫友芝《唐癭陶令李懷仁德政碑》跋）

皕禊室觀鈎刻聽松石床題字跋記

同治丙寅九月初，在皕禊室觀鈎刻聽松石床題字，其補正竹雲、覃溪遺誤，伯淵歧疑，一如天和華頌，唐陰唐側，别文同石者分合了然，善矣。其云兵亂火毁，或舁運金陵，則傳聞異詞，固疑此石未泯。歸道無錫，亟泛舟惠山訪之，循寺門基而登將，果得諸道東亭下，床端翹起。聽松石篆字，煜煜映斜日，射人目。倚憩挲摩久之。床面趙希衮大書題名，極似涪翁筆勢。命家童拓二篆以行。少温書季卿述《三墳記》，謂老沙泐焉，蓋取堅頑能久。此石堅頑帶沙，豈亦老沙耶？聊爲少温書之一證。還舟漫識卷尾，將寄皕禊室主人，知此石尚無恙，足供好古蒐訪，同此欣快也。

展重陽日，獨山莫友芝。

（録自中國社會科學院文學研究所藏《郘亭函稿》）

趙文敏書《戒自棄文》題識

右趙文敏書《戒自棄文》一卷，其自跋，但謂于此文有感，故累書以示人，而不言作者，或以爲是朱子之文，當時共知，不待著耳。而宋編《晦菴集》及《續》、《别》兩集俱不收，至本朝雍正中，朱玉刻《大全文集類編》，始與《童蒙須知》、《從學帖》等摭附全書之末，蓋集外文自家乘出者。方州守朔又持示抱沖齋近刻趙帖，亦有此文，而字差大，足證文敏累書之説。雖《類編》之刻，攙割無緒，七閣《四庫》黜諸《存目》，而此文之提掖警切，固與《童蒙須知》等爲行遠登高、植基啟塗，開于來學甚鉅，則舊編所不應逸者也。同治初元，喻總戎吉三收此卷于皖口，曾爲審定真蹟，摹一本弆篋中。越九年庚午春，總戎于金陵選善手鉤鐫以致湘鄉家祠之塾，以詔族之子弟。夏六月既就功，屬爲覆勘，因識其後。獨山莫友芝。

（録自葛明義編《莫友芝書法集》，貴州人民出版社二〇一四年七月版，標題爲點校者所加）

傳明文徵明臨本跋

此卷得之吾鄉周喜亭先生，先生名霖。與家君爲總角交。積學不遇，以明經老。今七十餘，健存。先生得之粤西某令。先生少年文譽四著，粤西某令不遠千里延授其子經，于其歸而贈之。家君見而好之，遂舉以見惠。相傳爲有明文待詔臨本，而無年月款識、印記，是否固未可知。且待詔瓣香松雪，真蹟流傳所見不下十數本，清麗則過之，而皆不及此堅勍山立，惟費甲鑄摹本頗相近，豈即其刻石之底本邪？然吾觀宦錫蕃所藏香光臨《黄庭内景經》，乃絶似鍾太傅、王大令，了無本家筆意。名人心手自運，固無所不可，又安能決此爲非待詔作也？世之贋託古人以傳者多矣，不有真鑑獨賞如海岳米菴，孰能洞其中而知之？且實之以年月、款識、印記，鮮不爲所或矣。至有真古人所爲，徒以無年月、款識、印記之故，坐使珊瑚瓦礫，可勝歎哉！此卷書品實過待詔，即爲近今人書，自可接武晉唐，爲有目者所共寶。傳爲待詔，吾從而待詔之，亦非過誣也。嗚虖！士之砥行厲節，深造古人而泯泯于後世者，比比也，獨一蓺也乎哉？末一頁半是碎紙綴成，似是嫌有數字未佳，前去別書者，今遺其「許、李、義」三字，然二君姓名存不存亦何關輕重耶！道光十五年乙未五月丁卯，紫泉莫友芝跋。

似攲而實正，似癯而實腴，似緩懈而實嚴厲，有往皆收，無垂不縮，即使歐、虞操筆，恐亦未必過。秋雨將匝月，不能出門，非日日展此，何以消遣？友芝又題。

（録自貴州省博物館所藏莫友芝手稿，標題爲點校者所加。）

陳息凡所藏董其昌山水畫卷題評

董北苑畫樹者，有不作小樹者，如《秋山行旅》是也。又有作小樹，但只遠望之似樹，其實憑點綴以成形者。余謂此即是米氏落茄之源委。蓋小樹最要淋漓約略，簡於枝柯而繁於形影，欲如文君之眉，與黛色相參合，則是高手也。趙大年平遠，寫湖天淼茫之景，極不俗。然不耐多皴，雖云學維畫正有細皴者，乃於重山叠嶂有之，趙未能盡其法也。

此卷乃思翁忽於北苑樹法悟徹米氏落茄之源，興到落墨，蒼茫渾簡，都不似尋常蹊徑，真神品也。咸豐庚申秋分，訪息凡，同于趙州獲觀所藏，敬書卷末，以識欣幸！

卷中《自識》後一段，若不與畫應，蓋完餘絹以盡八行書興，尤爲神妙！獨山莫友芝。

（録自國家圖書館藏莫友芝手稿《郘亭詩文稿書跋》第三册，標題爲點校者所加。）

題何紹基自書詩後

子貞太史甲子冬來游金陵，述今譚往，欣慨交心，得絶句四十首①，湘鄉相公既爲以稿書刊

① 即指何紹基所撰《金陵雜述四十絶句》。

木，明年春來滬瀆，系一絶句，復寫本以詒禹生觀察，尤天真超絶，脱盡書家一切蹊徑。蓋斯游極得意書矣。

憶在金陵往還，亟賞余新收唐寫《説文》六紙，與近歲出土之裴抗隸書《白鹿神祠》、胡証楷書狄梁公祠堂兩唐碑，且謂抗書結構岸異。屬箸録後必舉本郵寄唐寫《説文》，當爲重以長篇，不容牽連了事，故詩中僅及兩唐碑。余莫春發秦淮，聞其猶滯海上，即携《白鹿碑》來，期手致，爲索新詩之地。逮初夏抵滬，則已南泛太湖，泝嚴江西還矣。後會未可知。因觀察持示此本，審定將入石，漫識其尾。

同治乙丑閏五月五日，獨山莫友芝。

（録自遵義市政協、遵義市博物館編《莫友芝書法》，二〇一一年，標題爲點校者所加）

平樾峰書《金剛經》、《心經》跋

此《金剛經》、《心經》一卷，爲山陰平樾峰觀察二丈七十五歲書，公子少樾司馬擎拳珍守以傳家者，瀾漫天真，忘懷楷則，是晚年極筆也。樾丈吏才詩札，悉能事兼人，皆可以不朽。昔守遵義，友芝以侍先君教授與雅集末，又郡乘之役，館郡署聽鶯者二年。樾丈每官文書日暇，吟箋墨妙，不肯輒休。詩逼蘇、陸，書味在褚、顔間，多得乾坤清氣，非風塵俗吏所夢見。爾時唱和別後，郵筒積踰百篇，牓書卷札，又合得數十事，以爲珍弆。經亂百無一存。詢少樾藏手澤，此卷外寥寥無幾，相與嘆惜久之。因借留數月，每一展對，輒神往於三十年前湘川桃溪間，文章太守，雅歌游從之樂，爲不可再得也。遵郡屬竟以未能先事豫防左官去，而去思至今不衰。此樾丈守遵循迹大端。因少樾索題，輒爲附識，以諗來者。同治辛未七夕，獨山莫友芝秣陵旅舍書。

（録自臺北「國家圖書館」藏莫友芝《雜鈔》手稿，此爲莫友芝辭世前二月所作跋語。）

影山草堂圖題記

影山草堂者，友芝獨山之舊居也。面圃負竹，竹之外隱隱見山，左右密篠亘數畝，錯以雜樹幽泉，古石拚映其間。友芝總角時夏讀處也。道光癸未，先君子教授遵義，辛丑卒官。友芝遂僑寓不復歸。咸豐乙卯，此屋毀於賊，益增堂構之感。敬乞作家能事圖畫、詩歌、記序以存之。堂之南去州治三十五里，名用小謝「竹外山猶影」句也。友芝謹啟。

（録自上海圖書館所藏《影寫莫友芝手迹》）

《絜園記》跋

子貞太史以顔筋楷則，擅當世法矣。然非其人寧竟歲不作一紙。禹生觀察莅蘇淞太才逾年，上海互市，島夷積黠桀驕姿莫能誰何者，遂爾一一馴就我法度。乃以政暇闢絜園壽母太夫人，太史即爲記，大書于屏，又小楷書此卷。蓋太史十年來所僅有，而觀察之善爲治以詒令名，可思矣。同治四年閏月，獨山莫友芝拜跋。

（録自遼寧省博物館藏徐松卿同治四年六月刊刻朱砂拓本《絜園記》莫友芝跋）

《紅崖古刻歌》「稍從《椉馬》究虞寽，水書竹歷參摩挲」自注

《管子·椉馬數》篇：「有虞筴椉馬，已行矣。」蓋虞幣有椉馬之名。今流傳椉正當金，尚寽及虞一釿等幣，頗有文字相證處。吾獨山土著有水家一種，其師師相傳，有《醫》、《曆》二書，云自三代。舍弟祥芝曾得其《六十納音》一篇，「甲子乙丑金」作「[illegible]」，「丙寅丁卯火戊辰己巳木」作「[illegible][illegible][illegible]」。且云其初本皆從竹簡過録，其讀音迴與今異，

而多合古，核其字畫，疑斯籀前最簡古文。

（録自民國八年上海有正書局《莫友芝正草隸篆墨迹》，標題爲點校者所加。）

《大復集》識語

白道人爲詩歌，不肯落顔、謝下。自唐大曆以降，直自鄶視之。蓋湖湘諸君子思所以救一時效宋、元流弊，論議不得不嶄絶，亦猶有明何、李復古意乎？咸豐庚申春官聚首，譚藝甚樂。既同報罷，白老遂之晉陽需次縣令，因舉篋中《大復集》舊本助其莊，太行羊腸間，作異代良友。夏四月丙子，郘亭眲叟莫友芝識。

（録自上海圖書館藏龍汝霖《大復集》）

《餘甘軒詩鈔》題識

《餘甘軒集》十二卷，其得力在蘇、陸，以上下古今，作者其一種遥情傑思，盎然流動行墨間，則餘甘之真處，必傳無疑。承命校勘，謹細讀一再過，核卷中元識，去取大段可憑。古人傳一集，不必盡是名篇，其以事、以人、以地率居其半。此等處唯在自定，非他人所能定，如元識存之，即是善本。就中尤稱心激賞若干篇，輒以小印識當篇尾。擬録爲一卷藏之，待仿其年《篋衍》。

（録自何雲畡《餘甘軒詩鈔》光緒七年刻本卷首題識）

《存誠齋文集》題識

香山何雲畡丈示大著《存誠齋文集》十二卷，友芝受讀畢，謹選録若干篇。其邊事書深籌遠見，握治安之要。其綏邊策，目擊手驗，洞弭患之根。其議治河，必極本末之善。其講武備，必盡水陸之精。皆言必可行，行必有濟，熟之在平日，一旦艱巨猝投，直舉而措之耳。其《楊忠武誌》、《書碩農》、《甘瘋子傳》等篇，序事潔，有史法，其他書説記序，靡不藹然截然，自仁義流出，此非博通古今，一一得其實際，决不能道只字。尤愛諸史論，紬繹再四，未有不持事理人情之平，而蹈文人逞筆墨爲軒輊者。乃益以窺吾丈之深也。時方多故，抱濟世之才如吾丈，良不數覯，乃使浮沉薄宦，雲畡之雲，宜不崇朝雨天下者，僅僅垂蔭西南一鄉邑，未必非世道之不幸然。嗣君小宋駸駸以庭訓起甲科，爲名詞臣，爲良監司，開濟之事，行見一一恢而拓之，以竟吾丈未竟之志。後之論者，其指斯集爲治譜無疑也。子偲莫友芝。

（録自同治五年刻本《存誠齋文集》莫友芝題識）

黎庶燾《慕耕草堂詩鈔》題語附信函

莫郘亭友芝徵君題語

此册戊午臘月攜出門，至庚申九月，始得妥寄還篠庭弟。蓋相隨往返萬里，更再歲矣。加墨雖未盡所長，然大致亦不誤。惜歸足亟行，不能更一細勘耳。就全體而論，當以洗鍊堅絜見長，揮霍馳騁之才，皆所弗尚。一切長篇，概從删棄，就所標記更加磨簡一番，以成全璧。遵中後來之秀，即已無出吾弟右者。家居無事，舍農田桑柘，固無可言，然此類太多而無真味，最是易厭。當留意元亮、太祝及明之歸子慕三家，能用其短，以精悍勝，則壁壘自堅，他人亦不敢輕犯。二十八日，友芝鄂中書。

此册前半甚少傑作，自軍興以後，佳篇絡繹，觸境而變。簡齋江湖流落，詩境乃深，職是故耳。題上三圈兩圈者，皆必存；一圈者酌改，亦可存，不必貪多也。乙卯三月朔日，友芝記。

此册甲乙選七十餘篇，丙選三十餘篇，較上册爲撐得住。吾弟細加改定，於兩册所選二百篇中更汰其一二，則尤精密，慎不必貪多爲也。三月三日又記。

附 莫郘亭徵君書

所命勘大集二巨册，四五月間以城中諸友及一二密戚俱不擬歸，遂因循下去。又繩兒病後，心不入理，直至中秋後方思了此債，而師友間筆墨酬應紛如蝟毛，直是應副不開。適有楊中峯兄南歸之便，因竭一日夜之力，僅僅粗過上册。止將病處指出，有未及指而當句有單點識之者，皆待整理，吾弟必能自得之。至於勝處，都未及一一標出，直以迫促之故。其通體有完善，句讀單圈，即是可存，且有佳於密圈者。此册中詩，多半過筆，議論者故可，筆不盡到也。惟第三卷之前，大半多不合，幾欲十去其九；餘者祇須研去疵處，其直不存者，并已乙去之。次則識大點於當題之腳，吾弟亦當相莫逆也。論卷中詩境，其氣格堅密者，即皆宜存。而其中贈人之作，有許與或過當處。狀景之作，有刻畫似是而非處，或因興到信筆，或因徇詞忘實。此中是非，旁人不能代指，須自細按一番，得其所以，隨手删易，乃善也。其下册，入冬必細細勘定。計明年會場椒弟不能更不來。此後恐無妥寄。即須待之，乃更寄也。彝兒承教誨數載，甚愧！驟無以報，容俟緩圖。但兄有省分地方，必早以更定之集見寄，以實前言。此時芟之不嚴，二三年後必更有進境，更有增益。然後取無味無關之作，雖穩帖，亦去之。刊一精本，與千秋相可否，乃不負吾弟苦心下詢雅意。他何足言。友芝白。

（録自臺北「國家圖書館」藏《慕耕草堂詩鈔》）

《幸餘軒詩鈔》題識

慕庭縣佐示《幸餘軒詩鈔》二卷，風格略取明七子，而性情真摯不可掩抑處，又不僅僅乎七子之貌然者。慕庭少年憂患奔走，而能不失名父家法已如此，更深而求之，斜川之張老坡，安得專美耶？咸豐辛酉七月三伏日東流軍次，獨山莫友芝記。

近作亦詩勝于文，蒼健深穩處，頗得古人三昧，知案牘如山時，猶不廢讀書也。同治戊辰初春燕子磯舟次，略觀一過，識。郘亭友芝。

（録自姚慕庭《幸餘求定稿》光緒刻本）

怡軒銘

必弘之渾渾而適以外之，則彤之諄諄而惑以懟之。外流遂違，懟生形非。故善可循也，而不可以自爲；過可亟也，而不可以自規。優柔中平，遷焉于不知，庶乎怡怡之歸。

省齋銘

曰予聖賢，咎且叢，欲寡過者起有功，唯古君子省厥躬。不以己修弛厥勤，不以衆戴弛厥仁，終始惟一乃日新。刺史名齋意兢兢，乞經巢書厥淵冰，郘亭寓公爲之銘。

（以上二則録自中國社會科學院文學研究所善本室《郘亭文集》）

《啖蔗軒詩》跋

《啖蔗軒詩》三卷，方子箴都轉尊甫蓮舫先生之遺著也。先生從鮑覺生太史授辭賦，嘉慶中，以巡幸獻詩，召試高等，賜舉人，文名籍甚。尋自中書出丞德安，守湖州，所歷卓卓有聲績，已乃公罪遣戍西域，萬里生還，學益闓明，才益練達，遂無有持薦剡起之周行，聽其林泉自放，嘯傲以終，爲可惜也。都轉初刻《二知軒集》，即謀刻尊甫先生之詩，久之，僅得丙戌西行及賜環後晚年之作若干篇。按自撰《年譜》，惟記《生還小草》，蓋先生守湖州以前既少作，不自編輯，薄晚廿年之作，存者亦未備；然更遲久，計無可增益，不能不亟刊以傳。友芝始讀《二知軒詩》，服其深入蘇、黄堂奥，今校《啖蔗》遺篇，乃知源授有自。昔東坡尊人老泉，山谷尊人亞夫，皆以詩道啟昌厥後，而自著存者乃亦寥寥，而亦未有不先河引重者。是編之行，直以《嘉祐》、《伐檀》兩集詩觀可也，而求多云乎哉？同治辛未八月。

（録自南京圖書館藏鈔本《郘亭遺文》，標題爲點校者所加。）

《所至録》序

襄臣諸君既爲竹樓太守刻《所至録》，復取太守在黔所自爲文筆詩歌，按所歷地先後次梓而附之，命余更校勘一過。夫太守循能最吾黔，本不以詞章重，而即論詞章，亦有文家所爲不及其真切著明者。□□太守又木瀆望姓，家世有集。尊公□□薄宦，《養雲》一編，夙在人口。太守傳治譜，承家學，拓而益大，今所編録，又其見諸行事載筆之篇。宜其磬控自如，不主故常，而皆有實際也。末附《春江待濟》、《顧影自慚》兩圖説。《待濟》一圖，作於幕游未仕，足以見所志之宏；《顧影》一圖，作於永寧政成，足以覘所期之遠。太守平生悉舉諸此，於戲！足以傳矣。而吾猶欲揀其案牘文字，關生民利病者，援清端《政書》例附斯編中，使將來有稽法。曾爲襄臣言之，不識太守以爲何如也？咸豐八年冬十月獨山莫友芝書。

（録自南京圖書館所藏《郘亭詩文稿》，下篇出處同此。）

《所至録》又序

始余聞周竹樓太守刺永寧，磨碑詩唱和成集，其量移也，投贈歌頌之篇又盈行笥。輒心異其爲人，以謂温延之間，風氣質樸，既尠有文字干翊官長之事，而其地親民官，率歲易，或再歲易，鮮有及三歲，故常以不得久任，傳舍其官，傳舍其治。而吾太守之於永，才閲歲耳，乃遂能感其民如此。此其實心行政，知必有不肯一日傳舍自爲者。既晤永之交游，□覶其養士、煦民、弭盜、治軍諸名蹟，嗣而黄平、郎岱、鎮寧、平遠、松桃，爲吾太守所歷所聞，敷施德頌，一與永寧無異。夫三代直道，猶在斯民，苟非民瘼在懷，名實相副，何以數易地而頌聲一揆如此之感者哉！去年夏，余安硯貴陽郡齋，而太守適權銅仁，以公幹先在，比舍，往還數，上下言論，愈以得其生平矣。蓋太守以佐幕起家，才諝通敏，果任於事，事在民生利病，常戴星出入，不辭其勞。持證其聞，益信其所至得民、聲稱洋溢之非偶然也。太守既還銅仁，持一麾靖其篝火，冬春之間，馳援思南，又馳貴定，尋復還清銅蘖而煦嫗其遺黎，於是銅江歌頌之篇，又與舊歷永、黄諸州郡相埒。（下缺二十二字）已先後編次爲《所至録》若干卷，劉襄臣孝廉、少儀秀才昆玉猶病其繁蕪，不足以發揚名績，屬友芝更爲删次，而太守猶以其近名也，且不許。余曰：「得賢太守所至，福吾鄉里如周公，而襄臣諸君又能表暴盛美，爲來者師法，此徵實事也。何近名之足云？」因略依元次，汰存其半，序諸君刻之。咸豐八年冬十月癸卯朔，獨山莫友芝。

《義陵竹坳舒氏一家集》序

溆浦舒君衡峰裒其先世逮、世父伯兄詩，拔其尤爲若干卷，附之以文，命友芝爲之叙。憶道光丁酉，始交君於遵義令舍，異其儀觀倜偉，斧藻爛如，而顧安貧食力，無越位之思，尤嘆非近人所及。己亥冬，君又爲遵義守客，洎今且八年，中間友芝亦以郡乘客守，四年共晨夕，亦得深交。君每暇日，發累世之藏，手録其副，因以覼縷世德，然後知抱才守約之有自來也。蓋舒氏自明萬曆間僉事君以乙科起家，生國朝歲貢君，撰述皆不存；歲貢生大令君慕衡，著《惹雲堂詩集》、《慎齋寓言》、《仁育堂草》、《慎齋文集》；生諸生贈教授君天池，著《潛夫文存》、《鴻範圖説》；生教授君遜文，著《信手拈詩文存》；生州同君酉樵，著《竹根齋詩文集》，訓導君碧樵，著《戛柯堂詩文存》，即君之世父及父也；訓導生教諭君紫峰，著《鄜西詩文存》，君之兄也。凡七世二百三十餘年，或仕或不仕，皆清素自勵，家無貲蓄，惟詩書文字不墜益昌，噫！可謂難得也已。《潛夫》、《竹根》書久行，世有定論。至《惹雲堂》之清超，《信手拈》之恬適，《戛柯堂》之奇奥，《鄜西》之雅鍊，要各有不自泯没者存。而《戛柯》存稿萬數，風觸雲變，絶棄故常，因方遇圓，名雋絡繹，尤據爲一編之盛云。昔人謂「籯金之遺，不如一經」，觀於舒氏，不益信哉！夫舉世趨走富貴，若蟻之羶，鳥之叢，水之下，而貨之肆也。亦嘗有得焉，或不終其身，或及其身而止，及其子若孫者蓋十百無一二矣；及其曾若元者，蓋千萬無一二矣。而舒氏官不守七品，產不及中人，緜延六七世，繩繩承承，莫不登著作之林，拔戟欲成一隊，雖王謝家世，人人有集，隱之延之，門法相繼，亦若未肯多讓者。復見衡峰諸郎，皆循循矩度，應無疑於能世其業。衡峰衡峰，士之窮達命也，但自守之，世上富貴，可以易哉！道光二十有六年丙午孟秋，獨山莫友芝序。

（録自南京大學圖書館藏同治甲子年刻舒自志等著《義陵竹坳舒氏一家集》）

學耐煩齋題跋

以不耐煩爲學，學必不精；以不耐煩處事，事必不當。所以能耐在心，所以御煩惟一，心能主一無適，徹首徹尾，是謂耐煩。士希賢，賢希聖，未有不由此者。又蘇仁兄屬書齋牓，附識數語，共勖焉。

庚午初冬，郘亭弟莫友芝。

（録自遵義市政協、遵義市博物館編《莫友芝書法集》，二〇一一年六月版）

鹿山堂題跋

吉堂老兄去年去書京師，以達金陵，索此牓署。踰年，其高足黄雲儀部經此，乃作而寄之。計碧雲分手，時忽三紀，後會未可期。西望家山，神馳何極！同治己巳歲大暑節，郘亭弟莫友芝於下江試院。

（録自葛明義編《莫友芝書法集》，貴州人民出版社二〇一四年七月版。）

洞陀精舍題跋

向伯常言，去其家二里許曰洞陀，四山環之，當西面闕處，竦石屏二丈，以爲門洞，壑幽邃，水石奇詭，竹樹蔭森，異卉翹菡其間。尊公湘汀先生欲結屋消暑，屬先爲牓，以俟落成。同治二年九月，獨山莫友芝皖寓書。

（出處同上篇）

《華陽國志》題記

李本《華陽國志》第十爲《先賢士女總贊》，凡六十餘頁。一、蜀郡士女；二、廣漢士女；四、犍爲士女；五、漢中士女；六、梓潼士女贊。其三篇當是「巴郡士女」，缺。篇末云：其《傳》、《志》，父祖子孫及有名失事、失官位者不列，寧州人士不列，别爲《目録》，至晉、元末，凡三百九十二人也。

（録自國家圖書館藏莫友芝《郘亭詩文稿書跋》手稿第一册）

元興文署《通鑑》

元興文署《通鑑》板歸明南監，中有弘治二年、正德九年、嘉靖己酉年、又二十年、又二十一年等補刊之板，約三之一。其元刊之板，四邊大綫，其粗約有一分半。明弘治補者猶可，餘皆惡劣。其四邊綫皆減細不及一分。今鄱陽仿刊者，其邊綫皆減細，未及仿也。

（録自上海圖書館藏《影寫莫友芝手蹟》，下兩則同此）

明翻元本《陸宣公奏議注》題跋

刊本，宋郎曄注。前有紹興二年曄《進書表》興當作熙，題銜稱「迪功郎、紹興府嵊縣主簿臣曄」，不著姓。案《清波雜志》及《陸宣公奏議》投進。」元《吴文正公集·陸宣公奏議增注序》曰：「煇友人郎曄晦之，杭人。嘗注《三蘇文》及《陸宣公奏議》投進。」元《吴文正公集·陸宣公奏議增注序》曰：因郎氏舊注而加詳。劉岳申《申齋集》曰：宋紹興中，有郎曄嘗注《宣公奏議》。以此知爲郎曄也。《表》後云「紹興二年八月初七日進呈」。案：《表》中有云「恭惟至尊壽皇聖帝」。考淳熙十六年光宗受内禪，尊孝宗爲「至尊壽皇聖帝」，次年改元「紹熙」，則「興」爲「熙」字之誤無疑。卷一後有「至元甲午仲夏翠巖精舍重刊本記」。《脉望館書目》著録。據此，則此本當即據元刻郎本翻雕，而失載其進書一表，愈不可了耳。當録入卷中，以俟再考。

題錢刻叢書

此錢氏刻成叢書以呈儀徵阮太傅乞序之本。太傅方暮年予告，猶手自題檢，其耄而好學如此。亂後，文選樓藏書散盡。乙丑夏，在維揚收此叢書廿餘册，重莊過，留此册舊檢記之。

蜀漢庲降都督列傳

漢武開西南夷爲郡縣，設益州牧以統之。至後漢建安十九年，劉先主定蜀，以南中諸郡土地廣遠，州牧在蜀不易控制，乃分立庲降都督。庲降即朱提郡，本犍爲南部。建武後，省爲犍爲屬國。裴松之曰：「庲降，訊之蜀人，云去蜀二千餘里。」時未有寧州號，南中立此職以統攝之，遂以鄧方爲都督。方，字孔山，南郡人也。以荆州從事隨先主入蜀。蜀既定，爲犍爲屬國都尉，因易郡名爲朱提。太守選爲安遠將軍，遂爲都督，住南昌縣。南昌縣，晋猶有安城鄧遠。陳壽以失其行事，不爲立傳。楊戲《補臣贊》贊鄧孔山曰：「安遠强志，允休允烈。輕財果壯，當難不惑。以少禦多，殊方保業。」《華陽國志》曰：「鄧方治南昌，夷漢敬其威信，其爲人亦可概見矣。」章武元年卒。《楊戲傳》注作「二年」。此據《華陽志》。李恢代之。

恢字德昂，建寧俞元人。先任郡督郵，太守董和復貢恢於州，未至，聞先主攻劉璋，知必成，乃託名郡使，北詣先主，遇於綿竹，先主嘉之。成都既定，先主領益州牧，以爲功曹佐書主簿，更遷别駕從事。鄧方卒，先主問恢誰可代者。恢對曰：「人之才能，各有短長。故孔子曰：『其使人也，器之。』且夫明主在上，則臣下盡情。是以先零之役，趙充國有言，莫若老臣。臣竊不自揆，惟陛下察之。」先主笑曰：「孤之本意亦已在卿矣。」遂以恢爲庲降都督，使持節領交州刺史，住平夷縣。先主薨，高定恣睢於越巂，雍闓跋扈於建寧，朱褒反叛於牂柯。丞相亮南征，先由越嶲，而恢案道向建寧。諸縣大相糾合，圍恢軍於昆明。時恢衆少敵倍，又未得亮聲息，紿謂南人曰：「官軍粮盡，欲規退還，吾中間久斥鄉里，乃今得旋，不能復北，欲還與汝等同計謀，故以誠相告。」南人信之，故圍守怠緩。於是恢出擊，大破之，追奔逐北，南至槃江，東接牂柯，與亮聲勢相連。南土平定，恢軍功居多，封漢興亭侯，加安漢將軍。後軍還，南夷復叛，殺害守將，恢身往撲討，鉏盡惡類，徙其豪帥於成都，賦出叟濮，耕牛、戰馬、金銀、犀革，充繼軍資。於時費用不乏。建興七年，以交州屬吳，解恢刺史，更領建寧太守，以還居本郡，徙居漢中，九年卒，以張翼爲都督。

翼字伯恭，犍爲武陽人。先主領益州牧，翼爲書佐。建安末舉孝廉，累遷至廣漢蜀郡太守。建興九年，爲庲降都督、綏南中郎將。翼特嚴法，不得殊俗之歡心。耆率劉胄背叛作亂，翼舉兵討胄，未破。徵翼以馬忠爲代，羣下咸以爲宜便馳騎即罪，翼曰：「不然。吾以蠻夷蠢動不稱職，故還耳。然代人未至，吾方臨戰場，當運粮積穀爲滅賊之資，豈可以黜退之故而廢公家之務乎？」於是統攝不懈，代到乃發，馬忠因其成基以破殄胄。丞相亮聞而善之，後追論討胄功，賜爵關内侯。

馬忠，字德信，巴西閬中人也。少養外家，姓狐名篤，後乃復姓，改名忠。建興三年，丞相亮入南，拜牂柯太守，值朱褒亂後，撫卹甚有威惠。八年，召爲丞相參軍副長史。九年，督將軍張嶷等討汶山郡叛羌。十一年，南夷豪劉胄反，擾亂諸郡，以忠代張翼庲降都督，斬胄，平南土，加忠監軍奮威將軍，封博陽亭侯。初，建寧郡殺太守正昂，縛太守張裔于吴，故都督常駐平夷縣，至忠乃移治味縣，處民夷之間。又越嶲郡亦久失土地，忠率將太守張嶷開復舊郡，由此就加安南將軍，進封彭鄉亭侯。延熙五年還朝，因至漢中見大司馬蔣琬，宣傳詔旨，加拜鎮南大將軍。七年春，大將軍費禕北禦魏敵，留忠成都，平尚書事。禕還，忠乃南歸。十二年卒。忠爲人寬濟有度量，但詼啁大笑，忿怒不形於色。然處事能斷，恩威并立，是以蠻夷畏而愛之。及卒，莫不自致喪庭，流涕盡哀，爲之立廟祀，水旱必禱焉。

張表，時名士，清望踰忠。閻宇，宿有功幹，於事精勤，繼踵在忠後，其威風稱績皆不及忠。表字伯達，蜀郡成都人。有威儀風觀，仕至尚書，代馬忠加安南將軍，楊戲《華陽國志》作「義」，今依《蜀志》副之。戲，字文然，犍爲武陽人。少與表并知名。以東曹掾遷南中郎參軍副貳、庲降都督，領建寧太守，以疾徵還。所在清約不煩，《蜀志》有傳。閻宇，字文平，南郡人。表卒後代爲都督。《楊戲傳》曰：張表始名位與戲齊。後至尚書，督庲降後將軍，先戲没。霍弋副貳之。

弋，字紹先，南郡枝江人，梓潼太守峻子也。累遷太子中庶子。援引古儀，盡言規諫，甚得切磋之體。爲參軍庲降屯副貳都督《華陽國志》：弋甚善參毗之禮，遂代宇爲監軍安南將軍。撫和異俗，爲之立法，施教輕重允當，夷漢安之。又轉護軍統事如前。時永昌郡夷獠恃險不賓，數爲寇害，乃以弋領永昌太守，率偏軍討之。遂斬其豪帥，破壞邑落，郡界寧静。遷監軍翊軍將軍，領建寧太守，還統南郡事。

景耀六年，進號安南將軍。聞魏軍來，弋欲赴成都，後主以備敵既定，不聽。及成都不守，弋素服哭號，大臨三日。諸將咸勸宜速降，弋曰：「今道路隔塞，未詳主之安危大故，去就不可苟也。若主上與魏和，見遇以禮，則保境而和不晚也。若萬一危辱，吾將以死拒之，何論遲速耶？」得後主東遷之問，始率六郡將守上表曰：「臣聞人生於三，事之如一，惟難所在，則致其命。今臣國敗主附，守死無所，是以委質，不敢有二。」晋文王善之，拜南中都督，委以本任。後遣將兵救援呂興，平交趾、日南、九真，功封列侯，《華陽志》曰：及晋世，因仍其任。時交趾不附，假弋節遥領交州刺史，得以便宜選用長吏令官，和解夷人及適罰之，皆依弋故事。進號崇賞焉。弋卒，子在襲領其兵。

晋寧州刺史列傳

魏既併蜀，司馬昭因庲降都督之舊，以霍弋任之。弋卒，子在襲暫領其兵，和諸姓。旋以巴西太守吴静爲代。二字增，《華陽志》刻脱。静在官數年，撫卹失和，軍師鮮于嬰表徵静還，嬰因代之。《晋書・紀》：太康元年秋七月，虜軻成泥寇西平，浩亹殺督將以下三百餘人。二年十一月，鮮卑寇遼西平州。一本作川刺史鮮于嬰討破之。嬰見史者惟此。武帝泰始七年，《華陽志》作「六年」。八月，以益州大，分南中建寧、雲南、永昌、興古四郡爲寧州。嬰爲刺史，遂曲赦四郡殊死以下。咸寧五年，尚書令衛瓘奏兼併州郡。太康三年，罷寧州，《晋書・武帝紀》：太康三年秋八月，罷平州、寧州刺史，三年一入奏事。置南夷，罷寧州諸郡，益州置南夷校尉，持節如西夷，皆舉秀才賢良。以天水李毅爲校尉，持節統兵鎮南中，統五十八部都監行事。

每夷供貢，南夷府入牛、金、旃、馬，動以萬計，皆豫作忿恚，致校尉官屬，其供郡縣亦然，南人以爲饒。自四姓子弟仕進，必先經都監。夷人大種曰昆，小種曰叟，皆曲頭、木耳環，鐵裹結，無大侯王，如汶山漢嘉夷也。夷中有桀黠能言議屈服種人者，謂之耆老，使爲主。議好譬喻物，謂之夷經。今南人言論，雖學者亦半引夷經。與夷爲姓曰遑耶，諸姓曰自有耶。世亂犯法，輒依之藏匿。或有爲官所法，夷或爲報仇。與夷至厚者，謂之百世遑耶，恩若骨肉，爲其逋逃之藪，故南人輕爲禍變，恃此也。其俗徵巫鬼，好詛盟，投石結草，官常以盟詛要之。諸葛亮乃爲夷作圖譜，先畫天地、日月、君長、城府，次畫神龍，龍生夷及牛馬羊；後畫部主吏，乘馬幡蓋，巡行安卹；又畫牽牛負酒、齎金寶詣之象，以賜夷，夷甚重之。許聲生口直，又與瑞錦、鐵券。每刺史、校尉至，齎以呈詣，動亦如之。毅後，永昌呂祥爲校尉，祥後數人。數人無考。

李毅，廣漢郪人，字見剛。王濬刺益州，以爲主簿別駕，舉秀才。濬伐吳，爲參軍，封關内侯，遷雲南太守。濬薨，武帝思濬勳，問毅所在，徙犍爲使、持節南夷校尉。

久之，建寧太守巴西杜俊、朱提太守梓潼雍約懦鈍無治，政以賄成。俊奪大姓鐵官，令毛詵中郎李督《後賢志》「督」作「叡」。下同。部曲致詵弟耐罪。朱提大姓太中大夫李猛有才幹，弟爲功曹，分當察舉，而俊、約受都尉雷逢賂，舉逢子炤孝廉，不禮猛，猛等怨之。大安元年秋，詵督猛逐俊以叛，猛遺之書曰：「昔魯侯失道，季氏出之，天之愛民，君師所治。知足下追踵古人，見賢思齊。足下箕帚，枉慚吾郡。」亦逐約，應之作亂。衆數萬，毅討破之，斬詵首。督走依遑耶五茶夷帥于陵承。猛箋降曰：「生長遐荒，不達禮教，徒與李雄和光合勢，雖不能營師五丈，略地渭濱，冀北斷褒斜，東據永安，退考靈符，晉德長久，誠非狂夫所能干。」輒表革面，歸罪有司。毅惡其言，遂誘殺之行部。永昌從事江陽孫辨上南中形勢，七郡斗絶，晉弱夷强，加其土人屈塞，應復寧州以相鎮慰。冬十一月丙戌，詔書復置寧州，增統牂柯、益州、朱提，合七郡爲刺史，加龍驤將軍，進封成都縣侯。《後賢志》作「成都内侯」。二年，于陵承詣毅，請恕督罪，毅許之。督至皋下，以爲詵、督破亂州土，必殺之，毅不得已許諾。及死督，于陵承及詵、猛、遑耶怒扇動謀反，奉建寧太守巴西馬恢爲刺史，燒郡僞發。毅方疾作，力出軍，初以救恢，及聞其情，乃殺恢。夷愈强盛，破壞郡縣，役吏民。會毅病甚，軍連不利，晉民或入交州，或入永昌、牂柯，半亦爲夷所困虜。夷因攻圍州城，毅但併力固孤城，病篤不能戰討。時李特、李雄作亂益州，而所在有事，救援莫至，毅上疏陳謝：「不能式遏寇虐，疾與事遇，使虜遊魂。兵穀既單，器械窮盡，而求救無望，坐待殄斃。若不垂矜憂，乞請大使及臣尚存，加臣重罪，若臣已死，陳屍爲戮。」

光熙元年春三月，毅薨。子釗任洛，還赴到牂柯，路塞，停住交州。文武以毅女秀明達有父才，遂奉領州事。秀初適漢嘉太守廣漢王載，將家避地在南，故共推之。又以載領南夷龍驤將軍。秀獎勵戰討，食粮已盡，人但載茹草炙鼠爲命。秀伺夷怠緩，輒出軍掩破。首尾三年，釗乃

得達丁喪。文武復逼釗領州府事。毅故吏毛孟等詣洛求救，至欲自刎，懷帝乃下交州，使救助之。《懷帝紀》：永嘉元年夏五月，建寧郡夷攻陷寧州，死者三千餘人。以釗爲平寇將軍，領南夷護軍。遣御史趙濤贈毅少府，謚曰威侯。交州刺史吾彦遣子威遠將軍咨以授之。朝廷以廣漢太守王遜爲南夷校尉寧州刺史，代毅。

遜，字紹伯，魏興人也。仕郡察孝廉，爲吏部令史，轉殿中將軍，累遷上洛太守。私牛馬在郡生駒犢者，秩滿悉以付官，云是郡中所産也。轉魏興廣漢太守。按史本傳不言遜爲廣漢守，據《華陽國志》增。治中毛孟詣京師，求刺史不見省，孟固陳曰：「君亡親喪，幽閉窮城，萬里訴哀，不垂愍救，既慚包胥無哭秦之感，又愧梁妻無崩城之驗。存不若亡，乞賜臣死。」朝廷憐之，乃以遜爲南夷校尉寧州刺史，於郡便之鎮。遜與孟俱行，道遇寇賊，自永嘉元年授除，四年乃至。本傳云：「永嘉四年，毛孟求刺史，遜與孟俱行，踰年乃至。今從《華陽志》。遜未到州，遥舉建寧董敏爲秀才。本傳作「董聯」。下同。郡久無太守，功曹周悦行郡事，輕敏不下其板。本傳云：謂聯非才不下板檄。遜至，怒收殺悦。悦弟秦臧長周昺合夷叟謀，以趙濤父混昔爲建寧太守有德惠，潛欲殺遜樹濤，事覺，遜并濤誅之。夷晉莫不惶懼，表釗爲朱提太守，治南廣禦雄。時荒亂後，倉無斗粟，衆無一旅，官民虚竭，繩紀弛廢。遜惡衣菜食，招集夷民。夷徼厭亂，漸亦返善，勞來不怠，數年克復。以五茶夷昔爲亂首，圖討之。未有致罪，會夷發夜郎莊王墓，遜因此遂討滅之。又誅豪右不奉法度者數十家，討剛夷數千落，俘馘千計，獲馬牛羊數萬，餘威震南方。建興初，遜以地勢形便上，分牂柯爲平夷郡，又分爲夜郎郡，分朱提爲南廣郡，分建寧爲平樂郡，分雲南爲河陽郡，《華陽國志》：元帝世，王遜移朱提，治郡南廣。又云益州郡。後太守李遏與前太守董慬、建寧爨量共叛，王遜表改益州爲晉寧郡。又云晉元帝世，太守建寧孟才以驕暴無恩，郡民王清、范期逐出之，刺史王遜怒，分鄨平爲平夷郡，夜郎以南爲夜郎郡。本傳云分建寧爲夜郎郡。分永昌爲梁水郡，又改益州郡爲晉寧郡，事皆施行。遜又遣子澄奉表勸進於元帝，元帝嘉之，累加散騎常侍，平西安南將軍，又兼益州刺史，假節校尉刺史如故，賜爵褒中縣公。《南中志》云封褒中伯。而嚴猛太過，多所誅鋤。犍爲太守朱提雷炤、流民陰貢、平樂太守董霸破牂柯，平夷南廣，北降李雄。《愍帝紀》曰：建興四年平夷太守雷炤害南廣太守孟桓，率郡三千餘家叛降于李雄。建寧爨量與益州太守李遏、梁水太守董慬，保興古、槃南以叛雄。《晉書·明帝紀》：曰太寧二年十二月，梁水太守爨亮、益州太守李遏，以興古叛降于李雄。是二人之保槃南亦未久也。先是，越巂太守李釗爲李雄所執，自蜀逃歸，遜復以釗爲越巂太守。李雄遣李驤、任回攻釗，釗自南秦與漢嘉太守王載共拒之，戰于温水，釗敗績，載遂以二郡附雄。後驤等又破越巂，渡瀘水，寇寧州。遜使將軍姚崇、《南中志》曰：遜使使督護雲南姚岳。爨深距之，戰于堂狼，大破驤等。崇追至瀘水，透水死者千餘人。崇以道遠不敢渡水，《南中志》曰：姚岳距驤，違遜指授，雖大破驤不獲。《晉書·明帝紀》：太寧元年五月，李驤等寇寧州，刺史王遜遣將姚岳距戰於堂狼，大破之。遜以崇不窮追也，怒囚群帥，執崇鞭之。怒甚，髮上衝冠，冠爲之裂，夜中卒。《南中志》曰：大興四年，遜發病薨。遜在州十四年，州人推中子堅領州府事，詔除堅爲南夷校尉、寧州刺史，假節，謚遜曰壯。陶侃懼堅不能抗對蜀人，表以零陵太守尹奉爲代，徵堅還京，病卒。

奉，南陽人。成帝咸和初爲寧州刺史、南夷校尉。《南中志》曰：永昌元年奉爲刺史。考《晉紀》明帝太寧元年，王遜遣姚岳距李驤，在永昌後數年，又爨量李遏降雄在二年，則其時遜尚未薨也。志當有誤。太寧盡三年，則奉當以咸和初至。王遜時，爨量保盤南，遜出軍攻討不能克。遜薨後，寇掠州下，吏民患之。奉重募徼外夷刺殺量而誘降李遏，盤南平。以功進安西將軍，遷陵伯。乃割興古、雲南爲西平郡。二年正月，寧州起義兵攻李雄將任徊、李謙等，雄遣其將羅恆、費黑救之，奉遣裨將姚岳、朱提太守楊術援遺，戰於登臺，岳等敗績，術死之。

七年秋，李壽寇寧州，以費黑爲司馬，與邵攀爲前軍，由南廣入，又別遣任回子調由越嶲。冬十月，壽、黑至朱提。朱提太守董炳固城。奉遣建寧太守霍彪、建寧大姓爨孫等助炳。時壽已圍城，欲逆拒之。黑曰：「料城中食少，霍彪等雖至，齎粮不多，宜令人入城共消其穀，猶嫌其少，何緣拒之？」彪等皆入城。城久不下，壽急欲攻之，黑謂必待其困，不足汲汲。壽戰果不利，乃悉以軍事任黑。

八年春正月，彪、炳等出降。三月，奉亦舉州降雄，遷奉於蜀。奉在州，威刑緩鈍，政治不理，至是南中盡爲雄有。壽僞領寧州，其初威禁甚肅，復轉淩掠民。秋，建寧民毛衍、羅屯等殺僞太守邵攀。又牂柯太守謝恕保境獨爲晉，壽并破之，恕終不爲壽用。恕官至撫夷中郎將、寧州刺史、冠軍將軍。九年春，雄分寧州置交州，僞以霍彪爲寧州、爨深爲交州刺史，封壽建寧王。咸康二年，廣州刺史鄧嶽遣督護王隨擊夜郎，新昌太守陶協擊興古，并剋之。四年秋　月丙午，分寧州置安州。五年春三月乙丑，廣州刺史鄧嶽伐蜀，建寧人孟彦執李壽，將霍彪降。七年十二月癸酉，罷安州。

穆帝升平初，以毛穆之督寧州諸軍事，楊威將軍、寧州刺史。穆之子憲祖，滎陽陽武人。哀帝興寧初，以周仲孫督寧州軍事，振武將軍、寧州刺史。仲孫，訪之孫，廬江尋陽人。訪子撫，字道和，咸和後曾以征虜將軍督寧州諸軍事。本傳年未詳，當在咸和後。仲孫在州貪暴，人不堪命。桓温以梁、益多寇，周氏世有威稱，復除監益、豫、梁州之三郡軍事。寧康初楊安寇蜀，失守免官。太元中，爲寧州刺史者有費統。《水經注》云：太元十四年寧州刺史費統言晉寧郡滇池縣兩神馬，史無考。安帝初，毛穆之子璠爲寧州刺史。《晉書·毛璩傳》云：璩弟寧州刺史璠喪官，璩兄球、孫祐之及參軍費恬以數百人送喪，葬江陵。會桓元之亂，義熙元年安帝反正，以璠弟蜀郡太守瑗爲輔國將軍、寧州刺史，未至，爲譙縱所害。《廣韻》「閭子」注云：晉有寧州刺史欒安辟閭彬。《通志》又有辟閭允，晉寧州刺史，平原人。皆未詳何帝時。

（以上兩篇録自《都勻縣志稿》卷二十藝文外篇上）

郘亭散見著述彙編卷四　書目題跋

丁卯八月遊蘇杭收書簿

臺北「國家圖書館」藏有莫友芝《丁卯遊蘇杭收書簿》一卷。莫氏曾將此簿呈報給命其收購書的上司曾國藩，故《收書簿》前有一頁曾氏審閱批示手稿。曾氏批示云：「凡去錢收買者，均須歸敝處收。『○』出者，前已收到矣。其中有注自取者、注某人要者，分别可、不可，朱注於下，殘本有可補配者，即以奉贈。他人贈尊處之書，如可轉惠，亦注出。十二月初七夜，國藩識。」曾氏在莫友芝呈報的《收書簿》中，用朱筆於書目之上，以「○」或「△」標示前已收到此書，有的則批示對該書的處置意見。莫氏收購書籍，邊收邊記，字迹潦草隨意。在所收購書目之下，有的既寫明所購書的册數，又寫明書價；有的只寫册數，不寫價格；有的寫明書係友朋所贈，所以没有書價；在有些書目之下，莫氏小字註明板本優劣，或記該書去留情況，曾氏寫出批示意見。今均依莫、曾二氏手書原式整理點校。

凡去錢收買者，均須歸敝處收。「〇」出者，前已收到矣。其中有注自取者、注某人要者，分别可、不可，朱注於下，殘本有可補配者，即以奉贈。他人贈尊處之書，如可轉惠，亦注出。

十二月初七夜，國藩識。

經蘇所收

《禮書綱目》，廿四　四元

《昌黎集五百家注》，十二　二元

中秋後杭州所收

《閩本儀禮注疏》，十二　二元

《閩本周禮注疏》，十四　此本有缺則奉贈，無缺則不①。可補家本之缺。　二元

殘本十行《左傳注疏》，十三少三　一元

《爾雅郭注》，三　蒓齋索去。　六角

《六書故》，十六　二元四角

《石經考文提要》，二　五角

《武氏金石跋》，四　六角

《越中金石記》，六　一元

《貴州通志》，廿四　禹生要。想取去矣②。　三元

《武功縣志》，一　四角

《列女傳》，二　稍窄小，有佳者在後，已呈。　四角

---

①「此本有缺則奉贈，無缺則不」係曾國藩批。

②「想取去矣」係曾國藩批。

《法帖刊誤》，二　二角半

《南疆繹史遺文》，二　二角半

《金石林時地考》，一　二角半

《申鑒》，一　蒓齋取去。

《曹子建集》，一　二角半

《陶貞白集》，一　二角半

《陳伯玉集》，四　八角

《三唐人集》，三　駱、李、呂，秦刊，中印，尚在蘇。家有《呂氏》一種。　一元

《内簡尺牘》，四　浦刻不佳。　四角

《元遺山詩》，四　毛本。　六角

《元遺山集》，十二　近刻不善。　一元二角

《沈石田集》，二　明刊，已動筆。　五角

《古文苑》，二　孫刻，首破損二三頁。吴至甫索去。　四角

《越郡忠節尺牘》，二　雜録稿本。　二角

《東洋鍼灸書》，一　五角

上聚文堂，共二十二元。

《尚書釋天》，二　五△①

《洪範正論》，二　五△

《儀禮集釋》，八　缺一卷，待抄補。　一〇五△②

《儀禮注疏》，十　明嘉靖監本，未善，板多損字。　一〇五△

《春秋左傳注疏》，廿四　二元

《樂書殘本》，僅首尾數册，十一，以宋刊收之。　五△

---

① 「△」表示角。「五△」即五角。

② 「〇」表示圓，「一〇五△」即一圓五角。

《通鑑外紀》，六　一〇

《元豐九域志》，聚珍本，六　一〇二△

閩板《舊唐書》，二十五　缺五本，家有殘本，可湊足。奉贈①。　三〇五△

《桂勝》，六　印不佳。　四△

《方輿路程考》，十八　是康熙末官書，備巡幸者，惜缺幾半，惟自鎮江至杭州一段全。　一〇

《曝書亭書目》，一寫，下半濕爛，須裱過。　二△

《太元經》，二　郝刻殘册，家中本缺此二卷，可補。奉贈②。　二△

方輿紀要殘本六　以湊家中殘本　三△

劉子一　明刊不佳　一△

《郝陵川集》，元刊，十三，少三本，詩尚全。　一〇

《李空同集》，六　一〇六△

上務本堂，并二板箱、繩索一〇共十八元。

《儀禮注疏詳校》，二　一〇

《元史藝文志》印遲紙小，聊備一家目録。　二△

《雍勝》，六　略似《桂勝》，以備游覽，明人撰。　一〇

《春秋七國表》　二△

《説苑校本》，三，缺後五卷。　三△

《御製盛京賦》，一　一△

《李文公集》，二　稍窄小，有佳者在後，已呈。　五△

《因園集》，四　新印。　五△

---

① 「奉贈」係曾國藩批。

② 「家中本缺此二册，可補」，係莫友芝注。「奉贈」，係曾國藩閲示意見。

《維揚雜詠》，四 風謠。 二△

上務本堂，共四元。

《吾學録》，八 即荷丈在湖南虎癡爲編者，祥芝取去。 一〇

《陳恭甫集》，廿 新印本不如道光中印者。尚在蘇。 三元五△

上福建林蘭閣，共四元五角。

《兩漢金石記》，八 印尚不缺字而紙太薄，此種尚在蘇，友芝自取。不可①。 二〇

《遼史拾遺》，十 二〇

《兩淮鹽法志》，卌二 繩孫要。可奉贈②。 四〇

《通雅》，十六 四〇

上寧波汲綆齋，共十二元。

《春秋繁露》，四 明刊。 五△

《樂通》，一 未詳撰人，俟考。舊寫。 五△

《元經》，三 明刊，多闕文。 五△

《漢瓦》，一 繩孫要。 二△

《封氏見聞記》，一 舊寫。 二△

《劇談録》，二 二△

《翼元》，三 函海本，不佳。 三△

《南朝史精語》，二 多爛闕。 二△

《元遺山墓記年譜》，一 闕尾七八頁。 一△

《升菴詞》，四 二△

《儀禮白文》，一 經文毛監，遺脱未能補寫。 一△

---

① 「不可」，係曾國藩批。

② 「可奉贈」，係曾國藩批。

上文光堂，共二三元。

《儀禮》單疏，八　二〇五△

《越東金石畧》，二　印遲，頗有損字。　八△

《平津讀碑録》，三　二△

上醉六堂，共三三元五角。

《易緯八種》，一　五△

《詩世本古義》，十六　國初刊，多損爛。　二〇五△

《毛詩古音考》，二　明刊，待整理補綴。　四△

《詩譜補亡》　四△

《爾雅新義》，二　近時刊　二△半

《左傳附註》，二　太破爛。　二△半

《史記志疑》，十　二元半

《後漢書》汪刻，卌六　八〇

《五代史》南監余刻，四　二元半

《隆平集》，四　六△

《金石録》舊抄，四　二種尚在蘇。　二〇

《金石録補》，四　二〇二△半

《石鼓文考異》，一　二△半

《書儀》，一　汪刊，有數頁破爛。　五△

《道藏目録》，四　八△

《元珠密語》，四　二種尚在蘇，舊抄，中闕三篇又十許頁，須借禹生本抄補。　一〇六△

《金壺字考》，二　六△

《韓門綴學》，二　六△

《杜七律註》，一　一△

《孟東野集》，三　五△

《李義山集》，二　毛本，精印。　一〇

《林和靖集》，二　六△

《劍南詩集》，卌二　四〇

《水心集》，六　一〇五△

《內簡尺牘李注》，二　八△

《晞髮集》，二　六△

《吴淵穎詩注》，五　一元

《洹詞》，四　一〇二△

《曝書亭集》，十六　子密要。不可①。　五〇

《樂府詩集》，八　四元

《詩律武庫》，二　缺末二卷，作梅持去。　五△

《洛陽伽藍記》，一　二△

上留青閣，共四十五元五角。

上共百十八元。

瀕行友朋所贈：

《書蔡傳音釋》，六

《再續千字文》，一

上高北平。

《元和姓纂》，四

《雁蕩山志》，未裝。

《詁經精舍文三集》，一

《遜學齋集》，二　上孫琴西。

《爾雅翼》，六

《逸周書》，二　求轉惠②。

《荀子》，四

《張曲江集》，四

《笠澤叢書》，二

鄭所南《心史》，二

《隋書》，廿

《江弢叔詩》，四

上許益齋

① 「不可」，係曾國藩批。

② 「求轉惠」，係曾國藩批。下同。

《爾雅疏》，四 求轉惠。此種絶壞。

《讀書敏求記》，二 求轉惠。

《當歸草堂所刊養正書》，十

《絶妙好詞箋》，二

上丁松生。

《説文》孫刻，四 求轉惠。印頗不遲，而紙太壞。

《天一閣書目》，十 求轉惠。印遲，已多闕字。

《十駕齋養新録》，六 求轉惠。此種印遲，大不佳。

《賓退録》，二 求轉惠。中有動筆處，可厭。

上金眉生

《夢西湖詞》，一 曹葛民。

《郘亭函札稿》中之收書目①

《說苑》

《新序》

《新語》

《新書》

《風俗通義》

《淮南》

《法言》

《太元司馬注》

《鹽鐵論》

《孔子家語》

《申鑒》(明人注)

《世說新語》

《周禮》

《禮記》(張撫本)

《易經》八種(殿本)

《周書注》(朱右曾)

《易林》

《韓詩外傳》

《春秋繁露》(凌氏注本)

《大戴禮注》

《孔氏遺書》

① 按，此《郘亭函札稿》收藏於臺北「國家圖書館」。

《書目雜鈔》中之收書目

《易口訣義》，二　三錢六分
《穀梁釋例》，一　錢五分
《韓詩外傳注》　二錢
《説文繫傳校勘記》，一　八分
《隸篇續》，一
《詩書古訓》，六　四錢四分
《詩陸疏》，一　五分
《禹貢集釋》，二　錢五
《左傳考正》，二　錢五
《字典考證》，四　三錢
《孟子正義》，十　八錢八分
《論語異文考證》，一　錢一分
《吴下方言考》，四　錢一分

《字詁義府》，四　三錢
《舊唐逸文》，二　三錢六分
《説苑》《新序》，四　二錢
《雍録》等，五　二錢
《財書》，二　八分
《診家索隱》，一　四分
《寶刻類編》，八　三錢
《李氏音鑑》，四　錢一分
《某縣考》，一
《老子河上注》，二　錢一分
《老子章義》，一　五分半
《十八先生考》，一　五分半
《具茨集》，二　一錢五分

《惜抱軒集》，八　兩二錢

白蒲鎮：

《説文引經考異》，二　二錢

《淮北票鹽志》，四　六錢

《韓詩方箋》，五　六錢

《草廬三禮》，十　八錢

如皋：

《述學》

泰州：

《孟子趙注》　洋元六角

《陶詩》　洋元八角

《廣雅疏證》　洋元三元

下仙女鎮：

《恒言録》，一　一錢五分

《禹貢鄭注》　一錢五分

《割圓密律捷法》　一錢八分

《晏子春秋》　二錢

以下揚州：

《教諭語》　八分

守山《律呂新論》等，廿六　二兩二錢

《好詞》，一

《唐書》，二　三錢六分

《文選》，二

葉《敬思録》

《通志》，一

《天禄琳琅》，五　兩一錢

常熟：

《玉堂才調集》　洋一元

通州：

撫本《禮記》　兩二錢八分

惠氏《易》《禮説》，三　一錢二分

江氏《尚書集注》，四　兩二錢

《徐靈胎六種》，十　四錢五分
《朱子語類》，廿四　兩七錢
《釋名》，一　八分
《日知録注》，十二　兩二錢五分
《易漢學》，二
《釋名疏證》，四
《墨子》，四　共八錢
《兼明書》，一　一錢二分
《大雲山房集》，四　三錢
《采菽堂古詩》，十六　兩七錢一分
《巢氏病源》，十六　二元
《虚舟竹雲三跋》，六　一元二角
《素問釋義》，三　五角
《黄氏日鈔》，卅　三元
《家語疏證》，一　二角
《奩史》，十六　二元

《考信録》，廿四　二元
《釋藏目録》　三角
《劉後村集》，四，送芋仙　九角
《今詩篋衍集》，四　四角
《元史本證》　一元二角

上醉六堂。

黄刻《周禮》　一元五角
《四書考異》，十　一元
郝氏《爾雅義疏》，八　一元五角
《萬方針線》　五角
《孟子趙注》，二　一元二角
《説文校議》，二　一元四角
《説文字通》，二　四角
《復古編》，三　一元
《金石文字辨異》，六　一元二角
《西漢年紀》，四　一元

《元史紀事本末》，四　七角

《唐鑒》，四　一元二角

《唐六典》，四　一元

《金源札記》，一　二角

《元史續編》，四　一元

《一統志案説》，二　一元

馬令《南唐書》，三　一元

《通鑑目録》，十二　二元四角

《紹興十八年同年小録》，一　四角

《四庫存目》，六　一元

畢氏《續通鑑》，四十八　十二元

《金石莂》《楚詞》　六角

《角山樓蘇詩》　二元四角

《説文蠡箋》，二　二角

《吴中水利書》，六　六角

《古文四聲韻》，二　七角

《世説新語》，六　八角

孫刊《説文》，三　七角

《玉臺新咏》，一　七角

黄刻《國語》《國策》，六。芋仙取去。　四元五角

《意林》，二　七角

《群書治要》，廿五　十六元

《稽古録》，二　四角

上墨海堂

泰州：

《十三經校勘記》，四十八　四元

《籌海編》，八　六角

《禮經釋例》，六　七角

《禹貢錐指》，十　一元四角

《四書備考》，一　一角

《疇人傳》，十二　一元二角

《漢隸分韻》，四　三角
《孝經疏》，一　二角
《正蒙》，一　二角
《全韻詩》，四　二角
《荊川集》，八　六角
《滄溟集》，八　六角
《周易述》，六　五角
《禮經補遺》，四　三角三
《經傳考證》，二　一角二
《五代會要》，六　五角五
《放翁文》，七　五角

十七，共十二元。

如皋：外留二元買《唐書》。

《大學衍義補》，二十二　三千
《算經十書》　千百六
《劉子全書》，二十四　千八百

《明儒學案》，十六　千二百
《皇朝文典》，十六　八百
《音學三書》，六　六百
《法苑珠林》，三十二　三千六百
《墨子》，四　三百
《文山集》，十　六百

九，共十三千五百。

《大學衍義》，十　一元
《甌北六種》，四十七　二元

一，共三元。

仙女鎮：

《三禮圖》，二　二角
《拾雅》，二　二角
《多識録》，二　二角
《廣訓大字》，二　一角
《史索隱》《五代補》，四　三角

《文宗閣書目》，四　四角
《韓非》，二本　二角
《九經三傳沿革例》，一　一角
《癖史》，一　一角
共二元。
邵伯鎮：
鮑本《四書》，六　八百
《粵西金石志》，四　六百
《南北廟祀典》，二　百
共一千五百。
《梁》《陳》汲古舊印，八　一元
《史後》，九　九角
《泰山志》，十　七角
《黄山志》，七　四角
共三元。
高郵：

惠氏《尚書考》　六分
《榕邨講授》，三　二角四
杭氏《石經考異》，一　六分
《雜事詩》，二　一角六
《唐六典》，四　三角
閻氏《尚書》，八　六角
《淮海集》，六　六角
共二元。
《春秋胡傳》，四　三百
《正誼録》　百
《拾雅》，二　百廿
《白虎通》　百廿
《范式鈎本》，一　百廿
《秦漢文》，四　二百
《切問齋鈔》，殘，八　百
《陽明集》，殘本，十九　二百

淮安：

《張右史集》，八　百二十

《禹貢》，二　百二十

《養一齋詩話》，四　二百

共千七百。

徐州：

《江寧金石考》，四　四百

《漕運彙編》，四套　三千六百

《行水金鑑》，三十六　三千五百

《修詞指南》，十　七百

《淮鹽志略》，四　四百

《切問齋文》，十　千二百

《詩紀》，廿　千二百

共十一千。

清河：

《曾子注粹》，二　五百　送中堂

《月令彙編》，八　七百

共一千二百。

淮安：

《爾雅正義》，八　二元　送中堂

《多能鄙事》，八　二角

《穆傳》《竹書》，二《硯譜》，一　一角

《文法一揆》，四　四角

《別雅》，五　五角

鮑本《説文》，二　一元

共四元二角。

《杜詩鏡銓》，六　六角　下文革

《六家詩名物疏》，十　四角

《花外集》，殘本二　一角　下文革

《方輿紀要》，五十二　一元六角

聞本《舊唐志傳》，三十五　二元

《元和姓纂》，四　四角

《詩書古訓》，八　五角，送伯常

《三希堂集》，六　三角，下舍文

《安雅堂集》，八　三角

《蠹言》，一　一角

《經書算學天文考》，一　一角

《簡明目録》，十二　一元二角

《復古編》，三　五角

共八元一角。

仙女鎮：

撫本《禮記》，八　二元，送伯常

《禮經釋例》，十　七角，送伯常

《春秋世族譜》，二　二角半

《唐律疏義》，九　一元八角

《揚州水道記》，二　四角

《人壽金鑑》，六　六角

《開方釋例》，四　五角

畢《鑑》，四　五角

《帝王年表》，三　五角，送蒓齋

《法言李注》，二　二角半，中堂留

《唐三家》，四　五角，中堂留

《印家六種》，四　五角

《春雨樓叢書》，四　五角

共十二元。

大酉：

《詩義補正》，二　四角

《春秋釋例》，六　六角

《周易述》，六　六角，已送開生

《通藝録》，十六　六角

《劉氏詩説》，四　八角

《括地志》，二　二角

康熙《貴州通志》，廿四　衛既齊，一元四

共四元六，先兑二元。

《文藪》二，《經雅》《梁書》内本，七，缺一本，一元。

《淮北票鹽志》，四，《巡視閩越記》二，《王李蒙求》八，《三昧集評》《藩王年表》，四。

先兑二元，後算。

上九月之徐往還所收。

下揚州收守山閣零本細目：

《經傳釋詞》、《孫氏唐韻考》、《古韻標準》、《鬻子》、《尹文子》、《慎子》、《公孫龍子》、《人物志》，共一本。

《七國考》、《歷代建元考》、《荒政叢書》、《折獄龜鑑》、《脉經》、《難經集注》、《李虛中命書》、《三命消息賦注》、《珞琭子賦注》、《天步原真》、《明皇雜録》、《大唐傳載》、《東齋記事》、《續世説》、《玉壺野史》。

下丁禹公所贈：

《南熏殿圖像考》、《國朝畫院録》、《蒙求注》三、《玉堂類稿》七、《皇朝輿地略》一、《泰西水法》、《屈宋古音義》、《水經注釋地補遺》二、《嚴先生通鑑補注彙鈔》一、《癖談》一、《裴潢志》、《西崑酬唱集》。

《日本年表》，元

《意林》，元

上劍光閣。

《衡方碑》　五角

《漢晉磚卅九種》　一元五角

《尚書古文疏證》　二元四角

《家範》二、《司馬年譜》二　一元

《迪功集》，二　四角

《金石文跋尾》，五　一元二角

上綠潤堂。

《經籍志》，六　八角

《讀書敏求記》，二　三角

《字鑑》，二　五角

《弁服釋例》，二　六角

《漢官儀》，一　三角

《詩詁考異》，八　一元四角

明本《唐六典》，十　一元四角

《唐律疏義》，七　一元六角

另配宋《洗冤録》

上掃葉山莊。

《莫紫仙詩》，二　三角

錢氏《紀元考》，四　六角

《古文韻》，宋刻殘卷，一　三角

《説文新附考》，二　二角

《石鼓釋文》，一　二角

《説文檢字》，一　二角

《圖書集成辰州府》，一　三角

《學林》，四

《王荊公詩注》，八　一元二角

《説文聲類》《唐石經校文》　一元二角

《思道齋》，四　四角

《千金要方》，十二　一元二角

（録自臺北「國家圖書館」藏《獨山莫氏遺稿·書目雜鈔》）

《郘亭詩文稿書跋》中之書跋

《郘亭詩文稿書跋》莫友芝手稿本，藏國家圖書館。其版本著録均較莫氏其他目録類書更詳。稿本有殘缺和錯簡，整理時予以調整。天頭原有眉批，今移至書名下，加括號。所批均爲類目和序號。此次整理，除更正錯簡外，次序照舊。

經部

大廣益會玉篇卷第一 多四字

旁《説文》作「旁」，旁張作「㫄」。　穷，張作穷。下「又何嫁切」，張「嫁」作「稼」。　示所以示人。張「人」下多「也」。　神「不側」，張作「不測」。　祕密也。張「密」譌「蜜」。　齋敬也。張作「敬也」。　禋敬也。張作「敬也」。　祅也。張作「地」。　祥似半。「半」，張作「羊」。　襗殷，張作「殷」。　禶昨旦。「旦」，張作「坦」。　祔祖也。張「視也」。　䄍祭具。「具」下張有「也」。　祮胡括。張「祮括」。　𥚃測慮。張「測」作「側」。　禊胡契。契，張作「計」。　𥜑從婁婁。張作「簍」。　𥙥古文禱。張無。　祾力柃。柃，張作「矜」。　社「力乃切」，誤。　禉以久切，又以州切。張作「以久」、「以州」

二切。　桊祭名。張「名」下有「也」。本作養。養，張作「養」。　祅張作「祆」。呵憐，張「阿憐」。　䰕祭，《說文》曰。張作「祭也」。《說文》多「也」少「曰」。　禎仁宗諱，音貞。吉祥也。張本有此遺。司禮監本亦有。

其次，示丌神祇祕齋𥜿祉祡禥祖祇祀禩祠祏禋𥛠祜祫祭福禧禘祐禄禛祉禰禔禠禨祆祥袖祝禪祰禖禶禴禣祈禳禂祼祔禬禍祙禜禕禪禴禫禦祴祮禚禂禠祶禡禥祧祿禗禠禖禡禬禞禣禊禍禥禬禬神礿禴禰禘禮礼禈禮祅社禮祑禓禚禰祄禑禰禡禨祧禴禳禫禋崇禯禮祤禂禁禍禟禁祤禍祅禘禮祓禨禰祊禟祩禝禢祓禒祕禪禳祼祊禪禘禬祈　計數云百四十五字，而僅百四十四字，則遺「禎」字也。

二部　亘張作「亘」，注同。　亙張作「亙」。

二弍弎三亟竺亘亩因凡恒亙亙亘亘爲次。

王参，張作「參」。　皇大天，張作「大夫」。

王玨閏皇皐

玉部凡二百七十七字。上「七」，張作「六」。　玉以長，張作「而長」。「改君子」，「改」乃「故」誤。張不誤。　玊古文玉。張無「玉」。　璥

宗湘文源瀚太守所藏《殘宋本玉篇首卷》，畧記如右。

此《玉篇》無「毋」、「孫」二字。據《五音篇》「毋」在《毌部》，云本在《女部》，知依《說文編》也。又「孫」字在《子部》，則移系入《子》，可見《篇》本舊未嘗遺，而今張、曹兩刻皆遺之。司禮監本亦

無「母」字，末數卷闕，孫字未察。

周禮註疏（禮）

此明正德時修補宋十行本，其經補刊之葉，即錯誤無完篇。其係原刻，雖就漫漶，無誤字，通計宋刻猶存十分之四，亦可珍也。善徵在祁門收閩本《十三經》，其《周禮》乃以此本肏入，因重裝，抽出與仿宋《儀禮》、《禮記》同匣弆，而記其端。同治甲子初秋皖寓，郘亭眲叜。

禮記釋文（二，禮）

納蘭容若通志堂刊有仿宋淳熙四年本《禮記釋文》，在經解之外，卷末亦具撫州公使庫新刊注《禮記》二十卷，并《釋文》四卷，附校正人軍州官等一紙，則必并刊《經注》而板毀僅存者耳。嘉慶丙寅，陽城張氏省訓堂乃并仿刊以行，于是海内經生皆欲家置，紙貴一時。郘亭嘗收其初印本，以《釋文》校容若所刊絶無同異。既而于吴門見管洵美《釋文》卷端所記撫本異文，則大勝兩本處不少，頗怪陽城何以漫不省改。適來邗上，收一再校修本，則洵美所記善處數十，悉已補改。其未改若干處，則宋本誤字，或筆蹟小異非兩字者，乃知陽城刊此時，其經注據顧氏宋本，其《釋文》則直以《通志本》覆雕，卷末并云嘉慶丙寅某月。其初印者，中行計字數悉同《通志》，下端頁數下，則留木未刻，蓋誤改亦仍之。其校修者則計字悉經補改，留木亦補刻匠者姓名，末頁增「嘉慶廿五年庚辰宋本《釋文》再校修訖印行」一行，又《考異》末條亦經改定，距刊成時十五年已矣。故此書《經注》當以丙寅初印爲佳，其《釋文》則庚辰校修乃善也。同治庚午夏，郘亭眲叜于維揚書局識。

春秋公羊傳註疏

此大理太和李中溪先生按陶時所刻《十三經》之本，每卷首頁第三行并署云「明御史李元陽、提學僉事江以達校刊」，世謂之閩本。明南北監、汲古閣所刊，皆從以出。其初印本皆有刊校一行，此本唯《序》首猶存，每卷則已削去，或補一木條欲刻疏人而未刻，乃修板者爲之，其板即中溪刊板，非别翻也。中溪本《公羊》第二行「漢何某學」下亦有木條未刻，乃待刻疏人名，此乃削去。

元至正刻春秋胡傳附録纂疏（三，春秋）

此書僅第一册《序例》及《綱領》與第一卷之《隱公上》耳。爲存元式，故草裝藏之。同治乙丑五月滬上所收也。郘亭。

樂　通（四，樂）

樂通三卷，明人撰，失其姓名。其上卷有「敬業堂」、「鷗舫」、「稽古閣書籍記」三印，知查初白朱竹垞皆經藏，而《經義考》不載，《明史志》、《千頃堂書目》皆未收。同治丁卯中秋，得之杭肆，其書在明代言律吕家頗爲明白，惜爛去《自序》及《目録》前半頁，人遂失考耳。

説文解字孫淵如仿宋本（五，小學）

郘亭讀本《説文》在莤升弟許，丁巳客順元，即此本伴行。數歲以來，相隨南北萬餘里，庚申十一月至懷寧之廣村，雪中重裝。

用黟程伯旉學博鴻詔所録其師汪南士文學文臺校本，使寫官迻録於上下端，時有一二溢于銕橋《校議》外資補正者。友芝昔剌取唐人及宋初人引《許書》異文若干卷，思彙校一本，此與《校議》并益讐刊不少。同治二年冬十月乙亥，安慶軍次核過識後。

附釋文互注禮部韻略（九，小學）

此曹楝亭所刻五種之一，《四庫全書》録此種，乃據常熟錢孫保家影鈔宋刻，謂前五卷與曹本同，但首無《序文》、《條例》，而末附《貢舉條式》一卷，凡五十三頁。所載上起元祐五年，下至紹興五年，凡一切增删韻字、廟諱、祧諱、書寫試卷格式，以及考校章程，無不具載，多史志之所未備，視曹本特爲精善。

大廣益會玉篇（篇名爲整理者所加）

（上缺）万萬　摽標　汗竹誤汙竹　鏡鏡　慎慎　啓提行　下空白一字竊聞之　雒樹宋樹不省　慎同不省　譽決宋作|決　万品　萬品　燿必懼必

竹垞謂：付張氏刻者爲宋槧上元本，又云唐上元之末，處士孫强稍增多其字，既而釋慧力撰《象文》，道士趙利正撰《解疑》。至宋陳彭年、吴鋭、丘雍輩又重修之，于是廣益者衆。而《玉篇》又非顧氏之舊矣。又云孫氏《玉篇》雖非顧氏之舊，然去古未遠，猶愈于今之所行大廣益本《玉篇》復上元本，而古之小學存焉矣。

是直以張刻爲孫本，而所謂今所行大廣益本，蓋指司禮監大字本與？

大廣益會玉篇總目凡三十卷，揔五百四十二部。張作《玉篇》上十卷凡一百三十七部

卷三「弟大禮」，張「大礼」。卷七凡十一部。張「凡一十一部」。卷九夊思佳。張「夊思佳」。張，《玉篇》中十卷，遺凡部數。卷十凡一十九，并衍一。卷十二宀彌仙，張作「弥仙」。卷十四朿七漬，張作「漬」。卷十五黍式與，與，張作「与」。畢，張作「畢」。華，張作「華」。丮，張作「壬」。卷二十囧，張作「冏」。張《玉篇》下十卷，凡二百四十部。卷二十一爨于亂，張「于」作「千」。尢，張作「九」。卷二十三莧，張作「莧」。豚，張作「豚」。卷二十四帀才帀，帀，張作「市」。卷二十六皮彼奇，張作「被奇」。卷二十九隶誤聿。氏，張作「亅」，兂，張作「兂」。單時闌，闌，張作「闌」。卷三十古公戶，戶，張作「五」。乙倚室，張作「猗室」。云，張作「云」。

半頁十一行，行大十九字，小廿四字。

此本較今張、曹兩刻多此八頁，蓋南宋書肆所意增，其用心良善，唯部目本以領所從諸字，而「一玉」乃用「弋玉」者不少，則何以訓乎？

四聲篇海五音集韻（七，小學）

《五音類聚四聲篇海》十五卷，金真定韓孝彥允中以《玉篇》五百四十二部依三十六母次之，更取《類篇》及《龍龕手鏡》等書，增襍部三十有七，共五百七十九部。凡同母之字，各辨其四聲爲先後，每部之内，又計其字畫之多少爲先後，以便檢尋。其書成于明昌承安間，迨泰和戊辰，孝彥之子道昭，改併爲四百四十四部，韓道昇爲之《序》，殊體僻字，靡不悉載。道昭又因《廣韻》改其編次爲《五音集韻》十五卷，以三十六母各分四等，排比諸字之先後爲《韻會》所本，其增入之字，則以《集韻》爲本。改二百六韻爲百六十，而并「忝」於「琰」，併「檻」于「豏」，併「儼」于「范」，併「㮇」于「豔」，併「鑑」于「陷」，併「釅」于「梵」，足證《廣韻》原本上、去聲末六韻之通爲二，與平聲、入聲不殊。又「廢」不與「代」通，「殷」、「隱」、「焮」、「迄」不與「文」、「吻」、「問」、「勿」通，尚仍《唐韻》之舊，非如《集韻》用賈昌朝請，改併十三處，猶犂然可考。其《等韻》亦深究要渺，故《四庫》收其韻，而其篇則入《存目》中。二書唯成化十年官刊本，成化丁亥僧文儒有合刻本，稱《篇韻類聚》。其《篇海》題云：改併《五音類聚四聲篇海》，其《集韻》題云：改併《五音集韻》。較之他本多《五音類聚》徑指目録，餘無所增損也。向在京師收得一本，以卷帙大棄之。同治甲子夏，皖城市出文儒本，略爲檢核，蓋全録《大廣益會玉篇》及宋重修《廣韻》而增之。《篇韻》僅有張、曹二刻，明内府刻者，韻乃未備之本，篇題雖亦云「大廣益會」，而刊落者甚多。竹垞謂《廣韻》爲中涓所删，紀文達不以爲然。今觀明刻《玉篇》，直是删取字均，且非舊次，竹垞殆言《篇》而誤指《韻》也。韓氏二書，雖《篇》不稱《韻》，而併依爲《篇韻》，校讎之一本，則亦不可廢也。

其篇中所載俗書，頗有見魏、齊石刻而他書不收者。

復古篇（八，小學）

十有一月上旬，訪王少山于東鄉百里，見案頭有吴稷堂先生所藏《復古篇》舊鈔本，亟借持以歸。日來得暇，乃舉而披之，與去秋所寫安邑葛氏刻本相校，而吴本奪譌特甚，蓋拙手所書，遠遜葛本。而又幸其爲拙手書，至有真字、疑字不敢妄改，頗足以是正葛本。蓋數十處。葛本所有字，吴本或奪去，而葛本奪字，吴本八九皆有，如「刮」下「坫」篆及諸別字、非字與「躳」、「攔」之類是也。亦有葛本寫到，吴本不誤者，如「晦步百」及諸字注，或有先聲後形之誤，皆當從吴本也。如篆文「尾」之從「到毛」，「㞋」之從「叉」，亦皆勝于葛本。唯其叙字每篇接寫，不以紐分，故其注文從字之字，多出于葛本者幾百餘。此因寫書人以行足空白不容篆文，妄以閒字足之，不宜據以沾改葛本。又張氏之例，俗字皆云「別作某」，其爲此別他正者，則曰「別用某」。二本皆有作用互譌者，皆傳寫之差，可以意改也。又篆從省、隸不省之字，注皆曰「隸作某不省」，亦有數條不省下有俗字，疑此類中俗字後人所加，皆當刪去之。今但就葛、吴兩本纂注小異同，及互夔誤處，朱筆表識于旁，或上下方，俟他日多暇，當更爲清迻成完本云。道光于有六年十一月廿有四日，紫泉莫友芝識于蓮舫。

史部

秦漢瓦當圖記朱楓四卷坿補遺（二十，目録家）

朱排山此記，特就其在關中蒐訪所獲録之，殊不備，且皆習見。唯末一事溝瓦之當，有「長樂未央」字者，是昔人所未及。戊辰中伏，郘亭識。

國語補音（十五，雜史）

同治戊辰三月庚午，在姑蘇書局燈下校畢此卷，用微波榭本，其兩可者皆録之，其誤曉然者不具見也。

史　記（十一，正史）

史記題評一百三十卷，嘉靖十六年丁酉，太和李元陽中谿按閩所刊，亦具《三家注》，惟《索隱》述贊不載録，而集諸家評語于書眉，其不係名氏者，則中谿説也。其每卷題明李元陽輯訂，高世魁校正，亦有不題者，亦有數卷李元陽上增題楊慎名者。昇庵謫戍太和，惟中谿爲至交，此本蓋即昇菴輯本，因增益以付雕，故題云爾。明人好尚評論，是書刻有評者，蓋昉于此。後凌稚隆爲《評林》，則又因此增益。同治庚午暮春，鄂肆收此，以見一代風尚之由。邵亭長記。

四月還金陵，見肆中有《史漢異同》四册三十五卷，亦嘉靖丁酉中谿校刊附此書後者。其本出弋陽汪佃，謂舊未有刻本，在吉郡費鍾石少宰許手録者，詳其《後序》中，且及中谿題評之刻，尋當購而合之。

南史校本（十三，正史）

此校以南朝四史對核本書，略摘異同奪漏于上下端，頗正其疎失，《紀》首尾并有「石民印」，《傳》尾印之上有題字一行云：「壬午五月先校《南史》，十月初一日寫畢，源記。」石民有名字而不書姓，壬午又不知其乾隆、道光，其云「先校《南史》」，知完此後即更以此例校《北史》。滬上獲此，已缺去卅三卷，《北史》益無從問矣，惜之。同治丙寅八月幾望，自上海泛舟入泖口，至松江，草裝爲五册，記其端。郘亭。

天禄琳琅（十八，目録類）

欽定《天禄琳琅書目》本十卷，此闕末一卷。同治乙丑春，友芝奉湘鄉公委訪鎮江　文宗、揚州□文滙兩閣《四庫全書》，經燹後如有散存千一，宜購歸恭貯，以待重繕。夏日歷瀕江諸郡，有以宋、元舊槧若干帙來覈定者，適維揚市出此本，亟購以待鈔補，且所闕僅明板集部，關考證者正無幾也。向讀《韓昌黎集五百家注》許氏刊者，苦無《外集》。文淵閣《四庫總目》著録亦然。檢此帙載《五百家注韓文》凡二部，并有《外集》十卷，《别集》一卷，《韓文類譜》七卷，又附《論語筆解》十卷，今《類譜》、《筆解》皆别有刊本行世，而《外集》、《别集》之魏氏注者，竟杳焉無傳。當纂集《四庫全書》時，何以中祕舊藏，獨忘檢校，所未解也。所闕第十卷，丙寅六月鈔補訖。

通鑑注商涇縣紹祖琴士十八卷(十四)

康熙間長洲陳少章景雲著《通鑑胡注舉正》一卷,凡六十餘事,老輩亟稱其精核。蓋本書繁重,一過已難,矧注文零瑣,乃能根勘謬誤,爲尤難也。琴士所商〔一〕,湖注未安〔二〕,乃至七百餘事,十倍少章所舉而彊,其考訂之專精,足爲胡氏諍臣,以益學者,其功尤巨云。同治初元,皖口行營新收,手裝以坿本書之後。七月既望,郘亭記。

通　鑑

元興文署《通鑑》板歸明南監後,有弘治二年、正德九年、嘉靖己酉年,又二十年、又二十一年等補刊之板,約三之一。其元刊之板,四邊大線,其粗約有一分半,明弘治補者猶可,餘皆惡劣。其四邊線皆減細不及一分,今鄱陽仿刊者,其邊線皆減細,未及仿也。

吴越春秋

元徐天祐註本，大德三年十二月刊，其十卷末題銜云：「前文林郎、國子監書庫官徐天祐音註。」考元《百官志》，無「國子監書庫」之名，《萬姓統譜》稱天祐登進士第，德祐二年以文林郎、國庫書監召不赴云云。德祐爲宋瀛國公年號，知天祐本宋末人，入元不仕，刻《音註》時，追題宋官，故云「前」，「前」者，謂前朝也。是書又有明萬曆丙戌武陵馮念祖卧龍山房翻刻，亦佳，此猶原刻，但非初印耳。

通　典（十七，政書）

此明李仁甫巡按福建時刻本。仁甫名元陽，雲南太和人，滇之淹通所首推者，學者稱中谿先生，著述最富，升菴戍滇之畏友也。在閩所刻，尚有《十三經注疏》，在明南北監本之先，今稱閩本，校監本尤可貴，不僅杜氏書也。杜氏書每門或子類之末，輒增入宋人議論數條，不知誰何所爲？考《四庫提要政書存目》，載南宋麻沙刻《通典詳節》，列引用諸儒姓氏，止于吕祖謙、陳傅良、葉適三人，于八門内汰其《兵制》，又删去《喪服》之制，此本所列引用姓氏正與之同。《喪禮》

中亦都無議論，則卷中附入，蓋自宋已然矣。唯《詳節》無《兵制》，而此本《兵》第一卷尚有宋人議論數條，是議論蓋南宋人刻《通典》者附入，爲《詳節》者據而摭録。仁甫但以宋本翻雕，未及汰去，決非又據《詳節》所附增亂本書也。且所附皆卷尾低一格書，尚無大礙。壬戌中秋，郘亭記。

史記索隱 汲古閣仿宋刊單行本(十二)

同治壬戌六月，皖口行營姚聲澂士贈此本，約略檢勘，足補現行官私諸本條以千計，而毛氏刊誤，亦自不少。七月五日重裝，散標所見于卷端，時摘取中統本爲左證，三日麤粗一過，未得細讐，期以他暇日也。獨山莫友芝記。

焚椒録 一卷(十六，史)

遼王鼎撰。據明姚士粦影吴匏菴家本過録。此録專辨懿德皇后誣死之案，足補《遼史》之遺。《四庫》僅存其目，汲古閣所刊，蓋即據此本。丁卯九月，檢丁氏藏書，家僮亦喜是舊鈔録之，裝備遼人箸述之一耳。郘亭。

讀史兵略（史，史鈔類。此條添第十六《焚椒録》之下）

此胡文忠《讀史兵略》宋、元、明三代稾本。其五代以前已刊行爲四十六卷，宋以後尚未及分卷删定，而文忠没矣。前段板成時，曾在鄂撫署多桂園爲之校誤，因以此段稿相付，已閲八年，乃檢舊簏見之，謹裝附昔者校樣之後。戊辰伏中，郘亭。

子　部

封氏聞見記唐封演十卷（廿五，雜家類）

《封氏聞見記》寫本十卷，同治丁卯中秋，杭游所收，整理散亂，僅失末卷。尾半葉後一紙記二行云：「隆慶戊辰，借梁溪吴氏宋鈔本録。」知是明人舊鈔，手裝以存。是書元明以來無刻本，至乾隆中，德州盧氏乃據虞山陸勅先所録孫伏生家本，刊入《雅雨堂叢書》。孫本爲吴岫方山舊藏，録於正德戊辰，不言所出，孫氏又假秦西巖别本校勘。秦本則朱良育依唐子畏柳大中、兩本先後各鈔五卷者。有至正辛丑夏庭芝跋，蓋出于元鈔。此本據宋鈔，則又兩本外之别本。己巳開歲，書局獨居無事，乃以盧刻通校一過。其足補刻本佚脱者，第二卷《石經》條首百六十三字；三卷《制科》條二十三字，《銓曹》條六字；四卷《尊號》條二十六字，《露布》條八字；五卷《燒尾》條十九字，《圖畫》條二十四字，外此足補正一二字脱譌又各數十計，始知此本遠勝方山、西巖所弆。隆慶戊辰，距今逾三百年，所據宋鈔，斷已無存，海内決無更勝此本之帙，在郘亭子部中，直與宋本同什襲可也。晁氏《讀書志》載此書五卷，與《唐書》、《宋史》同，此及方山、西巖依宋元鈔者，乃皆十卷，殆自宋即有此析五爲十之本。晁本無傳，末從質矣，其第五卷《長嘯》條，刊本多廿五字。云蓋出其言善，千里應之，出其嘯善，萬靈受職，斯古之學道者哉。《校注》謂原本朱筆增入，吴方山云二本俱無，今此本已增刊本數百字，而亦無之，蓋校者依他引《嘯旨》語記于行間者，不必定封氏書所有也。穀日燭下，莫友芝識。

封氏聞見記 雅雨堂刊本（廿六，雜家）〔三〕

以明隆慶戊辰録宋鈔本校此刊本，第二卷《石經》篇增出百六十三字，三卷《制科》增二十三字，《銓曹》增六字；四卷《尊號》增二十六字，《露布》增八字；五卷《燒尾》增十九字，《圖畫》增二十四字，其一二字足補正者，又各數千處，悉于卷端行間標記，以便觀覽。此刻所據陸敕先依吴方山、秦西巖兩本録校者，不及隆慶舊抄遠矣。封氏書雖説部褘記，其述唐代掌故，多史志遺署，足充學者考鏡資糧。漁洋亟稱之，雅雨亟刊之，皆以此。儻有好事更以此校付雕，當亦王盧所深許也。同治己巳開歲人日校完，穀日識。獨山莫友芝。

太玄經范注第一册卷一之三，首載陸續述玄一篇，玄圖一紙。（廿二，術數類）

此明江都郝梁據宋萬玉堂本傳刊者，《愛日精廬藏書志》載有此本，蓋明時佳刻也。然其一卷羡首即脱去《贊》之「初一」經注三十六字，凡傳刻古書，不依舊式，每有此病。宋本半頁八行，行十七字。《圖》後附説六頁，前又有司馬温公《集注序》，及《説玄》集事。蓋皆刊本所無，昔藏者録以備觀，温公自有書。不應羼入此本耳。

太玄經范注第二册四之七。（廿三，子，術數）

戊辰二月壬寅，以所假宜稼堂所收萬玉堂本校此三册，三月庚寅畢功，萬玉本足補正此本蓋千有餘字，子高傳刻，亦何草草乃爾耶？亦有此本是而萬玉本誤者三四十字，蓋所據傳刻别一宋本，前輩以爲其據萬玉本者，不足凴也。此書明末尚有黄石齋本，即用萬玉本覆刊，而削去板心「萬玉堂」字，其勝此本多矣。

太玄經范注八之十，附《太玄釋文》一卷，王廣津《説玄》一卷。（廿四，子，術數）

此陽城張氏省訓堂舊藏，同治乙丑四月，收于蘇肆，尚溯第二、第三兩卷。丁卯八月，于杭肆獲此刻殘册，適足相補。戊辰二月攜來江蘇書局，欲以萬玉堂本校，因手裝過，記之。廿一日己亥，郘亭晤叜。

普濟方（廿一，子，醫）

此普濟方殘本十二册，始此第六十九卷至百十六卷止，中缺不連者猶若干卷。其卷大者百餘頁，卷小者亦三四十頁，方書蓋未有富于此者。考宋、元醫家無此書，惟《千頃堂書目》載明周定王《普濟方》一百六十八卷，蓋即此書。《明史·藝文志》載此書僅六十八卷，則寫脱一百二字也。未見刊本，此殘鈔爲汪閬園舊藏，亦有若干類可觀覽者。同治庚午中秋，金陵市出所收。草裝畢，記其首。

孤忠小史（卅五，子，道家）

元九龍山人編，此書不知幾卷，皆道家言，如《列仙傳》之流。而書題《孤忠》，莫解所謂。已巳初冬，揚城書攤漫收，以供舟中觀覽。寫本甚舊，亦元、明間物也。

新編事文類聚翰墨全書（廿九，類書）

此書蓋以十二分十集，而各集門目皆互相補，無重複，亦如祝氏《類聚》，雖一時兔園册子，而宋末及元初人文字不傳者，亦得畧存一二，不必盡供應俗也。諸家書目唯黄虞稷《明史·藝文志稿》有之，當亦見《千頃堂書目》，云劉應李《事文類聚翰墨全書》九十八卷，注云字希泌，建陽人，咸淳中進士，授本邑簿，與熊禾、胡庭芳講學洪源書堂。核其編録之意，蓋亦宋人《翰苑新書》之類。《四庫提要》不載，則進呈未及耳。同治丙寅九秋，蘇門市中收此殘帙，僅乙、己、庚三集，及戊集之末册，于全書僅三之一。以其猶是元時刻印，姑存之。書其端示兒輩。邵亭眲叜吴江舟次。

道德經唐玄宗注（廿三，道家）

此寫本同治丁卯秋吴門所收，蓋出于道藏者。庚午中夏來維揚書局，以易州石幢唐刻校之，記其異同，寫本固多誤，亦時有可證石本處。十八日雨中燭下，郘亭。

夢溪筆談宋沈括（廿七，雜家）

此明末嘉定馬氏據宋本校刊舊印。同治初元春，善徵弟祁門所收，夏寄至安慶城，使繩兒裝過。

録異記蜀杜光庭（卅一）

光庭作《仙傳》及此《記》，多非事實，故前人謂語言無稽者曰杜撰。

老子河上公注明刊中都四子本（廿三，道家）

余舊有中都刊本《管》、《淮南》二種，是善徵弟同治癸亥收于祁門者。丙寅秋，于役常熟，又獲《莊子》；丁卯冬，又獲此册于閶門，于是《中都四子》以全。此册右邊舊截損三分許，戊辰夏，付裝者槻而一之。郘亭識。

老子翼明焦竑（卅四，道家）

是書《四庫》著録云三卷，又《考異》一卷。《提要》謂上、下篇各一卷，附録《考異》一卷，則三乃二譌也。此册善徵弟祁門所收，尚闕其附録《考異》。《考異》甚賅備，當别求一焦氏《老莊翼》全本。

回溪史韻宋錢諷正初撰（廿八，子，類書）

此史韻五册，其三册蓋影宋鈔，僅十七卷。當即竹垞跋所謂從琴川毛氏、長洲何氏所藏合之寫存才十七卷者。又益別鈔二册六卷，合爲二十三卷，與孳經室進書提要合。然則此書之存于世，僅此弱半而已。竹垞所言見于京師，嫌殘未録之七册，殆不能多也。同治丙寅九秋，胥門收此。裝成記。

穆天子傳注疏（三十）

檀默齋氏《穆天子傳注疏》，極力開荒，極爲宋玉庭氏所推服，惜未肯剪去蕪衍以成簡當耳。然滇荒窮宦，藉抒無聊之思，至精闢不磨處，故是奇作。庚午仲春，友芝搜獲于安慶肆中，漫識。

集　部

宋文鑑宋吕祖謙奉勅銓次百五十卷（五九）

此選固不如《唐文粹》之善，而北宋諸名家當行文字，亦庶幾備矣。頗有本集不存，猶藉考見一二者，有本集存而集外可補一二者，甚有資于文苑。此明晉藩翻宋刻本，亦尚不惡，惜缺去四十餘卷，幸所存猶過三之二，已多平昔未見之篇，故聊收之。壬戌初春皖口行營，郘亭。

皇元風雅前集六卷，傅習采集孫存吾編類，虞集校選；後集六卷，孫存吾編虞集校選。（六一）

《皇元風雅》前後集，是據元刊本舊鈔，蓋汪閬源氏千元之一也。《四庫全書提要》載此集前後各十二卷，《前集》百十四家，《後集》百六十六家，此本家數大畧相等，而卷數各減半，殆與文淵閣箸録本無大不同，特卷帙有合併耳。同治丙寅中秋收于雲間肆中，初冬還金陵，芙衣爲裝過，記其端。郘亭眲叜。

國朝文類元刊本每半頁十三行行二十四字（六十）

元至　翠巖精舍刊本，蘇伯脩撰《國朝文類》殘本十五册，存卷十一至三十五、四十一、四十四至四十九、五十三、五十四、五十七至五十九、六十三、六十四，凡三十九卷，闕一之十，卅六之四十，四十二、四十三，五十五、五十六，六十之六十二，六十五之七十，凡三十一卷，并目録亦闕。

漁洋山人精華録(五五)

林佶吉人手寫當時名集付梓者三,《午亭集》、《堯峯文鈔》及此録也。三家詩文豈必以佶書重,而佶書精印本尤世所珍弆,小伎顧可忽哉?壬戌夏四月,善徵弟收于祁門,携至安慶,增衣草裝,書示繩兒。邵亭。

初白菴詩評附許蒿廬《詞綜偶評》一卷(六二)

近日子弟爲詩文,苦不得門徑者,或取老輩點勘過大家集子及子、史,令其迻鈔,每有晤入處。此等事不關根柢,通人所嗤,然以啓發中材,爲益不細。皖口行營偶收此評本,老來無暇觀覽,付兒輩存之,亦備迻鈔一助也。邵亭眲叜。

曹子建集(卌七)

陳思此集,如皋冒辟疆氏舊藏明本,同治丁卯仲春,客維揚所收持,還金陵,初夏重裝爲二册。郘亭眲叜記。

陶淵明集（卅八）

陽子烈所編十卷本，咸豐辛酉嘉平，皖城行營收旌德縮刻宋本初印者。此板後多漫漶不可讀，繩宜寶之，郘亭眲叜呵凍記。毛扆《祕本書目》宋板《淵明集注》云：《桃花源記》中「聞之欣然規往」，今時本誤作「親」，謬甚。《五柳先生贊》注云：一本有「之妻」二字，按《列女傳》是「其妻」之言也。他如此類甚多。即《四八目》比時本多八十餘字，而通本「一作」云云，此時本多千餘字。按所舉二條，并與此本合，通本校語亦多于時本，然則此所據即毛氏宋本也。

陶淵明集（卅九）

汲古閣刻陽休之編本，此册非舊印，以《附録》卷中載有吴仁傑所編《年譜》，爲家藏書所無，故裝存之。壬戌六月六日，郘亭皖口行營記〔四〕。

江文通集徐傳星刊本（四十）

同治丙寅六月在滬，有持宋本《文通集》來售者，凡十卷，篇次與四卷本不同，未能就。戴禮庭適以此本惠。彝兒炳燭記其卷篇之次于卷目上。郘亭。

山谷内集（四五）

戊午冬出門，攜此本自隨，京塵兩歲，曾未寓目。庚申秋杪經鄂，黎伯容持去。辛酉秋初乃索還來皖，短至雪中，始句讀一過，飢驅荒落，十年以來，大都如此，念之悚然。郘亭晅叜記。

翰苑集（四二）

世行陸宣公奏議本，皆十二卷，無注。此獨十五卷，有注。雖文無增損，而卷帙次序小有異同，其注畧具史事，亦不繁冗，當是宋、元舊帙。明嘉靖時翻刻，而遺其注人。以書式皆宋樣，而東坡等所進劄子猶用當時提行格式，故知非明人注也。同治元年三月，繩兒收穫重裝，書以俟考。郘亭眲叜。

是歲七月既望，見昭文張氏《愛日精廬藏書志》載有《注陸宣公奏議》十五卷，云至正刊本，宋郎曄注前有紹興二年《曄進書表》興，當作熙，題銜稱「迪功郎、紹興府嵊縣主簿臣曄」，不著姓。案《清波襍志》曰：「煇友人郎曄晦之，杭人，嘗注三蘇文及陸宣公奏議投進，元《吴文正公集》《陸宣公奏議增注序》曰：「因郎氏舊注而加詳。」劉岳申《申齋集》曰：「宋紹興中有郎曄，嘗注陸公《奏議》。」以此知爲郎曄也。表後云「紹興二年八月，初七日進呈」，案表中有云「恭惟至尊壽皇聖帝」，考淳熙十六年光宗受内禪，尊孝宗爲「至尊壽皇聖帝」，次年改元紹熙，則「興」爲「熙」字之誤無疑。卷一後有「至元甲午仲夏翠巖精舍重刊」本記。《脉望館書目》著録。據此，則此本當即據元刻郎本翻雕，而失載其《進書》一表，愈不可了耳。當録入卷中，以俟考。

元次山集淮南黄又研旅刊本（四一）

同治壬戌九月庚戌朔，獨山莫友芝手校畢，于十二卷外蒐得《冰泉銘》及《再讓容州表》，與載本傳之《自釋》，凡三首，使繩兒别紙寫附卷尾，更留餘紙，以待續得云。

海峯文集（五六）

此二册乃劉才甫集之初刻本，以校其弟所刻八卷本，財十之六七耳，而增多者八篇，蓋定本時删去也。

楚辭集注（卅六）

蔣楚穉刻朱子此書，并《辨證》、《後語》附焉，可謂足本。但不應于《後語》六卷後增入明人騷體爲七、八卷。又朱子所删之《諫》、《懷》、《歎》、《思》四篇，復鈔置辨證之前，亦不合。若以所補《後語》及四篇附覽，并退出别編，使不與本書相亂，即無妨矣。咸豐庚申十一月，懷寧廣邨寓館。郘亭記。

虞道園詩集（五十）

此本乃翁覃溪刻于南昌者，凡十卷。其前八卷則取諸《學古録》後二卷，則覃溪掇拾所補。

京師收此，尚闕後三卷，聊備旅中觀覽，當更求足本。藏家前載《年譜》一卷，亦覃溪撰補，爲他所無。庚申立冬，記于武昌。

魏忠節公集（五四）

右嘉善魏忠節公廓園先生《自譜》及《家訓》、《遺囑》、《日記》、《疏草》、《書草》、《詩草》、《襍著》、《四序》，并天啓五年被逮途次手稿。行及良鄉，使僕飛鴻付其子學洢者。當逆奄擅權，除不附己之君子，先生又同姓乃爾，故疾之殆甚楊、左諸君。自辭家上道，即知不得生還。奔波匆遽中，堅定整暇，訓述周詳。下闕。

傳家集（四四）

司馬文正《傳家集》，在蘇收得明人依宋本舊抄。闕卷四十八至六十，凡十三卷。肆中有康熙間夏縣刻殘本，按所闕文篇目拾以補觀，夏刻與宋編卷次不合，乃付雕者妄爲改編，其刻又惡，此鈔雖多譌錯不工，然猶勝此刻。乾隆辛酉陳文恭公爲蘇臬時，亦刊此書，世稱善本，當以此書鈔校之。

宋名家詞殘帙（六四）

此二册汲古閣刻《宋名家詞》第一集十家中之五家。十家之次，曰珠玉，曰六一，曰樂章，曰東坡，曰小山，曰淮海，曰山谷，曰東堂，曰稼軒，曰放翁，兹失其後五家，其存之五家，皆當行。餘則淮海、稼軒，宜別求本，他不觀亦得。同治元年夏至，郘亭晅叜皖口行營新收重裝記。二册之外復收二集十家之全，其後所刻三、四、五、六，四集四十家，多不欲觀，僅三集中吴夢窗甲乙丙丁稿，宜別求耳。

此二册汲古所刊六十家詞之第二集也，當以書舟、溪堂、片玉、石林、坦菴、酒邊、樵隱、白石、梅谿、竹山爲次，乃順時代。仍其舊裝，未更置，故記。同治元年夏至，皖口行營。郘亭。此集片玉、白石、梅溪、竹山并卓絶，白石卷非足本，別有全集，聞片玉有注本甚佳，訪求之未見。

潛谿集宋濂　元至正刊本（五一）

此二册皆景濂元時所作，多宋學士全集所不載。《四庫》箸其全集，復載其未刻集二卷，爲金壇蔣超簡存者。此本中皆有之，可以互補也。邇年福建有先生諸集彙編全刻，此八卷計及五分之一耳，以舊刻收以備考。壬戌秋杪，郘亭記。

願學集明鄒元標（五三）

此《忠介集》之初定本也，今文淵閣所録即此八卷。吾家舊藏此集外，别有《存真集》若干卷，《太平山房疏草》若干卷，《四庫》皆不箸録，則當採書時僅進此本故耳。南皋以譎開匀學，其著述尤服膺。同治初元，皖中收此，亟裝付子弟珍藏，俟更求《存真疏草》也。

孟東野集（四三）

同治丁卯秋收于武林，此嘉靖丙辰無錫秦禾知武康縣時刊本，依宋景定中天台國材知武康所刻，宋敏求編定者。其《聯句》十首載《昌黎集》中者，敏求以其章著不録，此仍録附第十卷後，秦氏爲之也。戊辰花朝，蘇城經訓堂手裝記。

辛稼軒集上册 疏議劄子、論文啓三卷，詩一卷，附年譜本傳。（四六）

《辛忠敏集》久亡，此嘉慶中萬載辛敬甫綴拾殘賸爲之，計不過十一耳。唯詞集别行，乃獨全。忠敏僅詞人哉？古來人物文章傳否，皆作如是觀。

辛稼軒下册 詞五卷（四七）

偶思讀《稼軒詞》，適得此本，鼠蛀幾無完頁，竭半日之力，揮汗整補重裝，亦幾玩物喪志矣。此本爲其族裔敬甫刊，校汲古本增多三十六闋，故是足本。壬戌天貺節，皖口記。邵亭。

元遺山詩集（四九）

此影鈔明弘治戊午汝州重刻曹益甫所編二十卷本，較全集中十四卷之詩增多八十餘首。明末毛子晉刻《元人十家詩》，其遺山一家，即用曹編，大書疎行，改寫上木，此之細行密字，蓋猶元式也。同治戊辰暮春，收于閶門肆中，重裝記。

明沁水李瀚叔淵，弘治戊午巡按河南，四月序刻《元遺山詩》曹益甫編二十卷本于汝州，閏十一月又序刻《遺山文集》四十卷于開封。此耕釣草堂影鈔舊本，首有段稷亭氏至元庚午爲益之二子刻書引，亦載叔淵刻此書序而云附，則其據許州本或至元本，未可知也。近施北研注元詩，歷舉康熙時華刻《全集》之誤，悉以開封本正之，并條查初白讀本之是非。以此本校之，皆一一不誤，則所據本之善可知。其于原本漫縮數處，皆摹其狀，故知爲影鈔也。其影者至元本，可寶不必言。即許州本，當亦不下至元，北研不見許州本，知傳者已稀。然以中州本例之，其校刊亦非苟然矣。此影手雖未致佳，然殊不草草，細行密字，矧大資我舟車耶？戊辰四月己丑，郘亭識。

張子野詩詞一卷（四八）

卷前又有子野之父曾《樂軒詩》一小卷，僅九首，安邑葛氏附刊《復古篇》後之本，分出裝之。

唐五代詞全唐詩中本（六三）

此册以《花間集》爲底本，而坿益之，其在《花間》外者。太白及南唐中主、後主，皆引令之極軌。其卷十又備録馮正中《陽春集》。溯詞之源，觀此已足。

河岳英靈集 唐殷璠選集〔五八〕

篇中宋諱或避或不避，惟「廓」字寧宗嫌名，數見皆闕筆，蓋寧宗時刻也。丙寅冬初，郘亭校讀一過〔五〕。

學孔精舍詩鈔 明孫應鼇〔五二〕

此二册六卷，咸豐甲寅閏七月寄到，自麻哈艾述之從其祖鳳嵓侍講手鈔本過録者，疑即《明史·藝文志》所載《學孔精舍彙稿》十六卷之末數卷也。鳳嵓録之，必見匯稿之全，文恭文在詩右，不知何以不録？今遍訪不得，殊可惜也。就卷中詩通核之，所歷官皆備，先生之詩，此當足本。唯《省志》載有《聖壽寺小集》一絶，《思南志》載有《孝友堂》小七古三首，爲此本所無。《聖壽寺詩》據《清平志》，乃孫興甫作，而《省志》誤爲文恭。《孝友堂詩》當嫌事涉語怪，不存其稿，皆非遺脱也。廿有一日，獨山後學莫友芝識。

郘亭詩鈔校樣(六五)

此册咸豐甲寅秋附梓人補板者，仲月補畢。與此板尚在梓人所。季月桐賊伏城東民舍以攻郡城，梓人已舉室逃避，官兵從火及其鄰，亟募人出板，并此册獲至家，而梓人舍焚矣。因重裝爲備改之本，附録朋舊詩文當酌存者數紙。

郘亭褉文燹餘録(六六)

咸豐甲寅八月，桐梓賊起，匆匆入郡城助守禦。郘亭文籍在湘川講舍者，并未及携。至九月末，購人檢歸，已燬其三之一，而文稿四厚册與焉。入冬，命門人輩搜家篋，尚有别稿者，録爲此册，略具十之四五，以待改正云爾。乙卯人日記。

影山草堂學吟草附影山詞(六七)

咸豐甲寅仲秋，桐梓賊圍郡城，郘亭自壬子春至甲寅初秋詩稿尚寘湘川講舍中，竟亡失不可得。而自辛丑以上十餘歲少作稿，乃以在家而存，因甄其尚易改正者，子弟輩録爲此册。又附録《影山詞》二卷。乙卯正月十一日記。

唐鷦安太守所藏舊本書跋

《音注全文春秋括例始末》、《左傳句讀直解》七十卷。宋林堯叟注，元坊翻宋版，猶缺宋注一二卷；半頁十二行，行廿一至廿四字不等，雙行同。三卷以下十三、十四行不等；行廿四五字不等，其經文某公、某侯旁註謚法，間有旁註音義，亦有不旁註者，皆坊間所爲。

《指南録》五卷，宋文天祥撰。《自序》題是年夏五改元景炎。廬陵　自序其詩名曰《指南》。當書名處皆刓空，則元時所爲也。巾箱大字本，八行，行十六字。第二卷有數題皆墨釘，蓋有所避。

古書四種題記

《白虎通》上下二卷，有乾隆甲辰盧文弨跋云：余校《白虎通》，付校垂竣，而吴子葵里示余以此本，此北宋時坊間所行未校本也。其小序數行云《白虎建德論》者，開卷即已錯謬，余取其書字字比對，始知此本尚多古字，而近世本率多改易，至《性情篇》中有與近本迥異而實勝者；即一二誤書，尚可循形聲而得其本字。若近世本，則不加思索而徑改矣。雖分上下兩卷，然篇目上作圓圍者十，仍不失十卷之舊。近世本最後三篇，此本在「爵號謚」之次，實第二卷也。三篇之序亦復不同，後得元大德本與明傅氏、程氏、吴氏、何氏本不甚異，要皆不及此本。余取此書之善者，具著于校勘、補遺中，仍以其本歸吴子。十二行，行廿三字。鶴安云：此宋刻元印坊本，故多譌字，不避諱。字畫乏遒勁之氣，已開元初風氣，必推爲北宋本，陋矣。

《纂圖附釋文重言互注老子道德經》二卷，十二行，行廿三字，巾箱本。

監本《音注文中子》，十卷，十三行，行廿三字，與《老子》同，蓋元人刊《六子》之二也。

《古靈先生文集》二十五卷，《附録》一卷，《年譜》一卷。末有其孫輝跋云：四世從祖密學公，平日所爲文章不知其幾！厥後裒掇爲卷者僅二十有五。目曰《古靈先生文集》，以聖天子詔冠之，預有榮焉。里人大夫徐君世昌嘗摹刻于家，其間頗有舛譌。歷歲既久，且將漫漶，輝竊有意于校正，因仍未遑，每以爲恨。竭來章貢，屬數僚士參校亥豕。因命仲子曄推次《年譜》，并鋟之木，庶幾有以慰子孫瞻慕之心也。紹興三十一年十月既望，孫右朝請大夫直秘閣、知贛州軍州主管學事、兼管内勸農營田事提舉南安軍、大雄州兵甲司公事、江南西點兵馬鈐轄輝謹題。

大字十行，行十八字。元印。缺筆至「擴」，則後所刓。

（録自莫友芝手稿）

貴州省博物館藏莫友芝訪書目（殘）

《十三經》，乾隆四年刻本
《廿四史》，亦乾隆四年刻本
二書初印者，白色，薄緜紙，精……黃色、白色，總要精善……

《通典》《通志》《文獻通考》，乾隆初年刻。

《欽定續通典》《續通志》《續文獻通考》

《皇朝通典》《皇朝通志》《皇朝文獻通考》

《五禮通考》，附《讀禮通考》方全，初印者，白色、黃色，精。《通考》如有初印全者，須別尋一部。

明震澤王氏翻刻宋本《史記》，其字形似長短不齊，而……無闕字爲善。

明刻仿宋本《漢書》，其字形頗齊整，亦要舊印。

胡氏翻刻宋本司馬光《通鑑》，其字樣亦不齊整而有精神……

明陳刻《通鑑七編》，其字樣方正齊整而有精神，總要舊印無闕……

明刻《三國志注》，注亦係大字本，要初印精好者。

武英殿聚珍板書一百三十餘種，其每種之首頁俱有御題「武英殿聚珍板詩」二紙，此書經史子集……四十本一種者，亦有一本一種，常不能全備；但有成部者，即可要。

○此書福建全行翻刻爲叢書，常用尋常白紙印之，不精……元本之善，然亦有人要。

古香齋袖珍十種，黄色紙印最雅，亦有白色者，必繫宣城薄緜紙，有全者最好……無全者，亟欲得《史記》、《蘇詩》、《古文淵鑑》數種。

《御選唐詩》，係套板，亦用黄、白色紙。

汲古閣《宋名家詞集》，凡六集，每集十家，故又稱《六十家詞》。

汲古閣《十七史》，初印者，其字最精好，止有黄色紙印。……其本不甚寬大，亦不甚小。（江西有翻本，不好；翻本之紙有印得甚寬大者。）其《史記》之後或附有《史記索隱》四本，《史記正義》四本，後來賣書强以《宏簡録》、《續宏簡録》湊入，浪呼爲《廿一史》，非也。二《録》於史家不重，不入數，故毛刻止取《十七史》，當另以《宋》、《遼》、《金》、《元》四史配之，乃可以稱《廿一史》；又加入《明史》爲《廿二史》；又加入《舊唐書》、《舊五代史》，即《廿四史》也。其《廿一史》，明有南監、北監二刻，南刻板大小不一，北刻則一樣。

《唐宋文醇》
《唐宋詩醇》
《淵鑑古文》 三種五色批精好者，白紙印者佳。

東雅堂《韓柳文集》，白緜紙初印者佳。

蔣刻《韓柳文集》。

《韓文柳文音訓》，小字仿宋者。

《五百家注韓集》。

《元次山集》
《笠澤叢書》陸龜蒙集名
二書有合刻本，佳。

《昌黎詩注》
《温飛卿詩注》
二種顧俠君撰，合刻者初印……

（録自貴州省博物館藏莫友芝手稿）

【校勘記】

〔一〕所商：當爲「所商」。

〔二〕湖注：當爲「胡注」。

〔三〕莫友芝批校之雅雨堂刊本《封氏聞見記》一書，今藏上海圖書館。同治己巳爲一八六九年，乃莫氏五十九歲時手校之本。

〔四〕此下原有莫繩孫按語：汲古閣《祕本書目》載其所藏宋本《淵明集》之善，如《桃花源記》中「聞之，欣然規往」，時本作「親」，《五柳先生贊》注云：一本有「之妻」二字，《四八目》多八十餘字，通本一作「云云」，多千餘字，時本皆無之。

徐爲□黄丕烈注《百宋一廛賦》，定爲北宋槧，校此刻，與其所謂時本無異，蓋毛氏刻是書時尚未獲其本，故不祖之耳。

〔五〕《郘亭日記》同治五年十月二十日收得此書云：「以新收南宋本《河岳英靈集》校毛刻本，補正甚多，畢功凡三日。」這是莫友芝影山草堂藏書中極有價值的一本宋本書。